Michael Bongardt

Einführung in die Theologie der Offenbarung

Michael Bongardt

Einführung in die Theologie der Offenbarung

Wissenschaftliche Buchgesellschaft

Die Deutsche Bibliothek verzeichnet diese Publikation
in der Deutschen Nationalbibliografie;
detaillierte bibliografische Daten sind im Internet über
http://www.dnb.ddb.de abrufbar.

Die Herausgabe dieses Werkes wurde durch
die Vereinsmitglieder der WBG ermöglicht.
Satz: Lichtsatz Michael Glaese GmbH, Hemsbach
Umschlaggestaltung: schreiberVIS, Seeheim
Gedruckt auf säurefreiem und alterungsbeständigem Papier
Printed in Germany

ISBN 3-534-15996-9

Inhalt

Zur Einführung

Gott, wenn es ihn gibt, ist kein Konstrukt der Menschen. Nur: Gibt es Gott? Und wenn es ihn gibt: Wie können Menschen ihn erfahren? Was können sie von ihm wissen? Was dürfen sie von ihm hoffen? Was bedeutet er für ihr Leben und Handeln?

Um nicht mehr als diese Fragen geht es in der Offenbarungstheologie. Um nicht weniger also als um die Suche nach Grund und Ziel der Wirklichkeit; als um die Antworten, die Religionen darauf geben; als um die zentralen Inhalte des christlichen Glaubens. Wie sollte angesichts dieses Umfangs eine Einführung in die Offenbarungstheologie nicht scheitern? Beschränkung tut not.

Immerhin steht für eine christliche Offenbarungstheologie, und vor allem um diese geht es hier, der Ausgangspunkt fest. Sie muss ihren Anfang bei der Bibel nehmen. Denn die Heilige Schrift als ganze bezeugt, dass es Gott gibt und dass er sich den Menschen zu erkennen gegeben hat. Dabei stellt das Neue Testament Leben, Tod und Auferweckung Jesu von Nazareth ausdrücklich als das Geschehen dar, in dem Gott sich in einzigartiger Weise offenbarte. Dieses Zeugnis der Bibel muss zur Sprache kommen, weil auf ihm der christliche Glaube gründet.

Bibel wie Glaube aber geben zu denken – und deshalb gibt es die Theologie. Sie wird durch das Bekenntnis zu Gottes Offenbarung immer wieder vor fünf grundlegende Probleme geführt: Muss die menschliche Vernunft sich einer göttlichen Offenbarung beugen – oder hat sie all das, was als Offenbarung behauptet wird, kritisch zu bedenken? Wie kommt es dazu, dass Menschen bestimmte Ereignisse und Worte als Offenbarung erkennen? Was ist der besondere und zentrale Inhalt des christlichen Glaubens an Gottes Offenbarung? Wie kann Jesus von Nazareth für Menschen, die zweitausend Jahre später leben, bedeutsam, gar eine Offenbarung sein? Wie verhält sich schließlich der Wahrheitsanspruch christlichen Glaubens, der sich auf Gottes Offenbarung beruft, zu den Wahrheitsansprüchen anderer Religionen?

Seit es sie gibt, sucht christliche Theologie diese Fragen zu beantworten. Dies geschah lange Zeit unter Verwendung verschiedenster Titel und Begriffe. Doch erst seit der zentrale Inhalt des christlichen Glaubens als „Selbstoffenbarung Gottes" benannt wird, erst seit knapp zweihundert Jahren versteht sich die systematische Theologie als „Offenbarungstheologie". Eine Einführung in die Offenbarungstheologie griffe deshalb zu kurz, beschränkte sie sich auf diese recht kleine Spanne theologischer Reflexion. So berücksichtigt das vorliegende Buch, wenn es sich den fünf genannten Problemkreisen widmet, immer auch ältere Lösungsversuche. Dabei zielt es nicht auf die Vollständigkeit, die in theologiegeschichtlichen Abhandlungen zu finden ist. Vielmehr geht es darum, durch eine jeweils klar begrenzte Auswahl einzelner Entwürfe sichtbar zu machen, vor welchen Grundentscheidungen christliche Theologie steht und zu welchen Ergebnissen diese Entscheidungen führen. So soll Stück für Stück der Horizont erhellt werden, in dem christliche

Theologie sich mit der Frage nach Gott und seiner Offenbarung befasst. In ihm lässt sich erkennen, dass und warum der christliche Glaube in Leben, Tod und Auferweckung Jesu ein Ereignis sieht, das für alle Menschen bedeutsam ist.

Nach Fertigstellung des Buches gilt es Dank zu sagen. Allen voran meiner Frau für alle Begleitung, die hier nicht in Worte zu fassen ist. Sodann den Studentinnen und Studenten der Freien Universität Berlin, die mich durch ihre ebenso wache wie kritische Aufmerksamkeit stets aufs Neue fordern und fördern. Namentlich seien von ihnen genannt Frau Sandra Courant, Frau Friederike Klose und Herr Jeschua Hipp, die mit hohem Einsatz an der Entstehung des Manuskripts beteiligt waren. Ohne das Gespräch mit Kolleginnen und Kollegen hätte diese Einführung nicht ihre Form gefunden. Aus ihrem Kreis sei besonders gedankt meiner Mitarbeiterin Frau Anja Middelbeck-Varwick, Herrn Pater Hermann-Josef Lauter ofm, Herrn Prof. Dr. Rainer Kampling, Herrn Prof. Dr. Thomas Pröpper und Herrn Prof. Dr. Magnus Striet. Der Wissenschaftlichen Buchgesellschaft danke ich für die Anregung des Projekts und dessen so geduldige wie ermutigende Betreuung. Viele – nicht nur von den Genannten – haben sich mir in den letzten Jahren als Freundinnen und Freunde erwiesen. Das Buch mag ein Zeichen dafür sein, dass ihre Unterstützung Früchte trägt.

Berlin, im August 2005 Michael Bongardt

A. Das biblische Zeugnis

Christlicher Glaube bedarf der Bibel. Denn die Schriften des Alten und Neuen Testaments bezeugen die für den Glauben zentralen Ereignisse. Die Erschaffung der Welt, die Berufung Abrahams, die Befreiung der Israeliten aus Ägypten, die wechselvolle Geschichte Israels; das Auftreten Jesu, seine Predigt und seine Wunder, sein Tod und seine Auferweckung; die Entstehung und das Wachsen der frühen Kirche: In all dem sieht die Bibel Gott am Werk und versteht sich deshalb als Bericht vom Handeln Gottes. Neben diesen Erzählungen finden sich in der Bibel, von den so genannten „Zehn Geboten" bis zu den ethischen Maßgaben in den neutestamentlichen Briefen, zahlreiche Weisungen für das Leben und Handeln der Menschen. Sie werden mit dem Anspruch formuliert, den Willen Gottes verbindlich zum Ausdruck zu bringen. Nicht zuletzt ist die Bibel ein Gebetbuch: Vor allem, aber nicht nur mit den Psalmen legt sie Texte vor, die den Grundbestand des jüdischen und dann des christlichen Betens bilden. Und schließlich finden sich in ihr, wenn auch deutlich seltener, theologische Reflexionen. Sie suchen das Geschehene nicht nur zu schildern, sondern es ausdrücklich zu bedenken. So gibt die Bibel in der Summe ihrer vielfältigen Schriften dem Glauben der Christinnen und Christen Inhalt und Form.

biblische Vorgabe

Doch nicht nur deshalb sind die biblischen Texte für diesen Glauben unverzichtbar. In noch bedeutsamerer Hinsicht bildet die Bibel das Fundament, den Grund christlichen Glaubens: Die Worte der Bibel sind für die Glaubenden nicht nur Worte über Gott, sein Handeln und seinen Willen. Über alle kulturellen und zeitlichen Abstände hinweg wissen sich Christinnen und Christen in den biblischen Texten direkt angesprochen von Gott, den diese Texte bezeugen. Eine religiöse Haltung und Überzeugung kann „christlich" genannt werden, wenn und weil sie die Schriften des Alten und Neuen Testamentes als Wort Gottes hört und glaubt. Christlicher Glaube versteht sich als Antwort auf dieses zuvor gehörte Wort, ohne das er gar nicht sein könnte. Das biblische Zeugnis ist ihm eine wesentliche Bedingung seiner Möglichkeit.

Glaube als Antwort

Theologie ist die Wissenschaft, die über den Glauben nachdenkt. Da sie nicht selbst der Grund des Glaubens ist, wird sie ihrerseits dessen Grund aufzusuchen und zu bedenken haben. Deshalb liegt es für die Theologie nahe, ihr Nachdenken mit der Bibel beginnen zu lassen und es immer wieder auf sie zurückzuführen. Dies gilt umso mehr, wenn Theologie über „Offenbarung" nachdenkt. Denn während die Theologie der Offenbarung danach fragt, ob und wie Gott sich zu erkennen geben kann, findet sich in der Bibel das Zeugnis vor, dass solche Offenbarung nicht nur möglich, sondern wirklich geschehen ist (Preuß/53: I.228).

bedachter Glaube

So beginnt auch diese Einführung in die Offenbarungstheologie mit einem möglichst genauen Blick auf die Bibel. Damit dieser die Texte und nicht nur das sieht, was er sehen will, müssen zunächst einige mögliche Schwierigkeiten der Bibelauslegung bedacht werden (I.). Nach der Untersuchung alttestamentlicher (II.) und neutestamentlicher Texte (III.) werden abschließend die Einsichten und Fragen zusammengefasst, die für die offenbarungstheologische Reflexion von Bedeutung sind (IV.).

I. Fremdheiten

1. Die ferne Schrift

Trotz und wegen seiner scheinbaren Selbstverständlichkeit ist Vorsicht geboten beim theologischen Rückgriff auf die biblischen Texte[1]. Selbst von den jüngsten unter ihnen trennen uns etwa neunzehnhundert Jahre. Die ältesten, ihre mündlichen Quellen gar, sind mindestens weitere 700 Jahre älter. In der Zwischenzeit haben sich nicht nur die Lebensbedingungen der Menschen massiv gewandelt. Auch die Fragen nach Sinn und Ziel ihres Lebens, die Fragen nach Welt und Gott haben ihre Form verändert. Antworten, die lange Zeit als überzeugend galten und nicht weiter befragt wurden, haben ihre Plausibilität verloren – andere Antworten finden in vor Zeiten unvorstellbarer Selbstverständlichkeit Gehör und Zustimmung. Mit solchen Differenzen ist zu rechnen, wenn aktuelle Reflexion sich mit Texten biblischen Alters befasst. Es ist zumindest für möglich zu halten, dass heute drängende Fragen für die Autoren der Bibel noch keine Fragen waren – und ihre Texte deshalb darauf keine, zumindest keine direkten Antworten geben. Genauso ist der gegenteilige Fall denkbar: dass damalige Fragen Menschen, die heute leben, nicht mehr umtreiben und deshalb die biblischen Antworten keine, zumindest keine unmittelbar einleuchtende Relevanz mehr haben.

historischer Graben

Wer im wissenschaftlichen Blick auf die Bibel nicht mit der Möglichkeit solcher Fremdheit rechnet, steht in der Gefahr, beide – die biblischen Schriften wie die Fragen der Gegenwart – nicht ernst zu nehmen. Ein seinem Kontext entrissener Bibelvers eignet sich nicht dazu, heute gestellte Fragen zu beantworten oder heute gegebene Antworten zu hinterfragen. Genauso wenig können Einsichten, die heute für überzeugend gehalten werden, von der Bibel offen gehaltene Fragen lösen oder dort vertretene Antworten vorschnell für nichtig erklären.

1 Entstehung und Inhalte der biblischen Schriften können im Folgenden nur in kleinen Ausschnitten erläutert werden. Ausführliche Informationen dazu finden sich in der so genannten bibelwissenschaftlichen Einleitungsliteratur (für das Alte Testament z.B. Preuß, 1990ff.; Zenger, 1995; für das Neue Testament z.B. Hübner, 1990ff..; Strecker 1996). Auch auf die Geschichte und Religionsgeschichte Israels, des Frühjudentums und der frühen Kirche kann nur gelegentlich verwiesen werden (dazu z.B. Fohrer, 1985; Donner, 1995; Janowski, 1999; Lohse, 1978; Schnelle, 2002). Zu allen biblischen Büchern gibt es eine Vielzahl von Kommentaren, die die Entstehung und Bedeutung der einzelnen Texte versgenau zu erheben suchen.
Die biblischen Texte werden in der Regel zitiert nach der Einheitsübersetzung der Heiligen Schrift, 1980. Abweichungen davon werden ausdrücklich erwähnt. Die verwendeten Abkürzungen für die biblischen Bücher folgen den gängigen Richtlinien. Die Abkürzung „par“ hinter einzelnen Angaben zu Stellen aus den Evangelien macht auf parallele Überlieferungen des gleichen Textes in anderen Evangelien aufmerksam, die in den meisten Bibelausgaben angegeben und so leicht zu finden sind.

Diese Mahnung zur Vorsicht gilt auch für die nicht wissenschaftliche Lektüre biblischer Texte. Für die, die sich erstmals mit ihnen befassen, wird sie überflüssig sein – ihnen werden die Texte ohnehin fremd genug vorkommen. Umso wichtiger ist sie im Blick auf alle, die die Bibel aus der kirchlichen Verkündigung und Erziehung seit langem kennen. Das durch Gewohnheit geprägte Hören führt allzu oft zum Überhören dessen, was sich der schnellen Aneignung und dem vermeintlichen Verstehen widersetzt.

So fordert bei allen, die sich den alten Texten nähern, deren Fremdheit, die stets wahrscheinlicher ist als ihre fraglose Vertrautheit, die Behutsamkeit eines aufmerksamen Gesprächs, in dem stets neu zu prüfen ist, ob man dem Gegenüber so gerecht wird, wie es nur möglich ist (Kampling/257; Berger/65: 76–79).

Wer sich den biblischen Texten zuwendet und dabei die gerade geforderte Aufmerksamkeit aufbringt, wird auf mindestens zwei befremdende Differenzen stoßen.

verlorene Gewissheit

Zum einen: Die Gottesfrage hat sich seit biblischen Zeiten grundstürzend verschoben. In der offenbarungstheologischen Diskussion steht ab einem bestimmten Zeitpunkt die Frage im Zentrum, ob es einen Gott gibt, der sich offenbaren könnte, gar die Frage, ob es Gott überhaupt gibt. Diese Frage stellt die Bibel nicht. Für sie steht außer Frage, *dass* Gott ist – umso hartnäckiger will sie wissen, *wer* Gott für die Menschen ist.

fehlender Begriff

Zum anderen: Der Begriff „Offenbarung", der in der Theologie der letzten zweihundert Jahre zum Zentralbegriff wurde, ist in der Bibel in keiner vergleichbaren Form zu finden.

Beide Fremdheiten sind so bedeutsam, dass sie vor dem Blick auf einzelne biblische Texte, die offenbarungstheologisches Nachdenken anstoßen und orientieren können, genauer betrachtet werden müssen.

2. Gottesgewissheit

Durchgängig spricht die Bibel von Gott. Zu Beginn bekundet sie ihn als Schöpfer der Welt, an ihrem Ende stellt sie die Vollendung der Welt durch Gott in Aussicht. Zwischen diesen Polen spannt sich nach biblischem Verständnis die Geschichte Gottes mit der Welt und den Menschen. So wechselhaft diese Geschichte auch war und weiterhin sein mag: dass es sie gibt, weil es Gott gibt, steht für alle biblischen Autoren fest.

Entwicklung zum Monotheismus

Die Überzeugung von der Wirklichkeit und Wirksamkeit der Götter teilt Israel mit seiner gesamten Umwelt. So sehr ist das Volk der Bibel eingebunden in die religiösen Vorstellungen und Überzeugungen der benachbarten Völker und Kulturen, dass es Jahrhunderte braucht, bis sich die unverwechselbare Gestalt der biblischen Rede von Gott herausgebildet hat (Knieriem/50: 209–213). Dies gilt nicht zuletzt für das spätere Charakteristikum jüdischen, christlichen und muslimischen Glaubens: für den Monotheismus, d.h. die Überzeugung, dass es nur einen einzigen Gott gibt. Zwar galt für Israel früh das Gebot, nur den einen Gott Israels zu bekennen („Henotheismus") und nur seinen Gott kultisch zu verehren („Monolatrie"). Doch dieses Gebot setzt nicht notwendig den Monotheismus voraus. Denn es verlangt nicht die Überzeugung, dass es nur einen einzigen Gott gibt, sondern lässt die Möglichkeit offen, dass andere Völker andere Götter haben und verehren.

In diesem Kontext gewinnt die biblische Form der Gottesfrage ihre Bedeutung: Nicht ob Gott ist, sondern wer er ist, bedarf der Klärung. Um sie zu beantworten, wird der Gott Israels mit den Göttern der anderen Völker verglichen und von ihnen unterschieden. Dabei geht es um die Eigenschaften und den Willen des Gottes Israels, vor allem aber um seine Macht. Sie zeigt sich nach dem Verständnis der frühen biblischen Schriften, die auch darin mit ihrer Umwelt einig sind, vor allem im Ausgang politisch-militärischer Konflikte: Der Sieg eines Volkes verweist auf die Macht seines Gottes.

Die Schriftpropheten verlassen den Raum solcher Vorstellungen. Für sie findet die Frage nach Gott ihre einzig angemessene Antwort in der Rede von der Einzigkeit Gottes: Gott ist der Begründer und Herr der Welt, er ist einer und einzig. Anderen Göttern zu trauen heißt, Wahngebilden sich hinzugeben. Die Kritik an den Götzen, an die Menschen innerhalb und außerhalb Israels vergeblich „ihr Herz hängen" (Luther), stellt fortan ein zentrales Anliegen biblischer Gottesrede dar. Macht, Wahrheit und Herrlichkeit kommen allein dem einzigen Gott zu, der sich Israel als sein Volk erwählt hat und der auch das Schicksal aller anderen Völker bestimmt (Haag/22).

Selbst der scheinbar deutlichste Beleg, der sich für eine atheistische Gottesleugnung in der Bibel findet, muss im Rahmen der Auseinandersetzung um den rechten Gott verstanden werden: „Die Toren sagen in ihrem Herzen: ‚Es gibt keinen Gott.'" (Ps 14,1; par: Ps 10,6; Ps 53,1–7; Jes 32,6). Hier wird über Menschen gesprochen, die ruchlos handeln, denen die Gerechtigkeit kein Leitziel ihres Tuns ist. Indem ihnen ihr Verhalten sogar noch Reichtum und irdisches Glück einbringt, spotten sie der Rede von einem Gott, der Gerechtigkeit will und durchsetzt. Sie bestreiten also durch ihr Verhalten die Macht des in Israel verkündeten Gottes – stehen damit aber keineswegs auf dem Boden einer prinzipiellen Leugnung der Existenz Gottes (Preuß/53: I.158).

Wie tief die Gewissheit der biblischen Autoren von der Wirklichkeit Gottes reicht, wie weit sie von der in der europäischen Neuzeit so bedrängenden Frage, ob es Gott gibt, entfernt ist, wird am prägnantesten sichtbar angesichts extremer Not. Die Erfahrung von Leid, für das es nach menschlichen Vorstellungen keine Rechtfertigung mehr gibt, hat nicht nur die so genannte „Theodizee", die Suche nach einer Rechtfertigung Gottes angesichts des Leids, hervorgetrieben. Das Leiden vor allem wurde zum „Fels des Atheismus" (Büchner), an dem der Glaube an einen liebenden und allmächtigen Gott zerschellt. Angesichts dieser Erfahrung bezeichnet es Stendhal als „die einzige Entschuldigung Gottes […], daß er nicht existirt" (zit. nach Nietzsche/391: VI. 286).

Theodizee

Situationen äußerster Not, an den Rand der Verzweiflung treibendes Leiden sind den biblischen Autoren bestens vertraut. Doch die Konsequenz, für die stellvertretend Stendhal zitiert wurde, ist ihnen fremd. Hiob hält trotz seines unsäglichen Leidens an Gott fest. Die Evangelien berichten davon, dass Jesus sogar am Kreuz noch zu Gott gebetet hat – mit Worten des Psalms 22, dem Gebet eines leidenden Gerechten. Und selbst Psalm 88, der dunkelste, weil ohne Hoffnung endende Text der Bibel, ist noch als Klage an Gott gerichtet.

3. Erfahrungsnähe

Mit einer Fremdheitserfahrung ganz anderer Art hat zu rechnen, wer die Bibel nach ihrem Offenbarungsverständnis befragen möchte und in ihr Texte sucht, in denen von „Offenbarung" die Rede ist. Schon gleichartige Begriffe in den Originalsprachen der Bibel sind kaum zu finden. Mag das griechische „apokalyptein" (lat.: revelare) in seiner Grundbedeutung des Aufdeckens, Enthüllens dem deutschen Wortfeld von „Offenbarung" noch einigermaßen nah sein, fehlt eine solche Entsprechung in den hebräischen Texten des Alten Testaments (Eichrodt/47: 1599).

der Begriff „Offenbarung"

Zahlreich dagegen sind in beiden Teilen der Bibel die Zeugnisse davon, dass Gott Menschen etwas sehen oder hören ließ, dass er erschien, sprach, handelte (Preuß/54: 118–122). Die Bibel verwendet vorrangig „Erfahrungsbegriffe" (Eicher/179: 25–48; Seckler/201: 67). Sie beschreibt sinnliche Wahrnehmungen innerhalb einer Vorstellungswelt, in der es als möglich gilt, auf diese Weise der göttlichen Wirklichkeit gewahr zu werden. Mit einem doppelten Ziel überliefert die Bibel solche Ereignisse: Die als wichtig bewertete Erfahrung soll zum einen nicht in Vergessenheit geraten. Zum anderen gibt die Beschreibung denen, die sie lesen oder hören, die Möglichkeit, eigene Erfahrungen der Überlieferung zuzuordnen und in ihnen Gott zu erkennen.

Erfahrungsbegriff

Die ausdrückliche Rede von „Offenbarung" bewegt sich dagegen auf einer anderen Ebene. Sie setzt eine Reflexion voraus, in der die beschriebenen Erfahrungen als Offenbarungen verstanden werden. Nur gelegentlich sind in den biblischen Texten Stellen zu finden, die solche Reflexion direkt erkennen lassen. In der Einleitung oder dem zusammenfassenden Abschluss von Erzählungen finden sich mitunter Begriffe, die das Berichtete als Offenbarung qualifizieren. So etwa wird der Bericht über Jakobs Traum von der Himmelsleiter zusammengefasst: „denn Gott hatte sich ihm hier geoffenbart" (Gen 35,7 mit Rückbezug auf Gen 28,10–19). Das Johannesevangelium leitet seine abschließende Erzählung von der Erscheinung des auferstandenen Jesus mit der Ankündigung ein: „Danach offenbarte sich Jesus den Jüngern noch einmal, und er offenbarte sich in folgender Weise" (Joh 21,1). Noch deutlicher sind Elemente und Begriffe theologischer Reflexion in den biblischen Büchern zu finden, denen dieses Nachdenken selbst bereits ein Anliegen ist. Dies gilt für die so genannten Weisheitsschriften des Alten Testaments, für die neutestamentliche Briefliteratur, vor allem die Paulusbriefe und den Hebräerbrief, und unter den Evangelien vorrangig für das Johannesevangelium.

Reflexionsbegriff

Doch erst in einer theologischen Reflexion, die die biblischen Texte insgesamt bedenkt, kann „Offenbarung" zu einem zentralen Begriff werden. Dabei steht die Theologie vor der gleichen Frage wie die biblischen Autoren bei der Auswahl ihrer Erzählstoffe: Wann kann eine Erfahrung sinnvoll als Gotteserfahrung – als Offenbarung – qualifiziert werden? Eine solche Beurteilung bedarf der Kriterien. Diese müssen nicht ausschließlich theologisch-religiöser Natur sein. Als „Offenbarung" bezeichnet die Umgangssprache Erfahrungen, die – meist plötzlich und überraschend – die bisherigen Einschätzungen und Einstellungen eines Menschen massiv verändern: „Es ist eine Offenbarung", wenn sich mir ein Mensch von einer ganz anderen Seite zeigt, als ich es gewohnt bin; wenn sich mir lange Zeit verschlossene Zusammenhänge durch einen neuartigen Erklärungsversuch erschließen.

Die im profanen Umfeld entscheidenden Momente des Überraschens, des Erschließens und des Umstürzens allen bisherigen Verständnisses spielen auch für den theologischen Offenbarungsbegriff eine Rolle. Bei ihm kommen aber noch andere Kriterien zur Anwendung. Oft ist es die ungewöhnliche Form einzelner Erfahrungen, die sie als etwas Besonderes, als Offenbarung bewerten lassen: Visionen, Auditionen, Träume, Orakel, Erscheinungen, Wunder lassen göttliche Kräfte als Ursache vermuten. Dieser religionsgeschichtlich weit verbreitete Offenbarungsbegriff hat auch Eingang in die biblischen Texte gefunden (Fohrer/48: 38f.). Eine auf den Inhalt der Erfahrung bezogene Perspektive spricht von Offenbarungen, wenn Menschen – auf welche Weise auch immer – ein ihnen normalerweise entzogenes Wissen vermittelt wird; wenn ihnen die Schau göttlicher Geheimnisse eröffnet wird. Die für christliche Theologie wichtigste Perspektive aber richtet sich auf die Frage, ob und wie Gott in den fraglichen Erfahrungen etwas von sich oder gar sich selbst zu erkennen gibt. Vor allem wenn sie letzteres für gegeben hält, spricht die aktuelle Theologie von einer Offenbarung Gottes. Doch reflektierte Aussagen sind in ihrer sprachlichen Gestalt wie in ihren Voraussetzungen deutlich unterschieden von den Erfahrungen selbst sowie von ihrer Weitergabe in Form von Erzählungen (Preuß/53: I.228–238).

4. Fremdheit und Verbindlichkeit

Aufgabe der Hermeneutik

Es bleibt zu klären, was die Forderung, die aufgezeigten Fremdheiten zu achten, für die theologische Arbeit konkret bedeutet. Solche Klärung ist Aufgabe der Hermeneutik, der Lehre vom Verstehen. Sie gewinnt besonderes Gewicht, weil die Verbindlichkeit des biblischen Zeugnisses für alles theologische, gerade auch für das offenbarungstheologische Nachdenken von christlicher Theologie nie ernsthaft bestritten wurde (Berger/65: 5–54.129–137).

Selbstverständlich kann die Verpflichtung auf die Bibel nicht bedeuten, man müsse die aktuell bedrängenden Fragen – etwa die Frage, ob es Gott gibt – ausblenden oder sogar als falsch verwerfen. Einmal aufgebrochene Fragen lassen sich ohnehin nicht anders als durch ihre Beantwortung beruhigen. Bei Seite geschoben entfalten sie erst recht ihre subversive Kraft. Vor allem aber wird sich zeigen, dass viele der heutigen Fragen aus der Geschichte des Nachdenkens über die Bibel erst erwachsen, dieser also letztlich zu verdanken sind.

Die genannte Verpflichtung kann aber auch nicht erfüllt werden, indem man die alten, fremden Texte ihrer eigenen Welt entreißt. Es gilt, sie zunächst in ihrer eigenen Gestalt zu lesen und wahrzunehmen.

In diese Wahrnehmung des Vergangenen fließen allerdings immer schon die Vorverständnisse, Fragen und Urteile der gegenwärtig Lesenden ein. Dies gilt erst recht, wenn nach der Bedeutung des Vergangenen für die Gegenwart gefragt wird. Der damit angestoßene Prozess des Verstehens ist immer von beiden Seiten bestimmt: Vom Text wie von denen, die ihn aufnehmen. Im Idealfall wird es zu gegenseitiger Kritik und Erschließung kommen: Es ist eher die Regel als die Ausnahme, dass die Leserinnen eines Textes in ihm Bedeutungen finden, die vom Autor weder beabsichtigt noch erkannt wurden. Umgekehrt vermag ein Text sich vorschnellen Bewertungen und Einordnungen zu widersetzen, indem einzelne seiner Elemente sich solcher Verwertung verweigern. Dass er außerdem den Lesenden auch ganz Neues zu sagen hat, versteht sich von selbst – und findet in der Neugier der Lesenden sein Gegenstück (Schnackenburg/81: 52 f.).

Es kommt also für einen verantworteten Umgang mit fremden Texten darauf an, sich über deren Eigenstand wie über die eigenen Interessen und Fragen Rechenschaft zu geben. Wie sich solche grundsätzlichen Einsichten der Hermeneutik zu der speziellen Wechselbeziehung zwischen der Heiligen Schrift und ihrer kirchlichen wie theologischen Rezeption und Tradition verhalten, wird an viel späterer Stelle ausführlich zu bedenken sein (B.IV). Im Folgenden soll es zunächst darum gehen, den biblischen Texten Gehör zu schenken und bei der Suche nach ihren für die Offenbarungstheologie bedeutsamen Inhalten dem gerade aufgestellten hermeneutischen Anspruch so weit wie möglich gerecht zu werden. Das heißt zumindest: Mit ihnen die Frage, ob es Gott gibt, für positiv beantwortet zu halten und den Blick nicht zu verengen auf das Vorkommen von Begriffen, die mehr oder weniger präzise mit „offenbaren" oder „Offenbarung" übersetzt werden können.

II. Das Alte Testament

Das „Alte Testament" der christlichen Bibel, bis auf wenige Ausnahmen identisch mit der Heiligen Schrift, dem „Tenach" der jüdischen Tradition, hat eine inhaltliche Mitte: die Erwählung Israels und Gottes Treue zu seinem Volk (Preuß/53: I.79). Die Fülle der diese Geschichte bezeugenden Schriften ist über Jahrhunderte entstanden, vielstimmig und vielgestaltig. Unmöglich ist es deshalb, alle Texte, die für das offenbarungstheologische Nachdenken von Belang sein könnten, hier zu untersuchen; ähnlich vergeblich wäre der Versuch, „die" Offenbarungstheologie des Alten Testaments zu schreiben. Die Pluralität der Perspektiven ist unhintergehbar. Und doch lassen sich innerhalb der Vielfalt wiederkehrende, nur leicht variierende „Grundlinien" erkennen. Immer wieder werden bestimmte Erfahrungen benannt, in denen Gott sich sehen lässt, Worte, in denen er gehört werden kann, Ereignisse, in denen sein Handeln erkennbar wird. Zu jeder dieser Erfahrungen gehört auch ihr Gegenteil: der erlittene Entzug der Gottesgegenwart. Doch auch dieser Entzug wird gelesen im Licht der überlieferten Gotteserfahrung. In der Modulation der entsprechenden Texte gewinnt die Gottesrede der Bibel ihre – keineswegs bruchlose – Gestalt, wird Gott, auf den Israel baut, auf ganz spezifische Weise offenbar.

Grundlinien der Gotteserfahrung

Um im Rahmen dieser Einführung diese Gestalt erkennen zu lassen, beschränkt sich die folgende Darstellung bewusst auf sechs besonders prägnante Texte. Sie stehen für je eine jener „Grundlinien". Dass sich die vorgestellten Linien mit Gewinn durch viele andere Texte präzisieren ließen, dass die Bibel sogar noch ganz andere Linien zeichnet, sei damit nicht bestritten.

1. Schützende Verhüllung

Am Anfang soll ein Text stehen, der eine sinnvolle Rede von Offenbarung unmöglich zu machen scheint:

„Kein Mensch kann mich sehen …"

„Da sagte Mose: Lass mich doch deine Herrlichkeit sehen! Der Herr gab zur Antwort: Ich will meine ganze Schönheit vor dir vorüberziehen lassen und den Namen des Herrn vor dir ausrufen. Ich gewähre Gnade, wem ich will, und ich schenke Erbarmen, wem ich will. Weiter sprach er: Du kannst mein Angesicht nicht sehen; denn kein Mensch kann mich sehen und am Leben bleiben. Dann sprach der Herr: Hier, diese Stelle da! Stell dich an den Felsen! Wenn meine Herrlichkeit vorüberzieht, stelle ich dich in den Felsspalt und halte meine Hand über dich, bis ich vorüber bin. Dann ziehe ich meine Hand zurück, und du wirst meinen Rücken sehen. Mein Angesicht aber kann niemand sehen." (Ex 33,18–23)

Dieser Text steht in einem durchaus verwirrenden Kontext. Das Volk Israel hat den Bund, den Gott mit ihm schloss, durch die Verehrung des „Goldenen Kalbs" noch am Fuß des Sinai, dem Ort des Bundesschlusses, gebrochen. Mose entbrennt im Zorn, zerschmettert zunächst die Gebotstafeln, sodann das Götzenbild. Doch am nächsten Tag sucht er erneut zwischen Gott und seinem Volk zu vermitteln (Ex 32). Der Text hebt die enge Vertrautheit Moses mit Gott hervor: „Der Herr und Mose redeten miteinander von Angesicht zu Angesicht, wie Menschen miteinander reden" (Ex 33,11). Doch dann, auf dem Höhepunkt des Ringens mit Gott, die schroffe Zurückweisung: „Kein Mensch kann mich sehen und am Leben bleiben" (Botterweck/45: 29f.; Talmon/42: 30f.; Scharbert/57: 125f.).

Der heute vorliegende Text von Ex 33,7–23 ist mit hoher Wahrscheinlichkeit aus verschiedenen Traditionen zusammengewachsen, was seine Widersprüchlichkeit texthistorisch begründen mag. Damit aber ist über die theologische Bedeutung der aktuellen Textgestalt noch nichts gesagt. Diese kann gerade darin liegen, dass seine einzelnen Aussagen nicht harmonisierbar sind. Lässt sich dies doch als Ausdruck der Erfahrung lesen, dass das Geschehen, um das es hier geht, selbst in hohem Maße zwiespältig ist (Esterbauer/220: 189–210.274–276). Die Begegnung zwischen Gott und Mensch ist zugleich bestimmt von Enthüllung und Verhüllung, von Zuwendung und Entzug, von Offenbarung und Verborgenheit. Der Wunsch des Mose mag als Bitte gelesen werden, dieser Ambivalenz enthoben zu werden. Das wird ihm verweigert.

Enthüllung und Verhüllung

Die Begründung der Ablehnung bedarf allerdings selbst noch einer Begründung. Wieso soll die unverstellte Schau Gottes den Menschen das Leben kosten? Die Warnung erinnert zunächst an die oft zitierte Bestimmung des Heiligen, die der Religionswissenschaftler Rudolf Otto vorgelegt hat. Das Heilige werde in allen Religionen von den Menschen erlebt als „mysterium tremendum et fascinans" (Otto/427: 13.42) – als beängstigendes und zugleich faszinierend-anziehendes Geheimnis. Es sei, so Otto, die ihnen begegnende überwältigende Macht, die einerseits die Menschen umso stärker fasziniere, je bedrängender sie ihre eigene Ohnmacht erleben; die andererseits aber erschrecke, weil sie zweifellos auch die Kraft zur gewaltsamen Vernichtung der Menschen in sich trage (ebd. 22–27).

Faszination und Schrecken

Doch der Schrecken kann sich im hier gegebenen Zusammenhang nicht auf die Unberechenbarkeit und Zweideutigkeit der begegnenden Macht beziehen. Denn solche Zweideutigkeit kommt dem Gott, der Israel aus Ägypten geführt hat, nicht mehr zu. Er hat seinen Bund mit dem Volk geschlossen, damit es aus seiner Macht lebe. Wieso sollte die Begegnung mit diesem Gott Menschen vernichten?

Einen Hinweis gibt eine inhaltlich verwandte Stelle aus der Berufungserzählung des Propheten Jesaja. Als er in einer Vision Gott selbst in seiner himmlischen Herrlichkeit schaut, ruft der spätere Prophet aus: „Weh mir, ich bin verloren. Denn ich bin ein Mann mit unreinen Lippen und lebe mitten in einem Volk mit unreinen Lippen, und meine Augen haben den König, den Herrn der Heere gesehen" (Jes 6,5). Gerade wenn die Begegnung mit Gott als Begegnung mit seiner Heiligkeit, mit dem absolut Guten erfahren wird, geht mit ihr zwangsläufig die Einsicht des Menschen einher, dass er selbst dieser Güte nicht entspricht. Vor dem allein Guten erkennt sich der Mensch, ungeachtet aller möglichen Verdienste, als von dieser Güte endlos weit entfernter Sünder. Als Konsequenz der so erlebten Nichtigkeit wird die eigene Vernichtung erwartet. Aber Jesaja wird auf seinen zu Tode erschrockenen Ausruf hin im Auftrag Gottes von einem Engel entsühnt (Jes 6,6f.).

Heiligkeit und Sünde (Jes 6)

Doch Mose wird im vorliegenden Text gerade nicht als Sünder, sondern im Kontrast zum sündigen Volk dargestellt. Warum sollte auch für ihn eine unverstellte Gottesbegegnung den Tod bedeuten? Als Grund kann die Unfassbarkeit der göttlichen Wirklichkeit gelten. Sie würde in der unmittelbaren Begegnung jegliche Fassungskraft des Menschen sprengen. Damit aber verlöre der Mensch seine Orientierungsfähigkeit in der Welt – und damit seine Lebensfähigkeit. Er wäre für die Welt verloren.

Sprengung der menschlichen Fassungskraft

Zwei weitere, für die offenbarungstheologische Reflexion wertvolle Hinweise gilt es dem ersten hier vorgestellten Text zu entnehmen: Zum einen wird betont, dass nicht der Mensch sich vor der unverstellten Gottesbegegnung zu schützen hat, sondern dass Gott ihn davor bewahrt: Gott stellt Mose in den Felsspalt, er hält seine Hand über ihn, bis er vorübergegangen ist (Ex 33,22). Der Schutz ist ein Akt göttlichen Erbarmens (Ex 33,19). Zum anderen will die Bildrede des letzten Verses beachtet sein: Die Verheißung, Mose werde Gottes „Rücken sehen" (Ex 33,23). Gott wird „im Nachhinein" erkannt. Damit wird ein für die Bibel wie für die Offenbarungstheologie wichtiges Motiv eingeführt (z.B. Lk 24,31f.).

Erkennen im Nachhinein

Die Abweisung der Bitte des Mose, Gottes Herrlichkeit schauen zu dürfen, führt die biblischen Autoren keineswegs zur Bestreitung jeglicher Möglichkeit eines Sehens oder Hörens göttlichen Wirkens und göttlicher Wirklichkeit. Zur beschriebenen Ambivalenz jeder solchen Wahrnehmung gehört schließlich nicht nur der Entzug, sondern auch die Zuwendung, nicht nur die Verborgenheit, sondern auch die Offenbarung (Rendtorff /55: 175f.). In der oben analysierten Erzählung verweist Gott selbst auf diese Möglichkeiten seiner Erscheinung (Ex 33,19). Auf mögliche Formen der Gottesbegegnung gilt es nun einzugehen.

2. Name

„Gott redete mit Mose und sprach zu ihm: Ich bin Jahwe. Ich bin Abraham, Isaak und Jakob als El-Schaddai (Gott, der Allmächtige) erschienen, aber unter meinem Namen habe ich mich ihnen nicht zu erkennen gegeben. Auch habe ich einen Bund mit ihnen geschlossen und habe versprochen, ihnen das Land Kanaan zu geben, das Land, in dem sie als Fremde lebten. Ferner habe ich gehört, wie die Israeliten darüber stöhnen, dass die Ägypter sie wie Sklaven behandeln. Da habe ich meines Bundes gedacht, und deshalb sag zu den Israeliten: Ich bin Jahwe. Ich führe euch aus dem Frondienst für die Ägypter heraus und rette euch aus der Sklaverei. Ich erlöse euch

mit hoch erhobenem Arm und durch ein gewaltiges Strafgericht über sie. Ich nehme euch als mein Volk an und werde euer Gott sein. Und ihr sollt wissen, dass ich Jahwe bin, euer Gott, der euch aus dem Frondienst in Ägypten herausführt. Ich führe euch in das Land, das ich Abraham, Isaak und Jakob unter Eid versprochen habe. Ich übergebe es euch als Eigentum, ich, der Herr." (Ex 6,2–8)

Dieser Text steht in direktem Verweisungszusammenhang zu der weit bekannteren Erzählung von der Gotteserscheinung im brennenden Dornbusch (Ex 3,1 – 4,17). Gott lässt Mose – und durch ihn vermittelt das Volk Israel – seinen Namen wissen. Der Text stellt dies als Zäsur in der Geschichte Gottes mit Israel dar. Die Offenbarung des Namens begründet eine neue Qualität des Verhältnisses zwischen Gott und seinem Volk. Gott wie sein Volk gewinnen an Identität: „Ich nehme euch als mein Volk an und werde euer Gott sein."

die Macht des Namens

Im Hintergrund dieser Erzählung steht das Wissen um die Bedeutung von Namen. Wenn Menschen einander beim Namen nennen, geht es um mehr als um die identifizierende Benennung. Der Name ist ein für die Beziehung zwischen Menschen wirkmächtiges Symbol. Aus diesem Wissen entwickelte sich unter anderem die magische Praxis des „Namenzaubers". Die Überzeugung, dass, wer den Namen eines anderen kennt, Macht über ihn hat, findet darin ihren sinnenfälligen Ausdruck. Diese Überzeugung ist keineswegs an den Rahmen mythisch-magischer Vorstellungen gebunden: Alltägliche, jedem Kult ferne Begegnungen haben eine andere Qualität, wenn die, die miteinander sprechen, um den Namen des je anderen wissen. Den Namen nicht nur zu kennen, sondern auch zu nennen, signalisiert eine so deutliche weitere Stufe der Vertrautheit, dass dies in vielen Kommunikationssituationen ausdrücklich als unpassend gilt. Besonders intensive, intime Beziehungen finden oft ihren symbolischen Ausdruck darin, dass Menschen einander neue, nur ihnen bekannte Namen geben. Und in allen Formen interpersonaler Beziehung gilt: Den Namen anderer zu kennen bedeutet Macht. Die Nennung des Namens ruft den Verbindlichkeitscharakter der jeweiligen Beziehung wach, kann so den anderen in die Pflicht nehmen; gleichermaßen birgt das Wissen um den Namen der anderen die gefährliche Möglichkeit, sie in einer namenlos kaum möglichen Intensität zu verletzen.

Alles Gesagte gilt auch für den Gottesnamen. Mittels seines Namens wird Gott für sein Volk nicht nur identifizierbar, sondern auch in neuer Weise ansprechbar. Der mit den Vätern geschlossene Bund gewinnt eine neue Verlässlichkeit. Wie deutlich in der Tradition Israels aber auch das Wissen um die darin lauernde Möglichkeit des Missbrauchs bewusst war, zeigt sich in dem schon in vorchristlicher Zeit entstandenen jüdischen Brauch, den Namen Gottes nicht mehr auszusprechen, um der Gefahr zu entgehen, ihn zu entehren (Zimmerli/62: 21).

Doch nicht nur *dass* Gott sein Volk seinen Namen wissen lässt, hat theologische Bedeutung. Auch der Name selbst will bedacht sein. Seinen Ursprung hat der Name „Jahwe" vermutlich in der Religion der Midianiter – nach biblischer Tradition stammt Zippora, die Frau des Mose, aus diesem Volk. Er hat sich dann wohl in der Königszeit, also im 10. oder 9. Jahrhundert, in Israel als Gottesname durchgesetzt. Die Versuche, den – wie jedes hebräische Wort – nur in seinen Konsonanten überlieferten Namen etymologisch zu entschlüsseln, sind vielfältig und umstritten. Mit hoher Wahrscheinlichkeit steht er in

Verbindung zum Verb „sein". So erklärt sich die lange übliche Übersetzung: „Ich bin, der ich bin". Sie ist in jüngerer Zeit auf Kritik gestoßen. Diese Formulierung führe, so wird eingewandt, zu Vorstellungen von einem ewigen, mit sich selbst identischen und darin unwandelbaren Sein. Ein solches Seinsverständnis aber sei eher in der griechischen Philosophie als in der Bibel beheimatet. Andere Übersetzungen bemühen sich deshalb, deutlicher erkennen zu lassen, dass „Sein" für die Bibel eine in der Zeit sich bewegende und auf Beziehung ausgerichtete Wirklichkeit ist: „Ich werde dasein, als der ich dasein werde" (Buber); der „Ich-bin-für-euch-da" (Rose/56; Preuß/53: 158–167; Schreiner/59: 35–55).

„Ich bin, der ich bin"

Der hier auszulegende Text lässt solche philologischen Überlegungen selbstverständlich nicht erkennen. Doch er bestätigt die genannten Anliegen auf seine Weise. Er verbindet die Nennung des Namens eng mit dem zurückliegenden und angekündigten Handeln Gottes, der seinen Namen genannt hat: Gott erweist sein Gott-Sein, sein Jahwe-Sein, indem er Israel aus Ägypten befreit und ihm das Land der Väter zu eigen geben wird. Der eine zeitlang in der Theologie erbittert geführte Streit, ob nach biblischer Auffassung sich Gott durch seinen Namen oder durch sein Handeln zu erkennen gibt (Rendtorff/35; Zimmerli/62: 11–40), verkannte, dass es sich hier um ein gegenseitiges Bestimmungsverhältnis handelt: Wer Jahwe ist, zeigt sich durch sein Handeln – doch dass ein Geschehen sein Handeln ist, wird erst deutlich, wenn er als so Handelnder beim Namen genannt wird (Knieriem/50: 221–228; Fohrer/48: 46). Genau diesen Zusammenhang stellt der Text Ex 6,2–8 vor Augen. Der Name ist kein leeres Wort: Indem Gott ihn seinem Volk nennt, macht er sich ansprechbar als der, der an diesem Volk handelt.

Gottes Name – Gottes Handeln

3. Leitung

„Danket dem Herrn, denn seine Huld währt ewig!
[…]
Der die Erstgeburt der Ägypter schlug, denn seine Huld währt ewig,
und Israel hinausführte aus ihrer Mitte, denn seine Huld währt ewig,
mit starker Hand und erhobenem Arm, denn seine Huld währt ewig,
der das Schilfmeer zerschnitt in zwei Teile, denn seine Huld währt ewig,
und Israel hindurchführte zwischen den Wassern, denn seine Huld währt ewig,
und den Pharao ins Meer stürzte samt seinem Heer, denn seine Huld währt ewig.
[…]
Der an uns dachte in unsrer Erniedrigung, denn seine Huld währt ewig,
und uns den Feinden entriss, denn seine Huld währt ewig,
der allen Geschöpfen Nahrung gibt, denn seine Huld währt ewig.
Danket dem Gott des Himmels, denn seine Huld währt ewig."
(Ps 136,1.10– 15.23–26)

Der Psalm, als Aufruf zum Dank selbst ein litaneiförmiges Dankgebet, erinnert an lange zurück liegende Ereignisse: An die Befreiung des Volkes Israel aus Ägypten und die Inbesitznahme des Landes Kanaan, das fortan die Heimat der zwölf Stämme sein soll. Das dankbare Gebet ist nur eine von vielen Formen, in denen sich die biblischen Texte auf jenes Ereignis beziehen. Ausführlich erzählt wird davon in den Büchern Exodus, Numeri und Deuteronomium. Die so genannten „Geschichtsbücher" schildern den Aufstieg und Niedergang des israelitischen Königreichs, schon bald in ein Nord- und ein

biblische Erzählung

Südreich zerfallen, unter ständigem Rückbezug auf das Geschehen, das diese Geschichte erst möglich machte. Ebenso gehört das Bedenken der Befreiung aus Ägypten zu den Gegenständen der Weisheitsliteratur. Und die Propheten schöpfen aus der Erinnerung an diese Vergangenheit ihre Hoffnung für die Zukunft.

historische Forschung

Die Geschichtswissenschaft kann die Ereignisse, auf die sich die Bibel so vielgestaltig bezieht, nur begrenzt bestätigen. Was sie als wahrscheinlich zu erweisen vermag, klingt verglichen mit den biblischen Berichten unspektakulär. Vermutlich hat eine recht kleine semitische Volksgruppe, die zur Zwangsarbeit herangezogen wurde, im 12. Jahrhundert Ägypten verlassen und in der Folgezeit eine führende Rolle im palästinischen Bergland errungen, in dem sich verschiedene semitische Stämme politisch zusammenschlossen. Der Einflussbereich Davids und Salomos dürfte weit kleiner gewesen sein, als es die biblischen Berichte darstellen. Die gegenüber den umliegenden Großmächten selbst zu ihrer Blütezeit sehr kleinen Königreiche Israel und Juda haben bereits im 6. Jahrhundert ihre politische Selbstständigkeit wieder und für immer verloren.

Theologisch bedeutsam aber ist nicht, inwieweit sich die Selbstwahrnehmung eines Volkes mit den Urteilen eines historisch und regional ausgreifenderen Blicks vereinbaren lässt. Entscheidend ist, ob und wie die eigene Geschichte als Geschichte eines Volkes mit seinem Gott, als Geschichte Gottes mit seinem Volk verstanden wird. Darauf gibt der oben stehende Psalmtext bereits wichtige Antworten, die durch andere Texte noch zu ergänzen sind.

Herr der Geschichte

Der auffälligste Aspekt des Psalm: Gott ist der allein Handelnde (Schreiner/59: 96–98; Zenger/61: 126). Er bewirkt die Teilung des Schilfmeers, die zur Rettung Israels und zur Vernichtung der ägyptischen Verfolger führt; er leitet das Volk durch die Wüste; er schlägt die gegnerischen Könige; er gibt das Land seinem Volk zu eigen. Was geschieht, lässt Gott geschehen. Die irdische Geschichte verdankt sich – offenbar ausschließlich! – seinem Handeln. So selbstverständlich ist den biblischen Autoren diese Auffassung, dass die Frage, wie sich menschliches Entscheiden und Handeln mit einem möglichen Handeln Gottes vereinbaren lässt, nicht einmal gestellt, geschweige denn ausdrücklich bedacht wird. Auch hier will Fremdheit der alten Texte anerkannt sein.

Alles kommt dem Psalmtext darauf an, das Handeln Gottes als Ausdruck seiner Huld, seiner Güte darzustellen. Gott erweist sich in seinem Handeln als der, der Israel befreit, begleitet und ihm Zukunft eröffnet. Damit bestätigt sich der im vorangegangenen Abschnitt herausgestellte Zusammenhang:

der rettende Gott

Gott erweist sich als Jahwe, indem er Israel rettet (Preuß/54: 125). Gott als Gott zu erkennen und anzuerkennen ist die angemessene und von Gott angezielte Reaktion der Menschen auf sein Handeln. Nach Ausweis des Buches Exodus ist diese Erkenntnis keineswegs an den Glauben Israels, an eine bestimmte Deutung des Geschehens gebunden. Das Geschehen ist vielmehr von einer Eindeutigkeit, die die Erkenntnis Gottes selbst bei den Feinden Israels erzwingt: Der Herr „hemmte die Räder an ihren Wagen und ließ sie nur schwer vorankommen. Da sagte der Ägypter: Ich muss vor Israel fliehen; denn Jahwe kämpft auf ihrer Seite gegen die Ägypter" (Ex 14,25).

Dieses Geschehen muss erinnert werden, weil in ihm erkennbar wurde, wer Gott ist. Solche Erinnerung ist vor allem dann unverzichtbar, wenn die aktuelle Situation den rettenden Gott nicht erkennen lässt. Die persönliche Not, die militärische Niederlage, die politische Erniedrigung Israels scheinen dem Bekenntnis zur Macht und Huld Gottes oft Hohn zu sprechen. Sie müssen, soll die Überzeugung von Gottes Heilswillen für Israel nicht zerbrechen, mit dieser in Einklang gebracht werden. Dies gelingt, indem die Erfahrung von Unheil als von Gott gewollte und herbeigeführte Konsequenz individueller oder vom ganzen Volk zu verantwortender Schuld verstanden wird. Das Unheil ist Strafe und zugleich Anstoß zur Umkehr. Die Psalmen, vor allem aber die Geschichtswerke der Bibel, deuten nach diesem Schema des „Tun-Ergehen-Zusammenhangs" Vergangenheit wie Gegenwart. Sie lassen keinen Zweifel daran, dass auch in Notsituationen Gott die Geschichte lenkt, dass auch das von ihm heraufgeführte Unheil seiner Huld entspricht. An diese Huld appellieren die Beter der Psalmen, wenn sie sich als schuldig und ihr Unglück als gerecht anerkennen: Sie hoffen auf die Vergebungsbereitschaft Gottes, die zu neuem Glück führen kann (Ps 51).

Tun-Ergehen-Zusammenhang

Wie wichtig für die jüdische Tradition bis heute die Überzeugung von Gottes geschichtsmächtigem Handeln ist, zeigt sich vor allem in der zentralen Bedeutung der jährlichen Feste, die an die Befreiung aus Ägypten erinnern: Das Pessach-Fest als Vergegenwärtigung der Nacht des Auszugs, das Sukkoth-Fest als Vergegenwärtigung der Fürsorge Gottes für das durch die Wüste ziehende Volk. Jüdische Denker sehen allein in der Tatsache, dass es das jüdische Volk bis heute gibt, einen so überzeugenden Verweis auf das Handeln Gottes, dass sie vom Glauben daran trotz aller Erfahrungen des zwanzigsten Jahrhunderts, die jeden Glauben unmöglich zu machen scheinen, nicht lassen wollen.

jüdische Erinnerung

Die christliche Theologie hat in den letzten hundert Jahren bei ihrer Beschäftigung mit dem Alten Testament die Bedeutung der Geschichte für den Glauben neu entdeckt. Mit der Herausstellung einer „heilsgeschichtlichen Theologie" findet sie – in Gegenbewegung zu rein historischen wie zu allein spekulativen Entwürfen, die das 19. Jahrhundert bestimmten – zu einem Grundzug biblischer und auch jüdischer Theologie zurück (von Rad/34). Der Glaube wird wieder stärker rückgebunden an die konkreten Erfahrungen in Geschichte und Gegenwart. Doch in ihrer entfalteten Form ist diese Theologie mit zwei Problemen behaftet: Zum einen steht sie in der Gefahr, die im Alten Testament bezeugte Geschichte Gottes mit seinem Volk als Vorgeschichte des Christentums und der Kirche zu lesen (so Krinetzki/28: 367–371). Wenn und weil man diese im Christusereignis an ihr Ziel und Ende gekommen sieht, droht nicht nur das Alte Testament, sondern vor allem das weiterhin lebendige Judentum als überholt, gar als unberechtigt zu erscheinen. Zum anderen wird eine so ausschließliche Sicht der Geschichte als Ort der Gottesbegegnung nicht der Vielfalt gerecht, in der das Alte Testament sowie die jüdische Tradition davon sprechen, dass Gott sich den Menschen zu erkennen gibt (Fohrer/48: 43). Sie gilt es im Folgenden näher zu betrachten.

christliche Geschichtstheologie

4. Weisung

„Seht, heute werde ich euch den Segen und den Fluch vorlegen: den Segen, weil ihr auf die Gebote des Herrn, eures Gottes, auf die ich euch heute verpflichte, hört, und den Fluch für den Fall, dass ihr nicht auf die Gebote des Herrn, eures Gottes hört, sondern von dem Weg abweicht, den ich euch heute vorschreibe, und anderen Göttern nachfolgt, die ihr früher nicht gekannt habt.
[…]
Wenn ihr jetzt den Jordan überschreitet, um in das Land, das der Herr, euer Gott, euch gibt, hineinzuziehen und es in Besitz zu nehmen, und wenn ihr es in Besitz genommen habt und es bewohnt, dann sollt ihr auf alle Gesetze und Rechtsvorschriften, die ich euch heute vorlege, achten und sie halten." (Dt 11,26–28.31 f.)

Thora

Ähnlich häufig wie von Gottes Handeln in der Geschichte spricht das Alte Testament von den Worten Gottes, die menschlichem Leben die Richtung weisen. In den ersten fünf Büchern der Bibel – in der jüdischen Tradition „Thora", in protestantischen Bibelausgaben „Die fünf Bücher Mose" genannt – nehmen die Gebote und Verbote sogar den mit Abstand größten Raum ein. Was die so genannten „10 Gebote" (Ex 20,1–21; par Dt 5,1–22) konzentriert auf wenige Grundsätze vorlegen, wird hier in zahlreichen Einzelvorschriften, die alle Bereiche des Lebens betreffen, entfaltet. Dass sich die Mehrzahl dieser Bestimmungen auf den Gottesdienst im Tempel beziehen, kann nicht verwundern. Galten doch bis zu seiner Zerstörung durch die römischen Truppen im Jahre 70 n. Chr. der Tempel und der dort gefeierte Gottesdienst als zentraler Ort der Gottesbegegnung. Deshalb bedurfte dieser Bereich der besonders sorgfältigen Regelung.

Außerhalb der Thora finden sich ausgeführte Regeln und Gebote nur selten. Umso mehr aber stellt der Verweis auf das Gesetz einen immer wiederkehrenden Grundton dar: Sei es in den Geschichtsbüchern, die das Unheil Israels als Folge des Abfalls vom Guten verstehen; sei es in der prophetischen Mahnung, zu den Weisungen Gottes zurückzukehren; sei es im freudigen Lob des Gesetzes.

Gesetz und Evangelium

Diese herausgehobene Stellung des gebietenden Wortes Gottes im Alten Testament wurde zum Anknüpfungspunkt einer Fehlinterpretation, die die christliche Auslegung dieser Texte über Jahrhunderte prägte (Stuhlmacher/88: 253–261). Spätestens seit Martin Luther die Unterscheidung zwischen „Gesetz und Evangelium" (Luther/156: 1.265–276) zum Kriterium des rechten Glaubens erhob, nahm diese verzerrte Wahrnehmung ihren Lauf. Luther beruft sich mit dieser Unterscheidung auf Paulus, bei dem sie allerdings eine deutlich geringere Rolle spielt als in Luthers Schriften und deren späterer Rezeption. Sie zielt auf zwei gegensätzliche Möglichkeiten, das Verhältnis zwischen Gott und Mensch zu bestimmen. Wo immer Menschen sich die Zuwendung Gottes glauben verdienen zu können und zu müssen, stehen sie unter dem „Gesetz": unter den Vorschriften, die festlegen, welche Werke verdienstlich, welche strafwürdig sind. Wo hingegen geglaubt wird, dass Gott seine Zuwendung ohne Vorleistung des Menschen, aus reiner Gnade schenkt, werden die ohnehin vergeblichen Versuche, sich das Heil zu erarbeiten, falsch. Sie verstellen das „Evangelium", die frohe Botschaft von der grundlosen Liebe Gottes.

Zweifellos eignet dieser Unterscheidung eine große erhellende Kraft. Es dürfte – einschließlich des Christentums! – keine mit personalen Gottesvorstellungen verbundene Religion geben oder gegeben haben, in deren Praxis das Prinzip „do ut des" vollkommen fremd wäre: „Ich gebe, auf dass Du geben mögest". Menschen suchen durch ein bestimmtes Verhalten Gott bzw. die Götter zu ihren Gunsten zu beeinflussen (Angenendt/92: 373–378). Unwahrscheinlich ist aber auch, dass einer Religion der entgegengesetzte Gedanke, dass Gott vom menschlichen Verhalten unbeeinflusst handelt, vollkommen fremd ist.

Christliche Theologie jedoch hat, nicht zuletzt verführt durch die Begriffe „Gesetz" und „Evangelium" Luthers Differenzierung zu einer ganz anderen Trennung verwendet: Das Evangelium von der unverdienten Gnade Gottes sei Inhalt des christlichen und damit des wahren Glaubens. Das Alte Testament dagegen zwinge den Menschen unter das unerfüllbare Gesetz. Bis in die Gegenwart ist deshalb die Auffassung verbreitet, das Judentum sei eine Gesetzesreligion – und deshalb eine falsche Religion.

Ein genauer Blick auf die Texte des Alten Testaments deckt schnell die Unhaltbarkeit dieser These auf. Alle dafür notwendigen Aspekte finden sich bereits in dem kurzen, oben stehenden Textabschnitt.

Gottes Wille im menschlichen Gesetz

Die Gebote, die Israel vorgelegt werden, sind Gebote Gottes. Sie sind seine Worte, sie drücken seinen Willen aus (Sand/97: 7 f.). Diese Überzeugung findet ihren sinnenfälligen Ausdruck in der Erzählung, dass Gott dem Mose, der sich hier im Namen Gottes an das Volk wendet, diese Gebote in direkter Rede mitgeteilt hat (Dt 5,31). Sie wird keineswegs hinfällig, wenn man in Rechnung stellt, dass sich das in den Büchern der Thora überlieferte Gesetzeswerk über lange Zeiträume hinweg durch die Erfahrung und Reflexion Israels gebildet hat; dass es in weiten Teilen den Rechtstraditionen der Völker, zwischen und mit denen Israel lebt, ähnlich ist. Selbst wenn es Mose als historische Gestalt nie gegeben haben sollte, müsste dies der Überzeugung keinen Abbruch tun, dass die überlieferten Gebote Worte Gottes sind. Denn warum sollten die auf verschlungenen menschlichen Wegen gefundenen Weisungen nicht dem Willen Gottes entsprechen, wie es ihre Qualifizierung als „Worte Gottes" ausdrückt?

schriftliche und mündliche Thora

Diese Interpretation wird gestützt durch eine im spätantiken Judentum entfaltete Überzeugung: Dem Mose, so wird dort gelehrt, wurde nicht nur die schriftliche Thora offenbart, die in den Büchern der Bibel vorliegt, sondern auch die „mündliche Thora". Unter dieser versteht man all die Auslegungen, Schlussfolgerungen und notwendigen Aktualisierungen, die an die schriftliche Thora über die Jahrhunderte herangetragen wurden. Was so gefunden wird, hat Gott selbst in die Thora hineingelegt – dem Mose bereits geoffenbart (Kern-Ulmer/27: 128 f.; Stemberger/19: 79–83; Bruckstein/217: 51–55).

Gott, der dem Volk die Gebote als seinen Willen vorlegt, wird im gleichen Atemzug identifiziert mit dem, der Israel das gelobte Land gibt (Dt 11,31), der Israel „aus Ägypten geführt hat, aus dem Sklavenhaus" (Dt 5,6). Zwischen dem rettenden Handeln Gottes und seinen Worten, auf die er Israel verpflichtet, besteht also ein enger Zusammenhang: Beide sind Ermöglichung von Leben (Kraus/51: 39–42; Schreiner/59: 127–131). Deshalb vermag Israel das Geschenk der Thora zu besingen. Sie ist nicht die Anleitung, nach der man sich die Huld Gottes verdienen könnte und müsste, sondern – wie die Rettung aus Ägypten – barmherzige und befreiende Gabe Gottes. Der längste

eröffnetes Leben

unter den Psalmen gibt dieser Überzeugung eine beeindruckende Gestalt: „Deine Befehle zu befolgen ist das Glück, das mir zufiel" (Ps 119,56).

gehörtes Wort

Das Handeln Gottes zielt auf die Gotteserkenntnis des Menschen. Auch das Wort der Weisung hat ein Ziel: das Hören (Dt 11,26). Dass es sich dabei nicht um ein reines Zur-Kenntnis-Nehmen handeln kann, sondern um das gehorsame „Achten und Halten" (Dt 11,32) der Gebote, bedarf kaum der Erwähnung. Wie Ereignis und Erkenntnis gehören auch Sprechen und Hören zusammen. Das Geschehen, das die Bibel bezeugt und das die Offenbarungstheologie zu bedenken hat, ist offensichtlich durch Korrespondenz gekennzeichnet. Gott und Menschen müssen an ihm beteiligt sein, soll es zur Wirklichkeit kommen.

Abschließend gilt es noch die Rede des Textes von „Segen und Fluch" zu analysieren. Auffallend ist, dass von Gott nicht gesagt wird, er reagiere auf das Handeln der Menschen, indem er segnet bzw. verflucht. Segen und Fluch erscheinen vielmehr als die Früchte, die das entsprechende Handeln selbst hervorbringt. Damit bestätigt sich, was schon zuvor über das Verständnis der Gebote als „Weisung" gesagt wurde: Sie sind nicht willkürliche Setzungen Gottes, sondern leiten zu einem lebensdienlichen Handeln an.

5. Schöpfung

Gäbe es eine Welt, wenn es keinen Gott gäbe? Diese Frage hat über Jahrhunderte Philosophie und Theologie beschäftigt. Häufig wurde die Antwort so gegeben, dass sie die Gestalt eines Gottesbeweises annahm. Sein Grundgedanke ist stets der gleiche: Die Welt kann ihren Grund und ihre Ursache nicht in sich selbst haben. Da es unbestreitbar die Welt gibt, muss es also auch Gott geben, der sie geschaffen hat (s. u. S. 75). Wer so argumentierte, sah sich einig mit der Bibel, die doch schließlich auf ihren ersten Seiten von der Erschaffung der Welt durch Gott berichtet.

Grund der Welt

Doch diese Berufung auf die Bibel ist problematisch. Auf Grund der den biblischen Autoren selbstverständlichen Gottesgewissheit kommt ihnen die eingangs gestellte Frage gar nicht erst in den Sinn – und deshalb sind ihre Texte auch keine Antwort darauf. Die Schöpfung wird nicht gelesen als Offenbarung der Existenz Gottes. Gleichwohl ist der Hinweis auf die Schöpfung in der Bibel von Bedeutung. Denn auch die Schöpfung lässt in bestimmter Hinsicht erkennen, nicht *ob*, sondern *wer* Gott ist.

Zu dieser Erkenntnis führt Gott Hiob in seiner langen Erwiderung auf dessen Klage.

„Wo warst du, als ich die Erde gegründet? Sag es denn, wenn du Bescheid weißt.
Wer setzte ihre Maße? Du weißt es ja. Wer hat die Messschnur über ihr gespannt?
Wohin sind ihre Pfeiler eingesenkt? Oder wer hat ihren Eckstein gelegt,
als alle Morgensterne jauchzten, als jubelten alle Gottessöhne?
[...]
Wer verlieh dem Ibis Weisheit, oder wer gab Einsicht dem Hahn?
Wer zählt in Weisheit die Wolken, und die Schläuche des Himmels, wer schüttet sie aus,
wenn der Erdboden hart wird, als sei er gegossen, und Erdschollen zusammenkleben?
Erjagst du Beute für die Löwin, stillst du den Hunger der jungen Löwen,
wenn sie sich ducken in den Verstecken, im Dickicht auf der Lauer liegen?"
(Hi 38,4–7.36–40)

Der Text ist ein kleiner Ausschnitt aus der verwunderlichen und bis heute umstrittenen Rede Gottes zu Hiob. Gott stellt in ihr zum einen heraus, dass er die Macht hat und sie genutzt hat, der Welt eine Ordnung zu geben und diese zu erhalten. Schon darin ist er jedem Menschen überlegen. Seine Überlegenheit aber kommt erst vollends darin zum Ausdruck, dass diese Ordnung einer dem Menschen weder erdenkbaren noch begreifbaren Weisheit folgt. Alles hat in ihr seinen genau bestimmten Ort. An ihrem jeweiligen Ort finden alle Wesen ihre Lebensmöglichkeit und sind ihrerseits Teil der umfassenden Ordnung.

weise Ordnung

Umstritten ist vor allem, ob und inwiefern diese Rede für den angesichts seines maßlosen Leidens klagenden Hiob Antwort oder gar Trost sein kann (Fohrer/48: 37f.; Preuß/52; Hübner/72: I.146f.). Scheint doch diese Rede schon allein deshalb vollkommen an der Tragik seines Lebens vorbei zu gehen, weil sie allein auf Gottes Wirken in der Schöpfung eingeht, sein geschichtliches Handeln aber nur am Rande in ironischer Brechung erwähnt wird (Hi 40,12f). Doch die Gottesrede geht, mehr als auf den ersten Blick erkennbar, auf die Situation des Hiob ein. Die merkwürdigen Tiere, die Erwähnung finden, symbolisieren in der damaligen Vorstellungswelt Chaos und Vernichtung. Auch von ihnen wird gesagt, dass sie zu der von Gott gewollten Ordnung der Welt gehören und letztlich seiner Macht unterliegen (Keel/49: 85f.). Damit gesagt zu bekommen, was er in eigener Reflexion nie hätte erreichen können, macht es Hiob möglich, seinem Geschick zuzustimmen.

Was für Hiob sich als tragfähig erweist, hat auch in weniger extremen Situationen für verschiedene Autoren der Bibel seine Bedeutung: Die Ordnung der Schöpfung nimmt der Mensch staunend wahr und erkennt in ihr einen Hinweis auf die Weisheit und ordnende Macht Gottes (Schreiner/59: 160–163). Auf diese Aussage zielen nicht zuletzt die Schöpfungsberichte, die zwar am Anfang der Bibel stehen, aber nicht deren ältester Teil sind. Sie kennen nicht die Vorstellung, dass Gott die Welt aus dem Nichts geschaffen habe, die sich erst in späteren Jahrhunderten entwickelt. Gottes Tätigkeit ist das räumliche wie zeitliche Ordnen des vorhandenen Chaos. Erst in und aufgrund dieser Ordnung kann Leben geschaffen und erhalten werden. In dieser Akzentsetzung sind die biblischen Schöpfungsberichte eng verwandt mit anderen, etwa ägyptischen Vorstellungen. Im Gegensatz zu diesen aber stehen sie, wenn sie zwischen der Welt und dem sie ordnenden, einrichtenden Gott eine strenge Unterscheidung treffen: Nichts in dieser Welt, nicht einmal Sonne oder Mond, ist selbst Gott. Alles verdankt sich seiner Tätigkeit, ist von ihm an seinen Platz gestellt. Die von Gott geordnete Schöpfung führt den, der sie in rechter Weise betrachtet und bedenkt, selbst in die Weisheit Gottes ein – lässt ihn diese Weisheit erkennen (Zimmerli/63: 31f.; Knieriem/50: 229f.).

die Weisheit Gottes

Die spätesten Schriften des Alten Testaments machen die Weisheit Gottes eigens zum Gegenstand ihres Nachdenkens. Manche Formulierungen lassen die Weisheit fast als eigenständige Person erscheinen, die Gott zur Seite steht: „Im Umgang mit Gott beweist sie [die Weisheit] ihren Adel, der Herr über das All gewann sie lieb. Eingeweiht in das Wissen Gottes, bestimmte sie seine Werke." (Weish 8,3f.)

Daran knüpfen ihrerseits spätere jüdische und christliche Traditionen an: Das Neue Testament deutet Christus in enger Verbindung zur Weisheit. Wie von der Weisheit wird von ihm gesagt, dass er schon bei der Schöpfung zugegen war und ihr die Form gab (Kol 1,16).

Die jüdische Tradition der Rabbinen verbindet die Weisheit selbstverständlich nicht mit Christus, aber mit der Thora, von der gesagt wird, dass Gott sie vor der Welt erschaffen hat, um sich bei Erschaffung der Welt von ihr leiten zu lassen. Damit wird eine wichtige Verbindung gezogen: Gott, der Israel rettet und ihm seine Weisung gibt, hat in der gleichen Weisheit bereits die Welt geordnet. Ungeachtet der vielfältigen Formen, in denen Gott sich seinem Volk zu erkennen gibt, erweist er sich als der eine, für sein Volk eindeutige Gott (Samuelson/38: 292).

6. Verheißung

Er rettet, schenkt seine Weisung und erhält die Welt in ihrer Ordnung; er will das Heil seines Volkes, er ist mächtig und weise: So erkennt Israel seinen Gott. Doch die alltägliche Erfahrung widerspricht dieser Erkenntnis in beängstigender Regelmäßigkeit. Schon mehrfach wurde auf in der Bibel überlieferte Versuche hingewiesen, diese Spannung auszuhalten und trotz aller Not nicht von Gott zu lassen. Die Klagepsalmen, die Geschichtsschreibung, das Hiobbuch gelangen auf sehr unterschiedlichen Wegen zu diesem Ziel. Sie gewinnen gemeinsam ihre Kraft aus einer noch nicht berücksichtigten Tradition Israels: aus der Botschaft der Propheten, der die ältesten Textzeugnisse der Bibel zuzurechnen sind.

Propheten

„Seid ihr für mich mehr als die Kuschiter, ihr Israeliten? – Spruch des Herrn.
Wohl habe ich Israel aus Ägypten heraufgeführt, aber ebenso die Philister aus Kaftor und die Aramäer aus Kir.
Die Augen Gottes, des Herrn, sind auf das sündige Königreich gerichtet.
Ich lasse es vom Erdboden verschwinden; doch ich werde das Haus Jakob nicht völlig vernichten – Spruch des Herrn.
[...]
An jenem Tag richte ich die zerfallene Hütte Davids wieder auf und bessere ihre Risse aus,
ich richte ihre Trümmer auf und stelle alles wieder her wie in den Tagen der Vorzeit,
damit sie den Rest von Edom unterwerfen und alle Völker,
über denen mein Name ausgerufen ist – Spruch des Herrn, der das alles bewirkt.
[...]
Dann wende ich das Geschick meines Volkes Israel.
[...]
Und ich pflanze sie ein in ihrem Land, und nie mehr werden sie ausgerissen
aus ihrem Land, das ich ihnen gegeben habe, spricht der Herr, dein Gott."
(Am 9,7–15)

Die prophetischen Texte zeichnen sich dadurch aus, dass in ihnen unterschiedliche, ja gegensätzliche Inhalte miteinander verbunden werden. Sie verurteilen scharf das aktuelle Verhalten der Menschen in Israel und kündigen als Folge der angehäuften Schuld das Unheil, gar die Vernichtung an. Sie rufen zur Umkehr, zur Rückkehr in ein Leben nach der Weisung Gottes. Und sie verheißen Rettung.

drohende Strafe und künftige Rettung

Mit den bereits dargestellten Texttraditionen verbindet die Propheten die Überzeugung, dass erfahrenes Leid Folge menschlichen Fehlverhaltens ist. Sei es, dass dieses Verhalten seine unheilvollen Konsequenzen aus sich selbst hervorbringt, sei es, dass es von Gott bestraft wird. So ermöglichen es auch diese Texte, den Glauben an den Heilswillen und die Macht Gottes, der Israel erwählt hat, es in Zeiten des Unheils zu bewahren. Doch anders als die rückblickenden Texte der Geschichtsbücher, anders auch als die um Rettung bittenden bzw. für sie dankenden Psalmen, richtet die Botschaft der Propheten den Blick eindeutig in die Zukunft. In der Zukunft wird Gott sich als Gott erweisen, indem er das „Geschick seines Volkes wendet", „die zerfallene Hütte Davids wieder aufrichtet". Dabei können die Propheten die Rettung an die Bedingung der Umkehr binden (Jon 3), doch der oben stehende Text zeigt, dass dies nicht notwendig ist. Ist doch auch im Fall der Umkehr die Rettung stets Gnade. Denn Schuld kann nicht durch Umkehr, sondern nur durch die Vergebung überwunden werden (Zenger/61: 293–303).

In offenbarungstheologischem Interesse sind an den prophetischen Texten vor allem die beiden folgenden Aspekte von Bedeutung: Die Gerichts- und Verheißungsrede erfolgt in der Regel in der ersten Person. Entsprechende Einschübe – „Spruch des Herrn" – machen deutlich, dass in der prophetischen Rede Gott selbst spricht. Dem Propheten kommt die Vollmacht zu, im Namen Gottes zu sprechen. Gott gibt sich also bereits im gesprochenen Wort zu erkennen – nicht etwa erst in der Erfüllung seiner Verheißung (Scholtissek/84: 38–41).

„Spruch des Herrn"

Die angemessene Reaktion der Hörer ist deshalb keineswegs das Abwarten: Auch die prophetische Rede fordert die Antwort der Menschen. Ein Wort über die Zukunft wird erst zur Verheißung, wenn sich der Mensch, der es hört, zu der Hoffnung bewegen lässt, die es bewirken will – und wenn er sein Verhalten dieser Hoffnung entsprechend verändert.

erhoffte Verheißung

An den Zusammenhang von Gericht und Rettung, den die Propheten herausstellen, knüpft in späterer Zeit die apokalyptische Literatur an, die ihre Quellen außerhalb Israels und der biblischen Tradition hat. Sie verändert die Verkündigung der Propheten allerdings in zwei wesentlichen Punkten: Alle Propheten verkünden Gericht und Rettung als Ereignisse, die innerhalb der Geschichte eintreffen werden. Dabei verzichten sie auf die Berechnung genauer Zeitpunkte. Die Schilderung des Kommenden hat in der Regel stark symbolisch-bildhaften Charakter.

Apokalyptik

Für die apokalyptische Literatur dagegen beendet das Gericht die Weltgeschichte. Diese wird gedeutet als eine Verfallsgeschichte, für die keine Aussicht auf Heil mehr besteht. Die Rettung kann nur noch jenseits dieser Welt erfolgen – und sie wird allein den verbliebenen Gerechten zuteil, während alle anderen der Vernichtung oder ewigen Qual anheim fallen. Zahlreich sind die Versuche innerhalb der apokalyptischen Tradition, den Zeitpunkt dieses unmittelbar bevorstehenden Endes zu berechnen; auch die Schilderungen des Endes und des Gerichts lassen an einprägsamer Deutlichkeit nichts zu wünschen übrig. Zu solchen Ankündigungen sehen sich die apokalyptischen Seher berechtigt, weil sie das Wissen darum unmittelbar von Gott empfangen haben. Ihnen ist bereits offenbart, was in Kürze für alle sichtbar aufgedeckt werden wird. Die Spannung, in der diese Rede von Offenbarung zu anderen, nicht nur den prophetischen Texten des Alten Testaments steht, lässt sich nicht übersehen (Müller/33; Schreiner/58: 141–149). Umso aufmerksamer wird zu prüfen sein, welche Rolle sie in der offenbarungstheologischen Reflexion zugewiesen bekamen.

III. Das Neue Testament

1. Christus allein

Beim Vergleich zwischen dem Alten und dem Neuen Testament fällt unter offenbarungstheologischer Hinsicht ein Unterschied sofort ins Auge: Das Alte Testament, in einem um Jahrhunderte größeren Zeitraum als das Neue entstanden, verweist auf eine Fülle von Ereignissen, Erfahrungen und Texten, wenn es davon spricht, dass Gott sich zu erkennen gibt. Diesem Verweis auf die Vielfalt steht im Neuen Testament die Konzentration auf nur eine Person, auf die mit ihrem Leben verbundenen Ereignisse entgegen. Nahezu ausschließlich befassen sich die Autoren des Neuen Testaments mit Jesus von Nazareth. Wo immer sie anderes in den Blick nehmen – etwa die frühchristliche Gemeindewirklichkeit – sehen sie diese im Licht dessen, was sie an Jesus erkannt haben, von ihm glauben.

Nicht nur darin, dass sie in dieser Ausschließlichkeit von ihm sprechen, sind sich die Autoren des Neuen Testaments einig. Auch in den wesentlichen Aussagen, die sie über ihn treffen, bestehen weit reichende Gemeinsamkeiten (Hübner/72: I.173). Sie seien eingangs benannt.

Jesu Handeln – Gottes Handeln

Überzeugt sind alle Autoren des Neuen Testaments davon, dass durch und an Jesus von Nazareth Gott gehandelt hat. In den Worten Jesu wendet sich Gott selbst an die Menschen und spricht zu ihnen. In den Taten Jesu ist die Kraft Gottes am Werk, ohne die sie nicht möglich wären. Wo diese Kraft endgültig gebrochen scheint, in der Ermordung Jesu, erweist sie sich als unüberwindbar mächtig. Denn in der Auferweckung Jesu zeigt sich Gott als Herr selbst über den Tod (Hahn/70: 161–163).

Ereigniszusammenhang

Auf Leben, Tod und Auferweckung Jesu nehmen die neutestamentlichen Schriften in sehr unterschiedlicher Gewichtung Bezug. In einigen wird von Leben und Wirken Jesu ausführlich berichtet, in anderen stehen allein Tod und Auferweckung im Zentrum des Interesses. Diese unterschiedlichen Akzentuierungen aber gründen auf der gemeinsamen Überzeugung, dass Jesus von Nazareth nur richtig verstanden werden kann, wenn alles, was durch ihn und an ihm geschah, als Ereigniszusammenhang wahrgenommen wird.

„Christus“ – „Messias“

Bedeutsam ist nach dem Zeugnis des Neuen Testaments Jesus als der „Christus“. Diese bald zum Namen „Jesus Christus“ zusammengewachsene griechische Bezeichnung übersetzt den hebräischen Titel „Messias“ („Gesalbter“). Ihn verwendet das Alte Testament vorrangig als Ehrenbezeichnung für Könige und Propheten, die durch eine Salbung im Namen Gottes für ihre Aufgabe befähigt und legitimiert werden. In der Spätzeit des Alten Testaments und im Frühjudentum wird „Messias“ zum Namen des erhofften Retters: von Gott eingesetzt, soll er dem unter Fremdherrschaft leidenden Israel das endgültige Heil bringen, das in einigen Traditionen auch als Ende der Zeit vorgestellt wird (Lohse/32: 137–144). Auf diese Hoffnung greifen die ersten Christinnen und Christen zurück, um zum Ausdruck zu bringen, als wen sie Jesus von Nazareth erfahren haben und glauben. Gerade weil sie ausgesprochen offen und vielgestaltig war, konnte und musste die frühjüdische Messiashoffnung konkretisiert werden. Ihre nähere Bestimmung ergibt sich für die frühe Kirche aus dem Leben und Schicksal Jesu, von dem her für sie offenbar wird, welche Gestalt der von Gott gesandte Messias hat: Er ist der von Gott Gesalbte, der im Namen und in der Kraft Gottes endgültig das Heil bringt – und der zugleich von Menschen verachtet und als Verbrecher hingerichtet wird (Hahn/70: 157). Nicht zu trennen von diesem Heil bringenden Geschehen ist für sie das Gericht. Im Gericht – wie immer sein Verlauf und sein Ausgang auch vorgestellt werden mögen – kommt es zur Aufdeckung dessen, was gut und was böse ist sowie zur Überwindung des Bösen.

Nach seinem Tod lebt Jesus nicht mehr als Mensch unter Menschen. Die Bibel berichtet, dass er sich nach seinem Tod den Jüngern mehrfach als Auferweckter gezeigt hat. Diese Zeit der als leibhaft geschilderten Erscheinungen aber ging nach dem Zeugnis der neutestamentlichen Schriften zu Ende. Sie sprechen von der „Erhöhung" Jesu (Phil 2,9) oder, in einem anderen Bild, von seiner „Aufnahme in den Himmel" (Lk 24,51). Nichtsdestotrotz werden die jungen Gemeinden durch eine Vielzahl von Erlebnissen in ihrer Überzeugung gestärkt, dass Christus in anderer Weise bei ihnen gegenwärtig bleibt. Wo diese Gegenwart näher bedacht wird, wird sie als eine Gegenwart im Geist Gottes bestimmt.

Gegenwart des Erhöhten

Die jungen Gemeinden wissen sich verpflichtet, das von ihnen erlebte Geschehen und ihren darauf gründenden Glauben zu verkünden. So suchen sie andere zum Glauben an Christus zu bewegen. Der Grund für diese von Beginn an zu beobachtende missionarische Tätigkeit ist die Gewissheit, dass Gottes Handeln in und an Jesus von Nazareth nicht nur für Israel, sondern für alle Menschen und für alle Zeiten bedeutsam ist. Denn im Glauben an Jesus Christus, so die Überzeugung des Neuen Testaments, finden die Menschen aller Völker das Heil, das Gott seinem Volk Israel eröffnet hat, indem er es erwählte.

Mission

Schließlich rechnen die meisten Schriften des Neuen Testaments mit einer nah bevorstehenden Wiederkunft Christi (griech.: „parousia"). Wenn er vom Himmel als Richter wiederkommt, so ihre Hoffnung, wird er die von Unheil geprägte Weltzeit beenden und das Heil, das durch sein erstes Kommen bereits gegenwärtig wurde, vollenden. Diese Zukunft wird in anschaulichen Bildern ausgemalt (Lk 14,15–24 par; Röm 8,18–30; Offb 21, 9–22,5). Doch anders als in der apokalyptischen Literatur jener Zeit finden sich kaum Versuche, den Zeitpunkt und die genaue Form dieses Endes vorherzusagen.

Parusie

Die Fragen, die das Ausbleiben der baldigen Wiederkunft weckte, finden ihren Niederschlag darin, dass man eine schriftliche Überlieferung des Geschehenen überhaupt für nötig hielt. In den jüngsten Schriften werden bereits die Antworten vorbereitet, mit denen die Kirche dann über die Jahrhunderte hin die Vollendungshoffnung wach halten konnte, ohne dass es zu deren unmittelbarer Erfüllung gekommen wäre (Schnackenburg/82: 327–347).

Der Versuch, die neutestamentlichen Zeugnisse von Jesus Christus in wenigen Sätzen zusammenzufassen und ihre gemeinsamen Grundüberzeugungen zu benennen, entfernt sich zwangsläufig bereits von der Bibel. Denn er setzt eine gewisse Distanz zu den in Gattung, Anliegen, Sprache und Hintergründen sehr unterschiedlichen Schriften voraus. Deshalb soll nun ein genauerer Blick auf die drei größten Textgruppen des Neuen Testaments folgen. So mag sichtbar werden, wie einzelne Autoren das Ereignis, auf das sich alle beziehen, auf je eigene Weise deuten. Leitend ist dabei die Frage, ob und wie sie davon sprechen, dass Gott sich in und an Jesus zu erkennen gibt bzw. „offenbart". Gerade in seiner Vielstimmigkeit gibt das Neue Testament dem offenbarungstheologischen Nachdenken zahlreiche Anknüpfungspunkte.

Bevor jedoch die Bibel in Richtung auf ihre spätere theologische Rezeption gelesen wird, gilt es in gebotener Kürze das Problem zu bedenken, das sich in genau umgekehrter Richtung stellt: Inwiefern, so ist zu fragen, haben die neutestamentlichen Zeugnisse über Jesus überhaupt einen Anhalt an dessen Person, an dem Bild und Bewusstsein, das er von sich selbst hatte? Die Debatte über den „historischen Jesus" wird seit langem heftig und kontrovers geführt. Sie förderte vor allem zwei Probleme zutage (Schweitzer/40; Stuhlmacher/88: 40–50; Theißen/43).

historischer Jesus

Erstens bleibt es historisch unmöglich, die Taten und Worte, vor allem aber das „Selbstbewusstsein" Jesu exakt zu rekonstruieren. Die Quellenlage erlaubt allenfalls Wahrscheinlichkeitsurteile, oft nicht einmal diese. Immerhin zwingt sie zu der Einsicht, dass Jesus sicher nicht so von sich gesprochen hat, wie das Neue Testament und erst recht die spätere Dogmatik von ihm sprechen. Mit hoher Wahrscheinlichkeit hat er sich – entgegen dem Zeugnis der neutestamentlichen Autoren – nicht selbst als Messias bezeichnet, mit Sicherheit – anders als die altkirchlichen Konzilien – nicht als zweite Person des dreieinigen Gottes.

Damit ist das zweite, das hermeneutisch-theologische Problem erreicht, das bereits im Zusammenhang der alttestamentlichen Schriften angesprochen wurde, sich nun aber verschärft. Es bricht auf angesichts der Beziehung zwischen dem faktisch Geschehenen und dessen vom Glauben geleiteter Deutung. Wird die biblische Rede von einem Handeln Gottes als falsch erwiesen, wenn gezeigt werden kann, dass der Auszug aus Ägypten nicht in der im Buch Exodus überlieferten Form stattfand? Ist es falsch, von Jesus als dem Christus zu sprechen, wenn er sich selbst nie so genannt hat? Kann historische Forschung Glaubensinhalte widerlegen?

Diese Fragen müssen an späterer Stelle ausführlich bedacht werden (B.II). Hier aber geht es zunächst allein darum, das Zeugnis darzustellen, das die Autoren des Neuen Testaments von Jesus von Nazareth geben; das also Menschen geben, die die Ereignisse seines Lebens als göttliche Offenbarung glauben und es überliefern, damit auch andere glauben.

2. Unterschiedene Entfaltung

a) Gott zeigt sich als Herr: Die synoptischen Evangelien

„Nachdem man Johannes ins Gefängnis geworfen hatte, ging Jesus wieder nach Galiläa; er verkündete das Evangelium Gottes und sprach: Die Zeit ist erfüllt, das Reich Gottes ist nahe. Kehrt um, und glaubt an das Evangelium!" (Mk 1,14 f.)

Gott erweist sich als Gott, indem er rettet. Diese für den Glauben Israels zentrale Aussage greifen die synoptischen Evangelien (Mt, Mk, Lk) auf, indem sie vom Reich Gottes sprechen (Schnackenburg/39: 49–149; Merklein/76: 17–46).

Reich-Gottes-Botschaft

Jesus tritt auf, um die Nähe des Reiches Gottes zu verkünden. Es nähert sich, wie das Markusevangelium berichtet, in einer Zeit, in der Propheten wie Johannes der Täufer ins Gefängnis geworfen und ermordet werden. Es nähert sich, weil die Zeit dafür gekommen ist. Umkehr und Glaube sind nach Aussage des oben stehenden Textes nicht Bedingungen für das Nahen des Reiches Gottes, sondern die von den Menschen erwartete Reaktion auf dessen Ankündigung. Sie sollen umkehren, Gerechtigkeit üben und glaubend darauf hoffen, dass Gott wahr macht, was er ankündigt. Sie können all dies, weil das Reich Gottes nahe ist, weil Gott ihnen heilend und befreiend entgegenkommt.

Doch bei dieser, in prophetischer Tradition stehenden Ankündigung des Reiches Gottes bleibt es nicht. Jesus ist nach Aussage der Synoptiker nicht nur Prediger einer ausstehenden Zukunft. Wo er ist, bricht das Reich Gottes bereits an (Scholtissek/84: 126f.; Weiser/90: 77). Er „lehrt wie einer, der Vollmacht hat" (Mk 1,22). Seine Worte sind wirkmächtig, sie erreichen und verändern Menschen. Dass Jesus in der Kraft und Vollmacht Gottes handelt, wird augenfällig in den Wundern, die er wirkt. Die Dämonen müssen ihm gehorchen, denn er ist stärker als diese Mächte, die Gott entgegenstehen. Weil sie seine Macht als Bedrohung erkennen, sind die Dämonen auch die ersten, die Jesus erkennen als den, der er ist (Mk 1,24; 5,7 u.ö.). Die Austreibung der Dämonen aber ist keine selbstgefällige Machtdemonstration, sondern sie geschieht, damit die von Dämonen niedergedrückten Menschen sich wieder aufrichten können. In der gleichen Vollmacht spricht Jesus den Menschen die Vergebung ihrer Sünden zu. In dieser Zusage überwindet Gott selbst, was die Menschen von ihm trennt (Kertelge/73: 210). Dass mit ihm das Reich Gottes, dessen Kommen er wie die Propheten verkündet, bereits anbricht, unterscheidet Jesus von den Propheten.

Vollmacht Jesu

Die Evangelisten machen dies deutlich, indem sie ihm Titel zusprechen, die Propheten nicht zukamen. Als Sohn Gottes bezeugen sie ihn und stellen damit seine besondere Nähe zu Gott heraus. Allerdings ist dieser Titel zur Zeit der Evangelisten nicht mehr, wie etwa in den Psalmen, ausschließlicher Königstitel. Gott als Vater zu verstehen, wie es für Jesus nach dem Zeugnis der Evangelien vertraut war, sich selbst als Sohn bzw. Kind Gottes zu wissen, ist eine im Frühjudentum durchaus verbreitete Vorstellung (Strotmann/41: 379). Ähnlich wie bei der Messiasvorstellung gibt dies der frühen Kirche die Möglichkeit, die Sohnesbezeichnung auf Jesus anzuwenden und sie, von ihrem Verständnis Jesu ausgehend, mit einem besonderen Inhalt zu füllen, der dann nur auf Jesus zutrifft: Jesus ist der von Gott angenommene, schließlich zu Gott erhöhte Sohn. Er lebt in einer beispiellosen Nähe zu Gott. Als dieser Sohn ist er von Gott auch zum „Herrn" eingesetzt; in Person seines Sohnes setzt Gott seine Herrschaft auf der Erde durch (Nützel/77; Hahn/70: 131f.).

„Sohn" – „Herr"

Wenn und weil mit Jesus von Nazareth die angekündigte Gottesherrschaft beginnt, entscheidet sich an der Stellung, die Menschen zu ihm und seiner Botschaft nehmen, auch deren Verhältnis zum Reich Gottes. Zugespitzter formuliert: Das Ja oder Nein zu Jesus ist gleichbedeutend mit Heil und Unheil (Lk 12,8 par).

geforderte Entscheidung

Doch wann und wie kommt es zu dieser Entscheidung? Sie setzt voraus, dass Jesus als der erkannt wird, der er für die Glaubenden ist. Zu dieser Erkenntnis reicht es nach dem Zeugnis der Synoptiker nicht, die Wunder zu sehen: Sie führen zum Staunen, nicht notwendig zum Glauben (Lk 4,22). Viele nehmen an Jesus Ärgernis. Nur der Glaube erkennt die Wahrheit Jesu, weiß ihn als den, der den Vater kennt und offenbart (Mt 11,27 par). Verbindet man

Glaube und Erkenntnis

die verschiedenen Äußerungen der synoptischen Evangelien, kommt man zu der paradox anmutenden Aussage, dass Glaube und Erkenntnis sich gegenseitig voraussetzen. Vor diesem Hintergrund gewinnt das kurze Lobgebet, das Jesus an den Vater richtet, besondere Bedeutung: „Ich preise dich, Vater, Herr des Himmels und der Erde, weil du all das den Weisen und Klugen verborgen, den Unmündigen aber offenbart hast" (Mt 11,25 par). Dass Menschen die Offenbarung als solche erkennen und ihr glauben, ist nicht Frucht ihrer Klugheit, sondern zum Dank Anlass gebendes Geschenk Gottes (Hahn, 2002, 148f.).

Tod und Auferweckung

Ausführlicher als alle anderen Schriften des Neuen Testaments berichten die Evangelien vom Leben und Wirken Jesu. Alle bisher herangezogenen Aussagen sind diesen Berichten entnommen. Dabei bleibt allerdings zu berücksichtigen, dass auch sie erst nach Ostern, also im Glauben an die Auferweckung Jesu geschrieben sind. Ohne auf den Tod und die Auferweckung Jesu zu schauen, ist die Bedeutung seines Lebens nicht zu erkennen. Die Überlieferung des Leidens und Todes Jesu nimmt deshalb in den Evangelien einen breiten Raum ein. Am Tod Jesu, an dessen Unrechtmäßigkeit und Grausamkeit lassen die Evangelien keinen Zweifel zu. Doch sie berichten von ihm in der Überzeugung, dass dieser Tod Gott nicht daran hindert, seine Herrschaft aufzurichten. Dass er dazu den Willen und die Macht hat, wird für sie in der Auferweckung Jesu sichtbar.

Todesdeutungen

So eindeutig dieses Zeugnis der Evangelien für die Macht Gottes ist, so wenig erklärt es die Bedeutung des Todes Jesu. Steht dieser doch im extremen Gegensatz nicht nur zur Botschaft Jesu, sondern auch zum Herrschaftsanspruch Gottes selbst. In den synoptischen Evangelien ist das Ringen um ein Verständnis des Todes Jesu noch deutlich zu erkennen – verschiedene, kaum zu harmonisierende Deutungsansätze sind in ihnen zu finden (Friedrich/67). Fest steht für sie, dass das Entsetzliche geschehen „musste" (Mt 16,21 par), weil es dem Willen Gottes entsprach. Durch Vergleiche mit dem Schicksal verfolgter Propheten, aber auch mit Hilfe von Vorstellungen wie der befreienden Hingabe, des „Lösegelds", versuchen sie verständlich zu machen, dass und inwiefern dieser Tod „für die Menschen" geschah (Schürmann/86: 294–299). An zentraler Stelle, im Bericht vom Abschiedsmahl Jesu mit seinen Jüngern, greifen sie auf die Überzeugung zurück, dass Gott mit den Menschen einen Bund geschlossen hat: Als Zeichen eines neuen Bundes wird das Blut Jesu gedeutet, das vergossen wird, damit die Sünden der vielen vergeben werden (Mt 26,28 par). Der enge Zusammenhang des Todes, der Sündenvergebung und des damit eröffneten Heils wird hier wie an anderen Stellen eher konstatiert als entfaltet. So drücken die Evangelisten ihre Überzeugung aus, dass Gott seine Herrschaft nicht trotz des Todes Jesu aufrichtet, sondern dass sein Tod und seine Auferweckung eine Voraussetzung und Bedingung dieser Aufrichtung sind.

Eingeschrieben wird der Blick auf Jesus Christus von ihnen schließlich in eine Zukunftsperspektive, die deutlich apokalyptische Züge trägt. Die Vollendung des Reiches Gottes, das in Jesu Leben und Geschick nahe gekommen ist, steht noch aus. Ihr wird das Gericht vorausgehen, in dem Christus als Richter erscheint, um endgültig Heil und Unheil voneinander zu trenen.

b) Gerechtfertigt in Christus: Die Briefe des Paulus

Die Briefe des Paulus an die von ihm gegründeten Gemeinden sind die ältesten Texte des Neuen Testaments. Sie gehen ihrerseits – wie auch die Evangelien – auf noch frühere mündliche und vielleicht auch schriftliche Überlieferungen zurück, die als Quellen heute nicht mehr vorliegen. Die griechischen Begriffe „apokalyptein" und „phaneroun", die dem deutschen Wort „offenbaren" am nächsten stehen, werden von Paulus häufiger verwendet als in allen anderen neutestamentlichen Texten. Darin bestätigt sich erneut, dass es sich hier vorrangig um „Reflexionsbegriffe" handelt, denn ausdrücklicher als die anderen Autoren sieht Paulus seine Aufgabe darin, nachdenkend die Bedeutung Jesu Christi zu erschließen.

Paulus selbst hat seine Berufung zum Apostel, der die christliche Botschaft über die Grenzen Israels hinaus verkündet, in einer Vision empfangen. Die Apostelgeschichte berichtet ausführlich, wie Christus in einer Himmelsvision dem Paulus erscheint (Apg 9). Dieser selbst allerdings geht auf diese Erfahrung nur kurz ein und spricht davon, dass Gott ihm „in seiner Güte seinen Sohn offenbarte" (Gal 1,15f.). Von Leben, Tod und Auferweckung Jesu hatte Paulus schon zuvor gehört. Nicht diese werden ihm „offenbart", sondern ihm wird die Bedeutung dieser Ereignisse erschlossen, die dann zum zentralen Inhalt seiner Verkündigung wird. Doch die „Offenbarung" im Sinne einer solch unerklärlichen, übersinnlichen Wahrnehmung spielen für die Theologie des Paulus, für seine Verkündigung der Offenbarung Gottes in Christus keine Rolle (Balz/64: 138). Wesentlich für das Offenbarungsverständnis des Paulus ist nicht der Weg, auf dem die Wahrheit des christlichen Bekenntnisses einem einzelnen Menschen einleuchtet, sondern ihr Inhalt.

Gerechtigkeit aus Glauben

„Jetzt aber ist unabhängig vom Gesetz die Gerechtigkeit Gottes offenbart worden, bezeugt vom Gesetz und von den Propheten: die Gerechtigkeit Gottes aus dem Glauben an Jesus Christus, offenbart für alle, die glauben. Denn es gibt keinen Unterschied: Alle haben gesündigt und die Herrlichkeit Gottes verloren. Ohne es verdient zu haben, werden sie gerecht, dank seiner Gnade, durch die Erlösung in Christus Jesus. Ihn hat Gott dazu bestimmt, Sühne zu leisten mit seinem Blut, Sühne, wirksam durch Glauben. So erweist Gott seine Gerechtigkeit durch die Vergebung der Sünden, die früher, in der Zeit seiner Geduld, begangen wurden; er erweist seine Gerechtigkeit in der gegenwärtigen Zeit, um zu zeigen, dass er gerecht ist und den gerecht macht, der an Jesus glaubt." (Röm 3,21 f.)

Sühne und Befreiung

Dieser Text aus dem Römerbrief gilt zu Recht als die prägnanteste Zusammenfassung paulinischer Theologie. In ihrem Zentrum steht die Überzeugung von der Gerechtigkeit Gottes. Doch diese Gerechtigkeit entspricht nicht menschlichen Gerechtigkeitsvorstellungen, zeigt sich anders als in der potenzierten Verwirklichung der Rachephantasien, die zwischen Menschen allzu lebendig sind. Auch für Paulus gilt: Gott erweist sich als Gott, indem er rettet (Röm 4,17). In der Sprache des Paulus: Gott rechtfertigt den Menschen – setzt den Menschen in das rechte Gottesverhältnis. Aus diesem in der Schöpfung angezielten Verhältnis sind die Menschen durch ihre Sünde, durch die mutwillige Zurückweisung Gottes und seiner Weisung hinausgefallen. Sie wissen, sei es durch das Wort Gottes, das an Israel erging (Röm 2,18), sei es durch den inneren Gewissensspruch, unter dem auch die Heiden stehen (Röm 2,15), um diese Verfehlung des rechten Lebens. Wer aber gegenüber einem anderen schuldig wurde, hat weder Macht noch Recht, diese Schuld für ungeschehen zu erklären. Er bedarf der Vergebung des anderen, damit der entstandene Bruch geheilt wird. Jeder Versuch, sich durch die Erfüllung des „Gesetzes" die Vergebung zu verdienen, ist zum Scheitern verurteilt. Sie kann nur Geschenk sein, also Gnade.

Das Geschenk der Rechtfertigung wird in Christus offenbar, für Paulus vor allem in Tod und Auferweckung Jesu. Diese Offenbarung sucht er noch genauer zu erfassen, indem er von der Sühne spricht, die Christus durch seinen Tod geleistet hat. Wird diese Deutung im Licht der für Paulus selbstverständlichen Sühnevorstellungen gelesen, verbietet es sich, sie als Blutopfer zur Besänftigung eines anders nicht zu beruhigenden Gottes zu verstehen. Sühne zu leisten heißt vielmehr, die Folgen der Sünde auf sich zu nehmen; das Leid, das jede Schuld in die Welt bringt, zu tragen, ohne durch Gegengewalt neues Leid zu verursachen (Wilckens/91: 233–243). Genau dies geschieht für Paulus am Kreuz Christi: In seinem Sohn Jesus Christus nimmt Gott die Folgen der Sünde auf sich. So eröffnet er jenseits der Dynamik von Sünde und Gewalt neuen Raum. Die Rechtfertigung ist das Geschehen umfassender Befreiung. Weil die Sühne geleistet und die Vergebung geschenkt ist, können Menschen in der neu gewonnen Freiheit leben und ihr gerecht werden:

„Ihr seid zur Freiheit berufen, Brüder. Nur nehmt die Freiheit nicht zum Vorwand für das Fleisch, sondern dient einander in Liebe. Denn das ganze Gesetz ist in dem einen Wort zusammengefasst: Du sollst deinen Nächsten lieben wie dich selbst." (Gal 5,13 f.)

das Ärgernis des Kreuzes

Was Paulus als Heilsereignis verkündet, liegt nicht offen vor Augen. Ganz im Gegenteil: Das Offenbarungsverständnis des Paulus versteht nur richtig, wer die paradoxe, Ärgernis erregende Gestalt der Offenbarung nicht übersieht.

„Denn da die Welt angesichts der Weisheit Gottes auf dem Weg ihrer Weisheit die Weisheit Gottes nicht erkannte, beschloss Gott, alle, die glauben, durch die Torheit der Verkündigung zu retten. Die Juden fordern Zeichen, die Griechen suchen Weisheit. Wir dagegen verkündigen Christus als den Gekreuzigten: für Juden ein empörendes Ärgernis, für Heiden eine Torheit, für die Berufenen aber, Juden wie Griechen, Christus, Gottes Kraft und Gottes Weisheit." (1 Kor 1,21–24)

Der Gekreuzigte ist nach verbreiteten Maßstäben keine Rettergestalt, sondern Symbol vollkommenen Scheiterns. Doch gerade in dieser extremen Schwachheit erweist Gott seine Kraft. Sie ist die Weise, in der er befreit und rechtfertigt. Alles in der Welt mächtig Scheinende – einschließlich der großen Gedanken über Gott – wird in der Gestalt des Gekreuzigten gerichtet. Es wird aufgedeckt als Gewalt, die in den Tod führt. Der einzige Weg aus diesem Tod führt für Paulus über das Kreuz. Diese paradoxe Gestalt wiederholt sich in denen, die für Christus eintreten: Auch sie sind in den Augen der Welt schwach und zum Scheitern verurteilt, doch in ihrer Schwachheit erweist Gott seine Kraft (2 Kor 12,9; Balz/64: 139 f.). Der Gegensatz wird noch deutlicher herausgestellt, indem Paulus die Ärgernis erregende Gestalt des Gekreuzigten als Gottes „Weisheit" bezeichnet. Was weltlichen Maßstäben als Torheit erscheint, ist für die Glaubenden die Weisheit Gottes, die ihrerseits alles menschliche Denken als töricht erweist.

Die Rechtfertigung des Menschen, die ihn von seiner Schuld und den fesselnden Folgen der Sünde befreit, geschieht nach Paulus „im Glauben". Schwer auszumachen bleibt, was dieser Begriff für Paulus genau bedeutet. Ist er die Antwort des Menschen auf das rechtfertigende Entgegenkommen Gottes? Oder ist der Glaube eine Wirkung der göttlichen Offenbarung im Menschen, die nicht in der Wahl und Entscheidung des Menschen liegt? Die Äußerungen des Paulus dazu bleiben in einer ähnlichen Schwebe, wie sie bereits in den synoptischen Evangelien zu beobachten war (Hahn/70: 149.461; Strecker/87: 163). Glaube

Einig mit den Synoptikern ist sich Paulus auch in zwei anderen Hinsichten: Wie die Nähe des Reiches Gottes fordert auch die Rechtfertigung des Menschen Konsequenzen. So voraussetzungslos die Gnade Gottes ist, der unter ihr stehende, mit ihr lebende Mensch wird „Werke der Gerechtigkeit" hervorbringen. Nicht mehr in der Sünde gefangen, ist es ihm möglich, den Zwang zur letztlich stets gewaltsamen Selbstsicherung hinter sich zu lassen und in einer Form zu leben, die dem liebevollen und gerechten Zusammenleben dient (1 Kor 12). Liebe

Und auch für Paulus, nach dessen Überzeugung die Gerechtigkeit Gottes im Kreuz Jesu offenbar geworden ist, steht die endgültige Offenbarung nicht nur noch aus, sondern nah bevor. Erst im Wiederkommen Christi wird den Mächten der Welt, als letzter von ihnen dem Tod, endgültig die Kraft genommen (1 Kor 15,20–28). Erst dann wird es zur vollen Erkenntnis der Gerechtigkeit Gottes kommen, erst dann werden die Menschen ihn von Angesicht zu Angesicht sehen (1 Kor 13,12; Sand, 1971, 22). Hoffnung

c) Der Sohn offenbart den Vater: Die johanneischen Schriften

„Jesus sagte: Ich bin der Weg und die Wahrheit und das Leben; niemand kommt zum Vater außer durch mich. Wenn ihr mich erkannt habt, werdet ihr auch meinen Vater erkennen. Schon jetzt kennt ihr ihn und habt ihn gesehen. Philippus sagte zu ihm: Herr, zeig uns den Vater, das genügt uns. Jesus antwortete ihm: Schon so lange bin ich bei euch, und du hast mich nicht erkannt, Philippus? Wer mich gesehen hat, hat den Vater gesehen. Wie kannst du sagen: Zeig uns den Vater? Glaubst du nicht, dass ich im Vater bin und der Vater in mir ist? Die Worte, die ich zu euch sage, habe ich nicht aus mir selbst. Der Vater, der in mir bleibt, vollbringt seine Werke. Glaubt mir doch, dass ich im Vater bin und dass der Vater in mir ist; wenn nicht, glaubt wenigstens aufgrund der Werke! Amen, amen, ich sage euch: Wer an mich glaubt, wird die Werke, die ich vollbringe, auch vollbringen, und er wird noch größere vollbringen, denn ich gehe zum Vater." (Joh 14,1–13)

Auch wenn das Johannesevangelium und die Johannesbriefe nichts grundsätzlich anderes über Jesus sagen als die übrigen Schriften des Neuen Testaments, so sprechen sie doch ganz anders von ihm. Ihre Gestalt verdankt sich einer Reflexion auf Leben und Geschick Jesu von Nazareth, die als eigene Offenbarungstheologie bezeichnet werden kann. Das durch und an Jesus Geschehene ist als Offenbarung erkannt worden. Und deshalb wird es so überliefert, dass die Texte selbst ihn als den Offenbarer erkennen lassen oder auch ausdrücklich benennen.

Wer Jesus hört, hört den Gott, den Vater. Wer Jesus sieht, wer die Zeichen sieht, die er wirkt, sieht den Vater. In dieser Aussage werden Sohn und Vater

Sohn und Vater – Einheit und Unterschiedenheit

so eng miteinander verbunden, dass die Frage nach ihrer Einheit und Unterschiedenheit gestellt werden muss (Theobald/89: 79). Im 5. Jahrhundert wird das Konzil von Chalcedon von den „zwei Naturen", der menschlichen und der göttlichen, in der einen Person Jesus Christus sprechen (DH 301 f.). Doch auch wenn die Konzilsväter damit die Botschaft des Johannesevangeliums zu erfassen suchen – das Konzil spricht die Sprache seiner Zeit, die der Bibel noch vollkommen fremd ist. Die johanneischen Schriften bringen die Einheit des Sohnes mit dem Vater anders zum Ausdruck: In ihrer Sprache ist sie eine Einheit des Willens. Der Sohn will, was der Vater will; er spricht, was der Vater sagen will; er wirkt, was nach dem Willen des Vaters geschehen soll. Solche Übereinstimmung im Willen setzt voraus, dass der Sohn den Willen des Vaters kennt, das zwischen beiden eine enge Vertrautheit lebendig ist. Genau dies benennen die johanneischen Schriften, wenn sie davon sprechen, dass der Sohn „im Vater", der Vater „im Sohn" ist. Die Einheit zwischen Vater und Sohn ist die Einheit gegenseitiger und gegenseitig übereinstimmender Liebe. Liebe hebt das Gegenüber der Liebenden nicht auf, sondern sucht und bestätigt es, weil sie als Liebe anders nicht sein könnte (Scholtissek/85: 371).

In seinem Nachdenken über Jesus von Nazareth als den in Einheit mit dem Vater lebenden Sohn geht das Johannesevangelium noch einen entscheidenden Schritt weiter: Was in Jesus von Nazareth offenbar wird, entstand nicht erst in ihm und durch ihn. Es war bereits „im Anfang" (Joh 1,1). „Wort" und „Licht" waren immer schon Wirklichkeiten „bei Gott", das Wort „war Gott". So sucht das Johannesevangelium in einer Sprache, die der bereits erwähnten Weisheitstheologie sowie der zeitgenössischen Philosophie entlehnt ist, im Blick auf die Wirklichkeit Gottes zu sagen, was durch Jesus sichtbar wurde (Habermann/68: 135). In Gott sind Vater und Sohn, sind zugleich Einheit und Unterschiedenheit. „Gott ist die Liebe" (1 Joh 4,8; Langkammer/75: 470–473).

Die Einheit von Vater und Sohn wurde bisher als Bedingung der Offenbarung des Vaters durch den Sohn benannt. Nur unter Voraussetzung dieser Einheit kann, wer Jesus sieht, den Vater sehen. Doch diese Einheit ist nicht nur die unabdingbare Voraussetzung der Offenbarung. Sie ist zugleich deren wesentlicher und einziger Inhalt: Die Liebe Gottes, lebendig und wirklich in der Einheit von Vater und Sohn, soll den Menschen offenbar werden (Ritt/78). Sie ist die „Wahrheit" (Joh 8,30–47), für die Christus Zeugnis abgibt, sie ist die „Herrlichkeit" (Joh 2,11), die sichtbar wird, wenn der Vater den Sohn und der Sohn den Vater „verherrlicht" (Joh 13,31–35). In den Selbstzeugnissen, die der Evangelist Jesus in den Mund legt, lässt er den Anspruch erkennen, der für die Glaubenden von der Gestalt Jesu ausgeht: „Ich bin der Weg, die Wahrheit und das Leben" (Joh 14,6). Dieses und andere „Ich-bin-Worte" erinnern bewusst an die Selbstkundgabe Gottes in der Offenbarung seines Namens an Mose und stellen das Auftreten Jesu als solche Selbstkundgabe dar (Stuhlmacher/88: II.228–232; Hinrichs/71).

am Kreuz erhöht

Nicht zuletzt vom Tod Jesu gibt das Johannesevangelium ein Zeugnis, das ganz von seiner Theologie geprägt ist. Deshalb unterscheidet es sich, obwohl es unübersehbar das gleiche Geschehen überliefert, deutlich von den Passionsberichten der Synoptiker und der Kreuzestheologie des Paulus. Steht dort die Erniedrigung des Sohnes in einem schmachvollen Tod im Zentrum, scheut sich das Johannesevangelium nicht, von der Kreuzigung als „Erhöhung" zu sprechen. In seinem Tod am Kreuz verherrlicht der Sohn den Vater (Joh 13,31). Es ist Ausdruck größtmöglicher Liebe, „wenn einer sein Leben für seine Freunde hingibt" (Joh 15,13). Der Tod Jesu ist für das Johannesevangelium Zeichen und Ereignis der nicht zu überbietenden Liebe Gottes zu den Menschen, Offenbarung und Geschenk der Rettung (Stuhlmacher/88: II. 238–247).

Die johanneischen Schriften, die wohl jüngsten des Neuen Testaments, sind zu einer Zeit und in einem Umfeld entstanden, in denen die Hoffnung auf die baldige Wiederkunft Christi nur noch geringe Bedeutung hatte. Der schmerzhafte Umstand, dass Christus den Gemeinden, die Generationen nach ihm leben, nicht unmittelbar präsent ist, findet eine neue Deutung: Der Abschied Jesu von seinen Jüngern ist notwendig, damit sie ihn und in ihm die Wahrheit Gottes überhaupt ganz erkennen können (Schnackenburg/81: 85f.). Die Sendung des Geistes, der die Jünger in die Fülle der Wahrheit einführt, setzt nach Überzeugung des Johannesevangeliums die Erhöhung des Sohnes voraus (Joh 14,15–20; 16,4b-15).

Sendung des Geistes

So finden sich die in anderen Schriften apokalyptisch zugespitzten Hoffnungen im Evangelium und den Briefen des Johannes in deutlich veränderter Form (Strecker/87: 521–523). Die erneute Gemeinschaft mit Christus, aber auch das Gericht ereignen sich in der jeweiligen Gegenwart der Glaubenden. Denn auf den Glauben zielt das Kommen Christi in die Welt, auf den Glauben zielt die Überlieferung des Evangeliums (Schnackenburg/81: 95f.). Der Glaube an die Wahrheit der Liebe Gottes, die in der Welt erschienen ist, rettet die ohne ihn verlorenen Menschen. Nur die Glaubenden sind und wissen sich in die Einheit zwischen Sohn und Vater hineingenommen (Scholtissek/85: 376f.). Der Unglaube dagegen richtet sich selbst, indem er diese Lebensmöglichkeit zurückweist (Joh 3,17–21). Dass die Glaubenden tatsächlich in dieser Einheit leben, wird sich und muss sich in ihrem Handeln erweisen: Das Liebesgebot steht in unmittelbarer Verbindung mit der Aufforderung zum Glauben. Zur Erfüllung dieses Gebotes sind die Glaubenden in der Lage, weil sie sich als Geliebte wissen (1 Joh 4,7–16). Doch der Glaube ist nicht allein Entscheidung der zu ihm gerufenen Menschen. Auch für die johanneischen Schriften gilt: nur die von Gott dazu Befähigten können die Offenbarung der Wahrheit in Christus erkennen, nur sie finden zum Glauben (Joh 10,25–29;17,24). Wo aber Menschen zum Glauben finden, werden sie selbst Werke tun, in denen und durch die Gott wirkt und offenbar wird (Hahn/69: 133–141).

„Bleibt in mir" (Joh 15,4)

IV. Vorgaben: Die Bibel als Grundlage der Offenbarungstheologie

In großer Vielfalt erzählt die Bibel von Ereignissen, Gegebenheiten und Worten, in denen Gott sich zu erkennen gibt. Der Versuch, das biblische Zeugnis darzustellen, musste dessen Breite bereits einengen. Wenn die folgenden Abschnitte einige Aspekte der biblischen Rede von Gottes Offenbarwerden herausstellen, soll deren Vielfalt nicht endgültig einer abstrakten Zusammenfassung geopfert werden. Vielmehr geht es darum, den Schritt in die systematisch-theologische Reflexion vorzubereiten. Diesem Zweck dient es, die Aufgaben zu benennen, die das biblische Zeugnis dem Nachdenken stellt. Sie haben ganz unterschiedlichen Charakter: Es gibt inhaltliche Vorgaben, von denen eine Theologie, die sich christlich nennt, nicht wird lassen können; es gibt Fragen, die die Bibel offen lässt und damit zur Diskussion stellt; und nicht zuletzt gibt die Gestalt der Bibel selbst Anlass zu der Frage, in welcher Form sie als Vorgabe offenbarungstheologischer Reflexion verstanden werden will.

1. Gott, der rettet

„Denn ich, der Herr, bin dein Gott, ich, der Heilige Israels, bin dein Retter" (Jes 43,3); „Heute ist euch in der Stadt Davids der Retter geboren; er ist der Messias, der Herr" (Lk 2,11). So unterschiedlich, ja gegensätzlich die Erfahrungen, die Menschen mit Gott machen, und die Schlussfolgerungen, die sie daraus ziehen, auch sein mögen: die biblischen Texte sind von einer bemerkenswerten Eindeutigkeit geprägt. Sie zeugen alle von dem Vertrauen, dass Gott das Heil der Menschen will (Talmon/42: 32f.). Sein Wille, Heil heraufzuführen, und seine Macht, diesen Willen durchzusetzen, unterscheiden ihn von allen Götzen und auch von den begrenzten Möglichkeiten der Menschen. Als Schöpfer hat er die Welt so weise geordnet, dass die Geschöpfe in ihr leben können; als Weisung öffnet sein Wort den Menschen Wege, in dieser Welt menschlich zu leben; als Verheißung richtet es sich an die, die unter Unrecht und Unheil zu leiden haben, und weckt in ihnen die Hoffnung auf das rettende Eingreifen Gottes. Gott, der sich an sein Volk und damit an die Welt der Menschen gebunden hat, ist uneingeschränkt vertrauenswürdig. Mehr noch: Nur in der vertrauensvollen Bindung an ihn kann nach biblischer Überzeugung menschliches Leben gelingen (Jes 7,9).

Gottes Heilswille

Gottes Gericht

Auf den ersten Blick mag es scheinen, als stünde die häufige Rede von Gott als Richter, der unbestechlich belohnt und bestraft, dem Bekenntnis zum Heilswillen Gottes entgegen. Doch näherem Hinsehen zeigt sich, dass sie diesem Bekenntnis notwendig zur Seite steht. Im Licht erfahrenen oder erhofften Heils wird die Dunkelheit des Unrechts und Leidens umso klarer und schmerzlicher wahrgenommen. Soll das Gute sich durchsetzen, muss das Böse als böse benannt und überwunden werden.

Wandel der Bilder

Diese Aussagen über die rettende Barmherzigkeit und die richtende Gerechtigkeit Gottes sind sehr abstrakt. Immer wieder haben Glaubende Heil und Gericht konkreter auszumalen gesucht. Dabei entstand schon in der Bibel eine Vielzahl von Bildern, die sich nicht vollständig harmonisieren lassen. Deren Veränderungen haben einen wesentlichen Grund im Wandel der Lebensumstände und in den wechselnden Kontakten zu anderen Kulturen und Religionen. Umherziehende Nomadenstämme, aus denen auch das Volk Israel hervorging, sind von anderen Fragen umgetrieben als sesshafte Stadtbewohner, zu denen es schließlich zählte. Im Leben von Händlern sind andere Orientierungen gefragt als in der unerlässlichen Ortsgebundenheit einer Ackerbaukultur. Wer von der stark auf die Ordnung der Welt und des Großreiches ausgerichteten Religion Ägyptens weiß, ist mit anderen religiösen Antworten konfrontiert als Menschen, in deren Umfeld Fruchtbarkeitsriten im Zentrum kultischer Handlungen stehen.

Die Geschichte der biblischen – und später auch der kirchlichen – Glaubensaussagen als linearen Fortschritt zu beschreiben, widerspräche einem nüchternen Blick auf die Theologie- und Kirchengeschichte, in der es auch wiederholt zu folgenreichen Verdunklungen und Verzerrungen der Gottesvorstellungen kam. Schon die Bibel weiß um die Möglichkeit solcher „Verfallsgeschichte". Deshalb mahnen ihre Texte oft, zum Glauben der Vorzeit, zu den Einsichten der Väter und Propheten zurückzukehren (Dt 32,7; Jer 6,16 u.ö.).

Klärung der Bilder

Doch bei aller deshalb gebotenen Vorsicht wird man auch von klärenden Entwicklungen der biblischen Gottesrede sprechen können, hinter die nicht ohne Schaden zurückgegangen werden kann. Im Blick auf die hier interessierende Eindeutigkeit biblischer Gottesrede sind vor allem zwei derartige Entwicklungen zu benennen: Zum einen der bereits erwähnte Weg zu einem strengen Monotheismus. Zum anderen ein bedeutsamer Wandel der Gerichtsvorstellungen.

Dass die Aufrichtung des Guten nur unter Überwindung des Bösen gelingen kann, ist selbstverständlich. Immerhin nahe liegend ist es, sich die Überwindung *des* Bösen als Vernichtung *der* Bösen, der Menschen die Böses tun, vorzustellen. Sie begegnet biblisch etwa im Bericht über den Tod der Ägypter, die den Auszug Israels aus Ägypten verhindern wollen; aber auch noch in wesentlich jüngeren, vornehmlich in apokalyptischen Texten, die das Elend der Verurteilten mitunter plastisch ausmalen. Je mehr aber der Glaube sich durchsetzt, dass der Heilswille Gottes sich auf alle Menschen richtet, desto fragwürdiger werden solche Verurteilungsbilder. Alternative Vorstellungen werden entwickelt. Sie sprechen davon, dass Gott das Böse überwindet, indem er die, die in ihrem bösen Tun gefangen sind, befreit. Deshalb können die, die um ihre Schuld wissen, Gott darum bitten, sich ihnen vergebend zuzuwenden. So sprechen nicht nur die Worte und Taten Jesu, sondern auch bereits die alttestamentlichen Propheten von der Hoffnung, dass sich die von Gott geschenkte Vergebung umfassend durchsetzt. Das Böse wird überwunden sein, wenn es niemand mehr tut, weil niemand mehr unter der Macht eigener wie fremder Bosheit steht (Jes 2,1–5; Offb 21,22–22,5). In solchen Vorstellungen gewinnt die Überzeugung Gestalt, dass Barmherzigkeit und Gerechtigkeit bei Gott einander nicht ausschließen (Ps 62,12): Er nennt in seiner Gerechtigkeit das Böse böse und rettet in seiner Barmherzigkeit die, die unter der Macht des Bösen das Böse tun.

Eine Offenbarungstheologie, die sich den biblischen Schriften verpflichtet weiß, wird den Klärungsprozess, der in die Eindeutigkeit der biblischen Gottesrede mündete, nicht nur als Vorgabe akzeptieren: Sie wird diesen Prozess selbst dem Offenbarungsgeschehen, von dem die Bibel zeugt, zurechnen.

2. Göttliche Initiative

So selbstverständlich der Bibel die Existenz Gottes ist, so häufig berichtet sie davon, dass Menschen Gott hören, sehen, erkennen, erfahren können. Doch weder die Möglichkeit noch das faktische Zustandekommen solcher Erkenntnis sind selbstverständlich. Sie stehen vielmehr unter Bedingungen, die von den biblischen Autoren immer wieder benannt und problematisiert werden. Deren wichtigste: Gott ist nur erkennbar, wenn und weil er sich zu erkennen gibt; er ist nur zu hören, wenn und weil er spricht. Ob, wann und wie er sich erfahren lässt, liegt allein in seinem Willen begründet.

Am deutlichsten wird diese Überzeugung in der Schilderung der Gotteserfahrungen selbst. Die beteiligten Menschen setzen das Geschehen nicht in Gang und bestimmen es nicht, sondern es begegnet und widerfährt ihnen. Als Wahrnehmende sind sie darauf angewiesen, dass sich ihnen etwas zeigt.

Einen ähnlich deutlichen Ausdruck findet das Wissen um die Notwendigkeit der göttlichen Initiative in Situationen, in denen Menschen die Erfahrbarkeit Gottes schmerzlich vermissen. In Notsituationen oder auch vor schwierigen Entscheidungen bitten sie Gott, sich zu erkennen zu geben. Sie hoffen, dass er sich ihnen als Retter zeigt, dass seine Weisheit ihnen Klarheit schenkt (Ps 67,2; Ps 70,2; Weish 9).

Es steht nicht im Widerspruch zu der genannten Überzeugung, wenn die Bibel andernorts suchenden Menschen Ratschläge gibt, wie sie zur Erkenntnis Gottes gelangen können. Vor allem werden das „Nachsinnen" und das „Erinnern" oder „Gedenken" als Wege zu diesem Ziel genannt. Doch setzen auch sie Gottes vorgängige Initiative voraus: Die nachsinnende Betrachtung der Welt lässt die Weisheit Gottes nur erkennen, weil die Schöpfung in dieser Weisheit geordnet ist; die Erinnerung an die Geschichte des Volkes Israel ist nur deshalb eine Quelle von Hoffnung und Trost in aktuell erlittener Not, weil sie eine Geschichte erfolgter Rettungstaten ist; die Erinnerung an Jesu Leben, Tod und Auferweckung kann nur den Glauben stärken, weil in diesem Geschehen Gott selbst am Werk war (Sand/97: 10–12).

Dass die biblischen Autoren die Notwendigkeit der göttlichen Ermöglichung jeder menschlichen Gotteserkenntnis so nachdrücklich betonen, hat einen klar zu benennenden Grund: Sie geben damit ihrem Glauben Ausdruck, dass der von ihnen verkündete Gott kein „Machwerk von Menschenhand" (Ps 115,4) ist. Ebenso wenig zweifeln sie an der faktischen Möglichkeit der Gotteserkenntnis. Dass Gott sich zu erkennen gegeben hat und sich auch in Gegenwart und Zukunft wieder zu erkennen gibt, steht für die Bibel fest: „Der, der es gesehen hat, hat es bezeugt, und sein Zeugnis ist wahr" (Joh 19,35).

3. Menschliche Antwort

Wenn Gott sich zu erkennen gibt, dann hat diese „Offenbarung" einen Adressaten: die Menschen. Und sie hat ein Ziel: Die Menschen sollen Gott erkennen, ihn in ihrer Antwort auf die Offenbarung anerkennen. Erreicht die Initiative Gottes ihr Ziel nicht, sollte sie nicht einmal ihre Adressaten erreichen, kann von einer Offenbarung nicht sinnvoll gesprochen werden (Hübner/72: I.107). Deshalb stellt die Bibel die Ereignisse, die von der theologischen Reflexion als Offenbarung bezeichnet werden, stets als ein Korrespondenzgeschehen zwischen Gott und Mensch dar: Gott handelt, damit die Menschen ihn in seinem Handeln erkennen; Gott spricht das Wort seiner Weisung, damit sie im Bund mit ihm leben; Gott spricht im prophetischen Verheißungswort, damit Menschen zu hoffen wagen; Jesus von Nazareth verkündet den Anbruch des Reiches Gottes, damit die, die ihn hören, Umkehr und Glauben wagen. Kurz: Gott hofft auf die Antwort des Menschen (Pröpper/195: 300–321).

Offenbarung als Korrespondenzgeschehen

Dass es sich bei dem zu bedenkenden Ereignis um ein Geschehen zwischen Gott und Mensch handelt, steht also nicht in Frage. Der Versuch, dieses Ereignis genauer zu erfassen, führt allerdings vor mindestens drei wichtige Fragen, die von den biblischen Schriften eher gestellt als beantwortet werden. Da sie in der anschließenden systematischen Reflexion ausführlich diskutiert werden, geht es im folgenden lediglich darum, sie so genau wie möglich zu benennen.

a) Erkenntnis und Glaube

Als beim Durchzug durch das Rote Meer die Verfolgung durch die Ägypter ins Stocken gerät, ist nach der biblischen Erzählung für alle Beteiligten offenbar: Hier handelt der Gott Israels. Die Erkenntnis kommt allerdings für die Ägypter zu spät. Ihre Flucht rettet sie nicht vor dem Verderben (Ex 14,25–28). Gott handelt, damit die Völker seine Herrlichkeit erkennen – also auch die Feinde Israels, die ihn nicht als ihren Gott verehren. Damit dies gelingt, muss das Geschehen eindeutig sein. Es darf keinen Zweifel daran zulassen, wer es lenkt.

Eindeutigkeit

Von solcher Eindeutigkeit sind andere Geschehnisse, von denen die Bibel berichtet, weit entfernt. Der Seher Bileam ist für den Engel Gottes blind, der sich ihm in den Weg stellt, um ihn an der Verfluchung Israels zu hindern. Der Esel, auf dem der Seher reitet, ist hellsichtiger (Num 22,22–35). Als Gott den Samuel beruft, weiß der junge Mann die Stimme, die er hört, nicht zu deuten. Selbst der alte und weise Priester Eli ahnt erst beim dritten Ruf, dass Gott der Rufende ist (1 Sam 3). Die Worte und Wunder Jesu lösen bei denen, die sie sehen, Staunen aus, bei vielen von ihnen aber nicht den Glauben an Jesus (Lk 4,22; Joh 6,42). Andere sehen in ihnen sogar den Teufel am Werk (Lk 11,15 par). Selbst das leere Grab Jesu ist nicht eindeutig: Gegner der frühen Gemeinde vermuten einen Betrugsversuch der Jünger, die den Leichnam aus dem Grab gestohlen haben sollen, um seine Auferweckung behaupten zu können (Mt 27,62–66).

Vieldeutigkeit

Die Geschehnisse, die von der Bibel als Offenbarung geschildert werden, auf die Menschen durch Glaube, Umkehr und ein Leben nach Gottes Weisung antworten sollen, sind also keineswegs eindeutig. Sie können selbst von Augenzeugen anders denn als göttliche Handlungen verstanden werden. Erst der Glaube erkennt sie als solche (Bultmann/17: III.16f.). Doch der Glaube ist zugleich nach biblischem Zeugnis Antwort auf die ihm geschehene Offenbarung. Damit steht die Verhältnisbestimmung von Glaube und Erkenntnis zur Diskussion: Setzt der Glaube die Erkenntnis oder die Erkenntnis den Glauben voraus?

b) Glaube und Geschichte

Die Bibel spricht durchgängig von einem Gott, der in der Geschichte zum Heil der Menschen handelt. Wenn sie von seinem rettenden Handeln berichtet, haben solche Berichte nicht nur die Funktion, den Glauben auszumalen. Sie sollen ihn auch bewahrheiten. In dem überlieferten Geschehen erwies sich Gott als der, der er ist. Der Glaube stützt sich auf das Geschehen. Für Paulus steht und fällt er gar mit der Tatsächlichkeit des Geschehenen: „Ist

begründeter Glaube

aber Christus nicht auferweckt worden, dann ist unsere Verkündigung leer und euer Glaube sinnlos" (1 Kor 15,14).

Die Mehrdeutigkeit allen Geschehens, die selbst von den biblischen Berichten immer wieder eingeräumt wird, stellt die Rede vom geschichtlichen Handeln Gottes als Glaubensgrund vor Probleme, die offenbarungstheologisch genauer bedacht werden müssen. Die biblischen Autoren sehen die Ereignisse, von denen sie berichten, als Glaubende. Für sie zeigt sich in dem, was geschieht, der Gott, auf den sie bauen. Mit der Absicht, andere zu einem ebenfalls glaubenden Blick auf das Geschehene zu bewegen (Joh 19,35b),

deutender Glaube

formen sie die Erzählungen so, dass das Handeln Gottes in ihnen deutlich zu erkennen ist. Ihre Überlieferung ist bereits Ausdruck ihres Glaubens, setzt den deutenden Blick des Glaubens also voraus. Doch nicht schon die Tatsache, dass die biblischen Schriften in einer bestimmten Perspektive berichten, stellt ein Problem dar. Darin sind sie jedem anderen Bericht über Geschehenes gleich, denn anders als aus einer besonderen Sicht und unter Voraussetzung bestimmter Grundannahmen können Menschen weder etwas sehen noch etwas berichten. Zu Schwierigkeiten führt erst die Frage, ob und wie

haltloser Glaube?

sich belegen lässt, dass die Sicht der Bibel, die die Geschichte der Welt als Geschichte Gottes mit den Menschen erzählt, dem faktisch Geschehenen angemessen ist (s. o. S. 22); ob und wie sich der Verdacht ausräumen lässt, dass hier verständliche, aber unbegründete Hoffnungen und Wünsche, nicht aber der klare Blick auf die Wirklichkeit die Feder geführt haben.

c) Geschenk und Entscheidung

„Sei nicht ungläubig, sondern gläubig" (Joh 20,27). Dieser Aufforderung des Auferstandenen an den so genannten „ungläubigen Thomas" ließen sich zahlreiche ähnliche Texte der Bibel zur Seite stellen. Die Aufforderung zum

Forderung

Glauben, zur Anerkennung Gottes, zum Handeln nach seinem Wort begleitet das biblische Zeugnis vom Willen und Wirken Gottes. Berichtet wird von Menschen, die dieser Aufforderung folgten.

Doch dieser optimistischen Einschätzung, dass Menschen fähig sind, ein Geschehen als an sie gerichtete Offenbarung zu erkennen und es im Glauben zu beantworten, steht eine mindestens ebenso breite andere Erfahrung entgegen. Groß ist die Zahl der Menschen, die der Weisung Gottes nicht

Unfähigkeit

folgen. Viele erkennen die Propheten, durch die er spricht, nicht an. Aus Gottes auserwähltem Volk sind nur wenige willens und fähig, Jesus von Nazareth als den Christus zu erkennen und zu glauben. Aus dieser Erfahrung wächst die Auffassung, dass die Entscheidung zum Glauben die Kräfte der Menschen übersteigt. So stellen die Propheten (Ez 36,27), die Evangelisten (Mk 4,12) und nicht zuletzt Paulus (1 Kor 2,10) heraus, dass Gott die Menschen zuallererst in die Lage versetzen muss, den Schritt in den Glauben zu vollziehen. Der Geist Gottes wird als die Kraft benannt, die die Menschen zum Glauben bewegen muss, soll es zum Glauben überhaupt kommen.

Ihren rätselhaftesten Ausdruck findet die Überzeugung von der notwendigen Hilfe Gottes zum Glauben des Menschen in der Rede von der „Verstockung". Sie findet sich besonders prägnant im Sendungsbefehl an den Propheten Jesaja:

„Verstockung“

„Geh und sag diesem Volk: Hören sollt ihr, hören, aber nicht verstehen. Sehen sollt ihr, aber nicht erkennen. Verhärte das Herz dieses Volkes, verstopf ihm die Ohren, verkleb ihm die Augen, damit es mit seinen Augen nicht sieht und mit seinen Ohren nicht hört, damit sein Herz nicht zur Einsicht kommt und sich nicht bekehrt und nicht geheilt wird.“ (Jes 6,9f.)

Paulus greift auf dieses Motiv zurück, wenn er die für ihn so schmerzliche Tatsache, dass die meisten Juden sein Christusbekenntnis nicht annehmen, theologisch zu deuten versucht (Röm 11,25). Nicht auf Israel, sondern auf den Pharao bezogen, findet sich das Motiv von der von Gott bewirkten Verstockung vor dem Auszug aus Ägypten (Ex 7,3; Walkenhorst/44: 386–391). Die Uneinsichtigkeit, der Ungehorsam und der Unglaube von Menschen werden hier nicht lediglich auf eine fehlende Hilfe Gottes zurückgeführt, sondern auf dessen aktiv verhinderndes Eingreifen. Eine solche Deutung der faktischen Ablehnung prophetischer Zeichen und Reden entspricht der biblischen Überzeugung, dass Gott Herr allen Geschehens, also auch des Unglaubens ist. Doch führt sie zugleich in schwerwiegende Fragen: Ist Gott also verantwortlich für das Unheil, das nach einhelliger Überzeugung der biblischen Autoren Frucht des Unglaubens ist? Besteht nicht ein empörender Widerspruch, wenn Gott geschildert wird als strafender Richter des Unglaubens, den er selbst bewirkt hat? Welchen Sinn haben die Aufforderungen zum Glauben, wenn es außerhalb der Möglichkeiten des Menschen liegt, ihnen zu folgen?

Je deutlicher wird, dass Gottes Offenbarung nicht nur auf die glaubende Antwort zielt, sondern nur unter der Voraussetzung des Glaubens als solche erkannt wird, desto wichtiger wird es, den Akt des Glaubens näher zu bestimmen: Verdankt er sich einer Entscheidung des Menschen oder ist er ein Werk Gottes im Menschen?

4. Bestimmtheit und Entzug

Die Zusammenstellung biblischer Aussagen zur Erfahrbarkeit Gottes begann mit dem strengen Hinweis des Buches Exodus auf die Unmöglichkeit einer unmittelbaren Gottesschau. Die Auslegung führte zu der These, dass alle menschliche Gotteserfahrung ambivalent ist, dass jede Enthüllung auch Verhüllung, jede Offenbarung auch Verborgenheit bedeutet (Hahn/70: 143–146). Sie scheint der mittlerweile entfalteten Klarheit und Bestimmtheit biblischer Gottesrede direkt zu widersprechen. Denn muss nicht, wenn man die Begrenztheit menschlicher Einsicht in die Wirklichkeit Gottes ernst nimmt, jede inhaltlich bestimmte und festgelegte Rede von Gott mit einem Vorbehalt versehen werden? Muss sie nicht damit rechnen, dass Gott auch noch ganz anders sein könnte, mit einer neuen alle früheren Offenbarungen Lügen strafen könnte?

begrenzte Erkenntnis

Die biblischen Texte ziehen diese Konsequenz ausdrücklich nicht. Wie sich zeigte, halten sie auch in Situationen, in denen Gott fern und untätig scheint, an dem Vertrauen fest, dass Gott dennoch nah ist (Kraus/51: 47; Sauter/244: 37–43). In Gebet und Klage behaften sie ihn bei seinen Verheißungen, verpflichten sie ihn auf seine zugesagte Treue.

festgehaltener Glaube

Gerade hier zeigt sich aber auch das Ineins von Offenbarsein und Verborgenheit: Der direkte Blick auf den als Retter angerufenen Gott ist für die Beter verstellt durch die konkrete Situation, in der sie leben. Das auf den oft zu frühen Tod zulaufende Dasein des Menschen; die engen Grenzen seiner Kraft und Fähigkeiten; die dem Menschen immer wieder feindliche Natur; die so schwierige Welt menschlichen Zusammenlebens: All diese Erfahrungen stehen im Widerspruch zu der erhofften Welt, in der Gott seinen Heilswillen durchsetzt und sich darin unverhüllt zeigt (Knieriem/50: 230–234; Eckert/66: 344; Hahn/70: 157f.). In der faktisch bestehenden Welt auf ihn zu bauen, bleibt ein Wagnis. Wer aber den biblischen Aussagen in diesem Wagnis folgt, wird diese Begrenzungen menschlichen Lebens, soweit sie nicht durch menschliche Schuld verdunkelt sind, als von Gott offenbar so gewollte Bedingungen ansehen. Gott selbst stellte Mose in den Felsspalt und schützte ihn vor der direkten Gottesschau – damit er am Leben bleiben kann. So sehr die scheinbare Gottesferne Quelle des Leidens ist, sie ist nach diesen Aussagen Möglichkeitsbedingung menschlichen Lebens auf dieser Erde und des Glaubens an Gott.

erhoffte Klarheit

Gleichwohl kennt die Bibel die Hoffnung, dass Gott „die Hülle, die alle Nationen verhüllt, und die Decke, die alle Völker bedeckt" einmal zerreißen wird (Jes 25,7). Für Paulus verhindert die über Israel liegende Hülle, dass das ganze Volk Christus erkennt. „Sobald sich aber einer dem Herrn zuwendet, wird die Hülle entfernt" (2 Kor 3,16). Doch Paulus weiß darum, dass auch den Christen der Blick auf die Herrlichkeit Gottes noch nicht unverstellt möglich ist, er hofft auf die vollständige Offenbarung am Ende der Zeit: „Jetzt erkenne ich unvollkommen, dann aber werde ich durch und durch erkennen, so wie ich auch durch und durch erkannt bin" (1 Kor 13,12). Unter den Bedingungen der so erhofften Endzeit wird ein Gegenüber von Gott und Menschen möglich sein, das zur gegenwärtigen Zeit um der Menschen willen noch nicht sein soll.

Offenbarungstheologisches Denken wird die von den biblischen Texten vorgestellte Spannung beachten müssen. Auf die Bestimmtheit der biblischen Gottesrede verpflichtet, darf es den Abgrund, der die irdische Wirklichkeit des Menschen von der Herrlichkeit Gottes trennt, nicht verdecken.

5. Die eine Bibel

zwei Testamente

Als Vorgabe der offenbarungstheologischen Reflexion soll das biblische Zeugnis gelten und anerkannt werden. Diesem Anliegen folgend, wurden bisher verschiedenste Texte der Bibel vorgestellt und zu deuten gesucht. Der Reihenfolge ihres Entstehens gemäß, waren zunächst das Alte, dann das Neue Testament Gegenstand der Untersuchung. Doch die Grundentscheidung, die der gesamten Darstellung biblischer Überlieferung wie der folgenden Reflexion zu Grunde liegt, wurde noch nicht ausdrücklich benannt und begründet. Sie besteht darin, beide Teile der Bibel als gleichwertige und gleich verbindliche Vorgaben christlicher Theologie zu verstehen.

„Altes" Testament?

Dieses Verständnis der Bibel, vor allem des Alten Testaments, steht im Gegensatz zu einer Jahrhunderte währenden Bibelauslegung und ist bis heute nicht unumstritten. Müssen Christinnen und Christen, so das Gegenargument, nicht die ganze Bibel im Licht ihres Christusglaubens lesen? Muss ihnen nicht das Neue Testament Maßstab des Alten sein? Ergibt sich daraus nicht die Notwendigkeit, Teile des alttestamentlichen Zeugnisses auszuscheiden? Kann es nicht sein, dass das Alte Testament etwas Offenbarung nennt, was aus Sicht des Neuen Testaments nicht mehr als solche gelten kann (z. B. Fries/181: 209; Hübner/72: I.164 f.)?

Eine von dieser Überzeugung geleitete Lektüre der Bibel ordnet die beiden Testamente nach dem Schema „Verheißung / Erfüllung" einander zu. Das Alte Testament wird als Vorgeschichte des Neuen gelesen, all seine Texte weisen verhüllt auf das hin, was Gott erst in Christus enthüllen wollte. So wird erst im Neuen Testament offenbar, worin die Wahrheit des Alten bestand. Zweifellos findet sich diese Zuordnung bereits im Neuen Testament (Hahn/70: 116–119). Zu fatalen Folgen führt sie jedoch, wenn die für die neutestamentlichen Autoren selbstverständliche Verwurzelung in der frühjüdischen und alttestamentlichen Tradition verloren geht. Dann bildet das Alte Testament als Verheißung allenfalls noch den Hintergrund, vor dem die Erfüllung erkannt wird. Als Vorgeschichte ist es abgeschlossen, wenn das Entscheidende geschehen ist. Das Recht, als eigenständiger Text zu gelten, hat es verloren, sobald das Neue Testament ihm folgt.

Verheißung – Erfüllung

Bei all diesen abwertenden Urteilen ging es niemals nur um das Verhältnis zweier alter Texte. Zwangsläufig richteten sie sich auch gegen das Judentum, dem ausschließlich das Alte Testament als Offenbarung gilt (Stemberger/19: 23–132). Der jüdischen Tradition ihr Recht zu bestreiten, so lange sie sich nicht zu Jesus als dem Christus bekennt, ist die notwendige Konsequenz einer Bibelauslegung, die dem Schema von Verheißung und Erfüllung, gar einer „Enterbung" Israels durch die Kirche folgt. Verhängnisvoll hat sie sich in der langen Geschichte der Judenverfolgung und Judenvernichtung ausgewirkt, die glaubte, sich christlich nennen zu dürfen.

Antijudaismus

Schon in der ersten Hälfte des 20. Jahrhunderts traten jüdische Gelehrte dem christlichen Antijudaismus entgegen, indem sie mit den Mitteln moderner Exegese und Geschichtsforschung an das Judesein Jesu und die jüdischen Wurzeln des christlichen Glaubens erinnerten (Grunden/263: 5–87). Doch die christlichen Kirchen sahen sich zu einer Neubestimmung ihres Verhältnisses zum Judentum erst veranlasst, als sie voll Schrecken die verhängnisvolle Verbindung zwischen der christlichen Judenfeindschaft und dem nationalsozialistischen Völkermord erkannten.

der Jude Jesus

Die viel zu spät begonnene Diskussion um das Verhältnis der Kirche zur jüdischen Tradition hält an. Sie kann in ihrem Verlauf und ihren bisherigen Ergebnissen hier nicht dargestellt werden. Festzuhalten aber ist das neue, aus ihr erwachsene Verständnis der Bibel.

Wie Jesus waren auch seine Jünger, waren auch die Autoren des Neuen Testaments Juden. Nach dem Tod Jesu und vor dem Hintergrund ihrer Erfahrungen, dass der Gekreuzigte lebt, mussten die ersten Gemeinden das Geschehene deuten. Den Horizont, in dem allein ihnen dieses Verstehen möglich war, eröffnete ihnen die Heilige Schrift, die erst im 4. Jahrhundert, nach Entstehung und Festlegung des „Neuen", „Altes" Testament genannt werden konnte (Fohrer/48: 274–276). Auf das Zeugnis der Bibel greifen die Christen zurück, wenn sie Jesus von Nazareth verstehen als Propheten, als Messias, als den, in dem Gott spricht und handelt. Für sie ist es selbstverständlich, dass es der „Gott der Väter", der „Gott Israels" ist, der sich in und an Jesus von Nazareth erneut als Retter gezeigt hat (Blum/16, kritisch dazu Safrai/37; Klumbies/74: 243–247). Nur so können sie verstehen, was ihnen widerfuhr.

Heilige Schrift der ersten Gemeinden

Daraus aber folgt: Wo immer der Wahrheitsanspruch des Alten Testaments untergraben wird, verliert das Christuszeugnis des Neuen Testaments sein Fundament.

Von hier aus ist es nur noch ein kleiner Schritt zu dem theologisch entscheidenden Argument für ein verändertes christliches Verständnis des Alten Testaments. Lange Zeit unbeachtet findet es sich bereits in dem theologischen Versuch des Paulus, das Verhältnis zwischen dem jüdischen Volk und der Kirche, zu der auch getaufte Nichtjuden zählen, zu klären (Röm 9–11). Wer dem jüdischen Volk und seinem Gottesglauben das bleibende Daseinsrecht abspricht, stellt die Treue Gottes in Abrede, die dieser seinem Volk zugesagt hat. Worauf aber soll christlicher Glaube, der auf den Gott Israels baut, sich gründen, wenn dieser Gott der Untreue überführt wurde? Die Kirche kann den „niemals gekündigten Bund" (Lohfink/31) Gottes mit Israel nicht in Zweifel ziehen, ohne sich selbst und ihre Botschaft ins Unrecht zu setzen. Die Urkunde dieses Bundes aber ist die Heilige Schrift Israels, das „Alte Testament" der Christen (Sänger/79, 295–297; Kampling/270: 176f.).

der „niemals gekündigte Bund"

Es verbietet sich dem christlichen Glauben also bereits um seiner selbst willen, die Schriften des Alten Testaments geringer zu schätzen als das Christuszeugnis des Neuen. Nicht verwehrt aber ist es christlicher Theologie, das Gotteszeugnis Israels im Licht des Glaubens an die Offenbarung Gottes in Jesus Christus zu lesen. Dieses Licht wird in den überlieferten Texten auch Bedeutungen erkennen lassen, die einer nicht christlichen Lesart unverständlich bleiben. Hier geht es um einen gegenseitigen Erschließungsprozess: Die Texte des Alten und Neuen Testaments interpretieren sich gegenseitig und lassen so die Bedeutung erkennen, die für Christen Jesus von Nazareth hat. Eine solche Lektüre der Bibel unterscheidet sich selbstverständlich von der bis heute andauernden jüdischen Lesart der Schrift. Doch beide können einander nochmals ergänzen, korrigieren, bereichern (Hahn/70: 136–142). Voraussetzung dafür aber ist, dass christliche Theologie nicht nur das bleibende Eigenrecht des Alten Testaments anerkennt (Zenger/61: 18–21; Dohmen/19: 173–213). Sie hat auch ihre eigene Interpretation dieser Texte der jüdischen Auslegung zur Seite zu stellen, statt sich über diese zu erheben. Erst in jüngster Zeit hat die katholische Kirche offiziell dieses Verständnis des Alten Testaments und der jüdischen Tradition anerkannt und die christliche Theologie darauf verpflichtet (Päpstl. Bibelkom./3: 166f.).

eine Schrift – zwei Traditionen

Die inhaltlichen wie formalen Vorgaben, die aus dem biblischen Zeugnis für die offenbarungstheologische Reflexion erhoben wurden, beschließen den ersten Teil dieses Buches. Wie notwendig und wie schwierig es ist, über die Möglichkeit und Wirklichkeit göttlicher Offenbarung und menschlicher Gotteserfahrung nachzudenken, dürfte damit offen zutage liegen.

B. Systematische Entfaltung

Menschen können, zumindest auf Dauer, nicht nicht nachdenken. Was von außen begegnet und mit den Sinnen wahrgenommen wird, gibt zu denken. Inneres Erleben und Fühlen gibt zu denken. Nicht zuletzt: Frühere Gedanken, das Denken selbst gibt zu denken. Es ist unverzichtbar für Menschen, sich von all diesem Wahrgenommenen ein Bild zu machen, alles neu Begegnende in eine Beziehung zu setzen zu früher Widerfahrenem. Gelänge es nicht, zu einem solchen Gefüge zu gelangen, Menschen wären orientierungslos in der Mannigfaltigkeit dessen, was auf sie einströmt. Die Fähigkeit, sich denkend in der Welt zu orientieren, wird mit verschiedenen, keineswegs gleichbedeutenden Begriffen bezeichnet: Verstand, Vernunft, Ratio, Intellekt, Geist.

Notwendigkeit des Denkens

Dass Menschen dem Denken nicht entkommen können, legt allerdings noch keineswegs fest, was und wie sie denken. Spätestens die Erfahrung, dass verschiedene Menschen über den gleichen Gegenstand sehr Unterschiedliches, gar Gegensätzliches denken, macht das Verstehen selbst zu einem Gegenstand des Nachdenkens. Um sich angesichts solcher Differenzen überhaupt noch verständigen zu können, sind Regeln zu finden, an die sich Gesprächspartner, die einander verstehen und zum rechten Verständnis einer Sache kommen wollen, zu halten haben. Die allgemeinste dieser Regeln darf auf breite Zustimmung hoffen: Man hat, wenn man verstanden werden will, „vernünftig" zu reden. Die Vernunft als Fähigkeit, überhaupt zu denken, soll also zugleich Maßstab des rechten Denkens sein. Sogleich schließt sich die Frage an: Was ist denn „vernünftig"? Werden doch auch im Namen der Vernunft durchaus gegensätzliche Positionen vertreten.

Vernunft des Denkens

Schon in der griechischen Antike wurde als Grundregel vernünftigen Nachdenkens der „Satz vom ausgeschlossenen Widerspruch" formuliert: „Dass nämlich dasselbe demselben in derselben Beziehung […] unmöglich zugleich zukommen und nicht zukommen kann, das ist das sicherste unter allen Prinzipien" (Aristoteles/372: Γ 3, 1005b 19f.). Dieser Satz, der zunächst nur auf Aussagen über Gegenstände bezogen ist, wird dahingehend ausgeweitet, dass man von jedem Denken Konsistenz verlangt: Wer den Anspruch erhebt, als vernünftig befunden zu werden, hat darauf zu achten, dass seine Aussagen, Thesen und Forderungen einander nicht widersprechen.

Doch kann ein in sich widerspruchsfreies Denken auch bereits Anspruch auf Wahrheit erheben? Ist es der Wirklichkeit, die es zu bedenken gilt, angemessen? Erlaubt es, sich in ihr zu orientieren? Diese Fragen lassen sich nicht ohne weiteres positiv beantworten. Denkbar ist schließlich ein „Glasperlenspiel" (Hesse), ein schlüssiges Gedankengebäude, dem jeder Bezug zu den Gegenständen fehlt, die Menschen mit ihren Sinnen wahrnehmen. Denkbar ist aber auch, dass die sinnlich wahrnehmbare Wirklichkeit selbst nicht den Anforderungen entspricht, die dem Denken auferlegt werden; dass sie vielmehr voll von Widersprüchen ist. Wie sich das Denken auf die Wirklichkeit außerhalb des Denkens bezieht; ob und wie sich das Denken an der Wirk-

Wahrheit des Denkens

lichkeit messen und bewahrheiten lässt; ob das Denken die Wirklichkeit oder die Wirklichkeit das Denken prägt: all diese Fragen werden gestellt, seit Menschen über ihr Denken nachdenken – und die gegebenen Antworten weisen große Unterschiede, ja Gegensätze auf.

Die Problematik des Nachdenkens reicht noch weiter. Nachdenkend stellen Menschen Fragen. Sie finden Antworten, die zu neuen Fragen führen. Zur Ruhe kommt das Denken, zu ihrer gemeinsamen Grundlage kommen Streitende, wenn eine Antwort erreicht ist, die unmittelbar einleuchtet, die nach Ansicht aller Beteiligten keiner weiteren Rückfrage und Begründung bedarf. Solche „Evidenzen" bilden die Grundlage allen Denkens, aller Kommunikation (Halbfass/403). Ohne sie fielen Menschen ins Bodenlose, wäre Orientierung unmöglich. Die Geschichte des Denkens aber zeigt, dass solche Evidenz verloren gehen, neue entstehen kann. Was über lange Zeit fraglos als richtig und wahr galt, wird durch neu gestellte Fragen, durch neue Erfahrungen erschüttert. Was, wenn es mit einem Mal nicht mehr als selbstverständlich gilt, dass es Gott gibt? Was, wenn die Überzeugung, dass Menschen das Gute erkennen können, dass sie es zu wollen und zu tun vermögen, fragwürdig wird? Die schon bekannten Fremdheiten des biblischen Denkens für heutiges Verstehen weisen auf solche Wechsel von Evidenzen hin.

Grundlagen des Denkens

Vielfalt des Denkens

Ein letzter irritierender Umstand sei benannt. Schaut man auf die zahllosen Versuche, die Welt zu verstehen und sich in ihr zu orientieren; auf die Werke großer Philosophen; auf die in verschiedenen Kulturen und Religionen geformten „Weltbilder", stellt man nicht nur eine große Unterschiedlichkeit fest. Man wird auch konstatieren müssen, dass so unterschiedliche Ergebnisse langen Nachdenkens je für sich konsistent sein können; dass sie sich bewährt haben als Orientierung; dass sogar Menschen, denen die gleichen Grundlagen des Denkens einleuchten, daraus sehr verschiedene Schlüsse ziehen können. Die Pluralität menschlichen Denkens lässt sich nicht auf ein einziges wahres Verstehen reduzieren, indem alles andere Denken als falsch bewiesen wird. Stattdessen gilt es, sich zu dieser Vielfalt zu verhalten. Es muss in der je eigenen Perspektive ein Weg gesucht werden, fremden Wahrheitsansprüchen und Handlungsaufforderungen, die sich nicht mit den eigenen in Deckung bringen lassen, in Anerkennung und Kritik zu begegnen. Anders ist ein Zusammenleben der Menschen, deren Verschiedenheit sich nie wird beseitigen lassen, auf Dauer nicht möglich.

Aus der Unausweichlichkeit des Nachdenkens rettet auch der christliche Glaube nicht. Denn auch der Glaube mit seinen Aussagen und Aufforderungen gibt zu denken. Deshalb hat er mit all den Schwierigkeiten zu tun, die sich dem Denken entgegenstellen.

Gehalt

Der Offenbarungstheologie gibt zuerst und vor allem das biblische Zeugnis zu denken, dass Gott sich Menschen gezeigt und zu erkennen gegeben hat. Ihre erste und vornehmste Aufgabe besteht darin, die Wirklichkeit Gottes, von der die Bibel spricht und die Glaubende über die Jahrhunderte hin erfahren haben, zu bedenken. Diese göttliche Wirklichkeit aber, so viel wurde aus dem dargestellten biblischen Zeugnis bereits deutlich, existiert nicht in isolierter Unendlichkeit, sondern in enger Bezogenheit auf die Menschen und ihre Welt. So hat die Offenbarungstheologie auch über diese endlichen Wirklichkeiten nachzudenken, sie hat angesichts dieser das Zeugnis von dem Gott zu entfalten, der sich als Gott erweist, indem er rettet. Der wesentliche Inhalt des christlichen Glaubens und verschiedene Formen, ihn zu bedenken, bilden deshalb auch das Zentrum der folgenden Überlegungen (III.).

Die Schwierigkeiten allen menschlichen Denkens können aber von der Theologie um ihrer zentralen Sache willen nicht vernachlässigt werden. Von Anfang an umstritten war die Frage, auf welche Möglichkeiten und auf welche Grenzen die menschliche Vernunft stößt, wenn sie Gott zu bedenken sucht. Wie weit reichen ihre Fähigkeiten zur Gotteserkenntnis? Können Menschen konsistent von Gott sprechen? Brauchen sie nur die Kraft ihrer Vernunft oder bedürfen sie der Hilfe Gottes, um der Wirklichkeit Gottes ansichtig zu werden? Bestätigt und erhebt die Offenbarung das menschliche Denken oder deckt sie seine Nichtigkeit auf? Hat die Offenbarung über die Vernunft oder die Vernunft über die Offenbarung zu richten? Es empfiehlt sich, eingangs diese Fragen zu bedenken. Denn ihre jeweilige Beantwortung hat weit reichende Konsequenzen für die inhaltliche Entfaltung des Offenbarungszeugnisses. Außerdem lassen sie sich leicht an das biblische Zeugnis anknüpfen – wird doch die Frage nach den Möglichkeiten menschlicher Gotteserkenntnis auch von den biblischen Autoren immer wieder gestellt (I.).

Gedanke

Auch der zweite Problemkreis deckt sich mit den Aufgaben, vor die die biblischen Schriften das Nachdenken stellen. Was oben als Frage nach dem Verhältnis von Glaube und Erkenntnis formuliert wurde, ist gleichbedeutend mit der Forderung, den Bezug des Denkens auf die bedachte Wirklichkeit zu klären. Wann kann ein Ereignis zu Recht als Offenbarung bezeichnet werden? Wie werden ein Wort, ein Geschehen, eine Weisung zu Offenbarungen Gottes? Wie lassen sie sich als solche erkennen? (II.).

Gestalt

Die Konsistenzforderung, der sich ein Denken gegenüber sieht, das als vernünftig gelten will, bekommt in theologischer Perspektive eine besondere Prägung. Denn wenn es um die Entfaltung des grundlegenden Offenbarungszeugnisses geht, muss diese nicht nur in sich Stimmigkeit aufweisen. Sie hat darüber hinaus zu erweisen, dass und wie sie mit den ursprünglichen, sehr alten Zeugnissen und mit der Geschichte ihrer Auslegung in Einklang stehen. Eine Theologie, die diesen Nachweis verweigert, tritt aus der Tradition christlichen Glaubens hinaus. Es muss also deutlich gemacht werden, wie eine über die Zeiten reichende Kontinuität möglich und zu sichern ist. Notwendig ist sie nicht nur um der Konsistenz der Theologie willen. Unverzichtbar ist sie vor allem, wenn die einst geschehene Offenbarung Menschen späterer Zeiten erreichen können soll (IV.).

Gegenwart

Von Anfang an standen die, die an die Offenbarung Gottes in und durch Jesus von Nazareth glaubten, anderen gegenüber, die über das gleiche Geschehen ganz anders dachten. In diesen Unterschieden gründeten die frühen Konflikte zwischen der jüdischen Tradition und der jungen Kirche. In der Begegnung mit der griechisch-römischen Welt weitete sich die Notwendigkeit einer Verhältnisbestimmung des Christentums zu Glaubenden anderer Traditionen aus, in der heute alltäglichen Konfrontation mit fremden religiösen wie nicht-religiösen Weltverständnissen findet sie ihre Fortsetzung. So dürfen die Versuche, den christlichen Wahrheitsanspruch nach außen zu vertreten, nicht unerwähnt bleiben (V.).

Gegenseitigkeit

I. Gedanke: Das umstrittene Verhältnis von Vernunft und Offenbarung

1. Ein spannungsreiches Verhältnis

Wären die Christen nicht davon überzeugt, dass in Christus die Wahrheit Gottes offenbar geworden ist, sie wären keine Christen. Doch wie erweist sich diese Wahrheit als wahr? Wie können Christen diese Wahrheit als Wahrheit verstehen? Wie können sie sie anderen verständlich machen?

Genauer gefragt: Dürfen Christen, um die von ihnen geglaubte Wahrheit zu verstehen und auszudrücken, sich auf das Denken und die Einsichten von Menschen zurückgreifen, die selbst nicht glauben? Dürfen sie sich der Sprache bedienen, mit denen Menschen anderer Religionen und Kulte von Gott, von der Welt, von Menschen sprechen? Oder verraten sie so die ihnen geoffenbarte Wahrheit? Suchen sie so, um mit Paulus zu sprechen, nicht mit der Torheit der Menschen die Weisheit Gottes zu ergründen? Setzen sie, wenn sie sich so weitgehend mit den anderen verbünden, nicht ihre Identität aufs Spiel? Aber andererseits: Wie sollen Christen denn die von ihnen geglaubte Offenbarung als Wahrheit verstehen und verständlich machen, wenn sie nicht an das anknüpfen, was von menschlicher Vernunft bereits gedacht und eingesehen wurde – auch außerhalb der christlichen Tradition? Sind sie nicht verpflichtet, die Wahrheit des Glaubens zu erweisen, damit Menschen den Glauben vor ihrem Gewissen und ihrer rationalen Redlichkeit verantworten können? Hat nicht auch Paulus mit Hilfe seiner Vernunft, unter Rückgriff auf jüdische Weisheit sowie antike Klugheit das Evangelium zu ergründen gesucht?

Seit dem 17. Jahrhundert werden diese Fragen nach den Möglichkeiten und Grenzen menschlicher Erkenntnis und menschlichen Denkens im Bezug auf die Wirklichkeit Gottes unter dem Titel „Vernunft und Offenbarung" diskutiert. Doch sie waren in der Theologie auch schon zuvor präsent und umstritten. Gleichwohl ist das Nachdenken über sie von einer markanten Wendung geprägt, den das Aufkommen des genannten Titels markiert. Zu jener Zeit wurden Maßstab und Gemessenes vertauscht: Galt bis dahin die Offenbarung selbstverständlich nicht nur als vernünftig, sondern gar als Maß aller Vernunft, hat sich seitdem jeder Offenbarungsanspruch vor der Vernunft zu verantworten. Deshalb bietet es sich an, zunächst von einer „glaubenden Vernunft", anschließend von einem „vernünftigen Glauben" zu sprechen.

2. Glaubende Vernunft

a) Vom Binnenraum ins „Laboratorium"

Die frühesten Texte, die uns aus den Anfangszeiten des Christentums bekannt sind, entstehen zeitgleich mit den Schriften, die am Ende des 2. Jahrhunderts zum „Neuen Testament" zusammengefasst wurden, bzw. kurze Zeit später. Es sind Schriften, die zu einem erheblichen Teil aus dem Umfeld des Gottesdienstes stammen: Gebete, Hymnen, Lieder, in denen die Gemeinde Gott für

erste Texte

sein Handeln in Christus preist und ihn um weiteren Beistand bittet (z. B. die Oden Salomos/114). Entsprechend streng geformt sind die Texte. Den zweiten Typ von Texten bilden Gemeinderegeln, in denen Fragen des rechten Lebens für die Einzelnen wie für die Gemeinschaft der Glaubenden geklärt werden (z. B. Didache und Traditio Apostolica/108). Beide Textgattungen stehen sprachlich in großer Nähe zur Bibel, von der sie Bilder, Bekenntnisformulierungen und die noch wenigen theologischen Reflexionsbegriffe übernehmen. Andere Einflüsse sind kaum zu erkennen. Es sind Texte, die in den Gemeinden für die Gemeinden entstanden. Sie haben keine Adressaten, die außerhalb des Christentums gestanden hätten, die es abzuwehren oder zu überzeugen gälte. Wie sollte auch eine Gruppe von einem so kleinen Umfang wie die junge Kirche große Aufmerksamkeit in ihrer Umwelt geweckt haben? Außenstehenden musste sie ohnehin als Sekte innerhalb des Judentums erscheinen, das selbst als winzige Minderheit im römischen Weltreich lebte.

Doch auch und gerade als Minorität war die frühe Kirche in die sie umgebende, nichtchristliche Welt und Gesellschaft eingebunden. Wer die Kirche in den ersten drei Jahrhunderten ständigen Verfolgungen ausgesetzt sieht, hat sich durch Darstellungen irreführen lassen, die die Kirche als Märtyrerkirche zu stilisieren suchten. Die meisten Menschen verließen ihre Lebensorte und beruflichen Kontexte nicht, wenn sie sich dem Christentum zuwandten (Guyot/110: 1–6; Markschies/130: 41–44).

wachsende Minderheit

Im griechisch-römischen Umfeld entwickelte das Christentum gleichwohl erstaunlich schnell eine Attraktivität, die allerdings nicht auf seinen philosophischen oder theologischen Leistungen gründete. Beeindruckt haben unter den Christen eher diejenigen, deren Leben vom Gebot der Gottes- und Nächstenliebe geprägt war (Markschies/130: 59f.). Beeindruckt hat wohl auch die Konsequenz, mit der die an Christus Glaubenden an der von ihnen vertretenen Wahrheit festhielten – selbst wenn dieses Bekenntnis sie das Leben kostete, sobald es, regional und zeitlich begrenzt, zu gewaltsamen Verfolgungen kam. In Hochachtung für solche Authentizität haben sich immerhin so viele Menschen der Kirche angeschlossen, dass die Bekehrungen das Wachstum der Kirche bis ins vierte Jahrhundert deutlich stärker beförderten als die von Christen geborenen Kinder.

Anfänge christlicher Theologie

Unter den so zur Kirche Hinzukommenden befanden sich zunehmend auch gebildete Menschen, die, wie etwa Justin der Märtyrer oder Klemens von Alexandrien, in Philosophenschulen groß geworden waren. Aus ihnen gingen die ersten „wissenschaftlichen Theologen“ des Christentums hervor, die meist auch als Priester oder Bischöfe in das wachsende institutionelle Gefüge der Kirche eingebunden waren. Für sie stellte sich die Frage, wie sich, was die Philosophie Vernunft und Wahrheit nennt, zum Inhalt des christlichen Glaubens verhält. Sie stehen mit diesem Problem zwangsläufig mitten in dem oben aufgezeigten Dilemma. Spätestens ab der Mitte des zweiten Jahrhunderts ist die Theologie mit dessen Lösung befasst. Auf ganz verschiedenen Wegen versucht man zum Ziel zu kommen. Noch sind die Grenzen zwischen dem „rechten Glauben“ und dem „Irrglauben“, der „Häresie“, nicht festgelegt. Wie in einem „Laboratorium“ (Markschies/130: 46) experimentieren die Kirche und ihre Theologen. Erst allmählich entsteht die Gestalt der institutionell verfassten Kirche, der überregional vereinheitlichten Liturgie und eben auch der Theologie. Weil alle Anstrengung darauf ausgerichtet war, das Zeugnis der Bibel von Gottes Offenbarung in Christus zu entfalten, zu verteidigen und zu verbreiten, galt es nicht zuletzt, die dafür zur Verfügung stehenden Mittel zu prüfen.

b) Anknüpfungspunkte

Antike Philosophie

Wenn sich Philosophen der Antike, die selbst nicht Christen waren, mit dem Christentum überhaupt befassten, hatten sie offenbar für dessen Lehre nur Spott und Polemik übrig (Origenes/115: III.55). So jedenfalls lassen es die wenigen Quellen, die heute noch zugänglich sind, erkennen. Gleichwohl musste die Beschäftigung mit der philosophischen Tradition Griechenlands und Roms zahlreichen christlichen Gelehrten sinnvoll und viel versprechend scheinen. War man doch in vielen Anliegen und Auffassungen keineswegs so weit voneinander entfernt, wie es philosophische Polemik und kirchliche Berührungsängste gern behaupteten.

Fragliche Beziehung

Wie der Glaube ist die antike griechische Philosophie getrieben von der Suche nach Wahrheit. Zwar sind schon innerhalb der Philosophie die Wege, auf denen man zur Wahrheit zu gelangen sucht, nicht nur unterschiedlich, sondern geradezu gegensätzlich. Während Platon sich die wahre, durch keine Sinnestäuschung mehr getrübte Erkenntnis von der inneren Schau der Ideen erhofft, in denen Sinn und Ordnung aufbewahrt sind, sucht Aristoteles dieses Ziel in umgekehrter Richtung zu erreichen. Er will, ausgehend von den einzelnen wahrgenommenen Dingen, deren Ordnung und damit schließlich die wahre Ordnung der ganzen Welt erfassen. Beide aber halten den Menschen kraft seines Geistes für prinzipiell fähig, zum Ziel, zur Wahrheit zu gelangen.

das gute Leben

Das Interesse antiker Philosophie ist niemals ein rein theoretisches. Immer geht es ihr – wie dem Christentum – um die Praxis guten Lebens. Hinter aller Wahrheitssuche steht die Überzeugung, dass die Erkenntnis der Wahrheit zugleich die Erkenntnis des Guten ist – und darin Verpflichtung und Befähigung, ein „gutes Leben" zu führen. Besonders prägend ist diese Überzeugung für die Tradition der Stoa. Die Ordnung der Welt zu erkennen bedeutet ihr auch und vor allem, den eigenen Platz innerhalb dieser Ordnung erkennen und ausfüllen zu können. So führt die theoretisch vorausgesetzte Einheit der Wahrheit und des Guten zu einer praktischen Konsequenz: Die Philosophenschulen der Antike sind als Lebensgemeinschaften organisiert, als „Akademien", in denen gemeinsam versucht wird, das als gut Erkannte in Form der Tugend einzuüben (Hadot/402: 13–65).

Gottesgewissheit

Damit ist die Gemeinsamkeit christlicher und philosophischer Interessen noch keineswegs erschöpft. Da sowohl im platonischen wie im aristotelischen Denksystem an entscheidender Stelle von Gott die Rede ist, gälte es als blanke Unvernunft, Gott zu bezweifeln. Doch mehr als ein „Anknüpfungspunkt" für theologisches Denken in biblischer Tradition kann der philosophische Gottesbegriff der Antike nicht sein. Zu weit sind der abstrakte Gottesbegriff Platons und der „unbewegte Beweger" des Aristoteles vom Gotteszeugnis der Bibel entfernt, als dass hier ohne Schaden für den christlichen Glauben vorschnell Einigkeit postuliert werden könnte. Nichtsdestotrotz darf die Selbstverständlichkeit, mit der auch außerhalb der biblischen Tradition von „Gott" gesprochen wird, in ihrer Bedeutung für die christliche Theologie nicht unterschätzt werden (Pannenberg/338: 296–346).

Ebenso vertraut wie die Rede von Gott bzw. Göttern war den Zeitgenossen der frühen christlichen Theologen schließlich das Phänomen von „Offenbarungen". Dass die Götter den Menschen ein ihnen sonst unzugängliches Wissen mitteilen können, dass göttliche Wesen den Lauf der Welt beeinflussen können, dass man aus natürlichen Phänomenen wie aus außergewöhnlichen Ereignissen auf das Wirken der Götter schließen kann, gilt nicht nur den Anhängern der zahlreichen antiken Kulte als ausgemacht. Auch philosophische Reflexion rechnet damit, wenngleich sie um der letzten Unerkennbarkeit des unendlichen Gottes willen Abstufungen des Göttlichen postuliert, die allein in der menschlichen Erfahrungswelt vorkommen (Stockmeier/97: 40).

Gotteserfahrung

Warum also sollte, wer den Gottesglauben der Bibel und der Kirche verständlich machen, wer Christus als „den Weg, die Wahrheit und das Leben" (Joh 14,6) verkündigen will, nicht den Kontakt zu philosophischen Traditionen suchen, die ihrerseits die Wahrheit suchen?

Neben diesen Konvergenzen legte ein weiterer Umstand den Brückenschlag zwischen der theologischen Reflexion des biblischen Offenbarungszeugnisses und der philosophischen Tradition Griechenlands nahe: Längst war er von jüdischen Denkern vollzogen. Schon die jüngsten Schriften des Alten Testaments lassen Einflüsse der griechischen (hellenistischen) Kultur erkennen. Philo von Alexandrien, ein Zeitgenosse Jesu und der Apostel, schuf ein Werk, in dem sich biblisches und philosophisches Denken eng verschränken (Mach/129).

Philo

Es lag also nahe, den Versuch zu wagen, das Christentum in die Welt der antiken Wahrheitssuche einzuführen. Ungefährlich war es dennoch nicht: Denn wie sollte man, hatte man sich erst einmal auf die Sprache, die Logik, die Vernunft der Philosophie eingelassen, der alten biblischen und der jungen kirchlichen Tradition treu bleiben? An warnenden Mahnern fehlte es nicht. Und bis heute gibt es kritische Stimmen, die behaupten, der Schritt des Christentums in die griechisch-römische Welt, die so genannte „Hellenisierung" sei ein Verrat gewesen (Harnack/152: 137–147; Ruster/349: 43–52).

Hellenisierung?

c) Der Logos

Justin

„Daß Christus als der Logos, an dem das ganze Menschengeschlecht Anteil erhalten hat, Gottes Erstgeborener ist, das ist eine Lehre, die wir übernommen und euch schon vorher dargelegt haben. Die, welche mit Vernunft (gemäß des Logos) lebten, sind Christen, wenn sie auch für gottlos gehalten wurden, wie bei den Griechen Sokrates, Heraklit und andere ihresgleichen, unter den Nichtgriechen Abraham, Ananias, Azarias, Elias und viele andere, deren Taten und Namen aufzuzählen wir jetzt als zu weitläufig unterlassen möchten. Daher waren auch die, welche vorher [vor der Menschwerdung des Logos, M.B.] ohne Vernunft gelebt haben, schlechte Menschen, Feinde Christi und Mörder derer, die mit Vernunft lebten, wohingegen, wer mit Vernunft gelebt hat und noch lebt, Christ ist und ohne Furcht und Unruhe sein kann. […] Als Christ erfunden zu werden, das ist, ich gestehe es, der Gegenstand meines Gebetes und meines angestrengten Ringens, nicht als ob die Lehren Platons denen Christi fremd seien, sondern weil sie ihnen nicht in allem gleichkommen, und ebenso wenig die der anderen, der Stoiker, Dichter und Geschichtsschreiber. Denn jeder von diesen hat, soweit er Anteil hat an dem in Keimen ausgestreuten göttlichen Logos und für das diesem Verwandte ein Auge hat, treffliche Aussprüche getan. Da sie sich aber in wesentlicheren Punkten widersprechen, zeigen sie damit, daß sie es nicht zu einem weitblickenden Wissen und zu einer unfehlbaren Erkennt-

nis gebracht haben. Was immer sich also bei ihnen trefflich gesagt findet, gehört uns Christen an, weil wir nach Gott den von dem ungezeugten und unnennbaren Gott ausgegangenen Logos anbeten und lieben, nachdem er unsretwegen Mensch geworden ist, um auch an unsern Leiden teilzuhaben und Heilung zu schaffen. Alle jene Schriftsteller konnten also vermöge des ihnen innewohnenden, angeborenen Logoskeimes nur dämonenhaft das Wahre schauen. Denn etwas anderes ist der Keim einer Sache und ihr Nachbild, die nach dem Maße der Empfänglichkeit verliehen werden, und etwas anderes ist die Sache selbst, deren Mitteilung und Nachbildung nach Maß der von ihr kommenden Gnade geschieht."(Justin/112: 1. Apol. 46; 2. Apol. 13)

Um das Jahr 150 schlägt dieser Text zwischen der christlichen Theologie und der antiken Philosophie die Brücke, die sich über Jahrhunderte als besonders tragfähig erweisen wird. Ihr „Baumeister" ist Justin, wegen seines Bekennertodes um das Jahr 165 „der Märtyrer" genannt – ein gelehrter Philosoph, der sich erst als erwachsener Mann dem Christentum zuwendet (Justin/113: Dial 3–8).[2] Den Kern seiner „Apologetik", seiner Verteidigung des Christentums gegen den Vorwurf der Unvernunft, bildet die Identifizierung Christi mit dem Logos. Auf den ersten Blick geschieht damit nichts Neues. Wird Jesus von Nazareth doch bereits im Prolog des Johannesevangeliums als „Logos", als „das Wort" benannt (Joh 1,1). So kann Justin darauf verweisen, dass er diese Lehre „übernommen habe". Auch wurzelt die johanneische Rede vom „Logos" ohne Zweifel im frühjüdischen Weisheitsdenken, das sich seinerseits aus dem Kontakt mit der hellenistischen Philosophie nährt (Schnackenburg/80: 257–269). Doch während das Johannesevangelium den Begriff „Logos" einschreibt in das biblische Zeugnis von Gott, der in seinem Wort an die Menschen die Wahrheit seiner Liebe zu erkennen gibt, geht Justin den umgekehrten Weg: Er nutzt den Begriff, um die biblische Tradition mit dem philosophischen Denken seiner Zeit zu verbinden.

Apologetik

Logos

Dazu eignet sich der Begriff des Logos, weil er in der griechischen Philosophie eine prominente Stellung einnimmt. Wenn auch in je unterschiedlicher Akzentuierung, benennen doch alle maßgeblichen philosophischen Schulen mit diesem Begriff das Prinzip, in dem die Ordnung der Welt gründet. Der Logos ist die Vernunft, in der die Welt gefügt ist. Weil und wenn die Menschen teilhaben am Logos, sind sie zur Erkenntnis der geordneten Welt in der Lage. Diese Erkenntnis ermöglicht ihnen nicht zuletzt ein Leben gemäß der Ordnung der Welt, „gemäß des Logos". Indem er zugleich Prinzip der Wirklichkeit und Prinzip menschlicher Erkenntnis ist, steht der Logos dafür ein, dass menschliches Denken, sofern es dem Logos folgt, der Wirklichkeit entspricht (Verbeke/420).

Prinzip

Vernunft

Für die antike Philosophie ist klar: Die menschliche Vernunft ist nicht einfach deckungsgleich mit dem Logos als dem Prinzip aller Ordnung. Doch gleichzeitig darf sie vom Logos auch nicht schlechthin getrennt sein, denn dann wäre keinerlei Wahrheitserkenntnis möglich. Es gilt also Wege zu finden, auf denen die menschliche Vernunft zur Erkenntnis der Wahrheit kommt, sich dem Logos nähert.

2 Damit die nicht historisch, sondern inhaltlich aufgebaute Darstellung der Offenbarungstheologie nicht zur Verdunklung ihrer geschichtlichen Entwicklung führt, findet sich im Anhang des Buches eine Tafel mit der Datierung häufig erwähnter Personen und Ereignisse.

Justin, dem diese Wahrheitssuche aus eigenem Studium bekannt ist, schreibt in dieses Verständnis nun die Überzeugung des Christentums ein, dass in Jesus Christus die Wahrheit vollkommen offenbar geworden ist. Christus ist der Logos, der in Jesus von Nazareth sichtbar erschienen ist. In welchem Verhältnis aber steht diese Wahrheit zur Wahrheitssuche der Philosophen? Inhaltlich stellt sie das unüberbietbare Ziel dieser Suche dar. Christus ist die „Sache selbst". Wenn Platon, die „Stoiker, Dichter und Geschichtsschreiber" auf der Suche waren nach dieser Wahrheit, ohne sie in ihrer Fülle zu kennen, kann diese Suche nicht etwas vollkommen Falsches gewesen sein. Sie ist vielmehr zu denken als eine bereits von der, allerdings noch verborgenen, Wahrheit motivierte Bewegung. In der Sprache Justins: Die „Samen des Logos, der Wahrheit", die „logoi spermatikoi", die in die Vernunft der Menschen gesät sind, befähigen die Menschen zu „trefflichen Aussagen", zu wahren Erkenntnissen. Die Widersprüchlichkeit der philosophischen Systeme aber ist Justin Indiz ihrer Beschränktheit, die erst durch Christus aufgehoben wird. Das hindert ihn nicht, alle von den Philosophen erkannte Wahrheit als Wahrheit anzuerkennen. Mehr noch: Insofern sie zu wahren Erkenntnissen finden, sind sie „Christen vor Christus", d.h. vor dem Erscheinen des Logos in Jesus. Denn die Erkenntnisse der Menschen, die für das dem Logos „Verwandte ein Auge haben", werden von Christus nicht nur ermöglicht, sondern auch als wahr erwiesen. Zugleich lässt sich von diesen Erkenntnissen aus erweisen, dass Christus die Fülle der Wahrheit ist. Und so kann die durch den Logos mit Erkenntnisfähigkeit begabte menschliche Vernunft auch den Christen helfen, die Wahrheit ihres Glaubens zu verstehen und verständlich zu machen (Grillmeier/125: 202–207).

Christus, der Logos

„logoi spermatikoi"

Justin ist sich der Gefahren einer so großen Annäherung des christlichen Glaubens an nichtchristliches Denken durchaus bewusst. So sucht er, um sich nicht aus der kirchlichen Tradition zu entfernen, all seine Gedanken mit ausführlichen Auslegungen der Heiligen Schrift zu stützen. Hauptanliegen ist ihm dabei der Nachweis, dass das gesamte Alte Testament auf Christus verweist (Justin/112: Apol. I, 30–60; dazu Reventlow/36: I.132–144). Gegen die Juden erhebt er vor diesem Hintergrund die Anklage des Unglaubens mit der Strafe, das Heil verwirkt zu haben. Im Blick auf die Philosophen und Anhänger der römischen Religion aber dient diese Exegese dem Nachweis des hohen Alters des Christentums – und damit nach antiker Vorstellung seiner verbürgten Wahrheit (Geerlings/123: 327f.).

Man mag sich über die eigentümliche Vermischung biblischer, platonischer und frühjüdischer Motive bei Justin wundern. Als seine Leistung aber darf es angesehen werden, dass es ihm gelingt, mit den Mitteln der „wahrheitsbegabten" Vernunft und der von ihr hervorgebrachten Philosophie die Wahrheit des Christentums zu erweisen, ohne damit den christlichen Glauben dem Urteil der Vernunft zu unterwerfen. Denn es ist gerade die Vernunft – und mit ihr die Philosophie –, die sich an Christus, den sie als den Logos erkennt, messen lassen muss. Das Christentum allein ist die „wahre Philosophie" (Justin/113: Dial. 8,1; Stockmeier/97: 41f.), weil allein das Christentum von der Offenbarung des Logos weiß.

„vera philosophia"

d) Wahre und falsche Gnosis

Die von Justin geschlagene Brücke wird in der Folgezeit vielfach begangen und dabei weiter ausgebaut. Allen, die sie nutzen, geht es um die Möglichkeit wahrer Erkenntnis (griech.: „gnosis") und um den Weg zu ihr.

Unter dem Titel „Gnosis" sind nahezu ausschließlich Versuche aus dem genannten „Laboratorium" der altkirchlichen Theologie bekannt, die im Laufe der damals geführten Auseinandersetzungen schließlich als häretisch beurteilt wurden. Doch diese Zuordnung übersieht, dass auch die „rechtgläubigen" Theologen nach der wahren „Gnosis" suchten und dass ihre Berührungen zu der später abgewiesenen Form der Gnosis nicht selten sehr eng waren (Markschies/132: 12–15).

Wahrheitsferne

Gerade wenn und weil sie seit Mitte des zweiten Jahrhunderts den Kontakt zum philosophischen Denken ihrer Zeit nicht mehr scheute, blieb die christliche Theologie von dessen Entwicklungen nicht unbeeinflusst. Mehr und mehr wurde nicht nur nach der Überwindung der Schwierigkeiten gesucht, die sich der menschlichen Vernunft bei der Suche nach Wahrheit stellen, sondern auch nach deren Ursachen. Die Weiterentwicklung der Gedanken Platons führte, von diesen Fragen angetrieben, zu der Auffassung, dass die sinnlich wahrnehmbare, materielle Wirklichkeit ein Abstieg, gar ein Abfall aus der Wirklichkeit des reinen Seins, des reinen Denkens sei. Der „Neuplatoniker" Plotin entwickelt ein sehr genaues Stufensystem der in ihrer Qualität abnehmenden „Emanationen" (Hervorgänge) aus dem Einen, Guten, Geistigen (Hirschberger/404: 300–314). Nach gnostischen Vorstellungen beginnt dieser Abstieg mit einer Trennung innerhalb des ursprünglich Einen. Jener erste Bruch wird in verschiedensten Formen in mythische Erzählungen gegossen. Ihm folgt der Abstieg in die Materie, den negativen Gegenpol des Geistigen. Im Geist des Menschen finden sich nur noch Funken der Wahrheit, die in der Materie gefangen sind. Aber durch die rechte Erkenntnis, die nach manchen Mythen eines Retters bedarf, ist die Befreiung aus der leidvollen Materialität möglich. Allerdings steht dieser Weg nur einer eingeweihten Elite offen, während die Mehrzahl der Menschen dem Gefängnis der Gottesferne nicht entkommt.

Dualismus

Christliche Gruppen, die schon von ihren frühen Gegnern der „falschen Gnosis" beschuldigt werden, haben an der Ausgestaltung dieser Mythen großen Anteil. Sie entwickeln ein streng dualistisches Weltbild, in dem Licht und Finsternis, Geist und Materie, Gut und Böse klar getrennt sind – und die Vorstellung, dass die Erkenntnis dieser Wirklichkeit die Erkennenden aus ihr befreit (Markschies132: 25f.; Jonas/127: 69–75).

So attraktiv das dualistische Denken dieser so genannten „Gnosis" war und für viele bis heute ist (Franz/302) – in der weiteren Entwicklung der kirchlichen Theologie wurde es zurückgewiesen. Aus zwei Gründen konnte man in ihm keine angemessene Entfaltung des biblischen Zeugnisses erkennen. Der die materielle Welt abwertende Dualismus widerspricht zum einen dem biblischen Glauben an die Güte der von Gott gewollten Schöpfung. Für die Fragestellung von „Vernunft und Offenbarung" wichtiger aber ist das zweite Argument: Eine Erlösung durch Erkenntnis steht im Widerspruch zu dem für die Bibel grundlegenden Glauben, dass die Erlösung Tat des rettenden Gottes ist.

Die weitere Entfaltung der „Logos-Theologie" ist ohne ihre Nähe und gleichzeitige Distanznahme zur „falschen Gnosis" nicht zu erklären. Vor allem die ersten großen Theologen aus Alexandria, Clemens und Origenes, haben die Identifizierung des Logos mit Christus aufgenommen und weiter durchdacht. Dabei ging es ihnen vor allem darum, die Vorstellung der „Fleischwerdung" des Logos genauer zu bedenken. Steht doch die Menschwerdung Gottes im Zentrum des neutestamentlichen Zeugnisses und muss deshalb von den Problemen eines dualistischen Weltbildes frei gehalten werden (Williams/137: 410f). Doch wiederum interessiert hier vorerst nicht die inhaltliche Entfaltung des Bekenntnisses, sondern die Auffassung jener Theologen von der menschlichen Vernunft und ihrem Vermögen, die in Christus erschienene Wahrheit zu erkennen. Clemens wie Origenes halten daran fest, dass der Mensch von Christus in die Lage versetzt ist, die Wahrheit zu erkennen, die in der Menschwerdung des Logos offenbar wird. Mehr noch: Den Menschen ist nach ihrer Auffassung auch die Freiheit gegeben, diese Wahrheit anzuerkennen oder abzuweisen (Clemens/107: Strom. II, 8, 4; Mehat/133: 110).

Fleischwerdung des Logos

In der genaueren Bestimmung der Bedeutung, die Jesus Christus zukommt, greifen sie deshalb ein schon älteres und vor allem die Ostkirchen bis heute bestimmendes Bild auf: Christus ist der Pädagoge, der Lehrer der Menschen. Er lehrt sie die Wahrheit, und sie können kraft ihrer von ihm belehrten Vernunft diese Wahrheit einsehen und ihr Leben nach ihr ausrichten.

Christus, der Lehrer

e) Die Grenze der Vernunft: Augustinus

Die durch die Logos-Theologie angestoßene und ermöglichte Verhältnisbestimmung zwischen der in Christus erschienenen Wahrheit und der von ihm belehrten und ihn erkennenden menschlichen Vernunft bildet die Grundlage für die großen theologischen Debatten des dritten und vierten Jahrhunderts. Auf der Suche nach Möglichkeiten, das Christusereignis angemessen zu verstehen, die in ihm liegende Wahrheit und Lebensweisung in rechter Weise ins Wort zu bringen, wissen sich viele Theologen jener Zeit dem zeitgenössischen philosophischen Denken kritisch verbunden.

An der Wende zum fünften Jahrhundert kommt es zu einer umwälzenden Neubestimmung des Verhältnisses von Vernunft und Offenbarung. Sie nimmt ihren Ausgangspunkt im Streit zwischen Pelagius und Augustinus. Dessen Ausgang zugunsten des Augustinus wird für die westliche Theologie auf Jahrhunderte hin zum verbindlichen Maßstab, während die ostkirchliche Tradition den Bestimmungen der Frühzeit enger verbunden bleibt.

Pelagius' Anliegen war das mit Ernst und Entschiedenheit gelebte Christentum. Deshalb kam es ihm darauf an, die prinzipielle Fähigkeit der Menschen zum Guten herauszustellen: Sie vermögen das Gute kraft ihrer Vernunft zu erkennen, zu wollen und zu tun. Auf der Grundlage dieser Überzeugung sucht er die Bedeutung Christi zu bestimmen, in dem die Wahrheit und das Gute erschienen sind.

Pelagius

Auch für Augustinus steht fest, dass in Christus die Fülle der Wahrheit erschienen ist. Auch für ihn muss diese Wahrheit vernünftig sein, sonst wäre sie keine Wahrheit (Augustinus/106: XV, 2, 2). Doch wie, so die Frage, in deren Beantwortung sich beide trennen, gewinnt der Mensch Einsicht in diese vernünftige Wahrheit? Pelagius sah die menschliche Vernunft durch die Sünde, in die Menschen verstrickt sind, beeinträchtigt. Deshalb bedarf sie des Lehrers Christus, um in ihre Fähigkeiten wieder zurückzufinden. Dagegen stellt Augustinus seine radikale Abwertung der Vernunft, die der ihm vorliegenden Tradition fremd ist: „Der Mensch sagt mir: ,Ich möchte einsehen, damit ich glaube'. Ich antworte: ,Glaube, damit du einsiehst.'" (Augustinus/104: Sermo 43, 79). Die Vernunft des Menschen ist nach Augustinus zur Einsicht in die Wahrheit der Offenbarung prinzipiell unfähig. Sie bedarf des Glaubens, der nicht aus ihr entspringt, sondern ihr nur geschenkt werden kann (Schindler/134: 662–666).

„glaube, damit du einsiehst"

Diese Aussage wird verständlich vor dem Hintergrund der Lebensgeschichte des Augustinus. Obwohl er von Jugend an die kirchliche Theologie kannte, schien ihm über Jahre der Manichäismus die überzeugendste Philosophie. Diese späte Hochform der von der Kirche zwischenzeitlich verurteilten „Gnosis" und ihr streng dualistisches Weltbild galten ihm als schlüssige Erklärung seiner eigenen inneren Zerrissenheit (Häring/126: 24–34). Erst in einem von ihm ausführlich geschilderten Bekehrungserlebnis erschließt sich ihm die Bedeutung Jesu Christi und des Evangeliums für den zerrissenen Menschen. Diese Bekehrung widerfährt ihm, ohne dass seine aktive Einsicht oder Vernunft daran beteiligt gewesen wären (Augustinus/100: VIII, 29).

geschenkter Glaube

Doch der biografische Hintergrund ist nicht das theologische Argument, mit dem Augustinus die menschliche Vernunft in so enge Grenzen verweist. Es kommt ihm vielmehr aufgrund seiner Bibellektüre, vor allem seiner Beschäftigung mit Paulus, darauf an, dass die Rettung des Menschen alleinige Tat Gottes ist. Wenn aber die Rettung im Glauben an Christus besteht, darf nicht nur das Christusereignis selbst, dann darf auch die Einsicht in dessen Wahrheit nicht Tat des Menschen sein (Augustinus/102: I, 2,7). Um die Souveränität Gottes sicher zu stellen, ist Augustinus bereit, dem Menschen jede eigene Kraft zur Wahrheitserkenntnis und zum Guten abzusprechen. Durch die Sünde, so Augustinus, hat der Mensch diese Kraft und Fähigkeit vollkommen verloren – und zwar nicht durch die je eigene Sünde des einzelnen Menschen, sondern durch die erste Sünde Adams, die auf alle späteren Menschen vererbt wird (Häring/126: 192–205). Alles, was zur Rettung des in der Sünde gefangenen Menschen notwendig ist, wirkt allein Gott. Seine Gnade heilt nicht nur, wie Pelagius behauptet, was im Menschen durch die Sünde beschädigt ist. Vielmehr ersetzt sie die menschliche Vernunft und Freiheit durch ihre Alleinwirksamkeit. Durch die Gnade denkt und handelt Gott, genauer der Heilige Geist, im Menschen (Pesch/341: 15–36; Flasch/121: 45–48. 123–127; Menke/325: 38–52).

Blindheit der Sünde – Licht der Gnade

Dies aber ist nach Augustinus ein Geschehen, das sich am einzelnen Menschen vollzieht oder, wenn Gott ihm seine Gnade verweigert, nicht vollzieht. Das „übernatürliche Licht", das Augustinus mit Christus identifiziert, muss den je einzelnen Menschen erleuchten, damit er Christus erkennen kann (Augustinus/105: 15,19). So treten im Offenbarungsverständnis des Augustinus zwei Momente auseinander, die in der ihm vorliegenden Tradition zwar gelegentlich unterschieden, aber wohl nie scharf getrennt wurden. Da ist zum einen das durch und an Jesus Christus Geschehene: Sein Tod und seine Auferweckung werden als das Ereignis verstanden, in dem der Wille und die Macht Gottes offenbar werden, den Menschen das Heil zu schenken. Die-

objektives Geschehen – subjektive Erschließung

sem „objektiven", von der Schrift bezeugten Geschehen aber tritt als zweites Moment dessen „subjektive" Aneignung zur Seite, in der dem einzelnen Menschen erst die Bedeutung jenes Ereignisses deutlich, „offenbar" wird. Diese Aneignung aber ist kein Akt des Menschen, sondern geschieht durch gnadenhafte Erleuchtung – „Illumination" (Wieland/136: 64–74).

Dass das Verhältnis beider Momente zur Zeit des Augustinus zu einem theologischen Problem wird, dürfte nicht zuletzt in den veränderten Umständen christlichen Glaubens begründet liegen. An der Wende zum fünften Jahrhundert sind die meisten Bürger des mittlerweile getrennten römischen Reiches Christen. Während in der Frühzeit der Schritt zum christlichen Glauben von der Einsicht in dessen Bedeutung motiviert gewesen sein dürfte, wächst nun die Zahl der Menschen, die zur Kirche gehören, ohne dass ihnen die Bedeutsamkeit des Glaubens an Christus je offenbar wurde (Hauschild/94: I.219–236). Über dieses Problem hat Augustinus auch außerhalb seiner Gnaden- und Erkenntnislehre ausführlich reflektiert. Sein großer geschichtstheologischer Entwurf „De civitate Dei" fragt nach der Heilsmöglichkeit für die, denen der Glaube nicht zur Lebensprägung wurde. Auch wenn dies nicht in der Verantwortung der so Lebenden liegt – denn das Geschenk des die Offenbarung erschließenden „übernatürlichen Lichts" ist ja ein reines Gnadengeschehen von Seiten Gottes – sieht Augustinus sie unwiderruflich der ewigen Verdammnis ausgeliefert (Augustinus/101: XXI; Flasch/398: 36–40).

Glaube und Heil

Gerade im Blick auf solche Konsequenzen seines Denkens wird Augustinus in der heutigen Theologie immer wieder der Vorwurf gemacht, er messe dem inneren Erschließungserlebnis eine solche Wichtigkeit für das Heil des Menschen zu, dass die Heilsbedeutung der Offenbarung in Christus dahinter nicht mehr erkennbar sei (Menke/325: 52). Sieht man auf die umfangreichen Schriften des Augustinus, in denen es ihm darum geht, die Bedeutung der biblisch bezeugten Offenbarung zu entfalten, wird man diesen Vorwurf schwerlich aufrecht erhalten können. Ist es doch nichts anderes als das Christusereignis, dessen Bedeutung sich dem Einzelnen erschließen muss (Wieland/136: 330–351).

Doch so sehr Augustinus der durch Gott geleiteten Vernunft die Fähigkeit zutraut, die im Glauben erfasste Wahrheit zu entfalten, so unfähig sieht er die in der Sünde gefangene Vernunft des Menschen, zum Glauben oder gar zur Erschließung von dessen Bedeutung irgendetwas beizutragen. Auch die Vorbereitung auf den Glauben, ja selbst der einfache Wunsch, zum Glauben zu kommen, entspringen nicht menschlicher Vernunft und Freiheit, sondern allein göttlichem Gnadenhandeln am sündigen Menschen (Pesch/341: 34–36).

geschenkter Wunsch

Allen Vermittlungsversuchen zwischen einer „Vernunft" außerhalb des Glaubens und einer dieser Vernunft begegnenden „Offenbarung", die es seit den Apologeten des zweiten Jahrhunderts gab, ist damit der Boden entzogen. Da diese Auffassungen des Augustinus von mehreren Bischofsversammlungen aufgenommen und als verbindliche kirchliche Lehre definiert wurden (DH 371–395), kam es bezüglich der hier interessierenden Verhältnisbestimmungen über Jahrhunderte nicht mehr zu maßgeblichen Veränderungen. Fortgesetzt wurde dagegen das Bemühen, den Inhalt des christlichen Bekenntnisses mit Hilfe der „glaubenden Vernunft" tiefer zu verstehen. Dieses

Nachdenken, etwa über die Person Jesu Christi und die Personen der Trinität, veränderte auch das Verständnis, das Menschen von sich selber haben (Hünermann/312: 179–192; Kobusch/406, 23–54). Es musste dazu führen, dass die Debatte wieder aufgegriffen wurde.

f) Theologie als Wissenschaft: Die Scholastik

Im Hochmittelalter zeigt sich die Situation von Theologie und Kirche wiederum vollkommen verändert. Der Bruch zwischen der westlichen und der östlichen Christenheit ist vollzogen. Er führt zu einer über Jahrhunderte dauernden Trennung (Hauschild/94: I.446–450). Die westliche Kirche hat sich zu einer mächtigen Institution unter dem Bischof von Rom, dem Papst, entwickelt. Sie sucht in immer neuen Kämpfen ihr Verhältnis zur weltlichen Macht der Könige und Kaiser zu klären. An Kritikern der so geformten Kirche und ihrem Auftreten fehlt es nicht. Aus den Reformversuchen, die sich an Bibel und christlicher Tradition orientieren, gehen neben radikalen Gruppen, die sich bald von der römischen Kirche trennen und selbst als die „wahre Kirche" bezeichnen, Ordensgemeinschaften hervor, die Teil der römischen Kirche bleiben und bald ihrerseits Macht und Einfluss gewinnen. Aus den Reihen der beiden größten Orden des Hochmittelalters, der Dominikaner (gegr. 1215/16) und der Franszikaner (gegr. etwa 1221), gehen die maßgeblichen Theologen jener Zeit hervor. Sie lehren an den gerade entstehenden Universitäten von Prag, Paris und Köln. Sie suchen die Reflexion des christlichen Glaubens an den Zentren der Wissenschaft zu etablieren – ein Unterfangen, das für Theologie und Universität weitreichende Folgen hat (Hauschild/94: 567–569; Angenendt/92: 51–61).

Kirche und Welt

„Fides quaerens intellectum" – „Glaube, der nach Einsicht ringt": Anselm von Canterbury gibt der Theologie des Hochmittelalters mit diesen Worten ihr Programm vor. Intellekt und Verstand sind das Geschäft der Universitäten, an denen die Theologie ihre Bedeutung zu erweisen hat. Das kann ihr nur gelingen, wenn sie ihre eigene Intellektualität unter Beweis stellt.

Anselm v. Canterbury

Anselm stellt sich eine schwierige Aufgabe: Durch Argumente will er die Wahrheit des Glaubens erweisen. Doch soll die Offenbarung, auf die der Glaube sich richtet, selbst dabei nicht als Argument ins Feld geführt werden. Es geht ihm also um eine rationale Durchdringung der Glaubensinhalte. Zwei seiner Schriften, die diesem Programm gewidmet sind, haben sich als besonders wirkmächtig erwiesen. Zum einen der Versuch, kraft der Vernunft die christliche Lehre von der Erlösung durch den Kreuzestod Christi zu erhellen (138: „Cur deus homo" von 1098); zum anderen sein so genannter „ontologischer Gottesbeweis" (139: „Proslogion" von 1077/78). Da erstgenannte Schrift an späterer Stelle noch Berücksichtigung findet (s. u. S. 117), wird hier nur das „Proslogion" und seine Verhältnisbestimmung von Vernunft und Offenbarung berücksichtigt.

„fides quaerens intellectum"

Ausgangspunkt von Anselms Argumentation ist ein Begriff von Gott, den er für allgemein zustimmungsfähig erachtet. Wer Gott denkt, so Anselm, muss ihn denken als etwas „über dem nichts Größeres gedacht werden kann". Nun ist aber, so Anselm, etwas, was wirklich existiert, größer als etwas, was lediglich gedacht wird. Würde man nun annehmen, Gott existiere nicht, gäbe es etwas, was größer ist als dieser Gedanke: ein wirklich existierender

ontologischer Gottesbeweis

Gott. Anselms Schlussfolgerung: „Es existiert also ohne Zweifel ‚etwas, über dem Größeres nicht gedacht werden kann', sowohl im Verstande als auch in Wirklichkeit." (Prosl. II, 69).

Beweis oder Vergewisserung des Glaubens?

Die formale Logik, mit der Anselm die Suche des Glaubens nach Einsicht zum Ziel bringen will, erweckt leicht den Eindruck, als wolle er Menschen, die nicht an Gott glauben, ihrer Unvernunft überführen und so durch Vernunft zum Glauben zwingen; ja, als hielte er bei seiner Entfaltung der christlichen Erlösungslehre die Vernunft sogar für fähig, eigenständig die Einsicht in die Wahrheit Gottes und seines Heilswillens zu finden, die nach Überzeugung der Bibel und der christlichen Tradition nur geoffenbart werden können.

Es kann allerdings mit guten Gründen bestritten werden, dass es Anselm darum ging, einen Beweis zu führen, der den Ungläubigen zum Glauben zwingt. Nicht zufällig ist das „Proslogion" als Gebet formuliert. Zudem wird der Begriff dessen, „über dem nichts Größeres gedacht werden kann", von Anselm ausdrücklich als Inhalt des Glaubens eingeführt. Der Glaube geht davon aus, dass diesem Begriff eine Wirklichkeit zukommt – und er sucht zu erweisen, dass ein solcher Glaube vernünftig ist. Man kann in der Tat Gott nicht denken, ohne zu denken, dass er existiert. Ein nicht existierender Gott ist kein Gott. Doch von der Wirklichkeit dieser Existenz weiß allein der Glaube. Eine solche Interpretation Anselms bleibt dessen Programm treu, demzufolge nicht die vernünftige Einsicht um den Glauben, sondern der Glaube um vernünftige Einsicht ringt. Der Glaube ist für die Vernunft kein Argument, aber er gibt ihr den Gegenstand ihres Denkens vor (Weischedel/421: 122–125; Röd/149: 50–54; Ruster/349: 52–62; Müller/234: 46–51.61–64; Menke/325: 79–81).

Damit ist der Weg für die Anselm folgenden Theologen gebahnt. Unter dem Anspruch, die Theologie im Umfeld der Universitäten als Wissenschaft zu erweisen, entsteht eine neue theologische Literaturgattung, die so genannten „Summen". Waren bisher der Kommentar zu biblischen Büchern, die Abhandlung zu einzelnen Themen und die Kommentierung früherer Kommentare und Abhandlungen die üblichen Formen theologischer Literatur, wollen nun die umfangreichen „Summen" eine jeweils vollständige wissenschaftliche Darlegung des christlichen Glaubens sein. Daraus ergibt sich die Notwendigkeit, das Verhältnis von Vernunft, Glaube und Offenbarung exakt zu bestimmen. Denn um dem Anspruch der Wissenschaftlichkeit zu genügen, müssen sie einerseits den Ansprüchen vernunftgeleiteter Argumentation folgen. Um dem Glauben an die göttliche Offenbarung der Wahrheit gerecht zu werden, dürfen sie andererseits der Vernunft nicht die Fähigkeit zusprechen, die Offenbarungswahrheit aus eigener Kraft zu erdenken.

Thomas von Aquin

Einflussreicher als jeder andere Theologe der „scholastischen Theologie" sollte Thomas von Aquin werden (Kenny/146: 11–55). Dies gilt nicht zuletzt für seine Verhältnisbestimmung von Vernunft, Glaube und Offenbarung, die sich direkt am Beginn seiner nie vollendeten „Summa theologica" findet:

„I. 1. 1 resp. Das Heil der Menschen verlangt außer den philosophischen Wissenschaften, die im Bereich der menschlichen Vernunft bleiben, eine Lehre, die auf göttlicher Offenbarung beruht. Zunächst deshalb, weil Gott den Menschen für ein Ziel bestimmt hat, das die Fassungskraft der Vernunft übersteigt. Jes 64,4: ‚Außer dir hat kein

Auge gesehen, was du, o Gott, denen bereitet hast, die dich lieben.' Das Ziel aber muss dem Menschen vorher bekannt sein, wenn er sein Wollen und Handeln darauf einstellen soll. Darum mussten dem Menschen, sollte er sein Heil nicht verfehlen, durch göttliche Offenbarung manche Dinge kund werden, die über die menschliche Vernunft hinausgehen. Aber auch jene Wahrheiten über Gott, die an sich der menschlichen Vernunft erreichbar sind, mußten dem Menschen geoffenbart werden. Denn die Erforschung dieser Wahrheiten wäre nur wenigen möglich, würde viel Zeit in Anspruch nehmen und auch dann noch mit viel Irrtum verbunden sein. Und dabei hängt von der Erkenntnis dieser Wahrheiten das Heil des Menschen ab, das in Gott gelegen ist. Sollten die Menschen daher in größerer Zahl und mit größerer Sicherheit das Heil erlangen, so musste Gott ihnen diese Wahrheiten offenbaren.
I. 1. 2 resp. Die hl. Lehre ist eine Wissenschaft. Aber es gibt eine doppelte Art von Wissenschaft. Die eine stützt sich auf Prinzipien, die durch das natürliche Licht des Verstandes einsichtig sind, wie z. B. die Zahlenlehre, die Raumlehre u. a.; eine zweite Art auf Prinzipien, die durch das Licht einer höheren, übergeordneten Wissenschaft einsichtig werden. [...] Und zu dieser zweiten Art von Wissenschaft zählt die hl. Lehre, weil sie sich auf Prinzipien stützt, die durch das Licht einer höheren Wissenschaft erkannt werden, nämlich der Wissenschaft Gottes und der Seligen. Wie sich also die Musik auf die Prinzipien verlässt, die ihr von der Arithmetik vermittelt werden, so nimmt die hl. Lehre die Prinzipien gläubig an, die ihr von Gott geoffenbart sind."

Wissenschaft, so Thomas, ist die bestimmten Prinzipien folgende Tätigkeit der menschlichen Vernunft. Darin ist sich wissenschaftliches Denken, gleich welchen Gegenstand und welches Ziel es haben mag, immer gleich. Auch Theologie muss solchen vernünftigen Prinzipien folgen. Als „Prinzipien" werden von Thomas aber nicht nur die Regeln des Denkens bezeichnet, sondern auch seine Ausgangspunkte, mit denen das Argumentieren und Schlussfolgern allererst beginnt. In diesen Ausgangspunkten unterscheiden sich die einzelnen Wissenschaften, unterscheidet sich vor allem die Theologie von allen anderen Wissenschaften.

Regeln des Denkens

Die nicht theologischen Wissenschaften, die mit dem „natürlichen Licht des Verstandes" arbeiten, nehmen ihren Ausgangspunkt bei der sinnlichen Wahrnehmung. Das Wahrgenommene – oder bestimmte Wahrnehmungen – bedenken sie und gelangen so zu ihren Einsichten (STh I,14.2). Dies ist der Weg, den Aristoteles dem wissenschaftlichen Denken wies. Seine Schriften waren über lange Zeit vergessen und zur Zeit des Thomas durch die Übersetzungen spanischer Muslime erst wieder christlichen Denkern zur Kenntnis gelangt. Thomas erkannte das Potential, das in einem derart gewendeten Denken lag. Doch in seinem Versuch, es zu nutzen, stieß er auf die skeptische Ablehnung all derer, denen das christlich-platonische Denken nicht nur lieb gewordene Gewohnheit war. Vor allem sahen sie – in der Nachfolge des Augustinus – in der für Platon so zentralen Schau der Ideen und der in ihnen erscheinenden Wahrheit einen idealen Anknüpfungspunkt für die von Gott den Menschen geschenkte Offenbarung seiner Wahrheit.

erfahrene Welt

Der Ausgangspunkt der Theologie aber ist für Thomas nicht die sinnliche Wahrnehmung der natürlichen Welt: Es ist die ebenfalls sinnlich wahrgenommene Offenbarung Gottes, die die Menschen im Glauben annehmen. Die Worte und Taten Jesu, die von der Schrift bezeugten und von der Kirche überlieferten Ereignisse sind Gegenstand der wissenschaftlichen Theologie. Die geglaubte Offenbarung will bedacht, so weit wie möglich verstanden und auf ihre Konsequenzen für den Menschen befragt werden. Doch zu-

geglaubte Offenbarung

gleich ist sie für Thomas auch der Gegenstand, der das Nachdenken leitet und durch sein Licht zu Einsichten befähigt, zu denen der Verstand ohne die Offenbarung nicht fähig wäre.

Aus heutiger Sicht muss verwundern, welche Fähigkeiten und Erkenntnisse Thomas den verschiedenen Wissenschaften zuordnet. Denn die Erkenntnis, dass es einen Gott gibt, zählt er nicht zu den spezifischen Leistungen der Theologie. Zu dieser Erkenntnis muss, so Thomas, die menschliche Vernunft bereits gelangen, wenn sie mit den Mitteln der Philosophie über die ihr begegnende Wirklichkeit nachdenkt (ScG I, 3, 16). Dieses Ziel lässt sich nach Thomas sogar auf fünf verschiedenen Wegen erreichen (STh I, 2.3). Sie sind – zusammen mit Anselms schon erwähntem „ontologischen Argument" – als „Gottesbeweise" in die Philosophiegeschichte eingegangen (Müller/234: 22–26. 34–45; Weischedel/421: 135–141).

menschliche Erkenntnis

Deshalb wird Thomas häufig wird der Vorwurf gemacht, er beanspruche das philosophische Denken als „natürliche Theologie", die den Menschen unabhängig von göttlicher Offenbarung und Gnade kraft ihrer Vernunft möglich sei. Das so errichtete Gebäude werde dann lediglich ergänzt durch die „übernatürlichen" Offenbarungswahrheiten, die auf dem Wege der „natürlichen Theologie" nicht einzusehen seien: durch die Trinitätslehre, durch die Kundgabe von Gottes Liebe und Heilswillen, die in der Menschwerdung seines Sohnes gipfeln. Die Folge dieses Denkens, so die Kritiker weiter, sei nicht nur, dass die Dreieinigkeit Gottes als unverständliche Ergänzung der Gotteslehre in den Geruch der Überflüssigkeit käme; vor allem befördere sie eine Trennung von Schöpfung und Erlösung, von Natur und Übernatur, von vernünftiger Einsicht und der autoritären Forderung eines blinden, weil mit der Vernunft nicht zu fassenden Glaubens (Rahner/196: IV.111–115; Moltmann/302: 32f.). Ganz zu schweigen davon, dass ein solches Denken der schon biblisch festgehaltenen Überzeugung widerspräche, dass Gott nur zu erkennen sei, wenn und weil er sich zu erkennen gibt.

göttliche Offenbarung

Dass es theologische Entwürfe gab und gibt, die sich auf Thomas von Aquin berufen und von jedem dieser Vorwürfe zu Recht getroffen werden, wird noch Erwähnung finden. Für das Werk Thomas aber sind die Einwände mit guten Gründen zurückzuweisen. Seine „Summa theologica" ist in all ihren vorliegenden Teilen ein Werk, das den in ihm aufgedeckten Prinzipien theologischer Wissenschaft zu entsprechen sucht. Sie stützt sich nicht auf philosophische Erkenntnis, sondern auf die im Glauben angenommene Offenbarung. Dabei teilt sie das Schicksal jeder Wissenschaft: Sie kann die ihr zugrunde liegenden Prinzipien nicht beweisen, weil sie sie voraussetzen muss (STh I, 1.8). Der Versuch, die Offenbarung als Offenbarung zu beweisen, müsste in einen Zirkelschluss führen, weil die Theologie als Theologie in ihrer Argumentation ja immer bei der Offenbarung einsetzte, die es erst zu beweisen gälte.

Warum aber beginnt dann die „Summa theologica" mit den Ausführungen zur Philosophie, mit den fünf Wegen der Gotteserkenntnis, die der menschlichen Vernunft gangbar sein sollen? Sie haben ihren Grund wohl darin, dass Thomas die Gesprächsfähigkeit der Theologie erweisen und wahren will. Er zeigt auf diesem Weg, dass Gott, von dem die Theologie spricht, der menschlichen Vernunft ein durchaus sinnvoller Begriff ist. Zwar ist es für den Menschen, nicht „selbst-verständlich" dass es Gott gibt. Denn eine solche Selbst-

gesprächsfähige Theologie

verständlichkeit kommt nur Aussagen zu, deren Gegenteil nicht denkbar ist (STh I. 2. 1). Doch, so betont Thomas gegen Anselm, für den Menschen ist es denkbar, dass Gott nicht existiert, zumindest solange er nur vom Gedanken „Gott" ausgeht. Aber dabei muss die Vernunft nicht stehen bleiben. Sie kann, von den Erfahrungen mit der sinnlich wahrnehmbaren Wirklichkeit ausgehend, auf die Existenz Gottes schließen. Mit dem Verweis auf die Philosophie will Thomas belegen, dass dieser Schluss auf die Wirklichkeit Gottes fraglos anerkannt wird und in diesem Sinne als „evident" bezeichnet werden kann. Die so erreichte Einsicht in die Wirklichkeit Gott aber gilt es theologisch nicht „aufzustocken", sondern grundlegend zu klären. Dass die vom Glauben geleitete Vernunft zu solcher Klärung menschlicher Gottesbegriffe in der Lage ist, indem sie die geoffenbarte Wahrheit vernünftig bedenkt, gilt für Thomas als ausgemacht. Auch dafür nennt er ein theologisches Argument: Gott selbst hat die Vernunft des Menschen so erschaffen, dass sie ihn sucht und, wenn und wo er sich offenbart, zu erkennen vermag (STh I-II.111.1). Deshalb ist es einem Menschen möglich, eine „Summa theologica" zu schreiben (Weischedel/421: 134f.; Greshake/183: 116–119).

Thomas und Augustinus – Vernunft und Gnade

Sind damit die Vorgaben des Augustinus bestritten, gar vergessen? Ist dessen erhebliche Skepsis gegenüber den Möglichkeiten der menschlichen Vernunft von Thomas in ein grenzenloses Vertrauen gewendet worden? Dass dies nicht der Fall ist, belegt Thomas in seinem Verständnis der Angewiesenheit des Menschen auf die Gnade: Im Stand der Sünde, in dem sich auch nach Überzeugung des Thomas jeder Mensch von Beginn seiner Existenz an befindet, ist der Mensch nicht in der Lage, aus eigener Kraft und Vernunft die Wahrheit zu erkennen, das Gute zu sehen, zu wollen und zu tun. Er bedarf der Gnade, um glauben zu wollen, um glauben zu können und um wirklich zu glauben (STh I–II 109). Und erst im Glauben erkennt und anerkennt der Mensch die Offenbarung Gottes als die Wahrheit, die ihm das Heil eröffnet. Auf diesem Weg zum Glauben ist ihm seine Vernunft keine Hilfe. So weit denkt Thomas streng in den von Augustinus gewiesenen Bahnen (Pesch/341: 80–83; Menke/325, 88–102).

In einem Punkt aber setzt Thomas sich entschieden von Augustinus ab: Der von Gott aus Gnade geschenkte Glaube ersetzt für Thomas nicht Vernunft und Willen des Menschen, sondern setzt sie wieder ein in ihre Kraft und Fähigkeiten, die er ihnen in der Schöpfung zugedacht hat. Als Begnadeter ist der Mensch in der Lage, der Gnade entsprechend zu denken und zu leben (STh I–II 110). Der durch die Gnade Gottes befreite und geleitete Mensch kann erkennen und tun, was ihm zum Heil dient. Die mit dem Glauben beschenkte Vernunft erkennt, dass sie und dass allein sie der Wahrheit Gottes entspricht und deshalb umfassend vernünftig ist (Pesch/341: 90–103; Pesch/342: 258–267; Greshake/222: 70–73)

g) Ertrag: Gespannte Harmonie

Offenbarung, Glaube und Vernunft

Die Offenbarung bedarf des Glaubens, der sie erkennt, und der Vernunft, die sie nachdenkend entfaltet. Der Glaube bedarf der Offenbarung, die ihn weckt und ihm seinen Inhalt schenkt, und der Vernunft, um zur Einsicht in den Glauben zu gelangen. Die Vernunft bedarf der Offenbarung, die ihr zu denken gibt, und des Glaubens, mittels dessen sie von der Offenbarung allererst weiß.

Weil Offenbarung, Glaube und Vernunft aufeinander verwiesen sind und solange Glaube und Vernunft um diese Verwiesenheit nicht nur wissen, sondern sie auch anerkennen, kann es zwischen ihnen keinen Gegensatz geben, obwohl sie deutlich voneinander unterschieden sind. Im Glauben kommt die Vernunft zu sich, indem sie zu Gott kommt, der sich ihr zeigt.

Die mittelalterliche Theologie, die Ansätze der Tradition aufnimmt und weiterführt, kann das Verhältnis von Vernunft, Glaube und Offenbarung als dergestalt mögliche Harmonie beschreiben. Doch diese Harmonie ist so spannungsvoll, dass sie stets von der Gefahr begleitet bleibt, zu zerbrechen.

3. Vernünftiger Glaube

a) Sollbruchstellen

Wenn die gerade beschriebene harmonische Verwiesenheit zerbricht, kommt es zu Frontstellungen. Deren begrenzte Möglichkeiten lassen sich systematisch „vorhersagen". Nahezu jede dieser Möglichkeiten wurde seit dem Ausgang des Mittelalters auch faktisch von Philosophen und Theologen vertreten. So kann es in der Vielzahl der Entwürfe und Verwerfungen hilfreich sein, die systematischen „Sollbruchstellen" zu benennen, bevor sie an vorliegenden theologischen Positionen genauer dargestellt werden.

Vernunftkritik

Möglich ist es, dass Offenbarung und Glaube in einer vernunftkritischen Haltung verbunden werden. In diesem Fall wird im Namen einer Gehorsam fordernden Offenbarung der unbedingte Glaube an sie verlangt. Einsprüche der Vernunft gegen Inhalte und Verhaltensmaßregeln solcher Offenbarung werden mit dem Argument zurückgewiesen, die Vernunft sei nicht in der Lage, die Offenbarung zu erfassen, und schon gar nicht berechtigt, eine göttliche Kundgabe zu kritisieren. In diese Richtung zielte bereits Augustinus, sie wird aufgenommen von Martin Luther und den sich an ihm und Augustinus orientierenden Theologen.

Religionskritik

Umgekehrt kann im Namen der Vernunft Einspruch erhoben werden gegen Glaube und Offenbarung. Dies ist die Position eines theoretischen oder praktischen Atheismus, der es als widervernünftig bzw. unmoralisch ansieht, überhaupt an einen Gott zu glauben, gar eine göttliche Offenbarung für möglich zu halten.

Offenbarungskritik

Denkbar ist des Weiteren eine Koalition von Vernunft und Glaube gegen von Kirchen und Religionen erhobene theologische und moralische Ansprüche, die mit einer empfangenen Offenbarung begründet werden. Entsprechende Ansätze halten den Glauben an Gott sowie daraus folgende Handlungsrichtlinien für durchaus mit der Vernunft vereinbar, zum Teil sogar für das einzig Vernünftige. Doch ihnen geht es darum, mit den Mitteln der Vernunft die begegnenden Offenbarungsansprüche kritisch zu prüfen. Zurückgewiesen werden sie, wenn sie sich in dieser Prüfung als theoretisch inkonsistent oder ethisch unverantwortbar herausstellen. Diese Frontstellung prägt weite Teile der neuzeitlichen Theologie- und Philosophiegeschichte und muss im Folgenden entsprechend breite Darstellung finden.

Eine umgekehrte Kritik von Seiten der Offenbarung gegen Glaube und Vernunft steht nicht zu erwarten, da die Offenbarung ihrer Korrespondenz im Glauben bedarf, um überhaupt als solche vertreten werden zu können. Aus dem gleichen Grund ist eine Koalition von Vernunft und Offenbarung gegen den Glauben nicht sinnvoll anzunehmen.

Denkbar hingegen bleibt eine religiöse Haltung, die sich als Glaube versteht, aber gegen jede Offenbarung und gegen die Ansprüche einer den Glauben bedenkenden Vernunft opponiert. Sie wäre die Zuspitzung einer Theologie, die jede bestimmte Aussage über Gott, sei es im Namen der Vernunft oder einer Offenbarung, ablehnt. Sie ist in letzter Konsequenz wohl kaum durchgehalten worden, steht aber am Horizont jeder „negativen Theologie" (s. u. S. 93).

Dass die genannten Möglichkeiten seit dem Ausgang der Scholastik engagiert vorgetragen und entsprechend durchdacht wurden, hängt erneut mit der Wandlung der Rahmenbedingungen zusammen, unter denen christlicher Offenbarungsglaube zu vertreten war.

b) Die „Hure Vernunft": Martin Luther

„Was kann nun die Vernunft Richtiges sagen, welche blind und unwissend ist? Was kann der Wille Gutes erwählen, der böse und unbrauchbar ist? Ja was kann der Wille anstreben, dem die Vernunft nichts sagt, außer der Finsternis der Blindheit und Unwissenheit? Wenn also die Vernunft irrt und der Wille (vom Guten) abgewandt ist, was vermag der Mensch Gutes zu tun oder zu erstreben? […]
‚Gott schaut vom Himmel herab und sieht nicht einen einzigen, der nach ihm frage oder strebe' (Ps 14,3). Daraus folgt, daß es diese Kraft nirgends gibt, die (nach ihm) strebt oder ihn suchen will; sondern alle weichen vielmehr (von ihm) ab. Wenn Paulus nicht zugleich so verstanden würde, daß er von der Ohnmacht (des Menschen) redet, würde seine Darlegung nichts ausrichten. Denn daran ist Paulus ganz und gar gelegen, daß er allen Menschen die Gnade notwendig erscheinen läßt." (Luther/156: 3.306 f.)

Verglichen mit den oft diffizilen Unterscheidungen der scholastischen Theologie erscheint die polemische Absage Luthers gegen die Bedeutung der Vernunft für den Glauben und die Erkenntnis der Offenbarung von befreiender Klarheit. Gleichwohl bedarf sie der genaueren Analyse, um Hintergründe und Ziel von Luthers Angriff gegen Theologie und Kirche seiner Zeit zu erfassen. Dabei wird hinter der Polemik erneut die Vernunft hervortreten: Denn es fehlt Luthers Versuch, das Wesen des christlichen Glaubens und seiner Theologie zu erhellen, keineswegs an innerer Schlüssigkeit.

Jedes theologische Denken schöpft seine Energie aus den Erfahrungen seines Autors. Was bereits für die bisher vorgestellten theologischen Ansätze – bis hin zu den Urhebern der biblischen Texte – galt, wird bei Luther besonders deutlich, zumal er selbst nachdrücklich darauf verweist (Luther: 2.20). Über Jahre hin quält Luther das Bewusstsein, dass sein von der Sünde geprägtes Leben nicht zum Heil führen kann. In einer neuen Radikalität sieht sich Luther als hilflosen Einzelnen vor Gott. Darin spiegelt sich die gesellschaftliche und kirchliche Umbruchsituation, in der er lebt: Die Sicherheit, die durch die Enge einer beruflichen und sozialen Eingebundenheit in die fest gefügte Gesellschaft erkauft wurde, beginnt sich aufzulösen. Die Chancen und

Krisenphänomene

Gefahren dieser Umwälzung erlebt Luther hautnah in der Familie, in der er groß wird (Durant/93; Brecht/162: I.13–32). Die Kirche seiner Zeit sieht sich massiver Kritik ausgesetzt, weil die Gestalt, in der sie sich zeigt, der Botschaft, die sie zu verkünden hat, immer weniger angemessen scheint. Die von ihr angebotenen „Heilsmittel", die Sakramente und der so genannte „Ablass", der die Menschen vor den Strafen für ihre Sünden schützen soll (Paulus/148: III), können die Angst dessen, der allein vor Gott steht, nicht mehr bannen. Dagegen auf die eigene Kraft zum Guten zu trauen, verbietet der nüchterne Blick auf die schon von Paulus beschriebene Diskrepanz von gutem Willen und faktischem Verhalten (Röm 7,15–24). Genauso hilflos erweist sich das theologische Denken: Der Mensch findet für seine existentiellen Fragen in den gewundenen Argumentationsgängen der theologischen Tradition keine Antwort. Zudem hatte in den Jahrhunderten, die seit den großen Entwürfen des Thomas von Aquin und seiner Zeitgenossen vergangen waren, eine neue theologische Richtung, der so genannte Nominalismus, in das Mühen um den Glauben eine weitere Ungewissheit eingetragen. Thomas hatte die Überzeugung vertreten, der Mensch könne mit Hilfe der göttlichen Gnade erkennen und tun, was ihm zum Heil dient. In dieser Zuordnung menschlichen und göttlichen Handelns sahen spätere Theologen die Freiheit Gottes gefährdet, stets tun zu können, was er tun will. Vor allem Wilhelm von Ockham entwickelte die Vorstellung der souveränen Macht eines Gottes, der selbst an seine eigenen Weisungen und Verheißungen nicht notwendig gebunden ist (Ockham/143: Quodlibet VI, 1; Bannach/144: 248–255). Wie soll man vor einem solchen Gott noch bestehen, wie ihm noch trauen? Was soll die menschliche Vernunft hier noch leisten können?

Martin Luther wird die Antwort auf seine bohrenden Fragen in der erneuten Lektüre des Römerbriefs geschenkt (Brecht/162: I.215–230). Ihm geht die Bedeutung des Christusgeschehens, vor allem des Kreuzestodes Christi auf. Mit einem Mal ist es ihm möglich, dieses Geschehen als ein „Geschehen für mich" zu glauben: „Also macht, wenn man glaubt, das ‚für mich' oder ‚für uns', den wahren Glauben aus, und unterscheidet sich von jedem anderen Glauben, der nur die historischen Tatsachen hört" (4.282). Wenn Luther betont, dass allein in diesem Glauben, „sola fide", Menschen um ihre Rechtfertigung wissen, lehnt er andere Bestimmungen des Glaubens nicht ab. Sie haben aber nachgeordnete Bedeutung, etwa der Glaube, dass geschehen ist, was die Bibel berichtet.

sola fide

Luther vermag, angelehnt an Röm 1,17 und Röm 3,21–26, zu glauben, dass Gott ihn durch den Tod Jesu gerechtfertigt hat – und dass diese Rechtfertigung keinerlei Leistung des Menschen voraussetzt. Aus seinem langen vergeblichen Ringen weiß er, dass er diesen Glauben nicht eigenem Nachdenken oder Streben verdankt: „(Der wahre) Glaube aber ist ein göttlich Werk in uns, das uns wandelt und neu gebiert aus Gott" (5.50; dazu Frey/165: 40–76; Härle/167; Seils/248: 50–62). Auch für den Glauben gilt, dass er allein aus der Gnade, „sola gratia", hervorgeht.

sola gratia

Elfhundert Jahre nach Augustinus rückt somit Martin Luther, der als Mönch nach der Regel des Augustinus lebte, wieder jenen Aspekt des Verhältnisses von Vernunft und Offenbarung in den Mittelpunkt theologischen Interesses, den schon der Kirchenvater – seinerseits ebenfalls an Paulus orientiert – für den wichtigsten hielt: Die Erschließung der existentiellen Bedeutung des Geschehens, von dem historische Vernunft wissen und über das spekulative Vernunft nachdenken kann, ohne jene Bedeutsamkeit auch nur zu erahnen, ist allein durch Offenbarung möglich (Herms/185: 162 f.). Und so lassen sich auch die näheren Bestimmungen des Verhältnisses von Vernunft, Glaube und Offenbarung, die sich bei Luther finden, als weitere Schritte auf dem Weg verstehen, auf dem ihm Paulus und Augustinus vorangingen.

sündhafte Vernunft

In dem eingangs zitierten Text spricht Luther der Vernunft jede Möglichkeit einer Gotteserkenntnis ab. Eine Theologie, die in den Kräften der Vernunft liegt, und etwa aus der Schöpfung auf die Existenz und das Wesen Gottes schließen könnte, ist auszuschließen (Brosseder/163: 308). Denn wäre der Mensch auf einem solchen Weg in der Lage, ohne die durch Christus geschenkte Rechtfertigung in ein rechtes Verhältnis zu Gott zu treten: Dann wäre der Tod Jesu nicht notwendig, ja sogar überflüssig gewesen. Im Glauben an das im Kreuz geschenkte Heil aber wird deutlich, warum die Vernunft nicht in der Lage ist, Gott und seine Offenbarung zu erkennen oder auch nur in der richtigen Richtung zu suchen: Sie ist von der Sünde gezeichnet, die von Adam her alle Menschen bestimmt. Ob eine Gotteserkenntnis mit Mitteln der Vernunft vor dem Sündenfall möglich gewesen sein mag, braucht nicht gefragt zu werden. Faktisch ist die Vernunft durch die Sünde „blind und unwissend". „Denn keine menschliche Vernunft weiß, daß Unglaube und an Gott verzweifeln Sünde sei" (5.16). Allein die Gnade, „sola gratia", vermag den Menschen zu retten, indem sie ihm, der auf seine Selbstrechtfertigung aus ist, die Rechtfertigung schenkt.

glaubende Vernunft

„Die Vernunft ist vor Erlangung des Glaubens und der Erkenntnis Gottes Finsternis, aber bei den Gläubigen ist sie eine sehr wichtige Hilfe. Denn wie alle Gaben und natürlichen Hilfsmittel bei den Gottlosen gottlos sind, so sind sie bei den Frommen heilsam. [...] Die vom Glauben erleuchtete Vernunft empfängt Leben vom Glauben, denn sie ist getötet und wiederum lebendig gemacht." (9.228 f.).

Auch diese Sätze stammen aus der Feder Luthers. Doch vorschnell wäre es, hierin eine Rückkehr zur scholastischen Verhältnisbestimmung von Vernunft, Glaube und Offenbarung unter Einwirkung der Gnade erkennen zu wollen. Hier geht es nicht um eine von der Gnade bewirkte Wiederherstellung menschlicher Kräfte, mittels derer der Glaubende das Gute zu erkennen und tun vermöchte. Das Heil bleibt Geschenk. Zu diesem Geschenk gehört die Wiederbelebung der Vernunft, die im Glauben ihre Selbstherrlichkeit aufgegeben hat. Diese wiederhergestellte Vernunft hat dem Wort, mit dem sich Gott rechtfertigend an den Menschen wendet, Gehorsam zu leisten. Sie

begrenzte Vernunft

bleibt darin vielfach begrenzte menschliche Vernunft. Begrenzt ist sie bereits angesichts der Größe Gottes, die sie nicht zu fassen vermag: „Menschliche Vernunft und Natur kann Gott in seiner Majestät nicht begreifen" (9.44). Vor allem aber muss der Vernunft die Art und Weise, in der Gott sich in Christus zeigt, unverständlich bleiben. Auch hier greift Luther einen Gedanken des Paulus auf (1 Kor 1,23; vgl. o. S. 23): Gott offenbart sich „sub contrario", in Ohnmacht statt in Allmacht, in Niedrigkeit statt in Majestät. Das vermag die Vernunft nicht zu fassen: „Wisst ihr nicht, daß alles in der heiligen Schrift, an der Vernunft gemessen, erlogen ist?" (Luther 9.23; dazu Waldenfels/98: 7 f.). Und auch die Grundaussagen des christlichen Glaubens müssen der Vernunft ein Ärgernis sein: „Es will der Vernunft nicht eingehen, daß sie glauben soll, daß allein durch die Taufe und den Glauben an Christus ganz ausgerichtet sein soll, was zur Seligkeit gehört" (8.125); im Blick auf die Eucharistielehre seines schwärmerischen Gegners Karlstadt höhnt Luther: „Bei der Vernunft lautet es ja ebenso töricht: ‚Mensch ist Gott' wie: ‚Brot ist Leib'" (4.175). Die Vernunft nutzt dem Glaubenden demnach nur, solange sie sich den Glauben gehorsam zum Maßstab nimmt. Wo sie gegen den Glauben zu argumentieren sich anschickt, wird sie zu „des Teufels Hure", die „nichts kann als lästern und schänden, was Gott redet und tut" (4.161 f.). Das Gottesverhältnis zu gründen, das Heil zu verdienen, das „für mich" des Glaubens zu eröffnen, vermag sie nicht – all das ist allein Werk der Gnade Gottes im Glauben. Wegweisend kann sie nur im Bereich dieser Welt sein, in der es, gerade für die Glaubenden, gilt, mit Klugheit die guten Früchte des Glaubens hervorzubringen (2.263 f.; 7.51).

Außerhalb der von Gott geschenkten Rechtfertigung steht die Vernunft zwangsläufig gegen Gott, weil sie von der Sünde geprägt ist. Den Menschen zu Gott und zur Rechtfertigung führen kann sie nicht, weil allein der Glaube der Weg dorthin ist, der kein Werk der Vernunft ist.

Die Beurteilung der menschlichen Vernunft fällt also selbst in der polemischen Sprache Luthers differenzierter aus, als das erste Zitat und verbreitete Vorurteile es vermuten lassen. Der Vernunft und auch den philosophischen Konzepten, die Luthers Theologie prägen, nachzugehen, ist hier nicht der Ort (Engelland/164: 5 f.; Pannenberg/191: 22 f.). Deutlich geworden aber ist, dass Luther die spannungsvolle Einheit von Glaube, Vernunft und Offenbarung, die die Scholastik erreicht hat, auflöst. Selbst die Vernunft der Glaubenden stellt er unter, wenn nicht gar gegen den Glauben, der durch das Wort der Offenbarung geweckt wird. Die Frage, ob und wie die Offenbarung den einzelnen Menschen erreicht und zum Heil führt, steht im Mittelpunkt seiner Theologie.

reformatorische Weiterführung

Andere Theologen der Reformation, etwa Melanchthon und Calvin, halten die Strenge, mit der Luther die Vernunft in ihre Schranken weist, nicht durch. Sie suchen erneut die Anknüpfung an das Denken der philosophischen wie theologischen Tradition (Engelland/164: 6 f.; Waldenfels/203: 87 f.).

katholische Ablehnung

Auf römisch-katholischer Seite führen die Thesen Luthers und anderer Reformatoren zu einer strikten Abwehrhaltung. So kommt es dazu, dass sich das weitere Nachdenken über die Offenbarung verengt: Die von Luther so stark betonte Bedeutung der gnadenhaften und heilbringenden Erschließung des Offenbarungsgeschehens findet auf katholischer Seite kaum Beachtung; unter „Offenbarung" wird dort mehr und mehr jene Sammlung von Gott gegebener Wahrheiten verstanden, den die Vernunft von sich aus nicht erreichen kann, dessen Vernünftigkeit sie aber nach der Offenbarung einsehen kann und muss.

c) Die Offenbarung unter dem Urteil der Vernunft

„Denn wie wir durch die Vernunft zur Gewißheit von Gottes Dasein gelangen, so können wir seine Offenbarungen nicht anders erkennen als durch ihre Übereinstimmung mit unseren natürlichen Kenntnissen von ihm, d. h. mit anderen Worten, durch die Übereinstimmung mit unseren allgemeinen Anschauungen" (Toland/159: 80).

α) Gewissheitsverlust: Konfessionskriege und Naturwissenschaften

Luther suchte die Ansprüche der Vernunft gegenüber Glaube und Offenbarung so weit wie nur möglich zurückzuweisen. Dabei war er mit der theologischen Tradition einig, dass die Vernunft erst im Glauben „zur Vernunft kommt". Doch selbst von der glaubenden Vernunft ist nach Luther nicht Einsicht zu erwarten, sondern Gehorsam verlangt – der Gehorsam des Glaubens gegenüber dem rechtfertigenden Wort Gottes, das ihn hervorbringt.

Man mag es als Ironie der Geschichte bezeichnen, dass nicht zuletzt die Folgen der von Luther angestoßenen Reformation zu Positionen führten, die seine Verhältnisbestimmung von Glaube, Vernunft und Offenbarung vollkommen verkehrten.

Durch die Konfessionskriege des 16. und 17. Jahrhunderts kommt es zu einem massiven Autoritätsverlust der christlichen Kirchen. Jede von ihnen behauptet, im Namen der geoffenbarten Wahrheit zu kämpfen, die sie den jeweils anderen abspricht. Jegliche Offenbarungsansprüche werden vor diesem Hintergrund fragwürdig.

Weitere Verunsicherungen kommen hinzu: Andere Religionen finden neues Interesse. Naturwissenschaftliche Experimente lassen die bisherigen, nicht zuletzt auf biblische Texte gestützten Modelle der Naturerklärung als unbrauchbar erkennen. Die erneute Veränderung der Herrschaftsstrukturen, die zum absolutistischen Staat führen, treibt die Frage nach der Legitimation solcher Herrschaft und nach den grundsätzlichen Normen menschlichen Zusammenlebens hervor.

In einer Situation, in der weltliche wie kirchliche Autorität in den Verdacht geraten, im Interesse der Machterhaltung die Menschen zu täuschen; in der die Erforschung der Natur die Evidenz sinnlicher Wahrnehmung in Frage stellt; in der Moral und Ethik zur Diskussion stehen – in einer solchen Situation bedarf es eines neuen Fundaments, auf das sich die Erkenntnis der Wahrheit, die Einsicht in das Gute und nicht zuletzt der Glaube an Gott bauen lassen. Damit dieses Fundament tragfähig ist, muss ihm der Charakter unbezweifelbarer Gewissheit zukommen.

Um solche neu gegründete Gewissheit rangen Gelehrte, die nie in nur einem Wissensgebiet zu Hause waren. Descartes, Newton, Locke, Leibniz – sie und viele andere waren Philosophen und Naturforscher zugleich, nicht selten zudem ins politische Alltagsgeschäft eingebunden. Die wenigsten standen im Dienst einer Kirche, bis ins 18. Jahrhundert hinein aber verstehen sie mit mehr oder weniger großer Selbstverständlichkeit sich selbst als Christen und das Christentum als die beste unter den Religionen. Doch gerade deshalb sehen sie sich veranlasst, die Rolle der Vernunft für den Offenbarungsglauben zu stärken.

β) Vom Zweifel zur Gewissheit: René Descartes und John Locke

René Descartes, auf den die späteren Theorien des Selbstbewusstseins und der Selbstgewissheit zurückgreifen, wählt den Zweifel als Wegweiser zu der Gewissheit, nach der ihn der Zweifel fragen lässt. Jede vermeintliche Gewissheit – mag sie sich auf sinnliche Wahrnehmung oder auf das Urteil von Autoritäten berufen – prüft er mittels des Zweifels auf ihre Festigkeit. So fällt ein überkommener Gewissheitsgrund nach dem andern dem Zweifel anheim – bis am Ende nur noch eine Gewissheit bleibt: Wer zweifelt, kann nicht mehr daran zweifeln, dass er zweifelt. Anders gewendet: Wer denkt, weiß sich als den, der denkt. Das Bewusstsein des Menschen, das sich keiner Sache außerhalb seiner sicher sein kann, erkennt sich selbst mit Gewissheit. „Das Denken ist's, es allein kann mir nicht getrennt werden. Ich bin, ich existiere, das ist gewiß. Wie lange aber? Nun, solange ich denke." (Descartes/381: Med II.6) Von dieser Gewissheit ausgehend, die zu finden eine Sache der Vernunft ist, hat der Mensch nach seiner Welt zu fragen, auf dieser Gewissheit aufbauend kann er, vorausgesetzt er geht vernünftig vor, zur Erkenntnis der Welt finden.

Gewissheit des Denkens

John Locke, Wegbereiter des sogenannten „Empirismus", setzt an anderer Stelle an. Die Wirklichkeit der Welt ist ihm gewiss, weil ohne ihre Wirklichkeit nicht erklärbar wäre, wie wir Dinge wahrnehmen können. Doch die Vielfalt der Wahrnehmungen muss von dem, der sie wahrnimmt, verstanden werden. Es gilt, die Wahrnehmungen in Beziehung zueinander zu setzen – dabei den Regeln der Vernunft, allen voran dem Prinzip des ausgeschlossenen Widerspruchs, folgend. Das vernünftige Schlussfolgern, das auf den Gehalten unserer Wahrnehmung aufbaut, führt zu Erkenntnissen, die Gewissheit beanspruchen dürfen (Locke/155: IV.32–43).

Gewissheit der Erkenntnis

So unterschiedlich die Ansatzpunkte und Wege, auf denen Descartes und Locke zur Gewissheit zu finden suchen: Beide kommen sie darin überein, dass die Vernunft des Menschen Garant der ihm möglichen Gewissheit ist. Die Vernunft ist in der Lage, sowohl die Wahrheit zu erkennen als auch das Gute einzusehen. Die Vernunft des denkenden Menschen rückt mit diesen Ansätzen in den Mittelpunkt der Philosophie. Wenn überhaupt, so die in Zukunft immer weiter entfaltete Überzeugung, lässt sich ausgehend vom vernunftbegabten Subjekt die Wahrheit erreichen.

Daraus folgt für den hier interessierenden Zusammenhang zwangsläufig: An der Vernunft ist alles zu messen, was Religionen, Konfessionen und Kirchen als geoffenbarte Wahrheit behaupten. Dabei verstehen alle Denker jener Zeit unter „Offenbarung" die Mitteilung eines Wissens über Gott, die über die Wege natürlicher Erfahrung hinausgeht und als solche von Gott geschenkt wird. Die grundsätzliche Möglichkeit solcher Offenbarung wird zwar durch die skeptische Tradition bestritten, die im 18. Jahrhundert mit Voltaire, Pierre Bayle und David Hume beginnt. Doch die meisten Philosophen bis hin zu Kant und Fichte schließen sich diesem Verdikt nicht an.

Maßstab Vernunft

Als Maßstab der notwendigen Prüfung von Offenbarungsinhalten gilt, was die Vernunft mit Gewissheit von Gott weiß. Größer könnte der Gegensatz zu Luther nicht sein: Hatte er die Vernunft im Namen von Glaube und Offenbarung in die Schranken gewiesen, muss sich jetzt die Offenbarung „dem Gerichtshofe der Vernunft" (Kant/385: Theod. A196) stellen. Aber weiß die Vernunft überhaupt von Gott? Auch diese Frage wird von den meisten hier zu berücksichtigenden Denkern bejaht. Dass sich die Idee des Unendlichen und damit die Idee Gottes in unserem Bewusstsein findet, belegt für Descartes, dass Gott selbst sie in unser Bewusstsein gelegt hat, es ihn also geben muss (Med. III.23). Weil wir nur aufgrund dieser Idee Endliches – also auch uns selbst – erkennen können, gilt ihm Gott sogar als Bedingung der Möglichkeit, dass wir überhaupt erkennen und zur Gewissheit gelangen können (Med. V.16; dazu Pannenberg/191: 142–156; Müller/234, 51–57). Locke bestreitet zwar, dass es Ideen gibt, die in unser Bewusstsein eingepflanzt sind.

Gottesgewissheit

Der Glaube an Gott geht für ihn über den Bereich hinaus, in dem die Vernunft mit Gewissheit das Wahre erkennen kann. Gleichwohl hat die Vernunft den Glauben zu kontrollieren: sie muss die Gründe für den Glauben prüfen (Locke/155: XVIII; Pannenberg/191: 157–167). Selbstverständlich muss die Vernunft, die Locke als „natürliche Offenbarung" (XIX.4) gilt, auch alle übernatürliche Offenbarung prüfen (XIX.14).

γ) Offenbarungskritik: Von den Deisten bis zu Reimarus

Das Wissen um die Existenz Gottes allein kann noch kein hinreichender Maßstab sein, an dem sich Offenbarungsbehauptungen messen lassen. Denn dass es Gott gibt, bekunden sie einstimmig – sie streiten jedoch über seine Eigenschaften und seinen Willen. Herbert von Cherbury hat deshalb, ausgehend von der Überzeugung, *dass* die Vernunft von Gott weiß, auch zu bestimmen versucht, *was* sie über ihn weiß. Zu diesem Zweck untersucht er die Allgemeinbegriffe, die jedem Menschen gegeben sind. Es sind Begriffe, in denen den Menschen die Wahrheit der Vernunft erschlossen ist. Sie garantieren die Wahrheit aller Erkenntnis, so auch der Gotteserkenntnis (Herbert/153: De ver. V; Stroppel/174: 155 f.). Herbert benennt fünf wesentliche Gehalte der vernünftigen Gotteskenntnis: Es gibt einen höchsten Gott; die höchste Gottheit muss verehrt werden; mit Frömmigkeit verbundene Tugend ist die beste Art der Verehrung Gottes; alle Laster und Verbrechen müssen durch Reue gesühnt werden; es gibt Lohn und Strafe nach diesem Leben (De ver. IX; dazu Seckler/246: 41–45; Stroppel/174: 156–171). Für Herbert sind diese der Vernunft zugänglichen Gehalte der Gotteskenntnis nicht nur ausreichend, sondern auch heilsnotwendig. In der Folgezeit kommt es zu einer weiteren Konzentration dieser „Religion der Vernunft" auf drei Grundaussagen: Es gibt einen Gott, dieser ist durch ein tugendhaftes Leben zu verehren und die Unsterblichkeit der Seele ist vorauszusetzen, damit es zu Lohn und Strafe kommen kann.

Herbert von Cherbury

Religion der Vernunft

Herbert und die ihm folgenden Vertreter des so genannten „englischen Deismus" erarbeiten auf der Grundlage dieser Kriterien eine Verhältnisbestimmung von Vernunft und Offenbarung, die zur Kritik jeder bestimmten Religion herangezogen werden kann. Wie das eingangs wiedergegebene Zitat John Tolands deutlich macht, kommt es der Vernunft zu, über die Offenbarungsbehauptungen zu urteilen. Wo dieses Urteil negativ ausfällt, wo eine Religion Inhalte vertritt, die der Vernunft widersprechen oder sie auch vorgeblich „nur" übersteigen, bedarf sie der Aufklärung und Reinigung (Toland/159: 78). Denn zu solchen Ansprüchen wider die Vernunft kann nur eine Religion kommen, die durch ihre Priester und Lehrer entsprechend entstellt wurde.

vernünftiges Christentum

Dabei geht es Toland keineswegs darum, das Christentum zu diskreditieren. Wie für Herbert von Cherbury vor ihm oder auch Hermann Samuel Reimarus nach ihm hat er vielmehr das Ziel, gerade das Christentum aufzuklären: Er will es reinigen von aller dogmatischen Überformung und zurückführen auf jene vernünftige Religion, die nach seiner Ansicht Jesus selbst gepredigt hat. Er sucht nach einem „Christentum ohne Geheimnis", das in einer Gottesverehrung durch ein tugendhaftes Leben besteht. In diesem Anliegen ist er mit der zu seiner Zeit anhebenden kritischen Erforschung der Bibel einig. Die heilige Schrift soll so gelesen werden, dass alles aus ihr als überfremdendes Mysterium entfernt wird, was angesichts der Kriterien einer Vernunftreligion keinen Bestand hat (Toland/159: 69; Seckler/246: 47–49). Reimarus kann im 18. Jahrhundert, 150 Jahre nach Toland, formulieren:

„*So ist denn die Absicht der Predigten und Lehren Jesu auf ein rechtschaffenes tätiges Wesen, auf eine Änderung des Sinnes, auf ungeheuchelte Liebe Gottes und des Nächsten, auf Demut, Sanftmut, Verleugnung sein selbst, und Unterdrückung aller bösen Lust gerichtet. Es sind keine hohe Geheimnisse oder Glaubens-Punkte, die er erkläret, beweiset, und prediget: es sind lauter moralische Lehren und Lebens-Pflichten, die den Menschen innerlich und von ganzem Herzen bessern sollen, wobei er das gemeine Erkenntnis von der Seele des Menschen, von Gott und seinen Vollkommenheiten, von der Seligkeit nach diesem Leben, u.s.w. schlechterdings als bekannt voraussetzet; nicht aber aufs neue erklärt, vielweniger auf eine gelehrte und weitläutige Art vorträgt.*" (Reimarus, zit. nach Lessing/387: VII, 501)

δ) Idee und Wirklichkeit: Immanuel Kant

Was aber geschieht, wenn die Grundvoraussetzung eines solchen vernünftigen Glaubens strittig wird – wenn der These widersprochen wird, dass die Überzeugung von der Existenz Gottes nicht nur vernünftig, sondern sogar das einzig Vernünftige sei? Solcher Widerspruch kann mit der These von der Vernunftwidrigkeit jeder Religion zu einer Frontstellung führen, bei der im Namen der Vernunft Glaube und Offenbarung bestritten, ja bekämpft werden. Dies beginnt in der genannten Skepsis der französischen Philosophie und setzt sich im 19. Jahrhundert fort in den verschiedenen Erscheinungsformen eines radikalen Atheismus (s. u. S. 69).

Ansätze des Atheismus

Beiden Parteien aber, den Verteidigern wie den Gegnern einer vernünftigen Gotteserkenntnis, tritt Immanuel Kant entgegen. In seiner groß angelegten Vernunftkritik, in der er die Möglichkeiten und Grenzen menschlicher Vernunft auslotet, bestimmt er das Verhältnis von Vernunft und Glauben neu. Es will mit seinen Untersuchungen „das *Wissen* aufheben, um zum *Glauben* Platz zu bekommen" (KrV, B XXX). Zu diesem Zweck nimmt Kant vieles von dem auf, was vor ihm andere gedacht haben. Er radikalisiert allerdings deren Denken, indem er streng beim Ausgangspunkt seiner kritischen Philosophie bleibt: Er fragt, welche Voraussetzungen die menschliche Vernunft – in der Regel stillschweigend – für gegeben hält, wenn sie die Welt zu erkennen und sich selbst zu verstehen sucht. Die Aufdeckung dieser zwingend vorauszusetzenden „Bedingungen der Möglichkeit" des Denkens und Handelns ist Aufgabe der Transzendentalphilosophie (Teichner/417: 30–49). Die letzten Möglichkeitsbedingungen menschlicher Erkenntnis sind die von Kant so genannten „regulativen Ideen der Vernunft". Konsistent denken und erkennen vermögen Menschen nur, so Kant, wenn sie dabei voraussetzen, dass es ein denkendes Ich, dass es eine Welt als Gesamtgefüge – und dass es Gott gibt. Wobei Kant in diesem Zusammenhang unter „Gott" eine formale Denkvoraussetzung versteht, die mit dem Gottesbild der christlichen Tradition oder auch anderer Religionen wenig Ähnlichkeit hat (KrV, A 333–338).

Möglichkeiten und Grenzen der Vernunft

Transzendentalphilosophie

Ähnlich rigoros fragt er nach den Möglichkeiten der menschlichen Vernunft, zu erkennen, was das Gute ist, das getan werden muss. Diese Erkenntnis ist möglich, wenn und weil die praktische Vernunft ausgeht von der Überzeugung, dass der Mensch frei ist. In dieser Freiheit sollen Menschen tun, was ihrer Freiheit entspricht: das Gute, das allen zum Maßstab werden können soll und das vor allem darin besteht, die Freiheit der Anderen zu achten (KprV A 52–59). Auch beim Nachdenken über die Freiheit und die Möglichkeit der Menschen, das Gute zu tun, stößt Kant auf Gott. Denn, so sein Argument, wer das Gute um des Guten willen tut, dem ist die Erlangung der Glückseligkeit angemessen. Doch für diese Glückseligkeit vermag allein Gott einzustehen – denn der Mensch kann den Ablauf der Welt nicht so bestimmen, dass es in ihr den Guten gut geht. So muss, wer über das Gute nachdenkt, annehmen, ja fordern („postulieren"), dass es einen Gott gibt. Dieser von der „praktischen", d. h. auf das Handeln gerichteten Vernunft geforderte Gott ist dem Gottesbild der christlichen Tradition weit näher als die Gottesidee der „theoretischen", auf die Erkenntnis gerichteten Vernunft (KprV A 223–237).

Menschen müssen also, wenn sie in gebotener Strenge über sich nachdenken, auf den Gedanken kommen, dass es Gott gibt. Mehr noch: Sie müssen den Gedanken fassen, dass es Gott geben muss. Kants entscheidende These steht aber erst am Ende seiner ausführlich entfalteten Gedankengänge: Die Notwendigkeit, mit der wir die Existenz Gottes denken müssen, sagt über die Frage, ob es Gott wirklich gibt, nicht das Geringste aus. Denn aus der Notwendigkeit des Gedankens folgt nicht die Notwendigkeit, dass dem Gedachten Wirklichkeit zukommt:

Kritik aller Gottesbeweise

„Das höchste Wesen [Gott, M.B.] bleibt also für den bloß spekulativen Gebrauch der Vernunft ein bloßes, aber doch fehlerfreies Ideal, ein Begriff, welcher die ganze menschliche Erkenntnis schließt und krönet, dessen objektive Realität auf diesem Wege zwar nicht bewiesen, aber auch nicht widerlegt werden kann." (KrV B 669)

Ob Kant damit die so genannten Gottesbeweise der christlich-philosophischen Tradition wirklich getroffen und als unmöglich erwiesen hat, kann zumindest bezweifelt werden. Denn, wie bereits erwähnt, ging es diesen Argumentationen ja wohl um eine rationale Selbstvergewisserung des Glaubens – und nicht darum, einen Menschen, der nicht an Gott glaubt, die Existenz Gottes zwingend zu beweisen. Dass der Schluss von einem notwendigen Gedanken auf die Notwendigkeit der Existenz des Gedachten unzulässig ist, hat schon Thomas von Aquin gesehen (Thomas/141: STh I,2.3).

Gleichwohl: Die These Kants, dass die Existenz Gottes genau so wenig zu beweisen wie zwingend zu widerlegen ist, wurde zum Maß des theologischen und philosophischen Denkens der Folgezeit. Sie blieb selbstverständlich nicht unwidersprochen – aber die zahlreichen Versuche, sie als unhaltbar zu erweisen, müssen ihrerseits als gescheitert angesehen werden. Die Glaubenden – oder auch die Nichtglaubenden – als prinzipiell unvernünftig zu qualifizieren, verbietet nach Kant die Vernunft selbst. Dass es in beiden Gruppen faktisch eine Fülle an Unvernunft gibt, ist damit selbstverständlich nicht ausgeschlossen (Weischedel/421: 194–213; Pannenberg/191: 174–203; Müller/234, 57–61; Ricken/411: 1992).

Welche Auswirkungen hat die Grundthese Kants für den hier interessierenden Zusammenhang von Vernunft, Glaube und Offenbarung? Über die schon vor ihm erhobenen Forderungen nach einer vernünftigen Prüfung aller Offenbarungsbehauptungen hinaus erstaunlich geringe. Zwar hält Kant göttliche Offenbarungen nicht für notwendig, in ihrer von den Religionen vertretenen Form sogar für schädlich (Wimmer/423: 173–183). Doch im Blick auf die faktisch erhobenen Offenbarungsansprüche gilt für Kant wie für seine Vorgänger, dass sich jede Offenbarung, aber auch jede auf Offenbarung gründende Religion dem Urteil der Vernunft stellen muss. Sie muss rational verantwortbar sein – das heißt in ihren Aussagen über Gott und die Wirklichkeit konsistent und verständlich sein. Vor allem aber muss sie ethisch verantwortbar sein: Keine Berufung auf die göttliche Autorität einer vorgeblichen Offenbarung darf vom Menschen etwas fordern, was ihm aus der ihm möglichen Einsicht in das Gute als böse erscheinen muss. Kant geht sogar noch einen Schritt weiter: Ein Mensch handelt nur gut, wenn er das Gute allein um des Guten willen tut. Wer das Gute tut, um dafür belohnt zu werden, handelt aus einem eigennützigen und deshalb ethisch verwerflichen Motiv. Eine Religion, die die Menschen unter Verweis auf göttlichen Lohn oder göttliche Bestrafung zum Tun des Guten zu zwingen versucht, hält dem Urteil der Vernunft also schon nicht mehr stand – denn sie leitet gerade nicht zum Guten an (Kant, Rel A 20).

verantworteter Glaube

Wo immer aber eine Religion, die sich auf Offenbarung beruft, die Menschen zu einem Gottesdienst anleitet, der darin besteht, das Gute zu tun, darf sie auf die Anerkennung durch die Vernunft zählen. Denn ob ein Mensch an die Existenz eines Gottes, der gut und allmächtig ist, glaubt oder nicht glaubt, steht ihm vor dem „Gerichtshofe der Vernunft" frei. Dass Kant, wie andere Kirchenkritiker vor ihm, die reale Erscheinungsgestalt des Christentums und seiner Lehre scharf kritisiert, bedarf kaum der ausdrücklichen Erwähnung.

ε) Erziehung durch Offenbarung: Von Thomas bis Fichte

Wenn aber die menschliche Vernunft in der Reflexion auf sich selbst bereits zu all den Gehalten findet, die eine Religion unter Berufung auf göttliche Offenbarung vertritt und verkündet – wozu dann überhaupt noch eine Offenbarung?

Schon bei Thomas von Aquin findet sich ein wichtiger Hinweis: Er sah in der Offenbarung eine wichtige göttliche Hilfe für die, die anders nicht zur vernünftigen Einsicht in die Existenz Gottes kommen (s. o. S. 64). Unverzichtbar aber war für ihn die Offenbarung, um den Menschen das übernatürliche Ziel ihres Lebens, die Gemeinschaft mit dem dreieinigen Gott zu zeigen, das sie kraft der natürlichen Vernunft nicht zu erkennen vermögen. Solch „übernatürliches Wissen" aber muss ausgeschieden werden, wenn die „Religion innerhalb der Grenzen der bloßen Vernunft" (Kant) verstanden und geprüft wird. Die Offenbarung kann bei solcher Betrachtung nicht mehr als Garant für Wahrheiten herangezogen werden, die sich von der Vernunft nicht begründen lassen. Denn „zufällige Geschichtswahrheiten [und um solche handelt es sich bei jeder geschichtlich begegnenden Offenbarung, M.B.] können der Beweis von notwendigen Vernunftwahrheiten nie werden" (Lessing, VIII.12).

Was für die Offenbarung bleibt, ist ihr erzieherischer Wert. Was bei Thomas eine eher beiläufige Funktion der Offenbarung war, wird nun zu ihrer einzigen.

„Erziehung gibt dem Menschen nichts, was er nicht auch aus sich selbst haben könnte: sie gibt ihm das, was er aus sich selber haben könnte, nur geschwinder und leich-

ter. Also gibt auch die Offenbarung dem Menschengeschlechte nichts, worauf die menschliche Vernunft, sich selbst überlassen, nicht auch kommen würde: sondern sie gab und gibt ihm die wichtigsten dieser Dinge nur früher." (Lessing: VIII.490)

Der gleiche Gedanke findet sich auch bei Toland, der die Offenbarung als Mittel der Belehrung, nicht als Grund der – nur durch Vernunft zu leistenden – Überzeugung anerkennt (Toland/159: 73 f.). Auf der Grundlage der Religionskritik Kants nimmt Fichte diesen Gedankengang auf und führt ihn so weiter, dass sogar die mögliche Notwendigkeit einer Offenbarung einsichtig wird. Wenn den Menschen einer bestimmten Zeit oder eines bestimmten Volkes entweder die Einsicht in das Gute oder auch nur die Kraft fehlt, das eingesehene Gute zu tun, kann es für Gott notwendig sein, ihnen diese Einsicht bzw. Kraft in Form einer sinnlich begegnenden Offenbarung zu schenken (Fichte/383: 84–106). Wo eine solche Situation gegeben ist und wenn die dort behauptete Offenbarung den Kriterien der Vernunft entspricht, ist es, so Fichte, immerhin möglich, dass es sich um eine göttliche Offenbarung handelt. Ob aber eine wirkliche Offenbarung vorliegt oder nicht, kann die Vernunft nicht mehr entscheiden. Sie weiß schließlich auch über die Wirklichkeit Gottes keine verbindliche Aussage zu machen. Hier ist der Glaube gefragt (ebd. 150–152).

Religion als Ethik

Deutlich ist bei Fichte wie bei seinen Vorgängern, dass sich der Gehalt der Religion und einer möglichen Offenbarung ganz auf den Bereich der Ethik beschränkt (ebd. 116–130). In einer Offenbarung kann Gott, der schlechthin Gute, den Menschen nichts schenken als die Einsicht in das Gute, zu der sie prinzipiell auch mit den Mitteln ihrer Vernunft fähig wären.

Hier Fichte, der in einer knapp zweihundertjährigen Tradition der Offenbarungskritik steht und der es der menschlichen Vernunft zutraut und zumutet, über die von den Religionen vertretenen Offenbarungs- und Wahrheitsansprüche zu urteilen. Dort Luther, der kaum dreihundert Jahre früher den Menschen durch die Offenbarung der Gerechtigkeit Gottes als Sünder entlarvt und gerettet sieht – und der die menschliche Vernunft mit dem Hinweis auf ihre sündige Blindheit in die Schranken verweist.

umstrittene Lehre

Der scharfe Konflikt, in dem die Vertreter dieser beiden Positionen stehen, hat nicht den Charakter letztlich belangloser Gedankenspiele. Auf der einen Seite stehen Kirchen und ihre Theologen, die die ihnen anvertraute Botschaft auf eine Weise vertreten, die nicht selten deren Glaubwürdigkeit zerstören. Sie bekämpfen sich nicht nur gegenseitig, sondern auch alle, die ihnen im Namen von Toleranz und Vernunft ihre Macht streitig machen wollen. Auf der anderen Seite die, die nach einem Ausweg aus diesen Konflikten suchen und sich dabei durchaus als Verteidiger von Religion und Christentum verstehen. Sie sind davon überzeugt, dass nur in einem Standpunkt jenseits der Konfessionen eine Lösung zu finden ist. Deshalb mühen sie sich, die Vernunft so zu stärken, dass sie zur Richterin werden kann. Dafür zahlen sie den Preis, dass Religion und Offenbarung nur mehr als Anleitung zu einem ethisch verantwortbaren Leben erscheinen. Dem mussten die Kirchen im Namen des Christentums widersprechen.

Vernunft oder Offenbarung?

Doch nicht nur politisch und gesellschaftlich steht viel auf dem Spiel, auch theologisch: Muss sich das Christentum, müssen sich die Kirchen in die engen Grenzen einer Vernunftreligion einweisen lassen? Oder müssen die, die im Namen einer Offenbarung vertretene Machtansprüche kritisch prüfen wollen, von ihrer Überzeugung lassen, dass den Menschen Freiheit und Verantwortung auch gegenüber der Religion zukommen? Oder gibt es zu diesem „entweder/oder" eine Alternative?

Das biblische Zeugnis spricht vom Geschehen der Offenbarung als einem Korrespondenzgeschehen, an dem Gott und Mensch beteiligt sind. Dabei lässt es keinen Zweifel daran, dass Gott den Menschen nur erkennbar ist, wenn er sich zu erkennen gibt. Doch Gotteserkenntnis wie Rettung setzen nach biblischer Tradition die Beteiligung des Menschen voraus. Lässt sich dieses biblische Zeugnis in eine Verhältnisbestimmung von Vernunft und Offenbarung einschreiben, die die oben benannte Frontstellung aufzulösen und die berechtigten Anliegen beider Seiten zu wahren vermag?

In jede der drei genannten Richtungen verlaufen die Wege, die den an der Wende zum 19. Jahrhundert unübersehbar aufgebrochenen Konflikt zu lösen versuchen. Sie gilt es zu skizzieren, bevor auf einen Grundkonsens der gegenwärtigen Theologie verwiesen werden kann, der ohne die Wege und Irrwege der vergangenen zweihundert Jahre unverständlich bliebe.

d) Menschliche Autonomie oder göttliche Macht: Ein Konflikt und fünf Lösungsversuche

α) Der „homo religiosus": Die Offenbarung wahren Menschseins

„§ 4. Das Gemeinsame aller noch so verschiedenen Äußerungen der Frömmigkeit, wodurch diese sich zugleich von allen andern Gefühlen unterscheiden, also das sich selbst gleiche Wesen der Frömmigkeit, ist dieses, daß wir uns unserer selbst als schlechthin abhängig, oder, was dasselbe sagen will, als in Beziehung mit Gott bewusst sind." (Schleiermacher/158: §4 [I.23])

Schleiermacher

Dieser programmatische Satz des evangelischen Theologen Friedrich Schleiermacher steht für einen der Versuche, die engen Grenzen zu überwinden, die Kant mit seiner Vernunftkritik dem Glauben gesetzt hat. Schleiermacher will aufweisen, dass und wie Menschen als Menschen immer schon auf Gott ausgerichtet sind. Methodisch bleibt er dabei insofern Kant verbunden, als auch er sein Ziel auf dem Weg einer Reflexion des Menschen auf sich selbst zu erreichen sucht. Denn dogmatischen Sätzen, die dem Menschen von außen gesagt werden, kann Relevanz nur zukommen, wenn ihre Aussagen anknüpfen an das, was der Mensch von sich wissen kann (§ 16, Zusatz). Das dem Menschen mögliche Bewusstsein von sich selbst bestimmt Schleiermacher nun aber anders als Kant: Zu ihm gehört das „Gefühl" einer „schlechthinnigen Abhängigkeit". Menschen fühlen sich immer schon in einer Beziehung zu Gott. Schleiermacher unterscheidet das „Gefühl" ausdrücklich vom „Wissen" und vom „Tun" des Menschen. Nicht Erkenntnis oder Entscheidung, sondern das „Gefühl" gründet die Frömmigkeit (§ 3). Das schließt nicht aus, sondern ein, dass man sich dieses Gefühls bewusst werden und sich aus, diesem Gefühl zu verantworteten Handlungen verpflichtet wissen kann. Aber es sichert der Religion einen eigenen Ort in der Verfasstheit des Menschen, den Kant nicht gesehen hat (Weischedel/421: 213–216; Schaefer/172: 34–41).

schlechthinnige Abhängigkeit

Ziel des Menschen – des religiösen Menschen – ist es, Mensch zu sein. Zum Menschsein aber gehört nicht allein das beschriebene Abhängigkeits-,

Freiheit

sondern auch ein „Freiheitsgefühl" (§ 4.2). Zu realisieren ist das Menschsein von den Glaubenden in einem Leben, das in Freiheit gestaltet und vom Gefühl schlechthinniger Abhängigkeit geprägt ist.

Religionsgeschichte

Der Gedanke von einem dem Menschen grundsätzlich zukommenden „Gottesbewusstsein" lässt sich leicht verbinden mit der Erforschung der Religionsgeschichte, die im 19. Jahrhundert durch neue Entdeckungen und veränderte Forschungsmethoden einen Aufschwung erlebt. Theologisch lassen sie sich deuten als Ausdrucksformen jenes grundsätzlich religiösen Wesens des Menschen (§§ 7–10). Von einer solchen historischen Betrachtung kann und darf auch das Christentum nicht ausgenommen werden. Sofern es christliche Philosophen oder Historiker sind, die entsprechende Forschungen anstellen, suchen sie in der Regel nachzuweisen, dass das Christentum faktisch, wenn nicht gar notwendig, die höchstentwickelte Religion ist (Troeltsch/160: 162; ders./161).

Nicht erst im historischen Vergleich der Religionen mit ihren unterschiedlichen Offenbarungsansprüchen stellt sich allerdings die Frage, welche Rolle bei dieser Bestimmung des Menschen als „homo religiosus" einer Offenbarung zukommt.

β) Der freie Gott: Offenbarungspositivismus

liberale Theologie

In der Nachfolge Schleiermachers entwickelte sich – vor allem im Raum der reformatorischen Kirchen – die so genannte „liberale Theologie". Sie setzt zum einen auf die „Natürlichkeit der Religion", zum anderen auf die hohe Bedeutung der Ethik und eines moralisch verantworteten Lebens für die Glaubenden (Graf/307).

Der Widerspruch gegen diese Harmonisierung von „vernünftigem Menschsein" und „Christsein", die zugleich die Spannung von Vernunft und Offenbarung aufzuheben beansprucht, konnte nicht ausbleiben. Denn wo findet in diesem Konzept die Souveränität Gottes, die von der Bibel so nachdrücklich betont wird, ihren Platz? Wird hier Gott nicht zu einer Funktion des Menschseins degradiert? Und werden von einer solchen Deutung des christlichen Glaubens die Fähigkeiten der Menschen nicht maßlos überschätzt? Und wie gelingt es diesem Ansatz, die von der Kirche stets betonte Einzigkeit Jesu Christi zu sichern?

Barth

Wort Gottes

Das machtvollste Wort gegen die liberale Theologie in der Tradition Schleiermachers erhebt der reformierte Theologe Karl Barth (Rendtorff/198: 129–139; Menke-Peitzmeyer/326: 138–144). Für ihn kann christliche Theologie nur einen Ausgangspunkt haben: das Wort Gottes. Und dieses Wort, das in Jesus Christus Mensch geworden ist, lässt alle Versuche des Menschen, seinerseits zu Gott zu gelangen, als vergeblich und falsch erscheinen. Das den Sünder rechtfertigende Wort Gottes ist nur ein „Ja" zum Menschen, weil und indem es alles, was die Menschen aus eigener Kraft vor und für Gott zu erreichen suchen, mit Gottes „Nein" durchstreicht (Barth/209: 15.17). Zu dem Durchzustreichenden gehört selbstverständlich jeder Versuch, sich Gott vernünftig zu erdenken oder ihn zu verstehen (KD II/1, 82–86; Schellong/353: 47); zu ihm zählen aber auch alle Religionen, einschließlich des Christentums, soweit sie verstanden werden als Weg, auf dem das Heil zu verdienen ist (KD I/2, 304–397).

Gegenüber dieser Offenbarung der Gerechtigkeit Gottes – Barth bezieht sich immer wieder auf Luther – hat der Mensch glaubend das „Ja" Gottes anzunehmen, indem er Gottes „Nein" als Urteil über sich akzeptiert (Gestrich/304). Dieser Glaube ist geforderte Entscheidung, für die es keine Begründung gibt: „Es gibt keine menschliche Hinzuleitung, keinen Heilsweg, keine Stufenleiter zum Glauben, die etwa zuerst zurückgelegt werden müßte. Glaube ist immer das erste, die Voraussetzung, die Begründung" (Barth/209: 80f.). Doch der so geforderte Glaube ist zugleich das, was Gott durch sein Wort wirkt und hervorbringt, wenn es den Menschen erreicht (KD I/2 377f.; Körtner/188: 32–35).

geforderter Glaube

Da Barths Offenbarungstheologie an späterer Stelle inhaltlich noch entfaltet werden wird, können diese kurzen Hinweise hier genügen (s. u.S.106). Ihre Bedeutung für die Verhältnisbestimmung von Vernunft und Offenbarung ist unverkennbar. Indem Barth die Vernunft zu den vermeintlichen Fähigkeiten und vergeblichen Bemühungen des Menschen zählt, die durch das Offenbarungswort als sündig entlarvt und „durchgestrichen" werden, schafft er Raum für biblische Rede von der Freiheit und Gnade Gottes. Die Offenbarung ist reine Initiative Gottes auf den Menschen hin, die den Menschen von Grund auf verändert. Sie ist das von Gott „Gesetzte", „Positive", von dem Theologie auszugehen hat.

verurteilte Vernunft

Doch auch angesichts eines solchen „Offenbarungspositivismus" bleiben Fragen offen: Droht hier nicht die Immunisierung eines Offenbarungsanspruchs gegen jede kritische Rückfrage? Ist aber eine solche Rückfrage, wie sie spätestens seit den Zeiten des Deismus gestellt wurde, nicht notwendig? Wie anders ist der Gefahr zu wehren, dass sich hinter Offenbarungsbehauptungen nichts als fragwürdige, sehr irdische Machtansprüche verbergen? Trägt nicht der Mensch Verantwortung für das, was er tut – und glaubt? Und muss er dieser Verantwortung nicht gerecht werden, indem er kritisch prüft, was von ihm zu tun und zu glauben verlangt wird? Wie immer eine solche Rückfrage gegenüber jeder Verkündigung geoffenbarter Wahrheiten angemessen zu stellen und zu beantworten ist: sie unter Verweis darauf, dass die Offenbarung von Gott geoffenbart ist, zu verbieten, bleibt problematisch (Eicher/179: 250–255). Denn was wurde und wird im angeblichen Namen Gottes nicht alles von Menschen zu tun verlangt – weit jenseits dessen, was intellektuell und ethisch verantwortbar ist?

γ) Autorität gegen Autonomie: Katholische Defensive

Nicht anders, aber mit zum Teil anderen Argumenten als der reformierte Theologe Karl Barth sieht sich die katholische Kirche des 19. Jahrhunderts verpflichtet, um des christlichen Glaubens willen Widerspruch einzulegen gegen theologische und philosophische Entwürfe, wie sie seit dem 16. Jahrhundert entwickelt worden waren. Die grundlegende Unterscheidung zwischen Gott und Welt sieht sie gefährdet durch jedes Denken, das die substantielle Einheit beider behauptet; nicht weniger durch den rationalistischen Anspruch, die Wahrheit Gottes und seiner Offenbarung vollständig mit Mitteln der Vernunft erfassen zu können. Widerspruch ist zudem nach kirchlicher Auffassung geboten gegen ein Verständnis der Vernunft, die über den Glauben urteilen zu können meint; und schließlich gegen die entgegengesetzte Auffassung, die Menschen verfügten über keinerlei Möglichkeiten, Gott zu erkennen (Eicher/179: 115; Küng/320: 562–566).

Apologetik

I. Vaticanum

Die Anforderungen an ein theologisches Konzept, das all diese Positionen abzuwehren vermag, sind hoch. Schließlich geht es darum, Stellung zu beziehen gegen Auffassungen, die ihrerseits schon gegensätzlich sind. Dieser Aufgabe stellt sich – neben vielen einzelnen Theologen – das I. Vatikanische Konzil. Es sucht sie lösen in der Übernahme eines theologischen Denkens, das bis in die Zeit der Gegenreformation des 16. Jahrhunderts zurückreicht – nicht zufällig werden häufig Texte des Konzils von Trient zitiert.

Neuscholastik: Natur/Übernatur

Das Denken, auf das sich das Konzil bezieht, wird als „neuscholastisch" bezeichnet, weil es Prinzipien der scholastischen Theologie aufgreift, diese aber, wie im Folgenden deutlich werden soll, an wichtigen Punkten verändert (Scheffczyk/98: 89–94). Grundlegend für die Neuscholastik ist die Unterscheidung von „Natur" und „Übernatur" – sie begegnet, wie gezeigt, bereits bei Thomas. Die Welt einschließlich des Menschen und seiner Vernunft ist die von Gott geschaffene „Natur". Das eigentliche Ziel des Menschen, die Gemeinschaft mit Gott, aber liegt außerhalb, „über" der Natur (Pottmeyer/171: 82–86). Es ist vom „natürlichen" Menschen weder zu erkennen noch aus eigener Kraft zu erreichen. Gott muss den Menschen dieses Ziel offenbaren und sie durch seine Gnade in die Lage versetzen, es mit der erleuchteten Vernunft zu erkennen sowie mit dem von der Sünde befreiten Willen anzustreben (Reikerstorfer/242: 356–359).

Thomasrezeption

Der auf die Offenbarung bezogene Text des I. Vaticanums besteht zu weiten Teilen aus Zitaten oder Paraphrasen der Theologie des Thomas. Angelehnt an die in diesem Zusammenhang immer wieder herangezogene Stelle aus Röm 1,20 definiert es:

Die *„Kirche hält fest und lehrt, dass Gott, der Ursprung und das Ziel aller Dinge, mit dem natürlichen Licht der menschlichen Vernunft aus den geschaffenen Dingen gewiss erkannt werden kann"* (DH 3004). Die Offenbarung dient bereits dazu, die sichere Erkenntnis dessen, *„was an den göttlichen Dingen der menschlichen Vernunft an sich nicht unzugänglich ist"*, zu fördern. *„Jedoch ist die Offenbarung nicht aus diesem Grund unbedingt notwendig zu nennen, sondern weil Gott aufgrund seiner unendlichen Güte den Menschen auf ein übernatürliches Ziel hinordnete, nämlich an den göttlichen Gütern teilzuhaben, die das Erkenntnisvermögen des menschlichen Geistes völlig übersteigen"* (DH 3005).

Wie aber, so fragte schon Thomas, ist eine Offenbarung als solche zu erkennen? Vor allem, so die Antwort, durch die sie begleitenden Wunder und die Erfüllung früherer, prophetischer Verheißungen. Wieder in enger Anlehnung an ihn das I. Vaticanum:

„Damit nichtsdestoweniger der Gehorsam unseres Glaubens mit der Vernunft übereinstimmend sei, wollte Gott, dass mit den inneren Hilfen des Heiligen Geistes äußere Beweise seiner Offenbarung verbunden werden, nämlich göttliche Taten und vor allem Wunder und Weissagungen, die, da sie Gottes Allmacht und unendliches Wissen klar und deutlich zeigen, ganz sichere und dem Erkenntnisvermögen aller angepasste Zeichen der göttlichen Offenbarung sind." (DH 3009; Pottmeyer/171: 266–287)

Doch trotz all dieser Übereinstimmungen trägt der Text des Konzils einen deutlich anderen Charakter als die Texte des Thomas. Zum einen verstärkt er eine Tendenz, die bei Thomas immerhin angedeutet ist: Unter Offenbarung versteht das Konzil – wie die meisten katholischen Theologen seiner Zeit – einen Bestand an Aussagen über Gott und das Verhältnis des Menschen zu ihm, die dem Menschen von Gott mitgeteilt wurden, die es inhaltlich aber nicht näher bestimmt. Deshalb nennt man dieses Offenbarungsverständnis „instruktionstheoretisch" (Seckler/201: 64–66).

Vor allem aber erwähnt das Konzil nicht, dass sich die Situation, in der der Text steht, von der Situation des Hochmittelalters in wesentlichen Punkten unterscheidet: Thomas bedient sich, um die Theologie als vernünftige Reflexion auf die Offenbarung so weit wie möglich verständlich zu machen, einer zu seiner Zeit noch weitgehend anerkannten Evidenz: Der Überzeugung, dass sich die Existenz Gottes mit Mitteln der Vernunft erweisen lässt. Thomas darf sicher sein, dass seine Leser mit dem Begriff „Gott" eine Wirklichkeit verbinden, die durch die Offenbarung näher bestimmt wird. So kann er diesen Begriff kritisch aufnehmen.

verlorene Evidenz

Von einer solchen Evidenz der Wirklichkeit Gottes kann zu Zeiten des I.Vaticanums keine Rede mehr sein – zu nachhaltig wurde sie zwischenzeitlich bestritten. Noch problematischer ist, spätestens seit Kant, die These, eine Gotteserkenntnis im Sinne eines zwingenden Gottesbeweises sei möglich. In Zweifel gezogen wurde auch längst die Möglichkeit und Erkennbarkeit von Wundern und Weissagungs-Erfüllungen (s. u. S. 101). Voraussetzungen, auf denen Anlage und Argumentation der Theologie des Thomas aufbauen, sind gut sechshundert Jahre nicht mehr gegeben.

behauptete Autorität

Ohne sie explizit zu erwähnen, reagiert aber das Konzil auf die veränderte Situation: Für Thomas hatte die Tradition der Kirche die Aufgabe, das Offenbarungszeugnis in die jeweilige Gegenwart zu bringen. Für das I. Vaticanum dagegen ist die Kirche selbst, genauer: die konkrete römisch-katholische Kirche, „durch sich [...] ein mächtiger und fortdauernder Beweggrund der Glaubwürdigkeit und ein unwiderlegbares Zeugnis ihrer göttlichen Sendung" (DH 3013). Deshalb ist der Autorität der Kirche Gehorsam zu leisten. Der Aufbau der Konstitution lässt deutlich erkennen, dass diese Autorität die argumentative Funktion übernimmt, die bei Thomas dem Rekurs auf die unhinterfragten Überzeugungen seiner Zeitgenossen zukam. Die kirchliche Autorität ist nicht der Grund für die Zustimmung zur Offenbarung – der liegt im Offenbarenden selbst. Aber sie soll für die Glaubwürdigkeit der Offenbarung einstehen, weil andere Glaubwürdigkeitsargumente unsicher geworden sind. Noch problematischer wird dieser Wechsel der Funktionsträger, wenn man auf die Begründung der beanspruchten kirchlichen Autorität schaut: Die Kirche in ihrer Gestalt verdankt sich der Offenbarung, für deren Autorität sie selbst einstehen muss (DH 3012; noch deutlicher in der Konstitution „Pastor Aeternus" mit ihrer Definition der päpstlichen Unfehlbarkeit: DH 3060.3074). Die Argumentation bildet einen Zirkel. Die Autorität der Kirche, der Gehorsam zu leisten ist, wird mit der Autorität Gottes begründet, die ihrerseits von der Kirche bezeugt wird. Eine kritische Prüfung dieser Gehorsamsforderung wird zurückgewiesen, zumal nicht einmal die Rede ist von der – von Thomas zugestandenen – Fähigkeit einer vom Glauben erleuchteten Vernunft, die Offenbarung in ihrer inneren Wahrheit zu erschließen (Pottmeyer/171: 65 f.; Eicher/179: 120–134).

„Da der Mensch ganz von Gott als seinem Schöpfer und Herrn abhängt und die geschaffene Vernunft der ungeschaffenen Wahrheit völlig unterworfen ist, sind wir gehalten, dem offenbarenden Gott im Glauben vollen Gehorsam des Verstandes und des Willens zu leisten. Dieser Glaube aber, der der Anfang des menschlichen Heiles ist, ist nach dem Bekenntnis der Kirche eine übernatürliche Tugend, durch die wir mit Unterstützung und mit Hilfe der Gnade Gottes glauben, dass das von ihm Geoffenbarte wahr ist, nicht wegen der vom natürlichen Licht der Vernunft durchschauten inneren Wahrheit der Dinge, sondern wegen der Autorität des offenbarenden Gottes selbst. [...] Damit wir aber der Pflicht, den wahren Glauben zu umfassen und in ihm beständig zu verharren, Genüge tun könnten, hat Gott durch seinen einziggeborenen Sohn die Kirche eingesetzt und so mit offensichtlichen Kennzeichen seiner Einsetzung ausgestattet, dass sie als Hüterin und Lehrerin des geoffenbarten Wortes von allen erkannt werden kann." (I. Vaticanum, Dei Filius 3, DH 3008.3012)

Dass und warum viele der oben dargestellten Verhältnisbestimmungen von Vernunft und Offenbarung, die in der europäischen Neuzeit entwickelt wurden, mit dem überlieferten christlichen Glauben nicht oder nur schwer in Einklang zu bringen sind, hat die katholische Theologie jener Jahrhunderte deutlich erkannt. In Abgrenzung von den reformatorischen Theologen, dann zunehmend von den philosophischen Entwürfen ihrer Zeit haben katholische Theologen eine Apologetik und fundamentaltheologische Konzepte erarbeitet, mit denen sie diesen Gefahren zu wehren versuchten (Eicher/179: 87–108; Eicher/180: 18–23; Reikerstorfer/242: 347–356). In ihrer Tradition suchte das I. Vaticanum die Priorität Gottes im Geschehen der Offenbarung, die unverfügbare Freiheit seiner Zuwendung zu den Menschen, die Bedeutung der Kirche sowie der Vernunft für den Glauben lehramtlich festzuschreiben. Der Versuch und sein Ergebnis bleiben von Bedeutung. Doch auch die Problematik seiner konkreten Durchführung lässt sich nicht übersehen: In der Abwehrstellung gegen die philosophische und politische Bedrängnis der katholischen Kirche jener Zeit gelang es nicht, in einem kritischen Dialog mit den Zeitgenossen die Wahrheit des christlichen Glaubens neu zur Sprache zu bringen (Pottmeyer/171: 17–27; Schatz/173). Was Thomas für seine Zeit gelang, musste misslingen, solange man nicht das Anliegen, sondern nur die Form seiner Verhältnisbestimmung von Vernunft und Offenbarung in eine Situation zu übertragen suchte, deren Denkvoraussetzungen sich vollständig gewandelt hatten (Seckler/246: 68–71).

gescheiterte Apologetik

Die katholischen Theologen, die damals nach anderen Wegen suchten, das Gespräch mit ihrer Zeit zu führen, fanden erst viel später das ihnen gebührende Gehör. Zu ihnen gehörten auf je ihre Weise die Vertreter der Tübinger Schule, aber auch Anton Günther, Georg Hermes, Anton Rosmini. Dem ständigen Verdacht ausgesetzt, die Tradition der lehramtlichen Kirche an die Neuzeit zu verraten, suchten sie nach einer Anknüpfung an die Philosophie ihrer Zeit, um den Glauben zu verantworten. So mühsam und klein aus heutiger Sicht die Schritte waren, die ihnen gelangen, so wenig wäre der neue Aufbruch der katholischen Theologie in der zweiten Hälfte des 20. Jahrhunderts ohne sie möglich gewesen (Scheffczyk/98: 79–89; Eicher/180: 30–36, Menke/325: 161–170).

δ) Offenbarung der Vernunft: Die idealistische Vermittlung

„Die Religion, die offenbare, Geist für den Geist, ist als solche die Religion des Geistes, nicht verschlossen für ein Anderes, welches nur momentan ein Anderes ist. Gott setzt das Andere und hebt es auf in seiner ewigen Bewegung. Der Geist ist dies, sich selbst zu erscheinen, dies ist seine Tat und seine Lebendigkeit; es ist seine einzige Tat, und er selbst ist nur seine Tat. Was offenbart Gott eben, als daß er dies Offenbaren seiner ist?" (Hegel/384: 17.193f)

Hegel

Vollkommen anders als in der katholischen Kirche verläuft der Weg, den Philosophen des 19. Jahrhunderts einschlagen, um dem Auseinanderklaffen von philosophischem Vernunftverständnis und christlichem Offenbarungsglauben zu wehren, wie es sich am Ende des 18. Jahrhunderts darstellte.

Suche nach Positivität

Sie machen der kritischen Philosophie in der Tradition Kants den Vorwurf, nicht mehr zu einem positiven Begriff Gottes, erst recht nicht mehr zur Wirklichkeit Gottes gelangen zu können. Dabei hat dieser Mangel nicht nur theologisch-spekulative Konsequenzen. Hegel sieht in ihm die zunehmende Verbindungslosigkeit von alltäglichem Leben und dem Glaubensverständnis der Menschen begründet (16.16–27). In ihrem Alltagsleben erklären Menschen ein Ereignis mit Hilfe der Geschichtswissenschaft, als Glaubende bezeichnen sie es als ein Handeln Gottes.

Gott denken

Kants kritisches Denken erreichte an seiner letzten Grenze die Idee „Gott", ohne über deren Wirklichkeitsgehalt noch etwas sagen zu können. G.W.F. Hegel und F.W.J. Schelling als Vertreter des „Idealismus" wenden dieses Denken um und nehmen den Grenzbegriff der Vernunftkritik als Ausgangspunkt (Hegel/384: 16.91 f.; Schelling/395: 62f.; dazu Weischedel/421: 245–377). Indem sie ihn entfalten, versuchen sie zu einem Verstehen der Wirklichkeit zu gelangen.

Weil es sich – zumindest in der direkten Anknüpfung – als theologisch einflussreicher erwiesen hat, beschränkt sich die folgende Darstellung auf das religionsphilosophisch-theologische Denken Hegels (zu Schelling: Franz/399; Meier/410).

absoluter Geist

An dessen Beginn steht die Idee eines reinen Denkens. Dieses Denken ist absolut – es ist das einzige, was ist. Hegel identifiziert es mit dem Geist, d. h. mit dem Gott, von dem die Religion weiß (16.91 f.; 17.187f.). Das reine Denken ist am Anfang noch ohne Inhalt – denn ein Inhalt des Denkens müsste ja vom Denken unterschieden sein. Eine Unterscheidung aber gibt es noch nicht. Nicht einmal sich selbst kann dieses Denken denken. Denn, so ein wichtiges Ergebnis der kritischen Philosophie, auch wer sich seiner selbst bewusst werden will – d. h. wer sich selbst denken will – muss, im Bild gesprochen, einen Schritt von sich selbst zurücktreten. Er muss einen Unterschied machen zwischen dem, über den er nachdenkt, und dem, der nachdenkt – auch wenn beide natürlich in einem späteren Schritt wieder als identisch zu denken sind (Jaeschke/405).

subjektiver Geist

Am Modell der Entstehung des Selbstbewusstseins orientiert, entwirft Hegel den Prozess, in dem das absolute Denken – Gott – zum Bewusstsein seiner selbst kommt. Dazu ist also zunächst Unterscheidung nötig. Gott setzt etwas, d. h. er lässt etwas sein, das von ihm unterschieden ist: die Welt und in ihr die Menschen in ihrer Individualität und Subjektivität. Der Mensch als das Andere Gottes ist seinerseits mit Geist begabt, zum Denken fähig. Als solches denkt er sich zunächst als Einzelner, Vereinzelter (17.252–261). Doch in Wahrheit ist er nichts anderes, als der aus sich herausgetretene Geist, nichts anderes als eine Unterscheidung in Gott. Das Ziel der Geschichte des Geistes besteht nun nach Hegel darin, dass der vereinzelte, der subjektive Geist die Einheit erkennt, in der er mit dem absoluten Geist steht. Mehr noch: Der subjektive Geist hat zu erkennen, dass er selbst der objektive Geist ist, der sich im subjektiven Geist erkennt. Wenn und indem der Mensch erkennt, dass sein eigenes Denken nichts anderes ist als das Denken des göttlichen Geistes in ihm, erkennt Gott sich selbst. Dann erst ist Gott zur Fülle seines Selbstbewusstseins gelangt. „Das endliche Bewußtsein weiß Gott nur insofern, als Gott sich in ihm weiß […]. Wir haben also hier die Religion der Manifestation Gottes, indem Gott sich im endlichen Geiste weiß. Gott ist schlechthin offenbar." (17.187)

Religionsgeschichte: Gottes Geschichte

Als diesen Prozess des Zu-Sich-Selbst-Kommens Gottes auf dem Weg der Unterscheidung sieht Hegel die Weltgeschichte und speziell die Religionsgeschichte. Die wahrhafte Einheit von Gott und Mensch, so Hegel, wird in den Stufen der Religionsgeschichte mehr und mehr deutlich. Den Höhepunkt der Religionsgeschichte bildet für ihn das Christentum. Denn hier ist die Einheit von Gott und Mensch in der Person Jesu Christi am deutlichsten vorgestellt. Sein Kreuzestod ist die denkbar größte Entfernung zu Gott. Doch der, der am Kreuz stirbt, ist selbst Gott. Die gesamte Geschichte der Menschheit, einschließlich aller sündhaften Entfernung der Menschen von Gott ereignet sich zwischen Gott und dem am Kreuz sterbenden Sohn Gottes, der selbst Gott ist und als Gott geglaubt wird – also in Gott (17.285–299).

Aber damit ist der Prozess noch nicht zu Ende: Was im Christentum „vorgestellt" ist, d. h. an der Geschichte Jesu zu sehen und in der dogmatischen Deutung dieser Geschichte entfaltet worden ist, muss noch „begriffen" werden. Erst der „spekulative Begriff", der die äußerste Entzweiung zwischen Gott und Mensch wieder als Einheit erfasst, erst der Begriff, mittels dessen Gott selbst sich im endlichen Bewusstsein denkt, bringt Gott zu sich. Erst in diesem Begriff ist das „konkrete" Selbstbewusstsein erreicht. In ihm sind alle Gegensätze aufgehoben, d. h. gemäß dem dreifachen Sinn des Wortes „aufheben": vernichtet, bewahrt und emporgehoben.

Aufhebung

Diesen Prozess bezeichnet Hegel ausdrücklich als Offenbarung. Offenbarung meint also bei ihm kein einzelnes, außergewöhnliches Ereignis, sondern benennt die Entwicklung Gottes zu sich selbst. Folgerichtig spricht Hegel von der „Selbstoffenbarung" Gottes – und dies in einem doppelten Sinne: Es ist Gott selbst, der offenbar wird, und er wird sich selbst offenbar: Es gibt ja kein Gegenüber, das nicht zugleich er selbst wäre. Alle Geschichte ist Geschichte Gottes, Geschichte in Gott (16.88). Selbst der endliche Geist, der sich von Gott trennt, ist nur Geist, weil er Geist Gottes ist (Taylor/416: 629–673).

Offenbarung der Vernunft

Angesichts dieses Prozesses muss gar keine Verhältnisbestimmung von Vernunft und Offenbarung mehr vollzogen werden: Es ist ja – als absoluter Geist – die Vernunft selbst, die sich offenbar wird (16.201). Die Offenbarung und mit ihr das ganze Geschehen, als das sie sich vollzieht, ist demnach vernünftig. Weil sie der Vernunft folgt, kommt ihr auch die Notwendigkeit zu, mit der die Vernunft einen Gedanken entwickelt, mit der sie zu sich kommt. Die Frage nach einem möglichen Gottesbeweis stellt sich ebenfalls nicht mehr: Die Faktizität der Geschichte verbürgt die Faktizität Gottes, dessen Geschichte sie ist. *„So ist die* Weltgeschichte *die Darstellung dieser Wahrheit als Resultat im unmittelbaren Bewußtsein des Geistes"* (17.309). Von diesem Verständnis leitet sich auch Hegels Freiheitsbegriff ab. Freiheit ist für ihn nicht eine willkürliche Wahl, mit der sich das Subjekt vereinzelt. Freiheit ist vielmehr die Zustimmung zur Notwendigkeit des geschichtlichen Prozesses, die konkret wird in der Anerkennung von Normen und Institutionen (7.292–307).

Rezeption

Hegels philosophischer Ansatz wurde von erbitterten Gegnern wie von begeisterten Anhängern in einem Umfang rezipiert, der hier nicht darstellbar ist. Festzuhalten bleibt, dass sein Konzept einer im Prozess der Offenbarung zu sich kommenden Vernunft in breiten Kreisen als Heilung jener Brüche aufgefasst wurde, die das kritische Denken zwischen Glaube und Denken, Theologie und Philosophie, Kirche und Staat hatte entstehen lassen.

Kritik

Kierkegaard

Selbstverständlich fehlte es nicht an Skepsis und entschiedenem Widerspruch. Sören Kierkegaard, einer seiner frühesten und heftigsten Gegner, stellte in formaler Hinsicht die Frage, wie das Verstehen der Geschichte, das Hegel beanspruchte, möglich sein soll, bevor diese Geschichte an ihr Ende gekommen ist. Hegel, so Kierkegaard, vernachlässige die problematische Offenheit allen Geschehens, die den Einzelnen vor die Not immer wieder neuer Entscheidungen stellt – und die den Ablauf der Geschichte als ganzer nicht absehen lässt. Für die bedrängte Situation des mit Freiheit begabten und zugleich unter zahlreichen Bedingungen und Zwängen lebenden Einzelnen sei im Denken Hegels kein Platz. Dieses sei nur möglich unter Absehung von der Existenz dessen, der es denkt – und damit eine hilflose Spekulation (EO II, 184f.; UN II, 1–18).

theologische Kritik

Kierkegaard stellt seine scharfen Fragen in theologischem Interesse, das es gerade vor dem Hintergrund des biblischen Glaubenszeugnisses hervorzuheben gilt: Wie ist die von der Bibel festgehaltene Differenz zwischen Gott und Welt, zwischen dem Geist Gottes und dem Denken des Menschen in Hegels System noch vorstellbar? Wie ist das Angebot des Bundes, wie der Ruf zur Umkehr zu verstehen, wenn alles Gegenüber von Gott und Mensch nochmals von einer größeren Einheit getragen sein soll? Die Antwort auf solche Fragen, die darüber entscheidet, ob Hegels Denken als angemessene Entfaltung christlichen Offenbarungsglaubens gelten kann, hängt davon ab, wie die von Hegel postulierte Einheit der Gegensätze präzise zu denken ist. Ist es eine Einheit, die letztlich jede Unterschiedenheit zum Schein erklärt? Oder ist es eine Einheit, die entsteht und besteht, indem die voneinander Unterschiedenen sich gegenseitig in ihrer Unterschiedenheit anerkennen? Diese Fragen der Hegel-Interpretation, welche die ihm folgende Theologie gegensätzlich beantwortet, müssen hier nicht entschieden werden. Sie sollen lediglich deutlich machen, in welche Problemstellungen die Identifizierung von Vernunft, Offenbarung und Geschichte die christliche Theologie führt (Mader/168: 25–31).

Doch ganz unabhängig von dem Streit um die Möglichkeiten und Grenzen seines Denkens hat Hegel die Offenbarungstheologie revolutioniert. Mit seinem System überwindet er die neuzeitliche Fronstellung von Vernunft und Offenbarung. Er befreit das Verständnis der Offenbarung auch aus der inhaltlichen Verengung, die ihm in der Theologie seiner Zeit widerfährt. So lange Offenbarung als außergewöhnliche Mitteilung verstanden wird, löst sie lediglich ein Kommunikationsproblem zwischen Gott und Menschen. Doch als solcher Mitteilungs- bzw. Erschließungsvorgang bleibt sie weitgehend unabhängig von ihrem Inhalt und dem, was ihr Inhalt bewirkt.

Selbstoffenbarung Gottes

Hegel nun versteht die Offenbarung als „Selbstoffenbarung" Gottes und nimmt damit Intentionen auf, die, wenn auch in ganz anderer Sprach- und Denkform, die Theologen des ersten Jahrtausends verfolgten. Es ist nicht ein wie immer geartetes Wissen von und über Gott, dass durch Offenbarung vermittelt wird – es ist Gott selbst, der sich in ihr zeigt. Offenbarung wird verstanden als das Geschehen, in dem Gott sich selbst ausdrückt, in dem er selbst erscheint – das Geschehen, in dem Menschen Gott begegnen. Das heißt: Über Offenbarung nachdenken heißt, über Gottes Geschichte mit den Menschen, über die Geschichte der Menschen mit Gott nachdenken (16.196–202; Mader/168: 37–45).

So gibt Hegel, indem er den Offenbarungsbegriff neu bestimmt, auch den theologischen Ansätzen eine neue Mitte, die ihm im konkreten Verständnis des Offenbarungsgeschehens nicht folgen. „Offenbarung" wird zum Schlüsselbegriff der Theologie des 20. Jahrhunderts. Wenn mit dem Reflexionsbegriff „Offenbarung" das Geschehen zwischen Gott und Mensch bezeichnet wird, dann wird Theologie wesentlich zur „Offenbarungstheologie". Nahezu alle theologischen Ansätze des 20. Jahrhunderts verstehen, meist sogar explizit, die Selbstoffenbarung Gottes als ihr Prinzip – d.h. als ihren Ausgangspunkt und bestimmenden Inhalt (Eicher/179). Von diesem Prinzip ausgehend suchen sie den Gehalt des Glaubens zu entfalten, von diesem Prinzip ausgehend gilt es, das Verhältnis von Vernunft und Offenbarung zu klären.

ε) Destruktion als Befreiung: Begründeter Atheismus

Doch bevor diese Linie theologischen Denkens weiter verfolgt werden kann, gilt es, noch eine ganz andere Lösung jenes Konflikts zwischen Denken und Glaube, zwischen menschlichem Autonomiebewusstsein und der Gehorsamsforderung göttlicher Offenbarung in den Blick zu nehmen. Denn sie wird, da sie wirkungsvoller als je zuvor vertreten wird, zu einer ständigen Herausforderung von Glaube und Theologie.

Das Problem der konfliktreichen Spannung zwischen den genannten Polen löst sich vollständig auf, sobald man einen von ihnen beseitigt. Ein Atheismus, der Gott leugnet, braucht sich um die Fragen, vor die der Glaube an Gott das Leben und Denken der Glaubenden stellt, nicht mehr zu kümmern. Es reicht, die Gottesleugnung so zu begründen, dass sie zu einer überzeugenden Wahlmöglichkeit wird. Drei solcher Begründungsstrategien knüpfen unmittelbar an den dargestellten Konflikt und die im 19. Jahrhundert vorgelegten Lösungsversuche an.

Das idealistische System Hegels fordert seine atheistische Anwendung geradezu heraus. Dazu bedarf es lediglich der Umkehrung von Hegels zentraler These, nach der das menschliche Denken Moment und Funktion der Entwicklung ist, in der der göttliche Geist sich selbst denkend zu sich kommt.

Feuerbach

Ludwig Feuerbach wendet diesen Gedanken. Für ihn denkt der Mensch sich selbst, wenn er Gott denkt. Was in den Religionen den Göttern zugeschrieben, auf sie projiziert wird, ist nichts als das Wesen des Menschen, das sich in der Geschichte der menschlichen Gattung entfaltet. „Was dem Menschen Gott ist, das ist sein Geist, seine Seele, und was des Menschen Geist, seine

Seele, sein Herz, das ist sein Gott: Gott ist das offenbare Innere, das ausgesprochene Selbst des Menschen" (Feuerbach/382: 49). Die Religionsgeschichte hat dies an den Tag zu bringen. Auch für Feuerbach steht das Christentum am Endpunkt dieser Entwicklung, die es nur noch philosophisch zu Ende zu bringen gilt. Denn das Christentum steht schon für die Bestimmung Gottes als Liebe sowie – in Christus – für die Einheit von Gott und Mensch ein. Es bedarf nur noch der Einsicht, dass die Gott zugeschriebene Liebe die Liebe der Menschen ist. Ist sie gewonnen, ist die Einheit von Gott und Mensch darin erkannt, dass der Mensch, ohne sich dessen bewusst zu sein, immer schon von sich sprach, wenn er von Gott sprach (Feuerbach/382: 48f.; Küng/320: 223–236; Weischedel/421: 403–410). Friedrich Nietzsche, stärker an Kant als an Hegel anknüpfend, führt diesen Ansatz von Feuerbach weiter aus: Er bedenkt die Notwendigkeit, mit der es zum Tod Gottes kommen muss, wenn der Mensch sich als der bewusst wird, der Gott schuf – als eine Stütze seines Lebens, die ihn nicht mehr zu tragen vermag, sobald sie als solche durchschaut ist. Die Kraft, die zuvor für die Religion aufgewandt wurde, befähigt den Menschen von nun an, angesichts des Todes Gottes zu leben (Nietzsche/391: 5.336f.; 6.77f.; Striet/415: 120–122.141–155).

Nietzsche

Karl Marx kleidet die These des von den Menschen geschaffenen Gottes in das Gewand nicht der Anthropologie, sondern der Geschichtsphilosophie. Er sucht die Religion in ihrer gesellschaftlichen Funktion zu verstehen: Sie legitimiert und stützt Herrschaftsstrukturen, die zur Entfremdung des Menschen führen. Die Religionsgeschichte liest Marx nicht als Bestätigung der religiösen Natur des Menschen, nicht als Geschichte der Selbstoffenbarung Gottes, sondern als aufzuhebendes Moment des dialektischen, d.h. durch konfliktgeladene Gegensätze vorangetriebenen Fortschrittsprozesses. Zur Befreiung aus den entfremdenden Herrschaftsstrukturen ist die Überwindung und Aufhebung der Religion ein unverzichtbarer emanzipatorischer Akt (Küng/320: 257–265; Weischedel/421: 425).

Marx

Noch einmal anders wendet Freud das Problem der Religion. Religiöse Vorstellungen sind für ihn Momente sowohl der psychischen Entwicklung des Einzelnen wie der kulturellen Entwicklung der Gesellschaft. In diesen Entwicklungen kommt es, um die mit ihnen verbundenen Triebkonflikte aushalten zu können, zu der Annahme eines existierenden, gar sich offenbarenden Gottes. Doch so verständlich solche Annahmen sind – sie blockieren den Fortgang der Entwicklung, wenn Menschen in dieser Gegenüberstellung zu Gott verharren. Das Ziel der Ich-Werdung und der Kultur ist nur zu erreichen in der Auflösung dieser Projektion, in der Verabschiedung des Gottes, der seine Existenz dem Menschen verdankt (Freud/425: 339–352; Küng/320: 313–326).

Freud

Es kann nicht ernsthaft bezweifelt werden, dass die Religionen im allgemeinen und das Christentum im besonderen faktisch oft die Funktion hatten und haben, die hier kritisiert werden. Sie dienten und dienen Machtinteressen, die mit Mitteln verfolgt werden, die von philosophischen Entwürfen bis zu Eingriffen in die psychische Entwicklung des einzelnen Menschen reichen. Und zur Legitimation solcher Machtansprüche ist der Verweis auf Offenbarungen und die hinter ihnen stehende Autorität Gottes ein probates Mittel. Das decken im 20. Jahrhundert vor allem die politische Theologie und die Befreiungstheologie auf (Metz/327; Gutiérrez/308: 91–120).

Muss aber aus diesen schwer zu bestreitenden Einsichten der Schluss gezogen werden, die Religion und der Glaube an göttliche Offenbarung seien aus Gründen der Vernunft zu verabschieden? Vor dem Hintergrund der von Kant aufgezeigten Unmöglichkeit zwingender Gottesbeweise bleibt immerhin festzuhalten, dass sich auch die Leugnung der Existenz Gottes nicht auf zwingende Vernunftgründe berufen kann.

ζ) Ergebnis: Offene Fragen

Gehorsam und Freiheit

In der Neuzeit wird die Verhältnisbestimmung von Vernunft und Offenbarung zum Problem. Es bricht auf, sobald der Gehorsam fordernde Wahrheitsanspruch göttlicher Offenbarung als Widerspruch zur Freiheit der Menschen empfunden wird, in der diese ihr Handeln, aber auch die Inhalte ihres Glaubens zu verantworten haben. Bei der Frage nach dem Verhältnis von Vernunft und Offenbarung geht es deshalb letztlich um die Möglichkeit, das Verhältnis zwischen Gott und Menschen in einer Weise zu verstehen, in der das in der europäischen Neuzeit erwachte Selbst- und Freiheitsbewusstsein des Menschen sich verbindet mit dem biblischen Zeugnis von Gott, der sich als Gott erweist, indem er rettet, indem er sich liebend den Menschen zuwendet.

Konkurrenzverhältnis

Alle bisher vorgetragenen Lösungsversuche verstanden dieses Verhältnis mehr oder weniger ausdrücklich als Konkurrenzverhältnis. Die Offenbarungskritik suchte Ansprüche zurückzuweisen, die an den Menschen und sein vernünftiges Denken gestellt werden. Sie richtete sich zunächst nur gegen kirchliche Autoritätsansprüche, in letzter Zuspitzung aber gegen jede Rede von Gott. Theologische Entwürfe dagegen suchten die Souveränität Gottes zu sichern, indem sie Möglichkeiten menschlichen Denkens und Handelns vor dem Anspruch der Offenbarung einschränkten oder völlig zurückwiesen. In dieser Frontstellung verharrten auch die vorgestellten Vermittlungsversuche. So erwiesen sie sich als unfähig, in einem kritischen Dialog mit der jeweiligen Gegenseite produktive Lösungen zu finden. Auf Seiten der Theologie waren es nicht zuletzt aus der Vergangenheit übernommene Denkmodelle, die einen solchen Dialog verhinderten: in der katholischen Theologie das Festhalten an einem instruktionstheoretischen Offenbarungsverständnis im Rahmen eines Denkens, das von der Trennung zwischen „Natur“ und „Übernatur“ ausgeht; in der evangelischen Theologie das Festhalten an einem Verständnis der Rechtfertigung, das jede Beteiligung des Menschen an diesem Geschehen ausschließt. So kann es nicht wundern, dass neuere Versuche, das Verhältnis von Vernunft und Offenbarung anders denn als Konkurrenzverhältnis zu denken, diese Modelle hinter sich lassen oder zumindest deutlich modifizieren.

e) Denken und Wirklichkeit

Offenbarungstheologie

Die systematische Theologie des 20. Jahrhunderts ist Offenbarungstheologie. Die bereits beschriebene Neubestimmung des Offenbarungsbegriffs durch die Rede von der Selbstoffenbarung Gottes führt dazu, dass in das Gebiet der Offenbarungstheologie, anders als zuvor, auch die inhaltliche Bestimmung des christlichen Glaubens fällt. Die enger gefasste Frage nach dem Verhältnis von Vernunft und Offenbarung lässt sich deshalb kaum noch von der Frage trennen, wie man das Verhältnis von Gott und Menschen insgesamt theologisch zu erfassen sucht. Die inhaltliche Entfaltung des Offenbarungsglaubens soll aber in der vorliegenden Untersuchung erst später dargestellt werden (B.III). Deshalb kann es hier lediglich darum gehen, die Grundstruktur vorzustellen, in der heute weithin das Verhältnis von Vernunft und Offenbarung bestimmt wird.

α) Das Denken als bestimmte Frage

Menschliches Nachdenken ist früher oder später immer auch Nachdenken über den Menschen. Diese Selbstreflexion rückte, wie dargestellt, in der europäischen Neuzeit sogar in den Mittelpunkt philosophischen Denkens.

begrenzte Existenz

In seiner konkreten Ausgestaltung hat das Nachdenken über den Menschen zahlreiche Formen. Doch wie immer es aussieht: Es entdeckt, wenn es redlich ist, die Grenzen der Menschen. An ihnen brechen Fragen auf. Es sind die Fragen nach dem Woher, dem Wohin und dem Wozu menschlicher Existenz. Nicht nur an der Grenze des Todes wird ihr Leben den Menschen zur Frage. Sie erleben sich als von vielen und vielem Gefragte und Geforderte – weit über ihren Willen und ihre Fähigkeit hinaus, diesen Forderungen zu entsprechen. Umgekehrt wissen sie um ihre Angewiesenheit auf andere Menschen, sind selbst Fragende und Fordernde, ohne sich der erwünschten, gar ersehnten Antwort gewiss sein zu können.

entschiedene Endlichkeit

Mit der Tatsache dieser Fraglichkeit lässt sich wiederum sehr verschieden umgehen. Es mag Menschen geben, die sich in die Unbeantwortbarkeit dieser Fragen fügen. Auf diese Konsequenz läuft etwa die ausführliche Auseinandersetzung des Philosophen Hans Blumenberg mit der Geschichte der Theologie, vor allem der Theodizeefrage hinaus (Blumenberg/373: 229–233). Eine solche Haltung muss nicht einmal in enttäuschte Resignation münden, sondern kann zur Konzentration aller Kräfte führen, die dann für das eingesetzt werden, was im Bereich der menschlichen Möglichkeiten liegt – selbst wenn sich im Tod all dieses Mühen als letztlich vergeblich erweist. Dafür hat Albert Camus in seinen Romanen und philosophischen Werken ein eindringliches Zeugnis gegeben (vor allem Camus/374; 375).

Gottesgedanke

Zu den Möglichkeiten, den genannten Fragen zu begegnen, gehört aber auch die Fähigkeit des Menschen, Antworten zu formen. Auf dem Weg des Denkens gelangte Kant so zu den bereits erwähnten „regulativen Ideen" der Vernunft. Hoffnung und Phantasie sind ebenfalls Wege, eine mögliche Antwort auf offene Fragen, eine mögliche Erfüllung ungestillter Sehnsucht zu entwerfen. Auf diesem Weg entstehen nicht nur Bilder eines gelingenden Lebens. Auf diesem Weg malen sich Menschen auch einen möglichen Gott aus, eine Begegnung mit diesem Gott, eine Zukunft nach dem eigenen Tod (Verweyen/202: 233–268).

In aktuellen Entwürfen zur Offenbarungstheologie knüpft die Verhältnisbestimmung von Vernunft und Offenbarung an diese Einsicht an. Die menschliche Vernunft kann offensichtlich, ausgehend von der Erfahrung des Menschen mit sich und der Welt, einen Gedanken von Gott entwickeln. Sie kann, darin ist den deistischen Entwürfen zuzustimmen, zu einem inhaltlich bestimmten Gottesgedanken gelangen. Sie ist in der Lage, Kriterien zu bestimmen, an denen jeder Glaube gemessen werden muss: Es ist nicht vernünftig, für Vernunftwidriges im Namen Gottes Glauben zu fordern; es ist nicht erlaubt, einem Gott zu gehorchen, der Böses zu tun verlangt. Doch all diese kraft der Vernunft und der Phantasie entworfenen Antworten erreichen nur Möglichkeiten – und deshalb bleiben die Fragen in Wirklichkeit offen. Was Kant im Blick auf den Gedanken Gottes formulierte, gilt noch viel mehr für jedes Bild von Gott, für jede Hoffnung auf ihn: Die Tatsache, dass etwas gedacht ist –, vielleicht sogar mit rationaler oder existentieller Notwendigkeit gedacht ist sagt nichts darüber aus, ob dem Inhalt des Denkens eine Realität entspricht. Eine nur mögliche Antwort beruhigt die Frage nicht; eine Hoffnung erfüllt die Sehnsucht nicht, aus der sie entstand; einen Gott zu denken, lässt Gott nicht wirklich werden.

Wirklichkeitsfrage

Deshalb bleibt, allen Möglichkeiten möglicher Antworten zum Trotz, der Mensch eine Frage, die er sich nicht beantworten kann (Splett/361). Die Antwort, derer Menschen bedürfen, ist eine Antwort, die ihnen nur gegeben werden kann.

β) Die Offenbarung als geschenkte Antwort

Die Wirklichkeit Gottes kann sich nur erweisen, indem Gott sich selbst als wirklich zeigt. Genau dies aber ist der Kern des Offenbarungsgeschehens, das die Bibel überliefert: Gott ist für die Menschen nur erkennbar, wenn und weil er sich den Menschen zu erkennen gibt.

Wirklichkeitserweis

Um bei dieser Zuordnung der Gefahr zu wehren, Gott zu einem Instrument menschlicher Bedürfnisbefriedigung zu degradieren, ist Weiteres hinzuzufügen. Es ist mit der Möglichkeit, ja sogar der Wahrscheinlichkeit zu rechnen, dass Gott sich anders zeigt als von Menschen erdacht und erhofft. Die Begegnung, wenn es eine Begegnung mit Gott ist, kann stets dazu führen, dass der Mensch sein Selbstverständnis wie auch seine Gottesvorstellung radikal verändern muss. Als Beschreibung solcher Erfahrung bleiben die zitierten Ausführungen von Karl Barth unverzichtbar. Möglich, ja wahrscheinlich ist es zudem, dass eine Offenbarung nicht nur Antwort ist – sondern dass durch sie neue Fragen aufbrechen (Bultmann/17: III.32–34).

Nicht nur möglich, sondern unverzichtbar ist es schließlich für Menschen, die an eine ihnen geschenkte Offenbarung glauben, diese Offenbarung zur Sprache zu bringen, sie mit der Welt, in der sie leben, zu verbinden. Denn nur so wird die Offenbarung zu einer Wirklichkeit in ihrem Bewusstsein von sich und der Welt, nur so gewinnt sie Bedeutung und fordert sie Konsequenzen für das je eigene Leben. Für diesen Prozess der Annahme einer geschenkten Offenbarung ist wiederum die Vernunft des Menschen gefragt (Pannenberg/339: 15).

γ) Frage und Antwort – ein Wechselverhältnis

Die vom Denken geformte Frage und ihre in der Offenbarung geschenkte Beantwortung: Diese Verhältnisbestimmung von Vernunft und Offenbarung ist allenfalls in Ausnahmefällen als Beschreibung des Prozesses zu verstehen, in dem ein Mensch zum Glauben kommt.

Christliche Offenbarungstheologie dagegen stellt nicht eine Frage, um dann auf ihre Antwort zu warten. Sie setzt vielmehr die ergangene Offenbarung und damit die Wirklichkeit Gottes voraus. Davon ausgehend sieht sie sich vor der Aufgabe, die Relevanz der geglaubten Offenbarung für den Menschen zu erweisen. Deshalb sucht die Theologie in der Wirklichkeit der Menschen nach jenen Momenten oder Aspekten, die erkennen lassen, dass Menschen ansprechbar sind für eine Offenbarung der Wirklichkeit Gottes, die sie „unbedingt angeht" (Tillich/249: 408); sie sucht die Offenbarung als die Antwort zu erweisen, die der Unbedingtheit menschlicher Fragen antwortend entspricht (Pröpper/346: 176f.).

δ) Bestimmtheit statt Negativität

Will die Offenbarungstheologie die Bedeutung Gottes für die Menschen aufdecken, muss sie in der Lage sein, über Gott etwas auszusagen. Könnte sie nicht in inhaltlich klarer und eindeutiger Weise von Gott sprechen, müsste sie bald auch von den Menschen, von Grund und Ziel ihres Lebens schweigen (Hochstaffl/225: 723). Indem sie den Anspruch erhebt, Aussagen über Gott machen zu können, stellt sich aktuelle Offenbarungstheologie gegen eine Strömung, die die christliche Theologie im Untergrund stets begleitet hat: gegen die so genannte „negative Theologie" (Wendel/251). Ausgehend von einem unbekannten Autor des 5. oder 6. Jahrhunderts, dessen Schriften unter dem Pseudonym Dionysius Areopagita erschienen, vertritt dieses theologische Denken die These, dass Gott für das menschliche Denken grundsätzlich unfassbar sei. Deshalb könne man von ihm nur angemessen sprechen, indem man jede Aussage, mit der man ihm Eigenschaften zuspricht, zugleich verneine. Auf keine der Aussageweisen dürfe man verzichten, weil sie nur in ihrer Gleichzeitigkeit Gott angemessen seien – wenn nicht gar das Schweigen die einzig verantwortbare Haltung gegenüber Gott ist, wie vor dem Hintergrund mystischer Erfahrungen immer wieder betont wird (O'Daly/147: 772–776).

Negative Theologie

Dionysius Areopagita

Das Werk des Dionysius kann gelesen werden als Versuch, den christlichen Glauben mit der philosophischen Spekulation seiner Zeit zu verbinden. Die neuplatonische Philosophie betonte die Unnennbarkeit des Einen, die Unfassbarkeit Gottes. Dionysius übernimmt um der philosophischen Redlichkeit der Theologie willen diese Überzeugung, sucht aber gleichzeitig eine Brücke zu schlagen zu den inhaltlich bestimmten Aussagen über Gott, die sich in der Tradition des Christentums finden. Die Wege, auf dem ihm dies – wiederum mit Hilfe neuplatonischen Gedankensguts – gelingt, müssen hier schon deshalb nicht dargestellt werden, weil sie heutigem Denken kaum noch gangbar sind (Striet/365: 53–59).

Muss sich aber christliche Theologie, unabhängig von bestimmten philosophischen Kontexten, die Rede von der Unfassbarkeit Gottes nicht zu eigen machen? Spricht doch die Bibel sogar davon, dass der direkte Blick auf die Wirklichkeit Gottes die Menschen das Leben kosten würde, und betont sie wieder und wieder die Größe Gottes, die der Menschen Fassungskraft übersteigt (s. o. S. 18).

Doch auch die bestimmte Gottesrede der Offenbarungstheologie kann sich auf das biblische Zeugnis berufen. Denn es finden sich in ihm nicht nur zahlreiche Aussagen über Gott, sondern auch der Hinweis auf die unverzichtbare Bedingung von deren Möglichkeit: Gott kann erkannt werden, weil er sich zu erkennen gibt. Es zeigte sich, dass die Bibel an der eindeutigen Aussage, dass Gott sich als Gott erweist, indem er rettet, festhält – so schwer dies angesichts all der Erfahrungen, die gegen einen solchen Glauben sprechen, auch fällt. Dieser Tradition ist die Offenbarungstheologie verpflichtet. Sie setzt mit der Bibel darauf, dass Gott seiner Zuwendung zu den Menschen und seiner Verheißung, ihnen Heil zu schenken, treu bleibt.

bestimmter Glaube

Die Forderung, über Gott nicht mehr zu sprechen, muss christliche Theologie in dem Wissen, dass nur im menschlichen Sprechen die von der Bibel bezeugte Wirklichkeit Gottes zu Wort kommt, zurückweisen. Sie vermag aber Intentionen der negativen Theologie durchaus aufzunehmen. Sie weiß, dass die Wirklichkeit der Liebe Gottes unausdenkbar ist. Gottes Entschiedenheit für die Welt und die Menschen gründet allein in seinem Entschluss – nicht anders sein Wille, sich den Menschen zu zeigen.

Unausdenkbarkeit

Aber nicht nur in der Angewiesenheit auf die von Gott ausgehende Offenbarung, sondern auch im Bedenken der geschehenen Offenbarung weiß das Denken um seine Grenzen: Schon die personale Begegnung zwischen Menschen lässt sich nie vollständig zur Sprache bringen, nie erschöpfend bedenken. Umso mehr gilt dies für die Erfahrung der liebenden und rettenden Zuwendung Gottes. Doch wenn angesichts dieser Erfahrung die theologische Reflexion die Grenzen ihrer Fassungskraft bekennt, kann und muss sie an der Überzeugung festhalten, dass es die Liebe Gottes ist, „die alle Erkenntnis übersteigt" (Eph 3,18). Sie würde dem biblischen Zeugnis untreu, rechnete sie damit, dass diese Liebe nur eine unter vielen, vielleicht gar einander widersprechenden Eigenschaften Gottes sei.

Das Wissen um ihre Begrenztheit dispensiert deshalb die Theologie nicht davon, nach den Formen zu suchen, in denen die biblisch bezeugte Offenbarung am angemessensten zu bedenken ist. Der Glaube an die Offenbarung nimmt das Denken in genau diese Pflicht (Pröpper/195: 15–21; Striet/365: 240–264).

II. Gestalt: Das Geschehen der Offenbarung

Sieht man von atheistischen Positionen ab, für die der Begriff einer Offenbarung genau so sinnlos ist wie schon die Rede von Gott, gehen alle bisher vorgestellten Entwürfe davon aus, dass es Offenbarungen Gottes gibt oder zumindest geben kann. Dass Gott sich zeigt, dass die Götter sich zeigen – das war für die Bibel, aber auch in der antiken Umwelt so selbstverständlich, dass darüber nicht eigens nachgedacht werden musste. In Frage stand lediglich, ob bestimmte Ereignisse und Mitteilungen, die als „Offenbarungen" verkündet wurden, mit dem christlichen Glauben in Einklang zu bringen waren (Stockmeier/97: 28; Näheres dazu s. u. S. 159).

In späteren Zeiten wurde man vorsichtiger mit der Annahme, dass es zu solchen Offenbarungen gekommen sei und sogar in der jeweiligen Gegenwart noch komme. Doch das änderte lange Zeit nichts daran, dass Offenbarungen für möglich gehalten wurden. Wer davon ausgeht, dass es Gott gibt oder zumindest geben kann, wird mit der Wirklichkeit Gottes auch dessen Allmacht voraussetzen. Dies ist selbst in philosophischer Perspektive nahezu einhelliger Konsens (dagegen Jonas/313: 36–40). Zur Allmacht Gottes aber muss seine prinzipielle Fähigkeit gehören, sich innerhalb von Welt und Geschichte zu zeigen, gegebenenfalls auch auf außergewöhnliche Weise. Unverzichtbar schließlich ist das Festhalten an der Möglichkeit und Wirklichkeit göttlicher Offenbarung für ein Denken, das die biblische, vor allem die christliche Tradition bewahren möchte. Denn Bibel und Tradition verstehen die Offenbarung als die wesentliche Voraussetzung des Glaubens.

Doch ist die Voraussetzung einer möglichen, gar einer tatsächlich geschehenen Offenbarung wirklich fraglos zu akzeptieren? Wie soll es denn zu einem solchen Geschehen, das auf Gottes Initiative zurückgeht, kommen? Wie ist es vorstellbar und denkbar? Um diese Probleme geht es in den folgenden Überlegungen.

Sie setzen mit einer erkenntnistheoretischen Fragestellung ein: Wie erkennen Menschen, dass das, was sie wahrnehmen, eine Offenbarung ist? (1.) In der Behandlung dieser Fragen wird deutlich werden, dass die Erkenntnis einer Offenbarung den Glauben an ein offenbarendes Handeln Gottes voraussetzt. (2.) Aus dieser Einsicht wächst eine kritische Rückfrage an die Geschichte des christlichen Offenbarungsverständnisses: Kann vor dem Hintergrund der inhaltlichen Bestimmung des christlichen Glaubens all das als Handeln Gottes geglaubt werden, was gemeinhin als Offenbarung verstanden wird? (3.)

1. Die Wahrnehmung als Frage

a) Offenbarende Wirklichkeit

Für biblische Texte vor allem des Alten Testaments lässt der Blick auf die Schöpfung, die Erkenntnis ihrer Ordnung und ihres Bestands die Weisheit Gottes erkennen. Paulus verbindet diese Überzeugung ausdrücklich mit dem Offenbarungsbegriff: „Was man von Gott erkennen kann, ist ihnen offenbar; Gott hat es ihnen offenbart. Seit Erschaffung der Welt wird seine unsichtbare Wirklichkeit an den Werken der Schöpfung mit der Vernunft wahrgenommen, seine ewige Macht und Gottheit" (Röm 1, 19f.).

α) Die Welt als Schöpfung

Eine breite theologische Tradition baut auf diesen Texten auf und entfaltet die Rede von einer Offenbarung Gottes in der Schöpfung bzw. durch die Schöpfung. In den schon erwähnten „fünf Wegen" stellte Thomas von Aquin dar, auf welch unterschiedlichen Wegen die Vernunft zu der Einsicht gelangen kann, dass Gott existiert (s.o. S. 65). Sie folgen alle einem einheitlichen Schema: Angesichts der begegnenden Wirklichkeit brechen Fragen nach ihrem Warum, Woher und Wohin auf. Sollen sie nicht in ein endloses Weiterfragen führen, müssen sie eine jeweils letzte Antwort finden. Diese letzte Antwort wird, so Thomas, „von allen Gott genannt" (STh I, 2.3). Dass der auf dem Weg des Nachdenkens gefundene Gott wirklich existiert, beweisen die Wirklichkeit, die die Frage nach ihm auslöste, und die Vernunft, die von Gott zur Erkenntnis Gottes geschaffen wurde (Müller/234: 2001, 34–45).

die „fünf Wege"

Die von Thomas zusammengestellten Argumente für eine Erkennbarkeit Gottes aus dem Werk seiner Schöpfung galten über lange Zeit als einleuchtend und maßgeblich. Bis in die Gegenwart finden sich Versuche, aus dem Staunen über die vorgefundene Welt und die in ihr zu erkennende Ordnung auf Gott zu schließen. Die Zielgerichtetheit der Evolution auf Christus hin steht für Teilhard de Chardin im Mittelpunkt seiner Theologie, der die Evolution als fortschreitende Offenbarung zu lesen sucht (Gläßer/306: 281f.).

Evolution und Kosmologie

Auch Alfred N. Whitehead entwickelt eine philosophische Kosmologie, die in die These mündet, Gott und die Welt stünden in einem gemeinsamen, von Gegensätzen gezeichneten Entwicklungsprozess (Whitehead/422: 611–627; Sander/351).

β) Offenbarung im Menschen

Die „fünf Wege" des Thomas verlieren in dem Maße ihre Gangbarkeit, in dem Menschen ihren sinnlichen Wahrnehmungen zu misstrauen beginnen. Die Möglichkeiten, aus der vorfindlichen Wirklichkeit auf die Wirklichkeit Gottes zu schließen, sind damit aber keineswegs grundsätzlich verloren. Sie bedürfen nur eines anderen Ausgangspunktes.

Als solch neuer Ausgangspunkt bietet sich in der neuzeitlichen Philosophie jene Grundlage an, auf der man nach dem Aufbrechen des umfassenden Zweifels auch die Gewissheit der Erkenntnis neu aufrichten zu können glaubt: das menschliche Selbstbewusstsein. Dieses ist zwar nicht sinnlich erfahrbar, aber in der Reflexion des Menschen auf sich selbst wird es, so zumindest Descartes und viele seiner Nachfolger, zwangsläufig aufgedeckt. Als nicht bezweifelbare Gegebenheit wird es zum Gegenstand weiteren Nachdenkens. Und solches Nachdenken kann wiederum auf den Gottesgedanken führen.

Selbstbewusstsein

Zwei Beispiele dafür brauchen nicht mehr ausgeführt, sondern müssen nur erinnert werden: Descartes fand im menschlichen Bewusstsein die Idee des Unendlichen, die Idee Gottes. Sie war ihm nur unter der Voraussetzung erklärlich, dass sie von Gott selbst dem Bewusstsein eingegeben worden ist (s. o. S. 73). Schleiermacher sah das „Gefühl schlechthinniger Abhängigkeit", in dem die Frömmigkeit gründet, als jenen Bereich, in dem sich den Menschen die Wirklichkeit Gottes erschließt (s. o. S. 79).

Auf der gleichen Linie liegt das in der katholischen Theologie des 20. Jahrhunderts sehr einflussreiche Denken Karl Rahners. Er verbindet seine Analyse des menschlichen Selbstbewusstseins ausdrücklich mit dem Offenbarungsbegriff:

Rahner

Der Mensch *„kann alles in Frage stellen; er kann alles einzeln Aussagbare immer schon in einem Vorgriff auf alles und jedes mindestens fragen. Indem er die Möglichkeit eines bloß* endlichen *Fragehorizontes setzt, ist diese Möglichkeit schon wieder überholt, erweist sich der Mensch als das Wesen eines* unendlichen Horizontes. *Indem er seine Endlichkeit radikal erfährt, greift er über die Endlichkeit hinaus, erfährt er sich als Wesen der Transzendenz, als Geist. Der unendliche Horizont menschlichen Fragens wird als ein Horizont erfahren, der immer weiter zurückweicht, je mehr Antworten der Mensch sich zu geben vermag." (Rahne/197: 42 f.)*

„Im Akt der Transzendenz wird die Wirklichkeit des Woraufhin notwendig bejaht, weil in eben diesem Akt und nur in ihm überhaupt erfahren wird, was Wirklichkeit ist." (ebd. 76)

„Die individuelle Erfahrung des einzelnen und die kollektiv-religiöse Erfahrung der Menschheit geben uns in einer gewissen Einheit und Interpretation das Recht, den Menschen dort, wo er sich in den verschiedensten Weisen als das Subjekt der unbegrenzten Transzendenz erfährt, als das Ereignis der absoluten, radikalen Selbstmitteilung Gottes zu interpretieren." (ebd. 137)

Rahners theologisches Denken beginnt – wie das philosophische Nachdenken der Neuzeit – beim Menschen. Genauer: bei der Fähigkeit des Menschen, Fragen zu stellen, Antworten zu formulieren, etwas zu wollen und zu tun. Rahner fragt – auch darin der neuzeitlichen Philosophie, speziell der von Kant so genannten Transzendentalphilosophie verbunden – nach den „Bedingungen der Möglichkeit" dieser menschlichen Grundakte. Er will wissen, was ein reflektierendes Denken voraussetzen muss, damit es als möglich denken kann, was Menschen faktisch stets vollziehen.

Transzendentalität des Menschen

Auf diesem Weg entdeckt Rahner den Menschen als Wesen der Transzendenz, des „Übersteigens": Der Mensch fragt. Und er formuliert Antworten. Jede Antwort, die der Mensch gibt, legt etwas fest, unterscheidet ein Ding von allem anderen. Unterscheidung aber ist Grenzziehung (lat.: definitio). Doch wer eine Grenze zieht, setzt damit notwendig ein Jenseits dieser Grenze voraus und die Frage nach diesem Jenseits frei. Was für das Fragen und Antworten menschlicher Suche nach Erkenntnis gilt, lässt sich auch beobachten, wo Menschen ethisch handeln. Jedes Handeln des Menschen ist eine konkrete Realisierung seines Willens, das Gute zu tun. Dieser Wille erschöpft sich in keiner einzelnen Handlung, sondern drängt immer wieder über sie hinaus (ebd. 48–50). Denn auch jede Handlung ist begrenzt. Keine verwirklicht „das Gute" umfassend. Aber gerade indem sie auf das Gute verweist, übersteigt sie die Grenze, die ihr gesetzt ist. Alles, was Menschen denken oder tun, ist nur möglich, weil sie über den je konkreten Vollzug hinausgreifen, auf das Jenseits der aktuell gesetzten Grenzen vorausgreifen. Das Ziel dieses Vorgriffs aber ist nicht selbst noch einmal zu begreifen – denn um es zu greifen wäre ein weiterer Vorgriff über das dann Begriffene hinaus notwendig. Das Ziel verschöbe und entzöge sich ein weiteres Mal. Rahner benennt deshalb die Bedingung der Möglichkeit allen menschlichen Erkennens und Handelns den „Vorgriff" auf das „absolute" bzw. „heilige Geheimnis" (ebd. 73 f.).

Vorgriff

absolutes Geheimnis

Ziel und Bedingung

Diesem Geheimnis muss, so die weitere Argumentation Rahners, Wirklichkeit zukommen. Das Ziel menschlicher Transzendenz kann aus zwei Gründen kein leerer Abgrund sein. Zum einen setzt jede konkrete menschliche Tätigkeit voraus, dass sie sich auf eine gegebene Wirklichkeit richtet. Dann aber kann der in jeder Tätigkeit als Bedingung ihrer Möglichkeit mitvollzogene Vorgriff auf das absolute Geheimnis nicht auf diese Voraussetzung verzichten – dem letzten Ziel aller Wirklichkeit muss selbst Wirklichkeit zukommen (ebd. 76, s. o.). Zum anderen – und mit diesem Argument greift Rahner auf Thomas zurück – wäre die Transzendenzbewegung des Menschen nicht zu erklären, wenn sie nicht selbst in Bewegung gesetzt worden wäre und in Bewegung gehalten würde. Was sie aber in Bewegung hält, ist das absolute Geheimnis selbst, auf das sie ausgerichtet ist:

„Das Woraufhin der Transzendenz ist aber immer ursprünglich das Wovonher des sich zuschickenden Geheimnisses. Dieses Woraufhin eröffnet selber unsere Transzendenz; sie wird nicht von uns als einem absoluten Subjekt selbstherrlich gesetzt." (ebd. 73).

Transzendentalität und Offenbarung

In einem dritten Schritt nun verbindet Rahner diese Analyse der Transzendenz des Menschen mit dem Gedanken göttlicher Offenbarung. Wenn der Mensch sich in der Reflexion auf sich selbst erfährt als ein Wesen, das auf das absolute Geheimnis ausgerichtet ist; wenn dieses Geheimnis zugleich die Bedingung der Möglichkeit dieser Bewegung ist – dann lässt sich das Verhältnis zwischen dem Menschen und dem Geheimnis in doppelter Weise beschreiben: Es kann einerseits gesagt werden, dass der Mensch in seiner Ausrichtung auf das Geheimnis dieses Geheimnis erfährt, ohne dass es damit von ihm begriffen und festgelegt werden könnte. Genauso gut aber kann man in der entgegengesetzten Perspektive sagen, dass sich das Geheimnis, das die Transzendenz allererst eröffnet, in dieser Transzendenz offenbart, dass es sich in der Form des menschlichen Transzendenzvollzugs selbst mitteilt. Auf diese offenbarungstheologische Grundaussage Rahners zielt das dritte der oben angeführten Zitate.

Dieser erste Blick auf Rahners transzendentaltheologisches Konzept soll hier genügen (näheres s. u. S. 100). Ihm ließen sich andere Entwürfe zur Seite stellen, die auf je ihre Weise und mit häufig geringerem philosophischen und theologischen Aufwand in der gleichen Richtung vorgehen: Sie sehen die Menschen in dem, was sie tun, wollen oder ersehnen, auf Gott ausgerichtet – und verstehen diese Ausrichtung als eine Gegebenheit, in der sich bereits Gott selbst zeigt (Hasenhüttl/224: 21.145–149).

Schöpfung und Selbstbewusstsein

Die Unterschiede zwischen den „fünf Wegen" des Thomas und den Versuchen, das menschliche Selbstbewusstsein als Ort der Offenbarung Gottes zu erweisen, sind groß. Und dennoch erlaubt es die ihnen gemeinsame Grundstruktur, sie unter dem Titel „Schöpfungsoffenbarung" zusammenzufassen. Denn sie alle gehen aus von der den Menschen gegebenen Wirklichkeit – sei es die sinnlich erfahrbare Welt (Thomas), sei es eine im menschlichen Bewusstsein aufzufindende Idee (Descartes), sei es die Frömmigkeit als eine Grundform menschlicher Existenz (Schleiermacher), sei es die Transzendenzbewegung als Möglichkeitsbedingung menschlichen Denkens und Handelns (Rahner). Und dieses Gegebene stellt vor die Frage nach seinem Ursprung, seinem Ziel und seinem Sinn. Die menschliche Vernunft ist in der Lage, diese Fragen zu stellen. Schon darin kann man – etwa mit Rahner – einen Erweis Gottes sehen. Oder man begreift – etwa mit den Gottesbeweisen des Thomas – die von den Menschen denkbare Antwort als Erkenntnis, in der sich Gott zeigt.

„natürliche Theologie"

Im 16. Jahrhundert führt Francisco Suarez für diese Formen des Denkens den Titel der „natürlichen" Theologie ein. Er bezeichnet damit in Anlehnung an Thomas von Aquins Unterscheidung zwischen „Natur" und „Übernatur" ein theologisches Denken, das sich auf jenes Wissen von Gott beschränkt, das dem Menschen kraft seiner Vernunft zugänglich ist – das also verzichtet auf jede Offenbarung einer Kenntnis, die nicht aus der gegebenen Wirklichkeit der Welt zu gewinnen wäre (Eicher/180: 19–21; Middelbeck-Varwick/233).

γ) Einsprüche

Ablehnung natürlicher Theologie:

Dass sich Gott in den Gegebenheiten dieser Welt zu erkennen gibt und deshalb in einer vernünftigen Betrachtung der Welt und der in ihr lebenden Menschen zu erkennen ist, wurde und wird aus verschiedenen Gründen und Perspektiven bestritten.

theologisch

Wieder kann zunächst auf bereits Dargestelltes verwiesen werden: Von Martin Luther bis Karl Barth reichen die Einsprüche der reformatorischen Theologie gegen die natürliche Theologie. Die Argumente dieser Kritik sind vielfältig. Sie beginnen mit dem Verweis auf die Blindheit einer von der Sünde geprägten Vernunft, die nicht mehr fähig sei, aus ihrer Selbstbefangenheit auszubrechen und sich von der Betrachtung der Schöpfung auf Gott ausrichten zu lassen (s. o. S. 68). Unmöglich sei es dem Menschen zudem, kraft seiner Vernunft seine Verfangenheit in der Sünde oder gar die erbarmende Zuwendung Gottes zum Sünder zu erkennen. Wäre er zu solcher Gotteserkenntnis in der Lage, so das weitere Argument, wäre das Christusgeschehen überflüssig gewesen. Die Abwehr findet schließlich ihre Spitze in der These, mit einer solchen Rede von der Erkennbarkeit Gottes würde die biblische Aussage vernachlässigt, Gott sei nur zu erkennen, wo er sich in freier Entscheidung selbst zu erkennen gibt (s. o. S. 80).

philosophisch

Aus philosophischer Perspektive ist gegenüber der natürlichen Theologie ein weiteres Mal auf Kant zu verweisen. Wichtige Elemente einer natürlichen Theologie sind auch bei ihm zu finden. So die anerkannte Notwendigkeit, im Nachdenken über Bedingungen der Möglichkeit menschlicher Erkenntnis die Idee Gottes zu entwickeln; oder auch das Postulat Gottes, das sich aus der Reflexion auf die Zielbestimmung endlicher Freiheit ergibt. Doch beides sind nach Kant, wie gezeigt, lediglich Gedanken. Weder in ihnen noch in der Ausrichtung des Menschen auf ein nur von Gott zu gewährendes Ziel gibt sich nach Kant Gott zu erkennen.

Ordnung oder Absurdität

Die Einwände gegen die Erkennbarkeit Gottes aus der von ihm geschaffenen Welt werden im 20. Jahrhundert noch radikaler: Die vorgebliche Ordnung der Welt, die für die Bibel und weite Teile der christlichen Tradition Ausgangspunkt ihrer Gotteserkenntnis war, wird immer stärkerem Zweifel ausgesetzt. Ist die vorgebliche Ordnung und Zielgerichtetheit der Welt nicht lediglich ein Produkt der ordnenden Vernunft des Menschen? Entspricht die begegnende Wirklichkeit dieser erdachten und erhofften Ordnung? Oder muss nicht dem berühmten Satz von Albert Camus zumindest das gleiche Recht zugestanden werden, die Wirklichkeit angemessen zu erfassen: „Das Absurde entsteht aus dieser Gegenüberstellung des Menschen, der fragt, und der Welt, die vernunftwidrig schweigt" (Camus/375: 29)? Und muss nicht in ähnlicher Weise die Selbstreflexion des Menschen nochmals in Frage gestellt werden: Ist der Mensch wirklich jenes mit Vernunft und Freiheit begabte Wesen, als das er sich gern versteht? Ist nicht auch das Ergebnis seines Nachdenkens über sich selbst ein Konstrukt, dessen Bezug zur Wirklichkeit des Menschseins ungeklärt bleibt? Kann es nicht sogar sein, dass das Denken und seine Inhalte nichts anderes sind als Auswirkungen eines zufällig ablaufenden biochemischen Prozesses im Gehirn? (Flohr/424: 43–45.55f; Söling/360: 238–268)

All diese Fragen können und müssen hier nicht im Einzelnen verfolgt und beantwortet werden. Herauszustellen ist für die Auseinandersetzungen mit einer Theologie, die von der Offenbarung Gottes in der Schöpfung spricht, vor allem ein Aspekt: Im Streit um die angemessene Beschreibung und Deutung der Welt, aber auch des menschlichen Selbstbewusstseins wird mehr und mehr deutlich, wie vieldeutig alles ist, was Menschen begegnet und von ihnen verstanden werden muss. Die Einsicht in diese Vieldeutigkeit liegt ja bereits der Frage nach der Erkennbarkeit einer Offenbarung zu Grunde: Wäre die begegnende Wirklichkeit eindeutig, herrschte nicht zuletzt Klarheit darüber, ob und wie Gott sich in ihr zeigt.

vieldeutige Welt

Am Ende der Kritik einer natürlichen Theologie steht also die Einsicht, dass die Wirklichkeit nicht als Offenbarung des Gottes, der sie erschaffen hat, verstanden werden *muss*. Ob sie als solche verstanden werden *kann*, soll erst später geprüft werden.

b) Ausnahmeerscheinungen

erkennbare Offenbarung?

Schon der Blick auf das Zeugnis der Bibel zeigte, dass die Rede von einer Offenbarung Gottes durch seine Schöpfung dort eher eine Randstellung einnimmt. Eine weit größere Bedeutung wird einzelnen Ereignissen zugemessen, in denen sich Gott zu erkennen gibt – sei es durch die Mitteilung seines Willens, sei es durch sein strafendes oder sein rettendes Handeln. Doch hier stellt sich erneut die Frage, die bereits angesichts der Gegebenheit der Welt aufbrach: Wie lässt sich ein Geschehen als ein Handeln Gottes erkennen, in dem Gott sich zu erkennen gibt? Wie lässt sich erkennen, ob ein Wort als Wort Gottes gehört werden kann, gar gehört werden muss? Der Anspruch derer, die behaupten, im Namen Gottes zu sprechen, kann nicht allein als Gewähr dafür dienen.

Für die Erkenntnis einer Offenbarung ist es zunächst unerheblich, welche Ereignisse in den jeweiligen theologischen Entwürfen mit dem Titel „Offenbarung" belegt werden. Ob es sich um die Mitteilung eines bestimmten Wissens handelt (z. B. Neuscholastik); ob die Ereignisse und Worte gemeint sind, in denen sich nach biblischem Zeugnis Gott zu erkennen gegeben hat (z. B. Luther); ob damit speziell Leben und Geschick Jesu, einzelne Geschehnisse der Folgezeit (z. B. Augustinus) oder gar die gesamte Weltgeschichte bezeichnet werden (z. B. Hegel) – immer stellt sich die gleiche Frage: Was lässt gerade diese Ereignisse als Offenbarung erscheinen?

Glaubwürdigkeitserweise

Wohl wissend, dass sich der Beweis für die Offenbarungsqualität eines Ereignisses kaum erbringen lässt, spricht die theologische Tradition in der Regel von „Glaubwürdigkeitserweisen" (Pottmeyer/194: 373–386; Larcher/229: 339–343). Der wichtigste unter ihnen ist inhaltlicher Art: Was als Offenbarung behauptet wird, muss sich verbinden lassen mit dem bisher von Gott Erkannten. Es mag die bisherige Einsicht durchaus erweitern. Doch für die Glaubenden widerspräche es der Treue Gottes, auf die sie setzen, schenkten sie einer Offenbarungsbehauptung Gehör, die wesentliche Inhalte des überlieferten Glaubens, vor allem des biblischen Zeugnisses bestreitet (Näheres s. u. S. 167).

Doch neben diesen inhaltlichen Kriterien spielen formale Gesichtspunkte eine große Rolle. Als Glaubwürdigkeitsargument für den Offenbarungscharakter eines Geschehens zählt weithin dessen Außergewöhnlichkeit. Visionen und Auditionen gelten – nicht nur im biblischen und christlichen Kontext – als Hinweis auf eine göttliche Initiative; nicht weniger plötzliche unerklärliche Einsichten. Von untergeordneter, aber nicht zu vernachlässigender Bedeutung ist schließlich die menschliche, nicht zuletzt spirituelle und moralische Integrität derer, die von Offenbarungen Gottes zeugen.

Die Vielzahl der Glaubwürdigkeitserweise werden von Thomas von Aquin systematisch in zwei Gruppen zusammengefasst:

„Es war also notwendig, die Rede der Verkündiger durch Anzeichen zu bestätigen, durch die offenkundig dargelegt wurde, daß eine derartige Rede von Gott her stamme, wenn nämlich die Predigenden solche Dinge taten, z. B. Kranke heilten und andere Kräfte bewirkten, die nur Gott tun könnte. [...] Es gab aber noch eine andere

Weise der Bestätigung: wenn man nämlich fand, daß die Verkünder der Wahrheit von verborgenen Dingen, die erst später offenbart werden konnten, (bereits im Voraus) Wahres sagten, dann glaubte man ihnen auch, daß sie wahr über Dinge sprachen, die Menschen gar nicht erfahren können. Daher war die Gabe der Prophezeiung notwendig." (Thomas, ScG III.154)

Diese Definition ist in der Folgezeit übernommen worden und findet sich nicht zuletzt in den bereits zitierten Texten des I. Vaticanums wieder (s.o. S. 82).

a) Fragliche Wunder: Von Augustinus zu David Hume

Was ist ein Wunder?

Als „Wunder" werden gemeinhin Ereignisse bezeichnet, deren Zustandekommen man sich nicht erklären kann. Nun lässt diese Definition allerdings noch zwei Interpretationen zu: Die Unmöglichkeit der Erklärung kann ihren Grund in der begrenzten Einsicht derer haben, die ein Ereignis beobachten. Oder sie kann eine prinzipielle Unmöglichkeit sein. Im ersten Fall kann, was bestimmten Menschen wie ein Wunder erscheint, von anderen, oft später Lebenden erklärt werden – erinnert sei an den allmorgendlich neuen Aufgang der Sonne, an einen Blitz oder Regenbogen. Im zweiten Fall schließt man eine solche spätere Erklärungsmöglichkeit aus. Dann ist ein Wunder nur das, was zustande kommt durch eine Aufhebung von so genannten Naturgesetzen. Dieser enger gefasste Begriff von „Wunder" ist zugleich, zumindest in Zeiten der Dominanz naturwissenschaftlicher Welterklärung, der am weitesten verbreitete. Er geht auf Thomas von Aquin zurück, der damit den weiteren Begriff des Augustinus einengte, der auch hinweisende Zeichen als Wunder qualifizieren konnte (Baumann/213: 286f.).

Wenn für ein Ereignis keine anderweitigen Erklärungen zu finden sind, liegt es – zumindest für religiöse Menschen – nahe, seine Ursache in einem direkten Handeln Gottes zu sehen. Einem solchen Handeln kommt bereits selbst Offenbarungsqualität zu, weil sich in ihm Gott als Handelnder zu erkennen gibt. Wenn mit einem Wunder zudem inhaltliche Mitteilungen von bzw. über Gott verbunden sind, gewinnen diese durch das Wunder an Glaubwürdigkeit. Derer bedürfen sie umso mehr, je weiter sie von dem Bereich der Erkenntnisse entfernt sind, zu denen die menschliche Vernunft in der Lage ist – je deutlicher sie als Mitteilung „übernatürlicher Wahrheiten" gelten.

Wunder in der Bibel

Christliche Theologie sieht die Beglaubigung einer Lehre durch begleitende Wunder vor allem bei Jesus von Nazareth gegeben: Seine Wunder, von denen die Evangelien berichten, vor allem aber seine Auferstehung erweisen ihn als den Sohn Gottes, der in göttlicher Vollmacht handelt und lehrt. Doch ähnliches gilt auch für alttestamentlich bezeugte Ereignisse: Die Wunder, die geschahen, als Israel aus Ägypten auszog, schenken dem Wort der Weisung, das Gott am Sinai spricht, zusätzliche Überzeugungskraft. Die nachösterliche Verkündigung der Apostel ist von Wundern begleitet und beglaubigt (Apg 2,43 u.ö.). Gleiches kann geschehen, geschieht sogar nach Überzeugung der christlichen Tradition immer wieder, wenn die Kirche das Evangelium verkündet (Thomas, STh I–II, 111,5; DH 2768. 2779).

Doch auch wenn sich die Rede vom Glaubwürdigkeitserweis durch Wunder bis in die Gegenwart der Theologie wie der lehramtlichen Verkündigung der katholischen Kirche findet (DH 4204), kann ihre Problematisierung und

Infragestellung nicht unberücksichtigt bleiben. Als Glaubwürdigkeitserweis können Wunder schließlich nur in dem Maße herangezogen werden, in dem ein Ereignis mit Gewissheit als Wunder zu erkennen ist. Doch wie soll eine solche Gewissheit zu erlangen sein?

erkennbare Wunder?

Ein erstes Problem ergibt sich bereits im Blick auf die oben eingeführte Unterscheidung zwischen der aktuellen und der prinzipiellen Unerklärbarkeit eines Ereignisses. Wie soll entschieden werden, ob ein im Moment unerklärliches Ereignis in späteren Zeiten eine Erklärung finden wird? Allenfalls rückblickend ist die Einsicht möglich, dass erklärbar ist, was als unerklärbar galt; aber nie kann erwiesen werden, dass etwas auf Dauer unerklärbar bleibt. Wer die Unerklärbarkeit eines Ereignisses fordert, um es als „Wunder" bezeichnen zu können, schließt deshalb aus, dass etwas mit Gewissheit als Wunder bezeichnet werden kann.

Hume

David Hume, der am Anfang der neuzeitlichen Wunderkritik steht, ging noch weiter als das angeführte Argument. Er führte den Nachweis, dass das Geschehensein eines Wunders stets unwahrscheinlicher ist als dessen Nicht-Geschehensein. Im Hintergrund seiner Beweisführung steht seine Erkenntnistheorie, die unmittelbar an den schon erwähnten John Locke anschließt. Hume zufolge sind Naturgesetze vom menschlichen Verstand hervorgebrachte Versuche, die Vielzahl der Erfahrungen zu ordnen. Das Ergebnis können nur Wahrscheinlichkeitsurteile sein, deren Wahrscheinlichkeit mit der Zahl der sie bestätigenden Erfahrungen steigt. Die Wahrnehmung eines vermeintlichen Wunders, erst recht der Bericht von einem Wunder, muss sich nach Hume nun seinerseits auf die Wahrscheinlichkeit seiner Richtigkeit hin prüfen lassen. Diese Wahrscheinlichkeit aber muss gering eingestuft werden: Ist doch immer damit zu rechnen, dass sich die direkten Zeugen in ihrer Wahrnehmung getäuscht haben könnten – oder dass sie bei der Überlieferung des vermeintlichen Wunders bewusst oder unbewusst ihre Adressaten täuschen wollten. Unter Berücksichtigung dieser Faktoren wird, so Hume, die Wahrscheinlichkeitsabwägung immer zu ungunsten der Wunder ausfallen:

Wahrscheinlichkeitsurteile

unwahrscheinliche Wunder

„Alles in allem zeigt sich, daß niemals ein Zeugnis für irgend eine Art Wunder sich bis zur Wahrscheinlichkeit erhoben hat, geschweige denn zu einem Beweis; aber selbst angenommen, es erhöbe sich zu einem solchen Beweis, so hätte dieser einen anderen Beweis gegen sich, aus der Natur der Tatsache selbst entsprungen, die er festzustellen sich bemühte. Nur die Erfahrung allein gibt menschlichem Zeugnis verbindliche Kraft, und dieselbe Erfahrung ist es, welche uns der Naturgesetze versichert. Widerstreiten sich also diese beiden Arten von Erfahrung, so haben wir lediglich die eine von der anderen abzuziehen und uns mit unserer Meinung auf die eine oder andere Seite zu stellen mit demjenigen Grad von Sicherheit, welcher sich aus dem Rest ergibt. Aber gemäß den hier entwickelten Prinzipien kommt diese Substraktion, auf alle Volksreligionen angewandt, einer vollständigen Vernichtung gleich; deshalb dürfen wir als Regel aufstellen, daß kein menschliches Zeugnis genügende Kraft besitzen kann, um ein Wunder zu beweisen und zu einer berechtigten Grundlage für ein solches Religionssystem zu machen." (Hume/154: 151)

Humes Argumentation zeigt in beeindruckender Schärfe, dass schon der Nachweis, dass Wunder nicht mit Gewissheit als solche zu erkennen sind, ihre Brauchbarkeit als Glaubwürdigkeitserweise schwächt, wenn nicht gar zerstört. Über Gottes Möglichkeiten, in seiner Allmacht Naturgesetze außer

Kraft zu setzen, muss zur Erreichung dieses kritischen Ziels gar nicht diskutiert werden.

Im Hintergrund von Humes Argumentation steht das gleiche Problem, das sich bereits im Zusammenhang mit der „natürlichen Theologie" zeigte: Dass überhaupt darüber gestritten werden kann, ob ein Ereignis als Wunder zu bezeichnen ist, hat seinen letzten Grund darin, dass es keine in sich eindeutigen Gegenstände der Wahrnehmung gibt. Der Streit um die Erkennbarkeit von Wundern geht, will man ihn exakt beschreiben, nicht um die Frage, ob ein Ereignis erklärbar oder nicht erklärbar ist, sondern um die Frage, welche der möglichen Erklärungen die angemessenste ist. Darauf wird zurückzukommen sein.

β) Erfüllendes Ereignis: Vom „Weissagungsbeweis" zur Offenbarungstheologie Pannenbergs

Zuvor aber gilt es, den zweiten traditionellen Glaubwürdigkeitserweis vorzustellen und zu prüfen. Er wird in der Regel als „Weissagungsbeweis" bezeichnet. Ihm zufolge können ein Geschehen oder eine inhaltliche Mitteilung als Offenbarung anerkannt werden, wenn sie einhergehen mit der offensichtlichen Erfüllung früherer göttlicher Verheißungen – oder wenn sie mit Weissagungen verbunden sind, die sich ihrerseits erfüllen und so als richtig erweisen.

Jesus von Nazareth: Erfüllung und Verheißung

Mit dieser Argumentation knüpft die theologische Tradition direkt an ein wichtiges biblisches, vor allem neutestamentliches Motiv an. Wie gezeigt, suchen die neutestamentlichen Autoren die Bedeutung Jesu nicht zuletzt dadurch zu erschließen, dass sie in ihm die Verheißungen des Alten Testaments erfüllt sehen (Lk 4,21 u.ö.). Gleichzeitig bezeugen sie ihn selbst als Propheten, dessen Weissagungen sie überliefern. Dass sich die Voraussage seines eigenen Todes und der Auferweckung (Mk 8,31–33 parr) erfüllt, berichten die Evangelien selbst noch. Mit der doppelten Verwendung des „Weissagungsbeweises" vermitteln und legitimieren die Autoren des Neuen Testaments ihre Überzeugung, dass Jesus von Nazareth der von Gott gesandte Retter und Christus ist (Reventlow/36: I.50–103).

Die christliche Theologie nimmt diese neutestamentlichen Christuszeugnisse einschließlich der in ihnen enthaltenen „Weissagungsbeweise" nicht nur auf. Sie kann sie sogar noch ergänzen, indem sie spätere Ereignisse, etwa die Zerstörung Jerusalems im Jahr 70 n.Chr., als weitere Beweise für das prophetische Wissen Jesu anführt (Lk 19,41–44 parr). Sie verstärkt das Gewicht dieses Glaubwürdigkeitserweises außerdem durch immer neu gesuchte Verschränkungen alt- und neutestamentlicher Texte, z.B. in der durchgängig christologischen Auslegung der Psalmen (Reventlow/36: II. 36–38 u.ö.; Dohmen/19: 172).

Heutigem Bibelverständnis erscheint dieser unbefangene Umgang mit den Weissagungs- und Erfüllungsaussagen fragwürdig. Hat eine historisch-kritische Erforschung der biblischen Texte doch wahrscheinlich machen können, dass die Weissagungen Jesu diesem erst nach Ostern bzw. nach der Zerstörung Jerusalems von den Evangelisten in den Mund gelegt wurden. Und von der Problematik einer (ausschließlich) christologischen Lektüre des Alten Testaments, die in dessen Texten Jesu Leben und Geschick vorhergesagt und gedeutet sehen, war schon die Rede (s. o. S. 47).

Geschichte erkennen

Die Problematik der Weissagungsbeweise reicht aber noch tiefer. Denn wie eigentlich, so die entscheidende Kritik, kann ein bestimmtes Ereignis als Erfüllung einer Hoffnung oder gar einer Verheißung erkannt werden? Wie kann die Behauptung, eine Verheißung sei erfüllt, die Gewissheit erreichen, die zu verlangen wäre, damit das Ereignis als Glaubwürdigkeitserweis für eine Offenbarungsbehauptung dienen kann?

Erkenntnis im Nachhinein

Wie schwierig es ist, die Bedeutung dessen zu erkennen, was je konkret geschieht, zeigt sich auch außerhalb des Bereichs religiöser Fragen. Was ein Ereignis bedeutet, lässt sich während des aktuellen Geschehens kaum erkennen. Erst im Nachhinein kann versucht werden, dem Vergangenen einen Sinn zu geben. Darin zeigt sich eine bemerkenswerte Parallele zu der Beobachtung an biblischen Texten, dass das faktische Handeln Gottes stets im Rückblick, „von hinten" erkannt und bezeugt wird (Ex 33,23, s.o. S. 19). Doch auch eine solche Beurteilung im Nachhinein ist vor erneuten Veränderungen nicht sicher. Es kommt vor, dass sich, was auf den ersten Blick als Erfüllung aller Wünsche erschien, auf längere Sicht als verhängnisvolle Fehlentwicklung zeigt. Umgekehrt fügen sich mitunter Ereignisse und Entwicklungen, die unerwünscht waren und Abwehr hervorriefen, in weit späterer Perspektive in ein positiv beurteiltes Gesamtbild ein.

Im direkten Zusammenhang christlicher Offenbarungstheologie gibt es ein markantes Beispiel für den Streit um die Rede von Weissagung und Erfüllung: Jüdische Stimmen weisen mit Regelmäßigkeit die christliche These, in Jesus Christus hätten sich die Verheißungen der alttestamentlichen Propheten erfüllt, zurück. Als Beleg führen sie prophetische Texte an, in denen von einem Frieden die Rede ist, zu dem die faktische Gegenwart der Welt in denkbar großem Widerspruch steht (Magonet/232: 165).

Erneut wird deutlich: Was Menschen begegnet, was sie direkt wahrnehmen oder wovon ihnen berichtet wird, ist vieldeutig. Das trifft für die Erfahrung der Wirklichkeit als ganzer ebenso zu wie für besondere, von einigen als „Wunder" bezeichnete Ereignisse – und nicht zuletzt für die fortschreitende Folge von Geschehnissen, die Menschen als Geschichte zu verstehen suchen.

Universalgeschichte

Vor diesem Hintergrund wird immer wieder ein bestimmter Ausweg gesucht: Wenn man die Geschichte als ganze kennt, wenn man weiß, nach welchen Gesetzen sie verläuft, auf welches Ziel hin sie sich entwickelt – dann wird es auch möglich, die einzelnen Ereignisse richtig zu verstehen. Entwürfe einer solchen „Universalgeschichte" begleiten die Theologiegeschichte spätestens, seit Eusebius im 4. Jahrhundert die erste Kirchengeschichte schrieb (Eusebius/109). Als Gipfelpunkt universalgeschichtlicher Entwürfe gilt weithin die Philosophie Hegels. Wie erwähnt, erhebt sie den Anspruch, die Geschichte als mit logischer Notwendigkeit fortschreitenden Prozess begreifen zu können. Jedes einzelne Ereignis kann von daher in seiner je eigenen Notwendigkeit eingesehen werden.

Doch wie soll ein Mensch, der selbst an einem bestimmten Punkt der noch weiter laufenden Zeit lebt und denkt, zu einem Überblick über die Geschichte gelangen, der nur von außerhalb der Geschichte zu gewinnen wäre?

Vor dem Hintergrund solcher geschichtsphilosophischer Fragen ist die Theologie Wolfhart Pannenbergs zu lesen. In seinem geschichts- und offenbarungstheologischen Denken sucht Pannenberg zwei Anliegen zu verbinden: Einerseits den Entwurf einer Universalgeschichte, aus dem heraus sich die Bedeutung einzelner Geschehnisse erkennen lässt; andererseits die Lösung der Schwierigkeit, innerhalb der Geschichte zu einem solchen Entwurf zu gelangen.

Pannenberg

„1. These: Die Selbstoffenbarung Gottes hat sich nach den biblischen Zeugnissen nicht direkt, etwa in der Weise der Theophanie, sondern indirekt, durch Gottes Geschichtstaten, vollzogen. [...] 2. These: Die Offenbarung findet nicht am Anfang, sondern am Ende der offenbarenden Geschichte statt. [...] 4. These: Die universale Offenbarung der Gottheit Gottes ist noch nicht in der Geschichte Israels, sondern erst im Geschick Jesu von Nazareth verwirklicht, insofern darin das Ende allen Geschehens vorweg ereignet ist." (Pannenberg/235: 91.95.103)

Offenbarung als Geschichte

Die Entfaltung und nähere Bestimmung dieser von ihm früh veröffentlichten Thesen sind wesentlicher Bestandteil der Theologie Pannenbergs (zusammenfassend Pannenberg/190: III.251–281). Als Offenbarungstheologie sucht sie die Taten Gottes zu erkennen und zu bedenken. Die Geschichte ist nach Pannenberg jener Geschehensablauf, in dem Gott sich zunehmend klarer als Gott aller Menschen zeigt. Die Religionsgeschichte hat deshalb für ihn theologische Bedeutung: Sie ist die Geschichte wachsender Erkenntnis des Gottes, der sich in dieser Geschichte indirekt zeigt (1. These; ausführlicher in Pannenberg/338: 252–295). Konsequenz dieser Auffassung aber ist es, dass sich der ganze Gehalt der offenbarenden Geschichte erst von ihrem Ende her erkennen lässt. (2. These). Ist aber damit eine Offenbarungstheologie, die innerhalb der Geschichte entfaltet werden soll, nicht von vornherein zum Scheitern verurteilt? Sie wäre es in der Tat, so Pannenberg, wenn Jesus nicht von den Toten auferweckt worden wäre. Doch in der Auferweckung Jesu ereignet sich bereits in der Geschichte das Ende der Geschichte vorweg (4. These). Was diese Aussage inhaltlich bedeutet, wird von Pannenberg breit entfaltet. An Leben und Tod Jesu zeigt sich Gottes erbarmende Liebe zu den Menschen sowie sein Gericht über die Sünde. In der Auferweckung Jesu erweist sich Gott als Gott, der rettet – und das Ziel der Welt als Versöhnung durch das und im Gericht. Von dort her lässt sich die gesamte Geschichte lesen. „Es ist die hohe Kunst der Weltregierung Gottes, aus Bösem Gutes hervorgehen zu lassen (Gen 50,20) und so das Böse durch Gutes zu überwinden [...]. So erwächst aus geschichtlichen Katastrophen die Chance des Neubeginns." (Pannenberg/338: III.567)

vorwegereignetes Ende

erkennbares Gotteshandeln

Das Verdienst Pannenbergs liegt zweifellos darin, mit seiner universalgeschichtlich denkenden Offenbarungstheologie zurückgefunden zu haben zu einem Verstehen der Geschichte, das einem biblischen Geschichtsverständnis weit näher steht als etwa die Philosophie Hegels. Pannenberg gelingt es wieder, von der Geschichte als Heilsgeschichte zu sprechen, statt zwischen dem Ablauf der Geschehnisse insgesamt und vereinzelten heilsgeschichtlichen Ereignissen unterscheiden zu müssen.

Doch bleibt zu fragen, ob Pannenbergs Entwurf das benannte Problem, die Vieldeutigkeit geschichtlicher Ereignisse, wirklich zu lösen im Stande ist.

In der Tat geht Pannenberg von einer Eindeutigkeit des Handelns Gottes in der Geschichte aus: „Was Jahwe in der Geschichte wirkt, das kann nicht als Einbildung frommer Seelen abgetan werden, sondern es geschieht vor aller Augen, und auch die ihm innewohnende Bedeutung – Jahwes Gottheit zu offenbaren – wird sich einem jeden aufdrängen" (Pannenberg/235: 99). Auch Pannenberg übersieht nicht, dass viele, ja die meisten Menschen die Ereignisse, von denen die Bibel als Taten Gottes spricht, nicht als Offenbarung verstehen. Doch für Pannenberg zeigt sich darin nicht die Vieldeutigkeit der fraglichen Ereignisse, sondern die Verblendung und Verstockung derer, die nicht sehen wollen, was offen zutage liegt: das Handeln Gottes in der Geschichte. „Die Theologie hat gar keinen Anlaß, dem Standpunkt der Verblendung das Prädikat und die Würde der allgemeinen vernünftigen Wahrheit zuzubilligen" (ebd. 100; ausführlicher zum gleichen Thema Pannenberg/190: I.272–281).

Pannenberg beruft sich in dieser Deutung auf jene Aussagen der Bibel, nach denen Gottes Taten auch denen erkennbar sind, die nicht glauben (s. o. S. 43). Doch diesen Aussagen stehen, wie sich zeigte, andere gegenüber: Erzählungen und Reflexionen, die andeuten, dass erst der Glaube in der Geschichte das Handeln Gottes erkennt. Erinnert sei nur an den biblisch überlieferten Streit über die Bedeutung der Wundertaten Jesu. Pannenberg jedoch spricht angesichts von Gottes Geschichtstaten, vor allem angesichts der Auferweckung Jesu von der „Einheit von Faktum und Bedeutung" (Pannenberg/338:125 f.). Die Auferweckung Jesu, das aus genannten Gründen wichtigste Ereignis der Geschichte, ist für ihn ein historisches, d. h. auch den Methoden historischer Forschung zugängliches Ereignis. Es lässt sich nicht anders deuten denn als Tat Gottes am gekreuzigten und begrabenen Jesus von Nazareth. Zwar berichten die Evangelien nicht direkt von dieser Tat Gottes. Doch die Erscheinungen des Auferweckten vor den Jüngern wie das leere Grab sind historischer Forschung Indizien genug, um dieses Ereignis als Faktum sicherstellen zu können (Pannenberg/340: 85–103). Auch hier wäre zu fragen, ob Pannenbergs These von der Eindeutigkeit des Geschehens den biblischen Berichten von der Entstehung des Osterglaubens gerecht wird. Vor allem aber: Ob er die Bedingungen menschlicher Erkenntnis ausreichend berücksichtigt, um die Rede von einer unzweifelhaften Offenbarung Gottes in geschichtlichen Ereignissen verantworten zu können. Denn eine solche Verantwortung kann sich nicht damit begnügen, die innere Gewissheit des Glaubens zur Sprache zu bringen; sie muss sich auch der erkenntniskritischen Einsicht stellen, dass allem, was dem Menschen begegnet, eine unhintergehbare Vieldeutigkeit eignet (Essen/298: 99–134; Kessler/228: 470–504; Bongardt/257: 203–212).

Einheit von Faktum und Bedeutung

c) Fraglichkeit

Kann man aus der begegnenden Wirklichkeit, sei sie die Welt als ganze, sei sie das menschliche Selbstbewusstsein, Gott erkennen? Offenbart er sich in dieser Wirklichkeit so, dass sie als seine Schöpfung erkannt werden kann oder gar erkannt werden muss? Machen die Wunder, die nicht nur nach biblischem Zeugnis geschehen sind, sondern nach Überzeugung von Glaubenden noch immer geschehen, die Rede von einer Offenbarung Gottes glaubwürdig? Sind sie als außergewöhnliche Taten Gottes erkennbar? Oder ist es die Geschichte als ganze, ist es die Fülle der einzelnen Ereignisse, in denen sich Gott als der offenbart, der erfüllt, was er verheißen hat?

So unterschiedlich diese Fragen auch scheinen – ihre genauere Untersuchung führte an den immer wieder gleichen Punkt: Zu der Frage nach den menschlichen Erkenntnismöglichkeiten angesichts einer begegnenden Wirklichkeit, die zumindest faktisch sehr unterschiedlich gedeutet wird. Sie muss im Folgenden zunächst philosophisch bedacht werden, um sodann die Frage nach der Erkennbarkeit und Möglichkeit von Offenbarung beantworten zu können.

Erkenntniskritik

2. Das Bekenntnis als Erkenntnis

„Als Jesus in das Gebiet von Caesarea Philippi kam, fragte er seine Jünger: Für wen halten die Leute den Menschensohn? Sie sagten: Die einen für Johannes den Täufer, andere für Elija, wieder andere für Jeremia oder sonst einen Propheten. Da sagte er zu ihnen: Ihr aber, für wen haltet ihr mich? Simon Petrus antwortete: Du bist der Messias, der Sohn des lebendigen Gottes." (Mt 16,13–16)

a) Vieldeutige Wahrnehmung und deutendes Verstehen

ordnende Deutung

Wir nehmen keine Ordnung wahr, sondern wir ordnen unsere Wahrnehmungen. Unsere Sinne erfassen keine Bedeutung, sondern wir deuten das sinnlich Erfasste.

Mit diesen beiden Sätzen lässt sich das Ergebnis neuzeitlicher Erkenntniskritik knapp zusammenfassen. Ihren wegweisenden Ausdruck fanden diese Einsichten in der Vernunftkritik Kants.

Hinter diese Ergebnisse der neuzeitlichen Kritik menschlichen Erkenntnisvermögens ist die Philosophie des 19. und 20. Jahrhunderts nicht mehr zurückgegangen. Sie hat sie vielmehr modifiziert und dadurch in der Regel auch radikalisiert. Für die Frage nach der Möglichkeit und Erkennbarkeit von Offenbarung sind vor allem zwei Probleme von Bedeutung, die in der kritischen Anknüpfung an Kant diskutiert wurden: Zunächst die im Blick auf Kant von vielen noch als unzureichend geklärte Verhältnisbestimmung zwischen dem menschlichen Verstehen und der Wirklichkeit außerhalb des menschlichen Bewusstseins; sodann die Engführung der Erkenntniskritik auf die allein für exakt gehaltenen Naturwissenschaften.

Denken und Wirklichkeit

Wie also verhalten sich das Denken und die materielle, dem Denken äußerliche Wirklichkeit zueinander? Allenfalls hypothetisch wird der Gedanke geäußert, es gäbe nur „die Welt im Kopf", alles ihr Äußere sei in Wahrheit nichts als ein Gedankenprodukt. Dagegen geht die ernsthafte philosophische Reflexion davon aus, dass es die für sich bestehende Wirklichkeit gibt. Sie ist Gegenstand menschlicher Erkenntnis, der Kontakt zu ihr wird über die Sinne vermittelt. Doch im menschlichen Bewusstsein befinden sich als Ergebnis dieser Vermittlung nicht die Gegenstände, sondern allein die gedachten Gegenstände. Sie sind in unserem Bewusstsein gegenwärtig („repräsentiert") als Phänomene (E. Husserl), Zeichen (C. S. Peirce), Symbole (E. Cassirer), sprachliche Begriffe (L. Wittgenstein, M. Heidegger). Aus ihnen entsteht unsere Vorstellung von der Welt. Diese Vorstellung ist zwar in der Regel verbunden mit der Absicht und Überzeugung, dass sie sich auf die dem Bewusstsein äußerliche Welt bezieht – aber auch diese Absicht und Überzeugung ist wiederum eine Vorstellung. Anders als in der Weise unserer Vorstellung von ihr „haben" wir die Welt nicht. Ob die Welt außerhalb unserer selbst mit unseren Vorstellungen deckungsgleich ist, lässt sich nicht herausfinden. Wir können zwar unterschiedliche Weltvorstellungen miteinander vergleichen und darauf prüfen, welche von ihnen der Orientierung bessere Dienste leistet – aber die Welt unserer Vorstellungen können wir nicht verlassen. Zeichen, so formuliert es Peirce, verweisen immer nur auf Zeichen (Peirce/392: 424–426) – daran ändert auch unsere Intention nichts, mit unseren Zeichen auf eine Wirklichkeit außerhalb der Zeichen zu verweisen; denn schon die Rede von der „Wirklichkeit außerhalb der Zeichen" ist als Rede oder Gedanke wiederum ein Zeichen (Moxter/334: 145–148).

Für Kant stand im Mittelpunkt seines Interesses ein Ordnen der Wahrnehmungen, das strengen Regeln folgt. Denn, so Kant, die regel-gerechte Ordnung des Verstehens garantiert dessen allgemeine Verständlichkeit und vor allem dessen Objektivität. Die Regeln selbst, denen objektive Erkenntnis zu folgen hat, sind nach Kant dem Verstand des Menschen vorgegeben bzw. eingegeben. Wenn die so genannten „Kategorien des Verstandes" zur Anwendung kommen, wenn zum Beispiel alles Begegnende als Ursache und Wirkung einander zugeordnet wird, darf die daraus entstehende Erkenntnis Gültigkeit beanspruchen. Das Ideal der Erkenntnis war für Kant, mehr noch für die in seiner Nachfolge denkenden Philosophen an der Wende vom 19. zum 20. Jahrhundert, die Naturwissenschaft. Alle anderen Versuche, die gegenständliche Welt zu erkennen, wurden demgegenüber als mangelhaft beurteilt.

Kategorien: Regeln des Verstehens

Gegen diese Abwertung der Vielfalt, in der Menschen die Welt zu verstehen suchen, regte sich Widerstand. Ernst Cassirer gehört zu denen, die nach einem Weg suchten, dieser Vielfalt gerecht zu werden, ohne den Anspruch auf die Objektivität und Wahrheit menschlichen Weltverstehens aufzugeben. Auch Cassirer geht davon aus, dass dem ordnenden Verstehen feste Regeln zugrunde liegen müssen. Doch können diese Kategorien in unterschiedlicher „Modalität" zur Anwendung kommen (Cassirer/376ff: PsF I 39–41). Ein Mensch, der die Welt im Rahmen eines mythischen Weltbildes versteht, fragt nicht weniger als der Naturwissenschaftler nach der Ursache eines bestimmten Geschehens. Aber er nimmt anderes als Indiz für solche Ursächlichkeit als dieser. In seinem, in sich konsistenten Weltverstehen ist der Blitz göttliche Ausdruckshandlung, nicht Folge elektrischer Spannungszustände.

Cassirer: legitime Vielfalt

Verstehende Deutung, so Cassirer, hat als Grundlage ein „Urphänomen" (LKw 99): die in unserem Bewusstsein stets schon gegebene Verknüpfung eines sinnlichen Zeichens – d. h. einer Wahrnehmung – mit einer geistigen Bedeutung (WWS 175). Diese Definition der „symbolischen Form" erinnert an die zitierte These Pannenbergs, Faktum und Bedeutung bildeten eine Einheit. Doch anders als für Pannenberg ist für Cassirer nur festgelegt, *dass* es diese Verbindung im Bewusstsein immer schon gibt, aber nicht, *wie* sie im konkreten Fall gezogen wird (PsF III 231 f.). Denn einer sinnlichen Wahrnehmung können mehrere Bedeutungen zugesprochen werden. So kann die gleiche gekrümmte Linie dem einen eine Sinuskurve, dem anderen ein Kunstwerk sein (PsF III 232–234). Umgekehrt kann die gleiche Bedeutung auch sehr unterschiedlichen Zeichen zugesprochen werden – als Zeichen des nahenden Herbstes kann der Vogelzug wie das sich färbende Laub verstanden werden.

symbolische Form

Cassirer untersucht den konkreten Verstehensprozess noch näher und deckt ihn auf als Einschreibung einer konkreten Wahrnehmung in einen bereits gegebenen Horizont des Verstehens – am oben genannten Beispiel der gekrümmten Linie in den Horizont mathematischen oder künstlerischen Verstehens. Die Horizonte, in denen ein so unterschiedliches Verstehen der Welt möglich ist, müssen allerdings bestimmten Kriterien – die Cassirer wie Kant als Kategorien bezeichnet – gerecht werden, wenn das jeweilige Verstehen als objektiv und vernünftig anerkannt werden soll: Sie müssen in sich konsistent und zudem fähig sein, alle begegnenden Wahrnehmungen aufzunehmen. Da die Verstehenshorizonte sich aufbauen, indem die immer neuen Wahrnehmungen in sie eingeordnet werden, werden sie sich mit zunehmenden Wahrnehmungen zugleich differenzieren und bewähren. Selbstverständlich verdanken sich solche Horizonte nicht der Leistung des einsam erkennenden Subjekts – sie sind kulturelle Formungen, die über lange Zeit wuchsen und einer ständigen Veränderung und Weiterentwicklung unterliegen (VM 47–51.336–346).

Objektivitätskriterien

Faktisch stehen jedem Menschen verschiedenste Horizonte, in denen er seine Wahrnehmungen und damit sich selbst orientieren kann, nicht nur zur Verfügung; zumindest heute wird sich, je nach Situation, auch jeder ihrer bedienen. Eine Blume wird sehr unterschiedlich angeschaut, wenn sie der Händlerin ihren Verdienst sichern soll, wenn sie als Geschenk überreicht, wenn sie zum Motiv für einen Maler oder zum Forschungsgegenstand einer Biologin wird. In diesem Beispiel ist es denkbar, dass nicht nur die Blume immer dieselbe ist, sondern auch der mit ihr umgehende Mensch. Nur die Weisen des Verstehens unterscheiden sich. Und keines der genannten Verständnisse kann von der Blume als dem Wahrnehmungsgegenstand ausgehend als einzig richtiges legitimiert oder als falsch abgelehnt werden: Alles Wahrgenommene ist vieldeutig.

Zeichen und Horizonte

Daraus aber folgt: Jedes Verstehen stellt eine unter mehreren möglichen Deutungen dar (Schwöbel/359: 2002, 85–101). Und so liegt jedem Verstehen eine Entscheidung voraus, mittels derer eine dieser Möglichkeiten ausgewählt wurde (Bongardt/257: 187–191). Diese Entscheidung wird in vielen Fällen getroffen werden, ohne dass sie als solche bewusst würde. Gegenstand und Situation legen dann ein bestimmtes Verstehen so nahe, dass dessen Alternativen gar nicht in den Blick kommen. Doch wo immer ein bestimmtes Verständnis hinterfragt wird, gilt es, die in ihm sich auswirkende Entscheidung aufzudecken. In einer solchen Fraglichkeit befindet sich in der Gegenwart eine Religion samt ihrer Theologie, wenn sie bestimmte Gegebenheiten oder Geschehnisse als „Offenbarungen Gottes" versteht und verkündet.

Freiheit der Deutung

b) Glaubende Erkenntnis

Das einleitende Zitat aus dem Matthäusevangelium sollte belegen, dass von der erwähnten Vieldeutigkeit des Wahrgenommenen auch die Bibel weiß – sogar im Blick auf den Grund und wesentlichen Inhalt des christlichen Glaubens, im Blick auf Jesus von Nazareth. Nun ist der Horizont der Deutungen, von denen die Jünger auf die Frage Jesu hin berichten, noch ein sehr einheitlicher: Er ist ein Weltverständnis, innerhalb dessen mit dem Auftreten von Propheten, sogar mit dem erneuten Auftreten längst verstorbener Propheten gerechnet wird. Für Menschen, die in diesem Horizont leben und Jesus als bedeutenden Menschen des biblischen Glaubens ansehen, liegt es nahe, Jesus

Jesusdeutungen

als einen solchen Propheten zu sehen. Die Bibel kennt auch andere Verständnisse: Menschen, denen das asketische Leben als Inbegriff einer frommen Existenz gilt, sehen in ihm einen „Fresser und Säufer"; die das moralisch einwandfreie Verhalten zum Maßstab einer frommen Existenz erhoben haben, lehnen ihn als „Freund der Zöllner und Sünder" ab (Mt 11,19). Noch zahlreicher werden die Möglichkeiten, wenn man die Jesusdeutungen berücksichtigt, die nicht in einem biblischen Horizont stehen (Pröpper/345).

Während all jene Deutungen gelingen, ohne dass ihr Verstehenshorizont dadurch wesentlich verändert würde, kommt es in der jungen Kirche durch die Begegnung mit Jesus zu einer erheblichen Modifizierung der überlieferten Verständnisse. Auch für das Verstehen in den ersten Gemeinden bleibt die biblische Weltsicht der entscheidende Rahmen. Doch indem es die in diesem Rahmen gegebenen Begriffe „Messias" und „Sohn des lebendigen Gottes" auf Jesus anwendet und umgekehrt von seiner Wahrnehmung Jesu her neu füllt, findet es zu einer Deutung, die jenen Horizont voraussetzt und zugleich wesentlich verändert (s. o. S. 30). Jesus von Nazareth, der außerhalb des Horizonts des biblischen und frühjüdischen Gottesbekenntnisses nicht als Messias und Sohn zu verstehen wäre, wird nun für die an ihn Glaubenden zur wesentlichen Orientierung ihres Erkennens und Handelns (Schwöbel/359: 104 f.).

Was gerade im Blick auf Jesus entfaltet wurde, gilt für alles Begegnende: die Deutung steht in Frage und damit zur Entscheidung. Wer im Horizont biblischer Tradition auf die gegebene Welt schaut, wird in ihr die Schöpfung Gottes erkennen. Ein ihm anders nicht zu erklärendes Ereignis mag ihm als von Gott gewirktes Wunder erscheinen – während das gleiche Ereignis einen anderen dazu bewegen wird, seine naturwissenschaftliche Forschung zu intensivieren, um die noch ausstehende Erklärung zu finden (so schon Thomas, Sth I, I. 1. 1.a d 2). Eine unerwartete Wendung geschichtlicher Entwicklungen lässt sich von Glaubenden als Wirken Gottes deuten – wo andere allenfalls von Zufall oder einer glücklichen Konstellation der Umstände sprechen.

allein im Glauben

Erst der Glaube erkennt in dem ihm Begegnenden das Wirken Gottes, erst der Glaube erkennt ein Ereignis als Offenbarung. Das *Be*kenntnis ist also die Bedingung der Möglichkeit einer Offenbarungs*er*kenntnis (Bongardt/257: 159–164; Haeffner/223: 182–192; Ricken/412: 225–238).

„wenn ihr mich nicht bekennt …"

Bereits in der jüdischen Tradition des 5. Jahrhunderts wurde dies prägnant zur Sprache gebracht: „Gott spricht: Wenn ihr mich nicht bekennt, bin ich nicht" (Pesikta de Rab Kahana/237: XII, 6 zu Jes 43, 12). Erst indem Gott von Menschen als Gott bekannt wird, erst indem er von ihnen in der ihnen begegnenden Wirklichkeit glaubend erkannt wird, gewinnt er eine Wirklichkeit in der Welt der Menschen. Erst und nur den Glaubenden ist er sichtbar, erst und nur in der Sprache der Glaubenden kommt er zu Wort (Moxter/334: 344–351; Gräb/221: 239–248).

Dieses Bedingungsverhältnis gilt selbstverständlich auch für Ereignisse, die der Glaube – und nur der Glaube – als Wunder oder als Erfüllung früherer Verheißungen erkennt. Als Glaubwürdigkeitserweis für eine mit ihnen verbundene Offenbarung können solche Ereignisse demnach nur den Glaubenden dienen. Aufgrund ihrer Vieldeutigkeit sind sie nicht geeignet, einen Menschen, der sie nicht im Horizont des Glaubens deuten will oder kann, zum Eintritt in diesen Horizont zu zwingen.

c) Offenbarung und Wirklichkeit

Doch die gerade vollzogene Verhältnisbestimmung von Glaube und Erkenntnis hat noch weiterreichende Folgen als die Entkräftung der Glaubwürdigkeitserweise: Scheint sie doch dem Projektionsverdacht, der gegen die Religion von außen erhoben wird, Tür und Tor zu öffnen. Wenn die Rede von Offenbarung nur eine bestimmte Deutung von in sich vieldeutigen Ereignissen ist – was spricht dann dagegen, sie als eine Deutung zu verstehen, die allein aus dem Wunsch geboren ist, dass es Gott gebe? Und auch von Seiten des biblischen Offenbarungsverständnisses muss sich Widerspruch erheben: Wird mit einem solchen Verständnis nicht die biblische Überzeugung verraten, nach der Gott nur zu erkennen ist, wenn er sich in seiner Souveränität und Freiheit zu erkennen gibt?

Projektionsverdacht

Dieser Auflösung der Offenbarungserkenntnis in eine menschliche Konstruktionsleistung wollte Hans Urs von Balthasar wehren. Deshalb hat er die Rede von der „objektiven Evidenz" (Balthasar/207: I.411) in die Diskussion um die Erkennbarkeit der Offenbarung eingeführt. Der Gestalt Jesu eignet nach Balthasar eine Überzeugungskraft, der sich menschliches Erkennen nicht widersetzen kann. Evidenz, d. h. die Macht, als Wahrheit einzuleuchten, muss ihr nicht von außen zugeschrieben werden, sondern kommt ihr als Gestalt aus sich heraus zu. Deshalb ist sie als „objektiv evident" zu bezeichnen.

Balthasar

objektive Evidenz

„Nur Gestaltetes kann hinreißen und in Entzücken versetzen; nur durch die Gestalt zuckt der Blitz der ewigen Schönheit. [...] Ohne Gestalt wird der Mensch nicht ergriffen, nicht hinwegverzückt. Hingerissenwerden ist der Ursprung des Christentums. Die Apostel sind hingerissen von dem, was sie sehen, hören und tasten, was in der Gestalt sich offenbart. [...] Beide: der von der natürlichen und der von der christlichen Schönheit Hingerissene, müssen der Welt als Toren erscheinen, und die Welt wird ihren Zustand zu erklären versuchen durch psychologische, wenn nicht physiologische (Apg 2,13) Gesetze. Sie aber wissen, was sie geschaut, und kümmern sich keinen Deut um das, was Menschen sagen." (Balthasar/207: I.30 f.)

Es ist nicht ernsthaft zu bezweifeln, dass es Wahrnehmungen gibt, die so eindrücklich sind, dass Menschen bereit sind, all ihr bisheriges Verständnis Gottes, der Welt oder auch ihrer selbst hinter sich zu lassen; Wahrnehmungen, die den Übergang in eine andere Weise des Verstehens nahe legen, ja fordern. Balthasar nimmt Leben und Geschick Jesu in dieser Eindringlichkeit wahr. Seine Theologie hat ihren biblischen Rückhalt vor allem in den johanneischen Schriften des Neuen Testaments. In ihnen wird, wie dargestellt, das Kreuz als Erhöhung beschrieben. Der am Kreuz erhöhte Christus „zieht alle zu sich" (vgl. Joh 12, 32).

Herrlichkeit oder Ärgernis?

Doch der Blick des Paulus auf das Kreuz sieht ganz anderes: Es ist den meisten, die es sehen, Torheit und Ärgernis (1 Kor 1, 23). Es zwingt nicht in den Glauben, wirbt nicht für ihn, sondern stößt ab. Der Schritt in den Glauben muss gegen dieses Ärgernis gewagt bzw. geschenkt werden, um das Kreuz als Ort des Heils zu erkennen. Die Gegenüberstellung der johanneischen und der paulinischen Perspektive zeigt, dass die gleiche Gestalt für die einen von überwältigender Evidenz, für andere aber keineswegs zwingend sein kann.

So bleibt wegen der Vieldeutigkeit jeder Wahrnehmung festzuhalten: Eine Wahrnehmung dispensiert nicht von der Entscheidung zwischen Glaube und

Unglaube. Sie stellt vielmehr vor die Entscheidung. Das Johannesevangelium berichtet, der auferstandene Christus sei dem Apostel Thomas sinnlich wahrnehmbar erschienen. Thomas habe ihn als Lebenden sehen und berühren können. Doch diese sinnliche Wahrnehmung ersetzt nicht den Glauben, sondern stellt Thomas vor die Wahl. „Sei nicht ungläubig, sondern gläubig" (Joh 20,27).

gefragter Glaube

Der Glaube des Thomas, von dem daraufhin berichtet wird, ist aber keine anhaltslose Konstruktion der Einbildungskraft. Er bezieht sich auf das, was er gesehen hat. Doch erst der Glaubende erkennt im Gesehenen den Auferweckten und die Macht Gottes, den Tod zu überwinden. Er bezieht sich auf eine Tat Gottes, ohne die der Glaube haltlos wäre, die aber auch ohne den Glauben nicht als solche erkannt werden könnte (Kasper/314: 166).

Der Vorwurf der Projektion ist damit nicht prinzipiell widerlegt. So sehr der Glaube darauf setzt und davon überzeugt ist, dass ihm in der Gestalt Jesu die Wirklichkeit Gottes begegnet – so wenig wird er dem, der nicht glaubt, diese Wirklichkeit zwingend erweisen können.

Insofern steht und fällt die Gotteserkenntnis mit dem Glauben, zu dem sich Menschen angesichts des ihnen Begegnenden entscheiden. Die Bibel spricht, wie gezeigt, vielfach davon, dass es ohne die Korrespondenz zwischen Gott, der sich offenbart, und dem Menschen, der die Offenbarung anerkennt, gar nicht zur Offenbarung kommen kann. Das Gewicht, das in diesem Geschehen der menschlichen Freiheit zukommt, wird durch die ebenfalls biblisch bezeugte Paradoxie des Glaubens nicht reduziert. Nach dem Zeugnis Glaubender ist der Glaube zugleich eine Tat, in der der Mensch in seiner Freiheit aufs höchste gefordert und engagiert ist, und ein Geschenk, das er sich nicht erarbeiten konnte und nicht erarbeitet hat. Wenn katholische Theologie traditionell den ersten (DH 1525), reformatorische Theologie den zweiten dieser Aspekte stärker betont (s. o. S. 69), stellt gerade ihr wechselseitiger Einspruch die angemessene Form dar, in der vom Glauben zu sprechen ist (Schwöbel/359: 71–73).

3. Der Verzicht auf Unerklärbarkeit

Wenn alles Begegnende vor die Entscheidung stellt, wie Menschen es deuten wollen; wenn zudem der Glaube als gewachsener Horizont des Verstehens es erlaubt, alles Begegnende als Hinweis auf die Wirklichkeit Gottes zu lesen: Dann kann darauf verzichtet werden, von einem Ereignis, das als Offenbarung gelten soll, seine anderweitige Unerklärbarkeit zu fordern.

a) Wunder und naturwissenschaftliche Erkenntnis

Ein solcher Verzicht ermöglicht es zum einen, zur biblischen Rede von der Schöpfung als Offenbarung der Weisheit Gottes zurückzukehren. Denn je mehr naturwissenschaftlicher Verstand die sinnliche erfahrbare Welt als eine komplexe Ordnung versteht, desto größer wird aus der Perspektive Glaubender der Gott, der diese Welt gewollt und ins Sein gerufen hat. Nicht die Ausnahme, sondern gerade die als regelhaft verstandenen Zusammenhänge von Ursache und Wirkung führen in ein Staunen, das vor die Entscheidung zum Glauben stellt.

Zum anderen und vor allem befreit dieser Verzicht den Glauben von Forderungen, die ihm selbst immer fragwürdiger werden mussten. Wenn es – wie im verbreiteten Verständnis der Wunder – der Unerklärbarkeit eines Geschehens bedarf, um es als Handeln Gottes zu begreifen, leben Glaube und Theologie in einem Raum, der beständig kleiner wird. Denn immer weiter reicht das erfolgreiche Verstehen der Naturwissenschaft, immer enger wird der Bereich wahrnehmbarer Ereignisse, für die es – noch! – keine Erklärung gibt.

Doch nicht nur deshalb ist dieses Verständnis von Wundern für die Theologie problematisch. Es bleibt auch fraglich, ob sie eine solche Durchbrechung von Gottes Seite überhaupt erwarten soll. Seitdem der Nominalismus im 14. Jahrhundert den Gedanken der Freiheit Gottes, der nicht einmal an die Ordnung gebunden ist, die er selbst schuf, auf die Spitze getrieben hat, ist auch dessen Kehrseite unübersehbar (s.o. S. 69): Ein solchermaßen freier Gott gerät in den Verdacht der Willkür – und macht dem Menschen eine verlässliche Erkenntnis der Welt, in der er lebt, unmöglich.

Wunder als Zeichen

Wenn man aber von der Vieldeutigkeit aller Ereignisse ausgeht, kann der Glaube durchaus von einem Wunder sprechen, wo ein Geschehen auch einer naturwissenschaftlichen Erklärung zugänglich ist. Der Verzicht auf die problematische Definition des Wunders als des prinzipiell Unerklärbaren widerspricht dem biblischen Zeugnis nicht. Denn die Bibel spricht von Zeichen für das Wirken und die Wirklichkeit Gottes auch dort, wo sie Ereignisse schildert, für die es auch andere Erklärungen gibt (Mt 12,24; Apg 2,13). In ihrer glaubenden Deutung bewährt sich der Glaube (Kasper/314: 107–112; Pröpper/195: 225–244). Eine solche Rede von „Zeichen", die auf Gott verweisen, kann zurückgreifen auf das Zeichenverständnis des Augustinus (Baumann/213: 286f.).

b) Handeln Gottes und Freiheit des Menschen

Der zweite der klassischen Glaubwürdigkeitserweise für eine ergangene Offenbarung ist heutigem Verständnis noch weit problematischer als das verbreitete Wunderverständnis, das sich, wie gezeigt, neu interpretieren und so aus seiner Frontstellung zur naturwissenschaftlichen Erkenntnis befreien lässt. Der Weissagungserweis setzt die Überzeugung voraus, dass Gott in der Geschichte handelt und diese dadurch lenkt. Für diese Überzeugung stehen nicht nur die biblischen Autoren ein.

Doch ist nicht allein, wie schon gezeigt, fraglich, ob und wie ein Ereignis mit der nötigen Gewissheit als Erfüllung früherer Verheißung erkennbar, ob und wie überhaupt die Deutung historischer Geschehnisse innerhalb der Geschichte möglich sein soll. Die Vorstellung von Gott als dem souveränen Herrn und Lenker der Geschichte steht vor allem in erheblicher Spannung zu dem in der Neuzeit mehr und mehr sich durchsetzenden Verständnis, nach dem der Ablauf der Geschichte wesentlich durch Entscheidungen und Handlungen der Menschen bestimmt wird (Bernhardt/214: 327–331). Die angesichts dieser Spannung notwendige Verhältnisbestimmung zwischen dem geglaubten Handeln Gottes und dem schwer zu bestreitenden und in jeder Hinsicht folgenreichen Handeln der Menschen fällt in theologischen Entwürfen bis heute unterschiedlich, ja gegensätzlich aus.

Gott allein

Um dem biblischen Zeugnis treu zu bleiben, sehen sich einige theologische Entwürfe nach wie vor verpflichtet, den Lauf der Geschichte allein dem Entschluss und Handeln Gottes zuzuschreiben. Gott führt die Geschichte zu dem ihr von ihm bestimmten Ziel. Nicht selten verbindet sich diese Vorstellung zudem mit der Überzeugung, dass das Schicksal jedes einzelnen Menschen in diesem vorab beschlossenen Lauf der Geschichte festgelegt ist. Gottes Vorherbestimmung (Prädestination) ist Ausdruck seines Vorherwissens, seines Willens und seiner Macht (Pannenberg/190: I.253 f.).

Gott und Menschen

Aus zwei Gründen wurde diesem Modell bereits in der Scholastik ein zweites entgegengestellt: Zum einen wollte man Gott von der Verantwortung für das Böse – die ihm in einem streng prädestinatorischen Verständnis der Geschichte kaum abzusprechen ist – befreien; zum anderen sollte das Bewusstsein des Menschen von der Freiheit seiner Entscheidungen und Handlungen in dem Rahmen gewürdigt werden, der als theologisch möglich angesehen wurde. Thomas von Aquin führte in dieser Absicht die Unterscheidung zwischen der Erstursache und der Zweitursache allen Geschehens ein. Erstere sah er im bestimmenden Willen Gottes, die zweite in der Eigenwirksamkeit der Dinge, vor allem in der Freiheit des Menschen. Nach seiner Überzeugung erreicht Gott das von ihm der Geschichte gesetzte Ziel mit Hilfe der menschlichen Freiheit. Die menschliche Freiheit bleibt Werkzeug Gottes. Der einzelne Mensch mag sich dem Willen Gottes sündig entgegenstellen – ihr Ziel aber wird die Geschichte erreichen, weil es ihr von dem mächtigeren Willen Gottes gesetzt ist (STh I.105, Kessler/227; Schulte/245).

die Menschen allein

Ein dritter Ansatz verabschiedet die Vorstellung eines Einflusses Gottes auf die Geschichte vollständig. Er schreibt den Verlauf des Geschehens auf der Erde ganz der Verantwortung des Menschen zu, dem allein die Natur mit ihren Abläufen Grenzen setzt, die er nicht zu verantworten, sondern hinzunehmen hat. Dieser Ansatz muss nicht zwangsläufig mit einem Atheismus einhergehen. Er kann sich mit einer Gottesvorstellung verbinden, die mit einem Verzicht Gottes auf seine Allmacht zugunsten des Menschen rechnet (Jonas/313).

Alle drei Lösungsversuche denken die Freiheit bzw. das Handeln Gottes letztlich in Form einer Konkurrenz. Denn beide Freiheiten begrenzen einander so, dass das Wachsen der einen zwangsläufig ein Abnehmen der anderen zur Folge hat. Genau darin aber bleiben sie letztlich unbefriedigend, weil sie von Gott und den von ihm geschaffenen Menschen zu gering denken (Pröpper/346: 176. 277–282).

Die Neubestimmung des Wunderbegriffs führte zu der Möglichkeit, die Erkennbarkeit des Wirkens Gottes dem Glauben offen zu halten, auch wenn die entsprechenden Ereignisse durchaus einer naturwissenschaftlichen Erklärung zugänglich sind. Dieses Modell lässt sich auch übertragen auf die Frage, ob und wie Gott in der Geschichte handelt: Es gibt menschliche Handlungen, in denen und durch die der Wille Gottes geschieht. In ihnen kann der Glaube ein Handeln Gottes erkennen, ohne dass er die Verantwortung und Urheberschaft dieser Handlungen vom Menschen auf Gott übertragen müsste: Gottes Wille geschieht durch die Menschen, die ihn tun. Als biblisches Vorbild dieser Sichtweise kann die vom Johannesevangelium betonte Willenseinheit von Sohn und Vater herangezogen werden. Diese besteht ja nicht darin, dass es nur einen Willen gäbe, sondern in der Übereinstimmung zwischen dem

göttlicher Wille – menschliche Verantwortung

Willen des Vaters und dem Willen des Sohnes, die durch die freie Zustimmung des Sohnes zum Willen des Vaters zustande kommt (vgl. Joh 4, 34).

Ein solches Verständnis macht es möglich, in der Geschichte jene Ereignisse aufzudecken, in denen der Wille des Gottes geschieht, der sich als Gott erweist, indem er rettet. Es verzichtet darauf, ausschließlich nach Handlungen und Geschehnissen zu suchen, die durch menschliches Handeln nicht erklärbar sind (Bernhardt/214: 372–379; Werbick/252: 127–131; ders. 204: 349–352).

Theodizee?

Doch zumindest so weit es bisher entfaltet ist, lässt dieser Verstehensversuch eine entscheidende Frage offen: Wie verhält sich das Unheil, das geschieht, das nicht selten durch Menschen verursacht wird, zum Heilswillen Gottes – und zu der biblisch festgehaltenen Überzeugung, dass Gott das Unheil nicht will, sondern überwinden will? Wie und wo zeigt sich Gott in der Dunkelheit, in die das Leben von Menschen stürzt und erschreckend oft von Menschen gestürzt wird? Die Gefahr ist groß, dass die gesamte Last der Theodizee-Frage nun den Menschen aufgebürdet wird (Marquard/409: 11–32). Und vor allem: Worauf kann sich, angesichts des von Menschen zu verantwortenden Leidens, noch die Hoffnung stützen, dass Gott alle, auch die Opfer menschlicher Unheilsgeschichte, retten wird (Jüngel/226: 272–275)?

Spätestens diese Frage leitet über zu der längst überfälligen Entfaltung des Inhalts, um den christlicher Offenbarungsglaube weiß und den er verkündet. Es ist der Inhalt, soviel kann nach dem Durchschreiten der beiden ersten Gedankengänge schon gesagt werden, den der Glaube in Leben und Geschick Jesu – und weit darüber hinaus – erkennt; ein Inhalt, den die Vernunft bedenken, für dessen Wirklichkeit sie selbst aber nicht aufkommen kann.

III. Gehalt: Die inhaltliche Bestimmung des christlichen Offenbarungsbekenntnisses

Was erkennen Menschen in dem Geschehen und durch das Geschehen, das sie als Offenbarung glauben? Was – oder auch wer – wird Christinnen und Christen deutlich, wenn sie glauben, dass in Jesus von Nazareth Gott offenbar wird? Welche Inhalte ihres Glaubens und Bekenntnisses bewähren sich im Blick auf Jesus Christus, an dem ihr Glaube seinen Anhalt hat?

In vier Schritten soll die Antwort auf diese Fragen gesucht und gegeben werden. Zunächst gilt es, das theologiegeschichtliche, inhaltliche und methodische Fundament zu beschreiben, auf dem die christliche Theologie steht, wenn sie sich in der Gegenwart als Offenbarungstheologie begreift (1.). Sodann sollen einige profilierte Entwürfe einer solchen Theologie dargestellt werden, die in je eigener Weise den Inhalt christlichen Glaubens zur Sprache bringen (2.). Wenn anschließend die wichtigsten inhaltlichen Akzente benannt werden, um die ein offenbarungstheologisches Denken kreist, soll eine Zusammenschau der so unterschiedlichen Entfaltungen des Glaubens entstehen (3.). Am Ende geht es nochmals um das schon mehrfach problematisierte Verhältnis von Vernunft und Offenbarung, Freiheit und Gnade, Entscheidung und Glaube. Die vorgeschlagene Bestimmung dieses Verhältnisses mag als Ertrag der offenbarungstheologischen Diskussion um den Gehalt christlichen Glaubens gelesen werden (4.).

1. Fundamente

a) Christus verstehen

Die eingangs gestellten Fragen stehen im Zentrum systematischer Theologie. Denn diese ist nichts anderes als die reflektierende Entfaltung des Glaubens, dass Leben, Tod und Auferweckung Jesu Ereignisse sind, in denen Gott auf einzigartige, endgültige und unüberbietbare Weise zu erkennen gegeben hat, wer er ist und wer er für die Menschen sein will.

Maßstab christlicher Theologie

Die Versuche, die Bedeutung dieses Geschehens zu erkennen und zur Sprache zu bringen, sind unübersehbar zahlreich und vielgestaltig. Doch diese Vielfalt ist nicht zu verwechseln mit purer Beliebigkeit. Vielmehr sind Konstanten christlicher Theologie zu erkennen, die als ihr Maßstab zu gelten haben. Dieser Maßstab ist anderer Art als die Kriterien, die von außen, etwa im Namen der Vernunft, an die Theologie herangetragen werden. Er ist im Glauben selbst angelegt, so dass, wer sich an ihm nicht messen lässt, nicht mehr den Anspruch erheben kann, den christlichen Glauben zu bedenken (Bongardt/294: 254–260). Es sind vor allem drei Inhalte, die der Theologie vom Glauben als solcher Maßstab gegeben werden:

Jesus, der Christus

Christlicher Glaube bezieht sich – erstens – auf den als Christus geglaubten Jesus von Nazareth. Eine christliche Theologie wird deshalb stets zu erweisen haben, dass und wie sie sich auf dessen Leben und Geschick bezieht. Konkret bedeutet dies: Christliche Theologie hat sich vor dem biblischen Zeugnis zu verantworten, denn anders als über dieses Zeugnis ist ein Zugang zur Gestalt Jesu nicht möglich.

Heilsbedeutung

Christlicher Glaube bekennt – zweitens – das Christusereignis als ein Geschehen, das in Gott gründet und für die Menschen heilvoll ist. Das Heil wird erhofft – oder auch schon erfahren – als Gegensatz zu der Not, in der sich Menschen gefangen sehen. Beides, Not wie Heil, können allerdings in wechselseitiger Abhängigkeit sehr unterschiedlich empfunden und zur Sprache gebracht werden.

Leben mit und vor Gott

Christlicher Glaube sieht – drittens – das geheilte und heilvolle Leben der Menschen als ein Leben mit und vor Gott. Mag dieses als „Vergöttlichung des Menschen" (Athanasius/99: 54), als Leben in der „civitas Dei" (Augustinus), als beseligende „Schau Gottes" (Irenäus/111: IV,20.7), Gemeinschaft oder gar Einheit mit Gott (Meister Eckhart) erhofft und ausgemalt werden: Stets ist die Überzeugung leitend, dass Menschen nur in einem Gegenüber zu Gott, nur wenn sie von ihm angenommen sind und ihn als Gott anerkennen, Mensch sein und als Menschen heil sein können. Dabei ist an die von der Bibel bezeugte Asymmetrie dieses Verhältnisses zu erinnern: Ein solches Gegenüber zwischen Gott und Mensch ist nur möglich, wenn und weil Gott es von sich aus ermöglicht.

b) Lehrer und Erlöser

Wissensmitteilung

Lange sprach die christliche Theologie allenfalls am Rande von „Offenbarung". Eine gewisse Bedeutung hatte der Begriff in jener Tradition, die die Heilsmitteilung durch Jesus Christus als Lehre zu verstehen suchte. Sie sprach von Jesus als dem, der „Kunde gebracht hat" (Joh 1,18) von Gott. Diese Kunde mag sich auf das Wissen von Gott beziehen, das sie eröffnet; sie kann aber auch als Lehre verstanden werden, die den Menschen den Weg weist, auf dem sie das Heil erreichen können. Diese Vorstellung von Christus als dem Lehrer, der den Menschen ein theoretisches oder auch praktisches Wissen offenbart, findet sich bereits in der Rede der frühen Kirche von Christus als dem „paidagogus" (s. o. S. 59). Sie wird von Thomas aufgenommen, wenn er als Offenbarung die Mitteilung jenes Wissens von Gott versteht, das der Vernunft auf anderem Wege nicht erreichbar ist (s. o. S. 64). Ihre bis in die Gegenwart wirksamste Fassung fand sie im instruktionstheoretischen Offenbarungsverständnis der katholischen Neuscholastik des 19. Jahrhunderts (s. o. S. 83).

Heilsmitteilung

Allerdings erschien diese Rede von Christus als dem Lehrer und Offenbarer schon den biblischen Autoren, erst recht der späteren Tradition zu begrenzt. Die Bedeutung Jesu Christi erschöpft sich nicht in seiner Lehre und Vorbildfunktion. Er bringt, so die einhellige Überzeugung, nicht nur das Wissen um das Heil, sondern das Heil selbst. Um diese Überzeugung zu entfalten, errichtet die altkirchliche Theologie in den ersten fünf Jahrhunderten die beiden tragenden Säulen christlicher Theologie: die Christologie mit ihrer Kernaussage, Jesus Christus sei „wahrhaft Gott und wahrhaft Mensch", und die Trinitätslehre, die von dem einen Gott als Vater, Sohn und Geist spricht. Die Lehre von Christus wie die Lehre von Gott, dem dreieinigen, bedingen einander gegenseitig und suchen den Glauben an die Heilsbedeutung des Christusgeschehens theologisch verständlich zu machen (Hilberath/309: 31). Die Trinitätslehre entwickelt sich aus der Erfahrung der Glaubenden, dass Gott nicht nur in Jesus von Nazareth, seinem Sohn, der ihn Vater nannte, handelnd gegenwärtig war, sondern dass er auch in der Gemeinde derer, die an ihn glauben, durch seinen Geist lebendig und wirksam bleibt (Glaubensbekenntnis von Nizäa und Konstantinopel, [325/381], DH 125/150; Markschies/131: 286–309). Die christologischen Aussagen verbinden die Überzeugung, dass nur Gott erlösen kann, mit der Vorstellung, dass nur das erlöst ist, was auch angenommen ist: Wenn also die Menschen mit „Leib und Seele" erlöst werden sollen, dann muss Gott auch Leib und Seele „annehmen", das heißt Mensch werden. Unter Rückgriff auf die neutestamentliche Aussage von der Fleischwerdung des Wortes, aber in einer Sprache, die der zeitgenössischen Philosophie entlehnt ist, spricht die Kirche deshalb von der Einheit der göttlichen und menschlichen Natur in Christus (Konzil von Chalcedon [451], DH 301; Kessler/319: 325–350; Grillmeier/124).

Trinität

Christologie

„Durch seinen Tod erlöst?"

In der westkirchlichen Theologie der Folgezeit wird vor allem die Bedeutung des Todes Jesu für die Erlösung der Menschen genauer zu verstehen gesucht. Als besonders einflussreich erwies sich der Entwurf Anselm von Canterburys, der durch den Tod Jesu die Ordnung der Welt wiederhergestellt sieht, die durch die Sünde des Menschen zerstört war. Der verbreitete Vorwurf, Anselm zeichne das Bild eines gnadenlos auf der Bezahlung von Schulden bestehenden Gottes, wird seiner Schrift „Cur deus homo" („Warum Gott Mensch wurde") kaum gerecht (Hinkelammert/311: 93–102; dagegen Wohlmuth/151: 140–145). Denn dass Gott die Sünde des Menschen ohne Vorleistung vergeben kann und will, steht für Anselm fest. Sein Interesse gilt nicht der Frage, wie die Schuld vergeben wird, sondern wie die Folgen der Schuld überwunden werden können. Auch für die reformatorische Theologie steht die Deutung des Todes Jesu lange im Mittelpunkt ihrer Christologie und Soteriologie (Erlösungslehre). Luther sieht, im Rückgriff auf Paulus, im Tod Jesu das entscheidende Ereignis, in dem Gott den sündigen Menschen mit sich versöhnt und rechtfertigt.

In der kritischen Aufnahme der einander ablösenden christologischen Entwürfe fand diese Konzentration auf den Tod Jesu schließlich ein Gegengewicht. Sie führte zurück zu der schon biblisch überlieferten Einsicht, dass die Bedeutung des Todes Jesu sich nur im Zusammenhang mit seinem Leben und seiner Auferweckung angemessen erfassen lässt – wie auch diese ohne den Blick auf das Kreuz nicht verstanden werden können.

c) Selbstoffenbarung

Zur Entwicklung der Offenbarungstheologie im heutigen Sinne des Wortes kommt es, sobald die eher randständige Rede von der Offenbarung als Wissensmitteilung und die Christologie als Zentrum der Theologie zusammengeführt werden. Dies gelingt, indem das heilbringende Christusgeschehen selbst als Offenbarung verstanden wird. Nach diesem Verständnis offenbart Christus nicht eine göttliche Wahrheit, von der er zwar, anders als andere Menschen, weiß, die aber jenseits seines Lebens und Geschicks liegt. Sondern er selbst ist diese Wahrheit, die durch ihn und in ihm offenbar wird: Er ist selbst die heilbringende Zuwendung des dreieinigen Gottes zu den Menschen, von der er spricht. Geschehen und Inhalt der Offenbarung fallen also ineins.

Geschehen als Inhalt

Dieses Verständnis kann zurückgreifen auf die enge Verbindung zwischen Jesu Person und dem Inhalt seiner Botschaft, von der schon das Neue Testament berichtet: Das Reich Gottes bricht mit Jesus an. In Christus erkennt der Glaube die Gestalt, in der die Liebe Gottes wirklich wird, indem sie erscheint. Denn darin ist die Liebe Gottes mit jedem interpersonalen Geschehen zwischen Menschen vergleichbar: So lange sie nur Intention ist, bleibt sie im Bereich des Möglichen. Erst indem sie sich in einer Gestalt ausdrückt, gewinnt sie Wirklichkeit für die Geliebten und damit auch für die Liebenden.

biblische Weite

Immer deutlicher erfasst die Offenbarungstheologie, dass die in Christus erscheinende Zuwendung Gottes zum Menschen Gott selbst ist, dass die Existenz Gottes nicht von seiner Liebe zu trennen ist (Jüngel/186: 430–458). Und entsprechend häufiger verwendet sie den Begriff der „Selbstoffenbarung Gottes", um das Christusereignis zu benennen. Damit greift sie terminologisch auf Hegel zurück (s. o. S. 88) und steht gegebenenfalls in der Pflicht, das eigene Offenbarungsverständnis von der Offenbarungsphilosophie Hegels abzugrenzen.

d) Eine Veränderung mit Folgen

Bei der skizzierten Erneuerung theologischen Denkens geht es um weit mehr als einen Wechsel der Begriffe. Sie zeitigt weitreichende Konsequenzen, die im Folgenden zumindest kurz zu benennen sind.

Die neuzeitliche Offenbarungstheologie entwickelt ihr Verständnis von Offenbarung, indem sie ihre Reflexionen auf das Christusgeschehen und dessen geglaubte Heilsbedeutung konzentriert. Sie spricht von der Selbstoffenbarung Gottes immer im Singular, denn sie geht von der Einzigartigkeit und Unüberbietbarkeit der Offenbarung in Christus aus. Ein derart fokussierter Offenbarungsbegriff war zuvor allenfalls in einigen neutestamentlichen Schriften zu finden. Der Bibel als ganzer, aber auch weiten Teilen der christlichen Theologiegeschichte ist er fremd. Dort findet sich ein weit offeneres Verständnis, nach dem Gott sich „viele Male und auf vielerlei Weise“ (Hebr 1,1) zu erkennen gegeben hat: vorrangig in der vom Alten Testament bezeugten Geschichte Israels, aber auch – wie etwa die altchristlichen Apologeten betonten – in der Geschichte der Religionen und der Philosophie außerhalb Israels. Ein in der aufgezeigten Weise auf Christus konzentriertes Offenbarungsverständnis kann und muss die Tradition der Rede von den vielen Offenbarungen Gottes aufnehmen.

Christus im Licht des AT

Zum einen geschieht dies, indem auf die Voraussetzungen des Christusbekenntnisses geschaut wird. Die Erfahrung Israels mit Gott, seine Erkenntnis des Gottes, der sich als Gott erweist, indem er rettet, seine Orientierung an der Weisung Gottes: Ohne all dies wäre die Bedeutung Jesu für die ersten Christen nicht erkennbar gewesen, ohne all dies fehlte auch dem heutigen Christusbekenntnis sein Rahmen und Anhalt (s. o. 47).

Zum anderen öffnet der Blick auf Gottes Selbstoffenbarung in Christus den Blick auf all die Kontexte, in denen Gott sich zu erkennen gibt. Mehr noch: im Blick auf Christus kann deutlich werden, dass es Gott ist, der sich auch auf andere Weise offenbart – sei es in der von ihm geschaffenen Wirklichkeit, sei es in der fragenden Ausrichtung des Menschen auf eine mögliche Erfüllung seines Lebens, sei es auch in den Gestalten, in denen andere Religionen von Gott sprechen und sich zu ihm bekennen (s. u. B.V).

Weite der Offenbarung

Die christologische Fokussierung der Offenbarungstheologie kann sich nur dann in der Tradition des christlichen Glaubens wissen, wenn sie die Besonderheit der Offenbarung in Christus nicht so versteht, als sei damit jede andere Möglichkeit einer göttlichen Offenbarung ausgeschlossen.

Fundamentaltheologie und Dogmatik

Die Neubestimmung der Offenbarungstheologie hat außerdem unmittelbare Folgen für die „Arbeitsteilung“ zwischen den klassischen theologischen Disziplinen. Galt es doch als Aufgabe der Fundamentaltheologie und Apologetik, die Voraussetzungen und Gründe für den Glauben zu bedenken, während die Dogmatik die Inhalte des Glaubens zu entfalten hatte. Die Rede über die Offenbarung gehörte, so lange damit lediglich die Mitteilung der Glaubensinhalte gemeint war, selbstverständlich in die Fundamentaltheologie. Diese Grenze lässt sich nicht mehr ziehen, wenn und sobald die Offenbarung als Einheit von Geschehen und Gehalt verstanden wird. Denn über die Weise, in der sich dem Glauben seine Inhalte mitteilen, lässt sich nicht mehr sprechen, ohne diese Inhalte zu bedenken; und die Inhalte des Glaubens lassen sich nicht entfalten, wenn nicht auf die Form geschaut wird, in der sie sich dem Glauben als wirklich zeigen. Fundamentaltheologie und Dogmatik werden zu einer Einheit.

erweiterter Begriff

Aus dieser Verschiebung folgen weitere: Viele Inhalte der klassischen Dogmatik, vor allem ihr Nachdenken über das Verhältnis zwischen Gott und den Menschen, werden nun in der Offenbarungstheologie bedacht. Oft ist nun von „Offenbarung" die Rede, wo zuvor etwa von „Begnadung", „Rechtfertigung", „Erlösung" gesprochen wurde. Dies hat nicht selten zu heftigem Widerspruch derer geführt, die darin die theologische Tradition verfälscht oder gar ganz verlassen sahen (Althaus/175). Eine Offenbarungstheologie muss deshalb zeigen, dass sie das überkommene Verstehen des Glaubens in ihrer Entfaltung des Christusgeschehens nicht verlässt, sondern übersetzt und es für neue Verstehenszusammenhänge erschließt.

Legitimationsgrenzen

Unmöglich wird es für die neu gefasste Offenbarungstheologie allerdings, jeden einzelnen Inhalt kirchlicher Lehre durch den direkten Rückgriff auf die Autorität Gottes, der ihn geoffenbart haben soll, zu legitimieren. Solche Ansprüche erhob vor allem die Neuscholastik nicht nur für zentrale Aussagen über Gott und über Christus. Als durch Offenbarung festgeschrieben galten ihr auch viele Strukturen der römisch-katholischen Kirche, einzelne moralische Forderungen, ja sogar philosophische und politische Ansichten. So etwa in der „Sammlung von Irrtümern", dem Syllabus, den Papst Pius IX. 1864 veröffentlichte (DH 2901–2980) oder der Verurteilung des „Modernismus" durch Papst Pius X. (1907, DH 3401–3466).

Wenn Offenbarung das Geschehen ist, in dem Gott sich selbst in seinem Heilswillen für die Menschen erschließt und diesen Willen verwirklicht, kann sie nicht länger als Mitteilung von solch partikulären Informationen verstanden werden. Einzelne theologische, ekklesiologische oder auch moraltheologische Wahrheitsansprüche lassen sich vielmehr nur in Verbindung mit der Selbstoffenbarung Gottes in Christus bringen, wenn und indem gezeigt wird, dass und wie sie sich aus dem Glauben an dieses Geschehen herleiten lassen bzw. von diesem Glauben implizit vorausgesetzt werden. Dabei werden sich zentrale Inhalte der theologischen Tradition – etwa die Trinitätslehre oder die Verpflichtung des Menschen, das Gute zu tun – als notwendige Aspekte des Offenbarungsglaubens zeigen; die weitaus meisten aber werden sich als allenfalls mögliche, aber nicht zwingende Schlussfolgerungen und Anwendungen dieses Glaubens herausstellen – etwa konkrete ethische Urteile oder Fragen der Kirchenverfassung, von deren Pluralität die Wirklichkeit ein beredtes Zeugnis gibt.

2. Entwürfe

Bedeutungsaufweis

Jede christliche Offenbarungstheologie sucht die Bedeutung der Selbstoffenbarung Gottes in ihrer Bedeutung für die Menschen zu erschließen. Schon am Abschluss des Gedankengangs, der nach dem Verhältnis von Vernunft und Offenbarung fragte, wurde angedeutet, wie neuzeitliche Offenbarungstheologie das Verhältnis zwischen der Situation und dem Selbstbewusstsein der Menschen auf der einen und der Offenbarung Gottes auf der anderen Seite zu erfassen sucht (s. o. S. 93): Als wechselseitige Zuordnung von Frage und Antwort, von Bedürftigkeit und Erfüllung, von Gefangensein (Sünde) und Befreiung (Erlösung).

Um diese Zuordnung verständlich zu machen, gibt es für die Theologie zwei Wege. Möglich ist es, ausgehend vom Selbstbewusstsein, von den Fragen und der Not der Menschen nach der Bedeutung des christlichen Offenbarungszeugnisses zu fragen, um dieses als Antwort auf jene Fragen, als Befreiung aus jener Not zu erweisen; möglich ist es umgekehrt aber auch, von einem bestimmten Gottesverständnis aus nach der konkreten Situation der Menschen zu fragen, von ihr her aufzudecken, wie es in Wahrheit um die Menschen bestellt und was für sie heilsam ist. Einer in der Christologie üblich gewordenen Unterscheidung folgend (Ebeling/178: II.36–39) wäre es möglich, von einer „Offenbarungstheologie von unten" bzw. einer „Offenbarungstheologie von oben" zu sprechen.

zwei Ausgangspunkte

Die Unterschiede beider Wege sind eher methodischer als inhaltlicher Art: Setzen sie doch beide das Geschehensein der Offenbarung und deren Bedeutung für die Menschen voraus. Beide Richtungen bergen ihre je eigenen Gefahren und Chancen. Wer in seinem theologischen Denken vom je aktuellen Selbstverständnis des Menschen ausgeht, hat die Chance, das überkommene Offenbarungsverständnis um neue Aspekte zu bereichern – steht aber auch in der Gefahr, das Selbstverständnis des Menschen direkt oder indirekt zum Maßstab des Offenbarungsglaubens zu erheben. Diesem Vorwurf sieht sich jede Theologie ausgesetzt, die den christlichen Glauben mit philosophischen Konzepten, etwa dem neuzeitlichen Freiheitsbewusstsein zu vermitteln sucht. Dagegen vermag ein Denken, dass vom überkommenen Offenbarungszeugnis ausgeht, genau dieses Selbstverständnis zu kritisieren. Doch es kann unfähig werden, die Bedeutung der Offenbarung für die Menschen noch einsichtig werden zu lassen. So führte die katholische Neuscholastik zu einer so umfassenden Verurteilung neuzeitlichen Selbstverständnisses, dass der Theologie nicht einmal mehr eine kritische Anknüpfung an dieses möglich war.

kritisierter Glaube

kritischer Glaube

Im Folgenden sollen einige Entwürfe zur Offenbarungstheologie vorgestellt werden. Ausgewählt wurden sie, weil sie besonders prägnant für jeweils bestimmte Einsichten und Denkformen aktueller Theologie stehen, die sich durchaus auch in anderen Entwürfen finden. Die Reihenfolge der Darstellung folgt nicht der Entstehungszeit der Entwürfe, sondern ihrer Zuordnung zu einem der beiden genannten Denkwege. Eine solche Zuordnung ist allerdings nur möglich, wenn sich die Darstellung auf die Grundlinien der einzelnen Ansätze beschränkt. Denn es gibt kaum einen Entwurf, der nicht versucht, auch die jeweils gegenläufige Argumentationsrichtung zu berücksichtigen und aufzunehmen. Davon wird aber erst die Rede sein können, wenn anschließend die wesentlichen Akzente der Offenbarungstheologie benannt werden.

a) Der Mensch vor Gott

Zu welchem Wissen um sich selbst sind Menschen fähig? Diese Frage bestimmt nicht nur die neuzeitliche Anthropologie. Sie gewinnt auch zentrale Bedeutung, sobald diese Frage zum Ausgangspunkt einer „Offenbarungstheologie von unten" gewählt wird. Die im Folgenden vorzustellenden Theologen sind darin verbunden, dass ihr Denken mit dieser Frage einsetzt – aber sie unterscheiden sich in den offenbarungstheologischen Schlussfolgerungen, die sie daraus ziehen.

anthropologische Wende

a) Die Offenbarung wahren Menschseins: Friedrich Schleiermacher und Karl Rahner

Friedrich Schleiermacher und Karl Rahner kamen bereits zu Wort (s. o. S. 79, 96). So wurde auch schon erkennbar, worin die Gemeinsamkeiten ihrer theologischen Ansätze liegen: Beide gehen davon aus, dass im Menschen immer schon ein Wissen um Gott und um die Angewiesenheit des Menschen auf ihn liegt. Beide rechnen mit der Möglichkeit, dass dieses Wissen „unthematisch" ist. Demnach muss ein Mensch, wenn er von sich spricht, nicht ausdrücklich von Gott wissen und sprechen – auf ihn ausgerichtet ist er gleichwohl.

ursprüngliches Wissen?

Nach Schleiermacher kommt dem Menschen seine Verbindung zu Gott als „Gefühl schlechthinniger Abhängigkeit" zu Bewusstsein. Rahner verweist auf die Transzendentalität des Menschen. In der Besinnung auf sich selbst erfährt der Mensch Gott als das Ziel, auf das sein Leben ausgerichtet ist, und als den Ursprung, dem er diese Ausrichtung verdankt. Gott hat den „natürlichen" Menschen bereits hingeordnet auf die „übernatürliche" Gemeinschaft mit Gott. Rahner bezeichnet diese Hinordnung deshalb als „übernatürliches Existential" (Rahner/347: I.342).

Gott als Ziel und Ursprung

Die von Schleiermacher wie Rahner aufgezeigte Ausrichtung der Menschen auf Gott soll erweisen, dass das Bekenntnis des Christentums, dass Gott sich den Menschen zuwendet, nicht ins Leere gesprochen ist. Es kann den Menschen, wenn sie sich denn ernsthaft auf sich selbst besinnen, verständlich sein.

Christologie?

Doch wenn das Menschsein selbst bereits auf Gott verweist, die Menschen immer schon auf Gott ausgerichtet sind, welche Bedeutung hat dann noch Christus? Wenn Gott schon im menschlichen Geist offenbar ist, welchen Sinn und Inhalt kann dann noch ein geschichtliches Ereignis haben, das der Glaube als Offenbarung, gar als Selbstoffenbarung Gottes sieht?

Schleiermacher und Rahner beantworten diese Frage – entsprechend ihrer konfessionellen Herkunft – sehr unterschiedlich.

Gottesbewusstsein und Sünde

Für Schleiermacher zeichnet sich Jesus durch die „Kräftigkeit seines Gottesbewusstseins" (Schleiermacher/158: § 94) aus. In dem Gegebensein dieses Gottesbewusstseins ist er den Menschen gleich. Die Bedeutung der außergewöhnlichen Klarheit und Kraft, mit der dieses Bewusstsein in Jesus lebendiger ist als in allen anderen Menschen, erschöpft sich aber nicht in einer Vorbildfunktion. Sie wird vielmehr erst verständlich vor dem Hintergrund der Sünde, in der die Menschen gefangen sind. Die Erbsünde (§§ 70–72) führt in allen Menschen zur „wirklichen Sünde" (§ 73). Sie wirkt sich aus in der Schwächung oder gar dem Verlust des Gottesbewusstseins. Christus wird von Schleiermacher insofern Erlöser genannt, als er den Menschen das Gottesbewusstsein erneut mitteilt. In der Kraft seines Gottesbewusstseins erkennen die Menschen nicht nur die Außergewöhnlichkeit Jesu, sondern auch die in ihm begegnende Gnade sowie ihre eigene Sünde (§§ 88.100).

Bewusstsein und Wissen

Karl Rahner erschließt die Bedeutung der Christusoffenbarung auf einem ganz anderen Weg: Die selbst schon als Offenbarung gedachte Transzendentalität des Menschen ist „nicht an sich schon gegenständliche, sachhafte Aussage, ist Bewußtheit, nicht Gewußtheit" (Rahner/197: 175). Mit anderen Worten: Was als Grundbewegung im Menschen immer schon gegeben ist, bedarf einer Ausgestaltung in Form eines Wissens. Diese geschieht nach Rahner vor allem in den Religionen:

„In jeder Religion wird an sich der Versuch gemacht (wenigstens von seiten des Menschen), die ursprüngliche, unreflexe und ungegenständliche Offenbarung geschichtlich zu vermitteln, zu reflektieren und satzhaft auszulegen.“ (ebd. 176)

Die Gottesvorstellungen der Religionen, ihre Rede von Sünde und Gnade, ihre Ideale eines menschlichen Lebens sind insgesamt Versuche, in denen Menschen der Ausrichtung ihres Lebens auf Gott eine Gestalt geben. Diese „kategoriale“ Offenbarungsgeschichte findet nach Rahner in Jesus Christus ihren einzigartigen und unüberbietbaren Höhepunkt. Denn hier begegnet ein Mensch, dessen Leben ganz und gar von der Ausrichtung auf Gott bestimmt ist. Die Selbstmitteilung Gottes im Geist des Menschen findet im Leben dieses einen Menschen einen so vollkommenen Ausdruck, dass dieses Leben in seiner konkreten Gestalt die geschichtliche Offenbarung Gottes selbst ist. In der Gottes- und Nächstenliebe Jesu von Nazareth erreicht die Liebe Gottes alle Menschen (ebd. 177.286):

doppelte Selbstmitteilung

„Geoffenbart ist Gott als der in absoluter und vergebender Nähe sich selbst Mitteilende als Gott, also als das absolute Geheimnis; geoffenbart ist die geschichtliche Vermittlung dieser transzendentalen Erfahrung als gültige, als die absolute Gotteserfahrung sich ereignen lassende und vergewissernde; geoffenbart ist im schon ereigneten, einmaligen und endgültigen Höhepunkt dieser Offenbarungsgeschichte die absolute und unwiderrufliche Einheit der transzendentalen Selbstmitteilung Gottes an die Menschheit und ihrer geschichtlichen Vermitteltheit in dem einen Gott-Menschen Jesus Christus, der Gott selbst als Mitgeteilter, die menschliche Annahme dieser Mitteilung und die endgültige geschichtliche Erscheinung dieser Zusage und Annahme in einem ist.“ (Rahner/196: 3.834 f.)

So finden Schleiermacher und Rahner ungeachtet ihrer unterschiedlichen Wege zum gleichen Ziel: Die Bedeutung Jesu Christi liegt darin, dass er die Wahrheit des Menschseins offenbart. Diese Offenbarung ist notwendig, weil diese Wahrheit zuvor durch die Sünde verdunkelt war (Schleiermacher) oder noch nicht zu ihrem angemessenen geschichtlichen Ausdruck gefunden hatte (Rahner). Doch nach Auffassung beider deckt die Offenbarung auf, was zumindest prinzipiell schon immer möglich und in die Menschen gelegt war. Damit aber steht in Frage, ob diese Versuche, die Bedeutung der Selbstoffenbarung Gottes in Jesus Christus zu erschließen, weit genug reichen; ob sie ausreichend in der Lage sind, die Neubestimmung der menschlichen Existenz durch die Offenbarung – und damit auch den Ernst der Entscheidung, dieser Offenbarung zu glauben oder sich ihr zu verschließen, zu erfassen und zu vermitteln.

offenbartes Menschsein

β) Ärgernis und Glaube: Sören Kierkegaard

Kierkegaard ist bisher nur als scharfer Kritiker Hegels zu Wort gekommen. Dessen Anspruch, die Geschichte als Ganze und in ihr die Existenz des Einzelnen auf den Begriff gebracht zu haben, hält Kierkegaard die Not und Offenheit der individuellen Existenz entgegen (s. o. S. 87). Er sieht in Hegels Philosophie und in deren theologischer Rezeption aber nicht nur den einzelnen Menschen, sondern damit auch das Christentum verraten; die von der

„Spekulation" Hegels betäubte Christenheit, in der jeder glaubt, ein Christ zu sein, habe mit dem Evangelium nichts mehr zu tun (Kierkegaard/386: SüS 34f.). Kierkegaards Versuch, das Christentum wieder in die Christenheit einzuführen, beginnt entsprechend mit einer Besinnung auf die Existenz des Einzelnen. Nur von dort her, so Kierkegaard, lasse sich der Ernst wiedergewinnen, in dem allein zum Glauben zu finden ist (Theunissen/418: 52–58.127–131).

der Einzelne

Der Begriff der Offenbarung oder gar der Selbstoffenbarung spielt in Kierkegaards philosophischem und theologischem Werk keine besondere Rolle. Zu dieser Zurückhaltung mag ihn nicht zuletzt die Ablehnung Hegels, für den dieser Begriff so zentral war, bewogen haben. Gleichwohl muss sein Entwurf an dieser Stelle Beachtung finden. Denn nicht nur beziehen sich zahlreiche offenbarungstheologische Entwürfe der Folgezeit auf Kierkegaards Einsichten; vor allem steht der Sache nach die Selbstoffenbarung Gottes im Mittelpunkt von Kierkegaards Denken, ohne als solche benannt zu werden.

Mensch als Synthesis

Kierkegaard versteht den Menschen als ein von Polaritäten bestimmtes Wesen – als „Synthesis" (KT 8) von Gegensätzen. Grundlegend ist das Gegenüber von Leib und Seele, d.h. der körperlichen Materialität und all der geistigen und seelischen Kräfte, die den Menschen befähigen, Bewusstsein, Wissen, Reflexion zu entwickeln. Der Mensch ist zudem ein endliches, sterbliches Wesen – und zugleich fähig, mit seinem Denken und seiner Phantasie in die Unendlichkeit auszugreifen. Das konkrete Leben ist bestimmt von unzähligen Zwängen und Notwendigkeiten, und zugleich ein Feld voller Möglichkeiten. Doch die „Synthesis" dieser Gegensätze, als die der Mensch sich vorfindet, macht noch nicht das Menschsein aus. Dessen Auszeichnung besteht vielmehr darin, dass der Mensch fähig ist, sich als diese Synthesis zu dieser Synthesis zu verhalten: Er vermag seine Existenz zu gestalten. Aufgabe des Menschen ist es, so Kierkegaard, im eigenen, individuellen und konkreten Leben die Polarität, die den Menschen ausmacht, so ernst zu nehmen, dass keiner der Pole dabei verleugnet wird.

Selbstwahl

Die Fähigkeit, sich in dieser Weise zu sich selbst zu verhalten, ist die Freiheit. Diese allerdings ist dem Menschen zunächst nur als Möglichkeit gegeben. Zu einer das Leben bestimmenden Wirklichkeit wird sie erst, wenn der Mensch sich entschließt, diese Freiheit zu nutzen. In diesem Entschluss wählt der Mensch, so Kierkegaard, sich selbst. Voraussetzung und Konsequenz dieser Wahl fallen in einer eigentümlichen Weise zusammen: Die Freiheit wird nur wirklich, wenn der Mensch sich zu ihr entschließt. Doch er entschließt sich zu ihr, indem er die in ihm liegende Möglichkeit der Freiheit nutzt und verwirklicht. Freiheit ist also (als Möglichkeit) Bedingung der Wahl und (als Wirklichkeit) deren Ergebnis.

„Die Wahl vollzieht hier mit einem Schlage folgende zwei dialektische Bewegungen: Das, was gewählt wird, ist nicht da und entsteht durch die Wahl; das, was gewählt wird, ist da, sonst wäre es keine Wahl. Wofern nämlich das, was ich wähle, nicht da wäre, sondern durch die Wahl schlechthin entstünde, würde ich nicht wählen, sondern würde erschaffen; aber ich erschaffe mich nicht, ich wähle mich." (EO II 229)

Sobald ein Mensch in der Selbstwahl die Verantwortung für sein Leben übernommen hat, erkennt er im Rückblick auf seine Geschichte, dass die Aufga-

verfehlte Existenz

be, sein Leben in der vorgegebenen Polarität zu gestalten, längst verfehlt ist (Greve/401: 81–92). Kierkegaard kann einsichtig machen, dass die Angst vor der Freiheit und der Forderung, die sie stellt, die Menschen faktisch immer dazu treibt, die Wahrheit ihres Lebens zu verfehlen (BA 41.60f.). Statt die Spannung der von Gegensätzen bestimmten Existenz zu gestalten, klammern sie sich an je einen dieser Gegensätze: lassen sich ganz von ihren körperlichen Bedürfnissen bestimmen – oder suchen vergeblich nach einer „leiblosen" Existenz; sehen sich hilflos gefangen in den Notwendigkeiten ihrer Existenz – oder leugnen jede Notwendigkeit, indem sie als Phantasten leben. Eine dergestalt verfehlte Existenz ist eine Existenz in Verzweiflung (BA 61, KT 25–39; Theunissen/419; Bösl/397: 115–211).

Reue

Ein Mensch, der sich dessen bewusst wird, die ihm mögliche und deshalb von ihm geforderte Existenz immer schon verfehlt zu haben, verfällt in Reue. Diese Reue ist zwar das angemessene Verhalten eines Menschen, der rückschauend die Verantwortung für seine Vergangenheit übernimmt – aber indem die Reue nach hinten gewendet ist, hindert sie beständig daran, in einer auf die Zukunft gerichteten Wahl den Möglichkeiten des eigenen Lebens gerecht zu werden. Diese Reue kann, so Kierkegaard, religiöse Formen annehmen. Wenn, wie etwa bei Sokrates, das Wahre und Gute als das Göttliche angesehen wird, kann das Verhältnis des Einzelnen zu diesem Wahren und Guten als Gottesverhältnis bezeichnet werden. Doch dieses Verhältnis kann angesichts der faktischen Geschichte jedes Menschen nur als Schuldbewusstsein konkret werden: Mit dem Wahren und Guten verbunden weiß sich der Mensch, indem er den Gegensatz seines Lebens zu diesem Wahren und Guten erkennt und anerkennt (UN II 241–249). Weiter kann der Mensch aus eigener Kraft nicht kommen (Greve/401: 249–257).

Gott in der Zeit

An diese Analyse faktisch stets verzweifelten Menschseins trägt Kierkegaard nun die für ihn wesentliche Aussage des christlichen Glaubens heran: Gott ist Mensch geworden. Die Ewigkeit ist in der Zeit erschienen. Das verändert für den Menschen alles: Gott kommt in der Zeit auf ihn zu, der nur durch sein Schuldbewusstsein mit dem Ewigen verbunden war. So eröffnet er ihm die Möglichkeit eines neuen Gottesverhältnisses – und erweist zugleich alle anderen Versuche des Menschen, in ein Verhältnis zu ihm zu kommen, als überflüssig und falsch (UN II, 281–285). Der Mensch wird, indem Gott ihm in der Zeit begegnet, mit der Zusage der Vergebung beschenkt und dadurch als Sünder offenbar (PB 12–16). Die Begegnung ist bereits als Wiederherstellung des Verhältnisses Vergebung – und was bisher gegenüber dem Ideal des Guten als Schuld galt, wird nun als Widerspruch zu Gott, also als Sünde erkennbar (KT 79).

Ärgernis

Die Begegnung mit Gott in der Zeit wird nun allerdings, so Kierkegaard, vom Menschen keineswegs als ersehnte Erlösung freudig begrüßt. In der Auslegung eines Verses aus dem Matthäusevangelium („Kommt alle zu mir, die ihr euch plagt und schwere Lasten zu tragen habt. Ich werde euch Ruhe verschaffen." [Mt 11,28]) beschreibt Kierkegaard die Situation des Ärgernisses:

„Mithin [...] die Meinung des Einladenden war recht eigentlich, dass die Sünde des Menschen Verderben ist. Ei sieh, das schafft Platz – und die Einladung hat ja auch Platz geschafft, beinah als hätt' er gesagt ‚bleibt ferne, ferne, ihr Unheiligen', oder als wenn da, obschon er es nicht gesagt, sich doch eine Stimme hätt' hören lassen, wel-

che das ‚kommet her' der Einladung so dolmetschte. Es sind nicht viele Leidende, die der Einladung folgen. Selbst wenn einer gewesen wäre, der trotz klarer Einsicht, daß eigentlich bei diesem Einladenden irdische Hilfe nicht zu finden sei, von seinem Mitleid angerührt, bei ihm seine Zuflucht gesucht hätte: jetzt weicht auch er zurücke. Es scheint ja beinahe hinterlistig, in der Gestalt des Mitleids daherkommen und dann von Sünde reden." (EC 68f.)

Das Ärgernis, dass der in der Zeit offenbar gewordene Gott bei den Menschen weckt, ist doppelter Natur. Während eine Religiosität, die Gott als den Ewigen, als den Guten und Wahren versteht, der Vernunft durchaus zugänglich ist, stellt die Rede vom Ewigen in der Zeit ein absolutes Paradox dar, an dem der Verstand sich ärgern und scheitern muss (PB 34–51). Wichtiger als der Anstoß, den der Intellekt an der Botschaft des Christentums nehmen muss, ist aber dessen existentielle Zumutung: Bedingung der Möglichkeit, die Vergebung anzunehmen, ist die Anerkenntnis, Sünder zu sein. Doch nichts ängstigt den Sünder mehr als das Offenbarwerden seiner Situation (BA 127–134). So stellt die Begegnung mit Christus, dem Gott in der Zeit, den Menschen vor die Entscheidung, ob er an ihm Ärgernis nimmt oder ob er, sich als Sünder bekennend, Gottes Vergebungszusage glaubt (Larsen/408: 10–74).

Vergebung und Sündenbekenntnis

In einer noch weiterreichenden Reflexion auf die Situation des Ärgernisses stößt Kierkegaard auf ein Problem, das bereits in den biblischen Texten anzutreffen war (s. o. S. 44): Im Gegenüber zu Christus ist der Mensch zu einer Entscheidung aufgerufen, für die er der Freiheit bedarf. Als in der Sünde Gefangenem aber ist die Freiheit ihm genommen, ist sie nur mehr eine „Freiheit in der Unfreiheit Dienst" (PB 15). Wie soll dann eine Entscheidung zum Glauben getroffen werden können? Die Bedingung dazu, so Kierkegaard, gibt Gott selbst: Er spricht die Vergebung zu, die dem Menschen die Freiheit wiedergibt, in der er zu glauben fähig ist. Doch um die Vergebung anzunehmen, bedarf es bereits des Glaubens. Hier begegnet eine Dialektik, die der dargestellten Dialektik der Selbstwahl analog ist: Indem der sündige Mensch auf die Freiheit vertraut, die ihm durch die Vergebung geschenkt wird, gewinnt er die Freiheit, an diese Vergebung zu glauben (PB 15f.). Das bedeutet: Die Frage, ob der Glaube Geschenk oder Entscheidung, Gnade oder Freiheitstat ist, geht an der Eigenart des Glaubens vorbei. Denn einander gegenseitig bedingend, befähigen Gnade und Freiheit den Menschen zum Glauben (Slök/414: 135–146; Glöckner/400: 236–262).

Dialektik von Glaube und Freiheit

Der Glaube aber ist für Kierkegaard notwendige Bedingung der Möglichkeit einer menschlichen Existenz jenseits der Verzweiflung (Bongardt/396: 236–286). Als Glaubender, der weiß, dass er seine Existenz und seine neu geschenkte Freiheit Gott verdankt, kann der Mensch darauf verzichten, seine Existenz zu sichern, indem er aus der Polarität seines Menschseins flieht:

„Der Gegensatz aber zu verzweifelt sein ist glauben; […] ebendies ist auch die Formel für den Glauben: indem es sich zu sich selbst verhält und indem es es selbst sein will, gründet sich das Selbst durchsichtig in der Macht, welche es gesetzt hat." (KT 47)

γ) Die Erfüllung endlicher Freiheit: Thomas Pröpper

Dass der Mensch mit Freiheit begabt, dass er gar frei ist, lässt sich nicht beweisen. Die zahlreichen Zwänge, denen Menschen sich ausgesetzt sehen, scheinen dem ebenso zu widersprechen wie die Erkenntnisse der modernen

Hirnforschung. Und doch setzen die Menschen in ihrem Denken und Handeln oft ausdrücklich, immer aber faktisch voraus, dass sie frei sind. Diese Voraussetzung sucht Thomas Pröpper mit Mitteln der Transzendentalphilosophie zu erhellen. Er sucht die Bedingung der Möglichkeit dafür aufzudecken, dass Menschen denken und handeln. Als diese Bedingung ist Freiheit vorauszusetzen: Denn in allem, was ein Mensch tut, verhält er sich zu dem, was ihm begegnet. Er trifft eine Wahl, das ihm Begegnende so und nicht anders zu beurteilen; er trifft eine Entscheidung, dieses und nicht jenes zu tun. Selbst zu äußerlich alternativlosen Gegebenheiten vermag er sich zu verhalten – in Auflehnung oder Zustimmung, in Zorn oder Gelassenheit. Die als Möglichkeitsbedingung allen Verhaltens aufgedeckte Freiheit ist unabhängig von allem, was ihr begegnet, gegeben. Sie ist, zumindest formal, unbedingt.

formal unbedingte Freiheit

Die durch nachdenkende Rückfrage aufgedeckte formale Freiheit wird konkret, gewinnt erst Realität, wenn Menschen im Bewusstsein ihrer Freiheit handeln und urteilen. Erst der Mensch, der sich in der Wahl seiner Freiheit dazu bestimmt hat, von seiner Freiheit Gebrauch zu machen, hat zur Wirklichkeit seiner Freiheit gefunden. Darauf hatte bereits Kierkegaard nachdrücklich verwiesen.

Frei verhalten können sich Menschen zu jedem denkbaren Gegenstand. Jedes Gegenüber – einschließlich ihrer eigenen, konkreten Existenz – kann, indem sich ihre Freiheit darauf richtet, zum Gehalt ihrer Freiheit werden. Doch lässt sich die Frage stellen, ob es einen der Freiheit besonders angemessenen Gehalt gibt. Sie kann nur beantwortet werden, wenn das Maß benannt wird, an dem die Freiheit und ihr Gehalt zu messen sind. Da die Freiheit unbedingt ist, kann nur sie selbst sich Maß sein. Daraus aber folgt: Das oberste Maß der Freiheit ist die Freiheit selbst. Aus dieser nur scheinbar zirkulären Bestimmung leitet sich eine sehr konkrete Norm für das Freiheitshandeln ab: Freiheit soll sein (Pröpper/195: 60). Ihrer obersten Norm entsprechend, ist der angemessenste Gehalt menschlicher Freiheit die Anerkennung von Freiheit – der eigenen wie der Freiheit anderer (Krings/407: 107–125; Pröpper/346: 183–187).

Freiheit soll sein

fremde Freiheit

Auch diese Anerkennung fremder Freiheit bedarf der Verwirklichung. Anerkennung muss vermittelt, mitgeteilt werden. Diese Vermittlung ist nur durch Symbole möglich: Ein Wort, einen Gegenstand oder etwa eine den anderen unterstützende Handlung kann sich ein Mensch wählen, um damit seine Achtung und Anerkennung des Anderen auszudrücken. Welches Zeichen auch immer gewählt wurde: Es bleibt, wie alles Begegnende, für den Anderen vieldeutig. Gerade diese Vieldeutigkeit aber sichert die Freiheit dessen, dem das Zeichen galt. Er oder sie können entscheiden, ob sie es als Ausdruck der Achtung und Anerkennung verstehen oder hinter ihm andere Absichten vermuten wollen. Entsprechend dieser Deutung wird die Antwort ausfallen – ablehnend, misstrauisch oder vertrauend. Und diese Antwort wird für den, dem sie gilt, wiederum vieldeutig sein.

Symbolische Vermittlung

Beim stets riskanten Bemühen, den Intentionen der eigenen Freiheit symbolischen Ausdruck zu verleihen, wird deutlich, unter wie schwierigen und oft engen Bedingungen menschliche Freiheit steht, wenn sie sich konkret zu verwirklichen sucht. So sehr menschliche Freiheit *formal*, als allem Handeln vorauszusetzende Bedingung der Möglichkeit, unbedingt ist – so sehr ist sie *material*, in jedem Akt, in dem sie zu realisieren versucht wird, bedingt. Ihre

material bedingte Freiheit

endgültige Grenze ist der Tod: Niemand kann den Tod eines anderen auf Dauer verhindern, niemand vermag Treue und Anerkennung über den eigenen Tod hinaus zu versprechen. Doch schon viel früher stößt menschliche Freiheit an Grenzen: Die Kräfte eines Menschen sind erschöpft, lange bevor er alles tun konnte, was er tun wollte; Menschen verschließen sich schuldhaft anderen, wo sie von ihnen gefordert sind. Menschen vermögen anderen nicht zu geben, was ihnen gebührt. Denn der unbedingten Freiheit der Menschen wäre einzig eine gleichermaßen unbedingte Anerkennung angemessen. Mit klarem Blick auf diese widersprüchliche Situation menschlicher Freiheit formulierte schon Sartre: „Der Mensch ist eine nutzlose Leidenschaft" (Sartre/394: 770).

vollkommene Freiheit

Doch solche Resignation ist nicht zwingend. Ausgehend von dieser Aporie endlicher Freiheit, lässt sich eine „vollkommene Freiheit" denken: eine Freiheit, der nicht nur formal, sondern auch material Unbedingtheit zukommt; eine Freiheit, der in ihrer Verwirklichung keine Grenzen durch Endlichkeit oder Schuld gesetzt sind. Sie allein wäre zu jener unbedingten Anerkennung fähig, die der Freiheit der Menschen angemessen ist. Sie wäre „das schlechthin Sinnerfüllende für Freiheit" (Krings/407: 177).

Denken und Wirklichkeit

Zu berücksichtigen bleibt bei diesem „Denkprojekt" (Kierkegaard) einer vollkommenen Freiheit erneut, was mit ihm erreicht und nicht erreicht ist. Gewonnen ist der Begriff einer Wirklichkeit, die sinnvoll als „Gott" bezeichnet werden kann. Doch dieser Begriff ist nicht mehr als die gedachte Möglichkeit eines solchen Gottes. Das Denken stößt erneut an die ihm von Kant gewiesene Grenze: Für die Wirklichkeit des Gedachten vermag es nicht einzustehen.

Jesus Christus: Selbstoffenbarung Gottes als Liebe

Die Idee der vollkommenen Freiheit nutzt Pröpper, um den Sinn der von Christen bezeugten Offenbarung zu erschließen. In Jesus Christus erweist sich, so Pröpper, die vollkommene Freiheit Gottes als wirklich. Zwar ist die Gestalt Jesu so vieldeutig wie jeder andere Gegenstand der Wahrnehmung. Wo aber Menschen mit der Bereitschaft zum Glauben auf Jesus von Nazareth blicken, erkennen sie in ihm die Zuwendung Gottes. In der inneren Zusammengehörigkeit von Leben, Tod und Auferweckung Jesu erweist sich ihnen Gott als die vollkommene, menschliche Freiheit erfüllende Freiheit. Der Glaube erkennt in diesem Geschehen die „Selbstoffenbarung Gottes als Liebe" (Pröpper/346: 197). Sie wird durch ihre symbolische Vermittlung in der Gestalt Jesu wirklich.

„Ohne Jesu Verkündigung wäre Gott nicht als schon gegenwärtige und bedingungslos zuvorkommende Liebe, ohne seine erwiesene Bereitschaft zum Tod nicht der Ernst und die unwiderrufliche Entschiedenheit dieser Liebe und ohne seine (offenbare) Auferweckung nicht ihre verläßliche Treue und todüberwindende Macht und somit auch Gott nicht selbst als ihr wahrer Ursprung offenbar geworden." (Pröpper/195: 8)

Für die Menschen hat diese konkret gewordene Zuwendung Gottes weitreichende Bedeutung: Sie überwindet alle menschliche Abwendung von Gott. Und weil sich die Glaubenden von Gott unbedingt anerkannt und geliebt wissen dürfen, können sie auf all ihre ebenso verzweifelten wie vergeblichen Versuche verzichten, sich solche Anerkennung von Menschen oder Göttern zu verdienen (Pröpper/346: 206f.). In dieser Beschreibung einer vom Glauben geprägten Existenz wird nochmals deutlich, wie nah Pröpper in seinem offenbarungstheologischen Denken dem Entwurf Kierkegaards steht. Beide sehen den Glauben an Gott, der sich in Christus als unbedingt für die Menschen entschiedene Liebe gezeigt hat, als Bedingung der Möglichkeit eines Lebens, das Menschen in Freiheit gestalten können. Doch unübersehbar ist auch der wichtigste Unterschied zwischen beiden Ansätzen: Kierkegaard erschließt die Bedeutung der Offenbarung, indem er von der Sünde des Menschen, seiner immer schon verfehlten Freiheit ausgeht, die durch Gottes Vergebung wieder gewonnen wird. Mit dieser engen Bindung der Offenbarungstheologie und Soteriologie an die von der Sünde geprägte Wirklichkeit des Menschen steht Kierkegaard in der Tradition von Augustinus, Luther und nicht zuletzt auch Schleiermacher. Für Pröpper gehört es zwar ebenso zur glaubenden Erkenntnis der Offenbarung, dass sich der Mensch angesichts der ihm geschenkten Vergebung als Sünder bekennt. Doch nicht allein als Sünder sind die Menschen auf Gott verwiesen: Schon die Aporie ihrer endlichen Freiheit stellt sie vor die Frage, ob diese Freiheit einer Erfüllung entgegensehen darf oder ins Leere zielt. erfüllte Freiheit

Anders als Rahner, mit dem er in vielem verbunden ist, sieht Pröpper die Antwort nicht bereits darin gegeben, dass Menschen diese Frage stellen. Die Transzendentalität des Menschen ist nicht bereits als „Selbstmitteilung Gottes“ (Rahner/196: 4.524) zu verstehen, die Gott den Menschen in seiner Gnade als „übernatürliches Existential“ geschenkt hat. Die Christusoffenbarung ist, so Pröpper, deshalb mehr als die geschichtlich unüberbietbare Erscheinung wahren Menschseins. Sie ist jene Anerkennung, die Gott dem Menschen schenkt, indem er sich als dem Menschen unbedingt zugewandte Liebe zeigt. So sehr der Mensch auf diese Antwort hofft; so sehr Gott zu dieser Antwort „verpflichtet“ scheint, wenn und weil er den Menschen als die Frage danach erschaffen hat: Einzig erfüllend ist Gottes Antwort nur, wenn er sie in Freiheit gibt (Pröpper/346: 123–137.277–282). Freiheit Gottes

b) Gott für den Menschen

α) Gott spricht Gott: Karl Barth

Karl Barth wandte sich, wie gezeigt, vehement gegen jeden Versuch, vom Menschen her, von Schöpfung oder Selbstbewusstsein ausgehend, einen Begriff von Gott und seiner möglichen Offenbarung zu entwickeln (s. o. S. 80). Er sah in allen Versuchen dieser Art die Gottheit Gottes gefährdet. Sie sind Ausdruck jenes Verlangens, sich Gott zu erdenken, sich Gott gefügig zu machen, zu Gott zu gelangen, das in der Offenbarung als Sünde entlarvt wird.

Doch ohne einen Blick auf die inhaltliche Entfaltung des christlichen Glaubens wäre Barths Bedeutung für die Offenbarungstheologie bei weitem nicht ausreichend gewürdigt. Als wer offenbart sich Gott? Was sind Grund, Inhalt und Ziel seiner Offenbarung? Auf diese Fragen hat Barth Antworten gegeben, die bis in die Gegenwart hinein christliche Offenbarungstheologie prägen.

„Wir fassen das Alles zusammen in dem Satz: Gott offenbart sich als der Herr. Dieser Satz ist als analytisches Urteil zu verstehen. Die Unterscheidung von Form und Inhalt kann man auf den biblischen Offenbarungsbegriff nicht anwenden.“ (Barth/176: KD I,1 323) „Gott offenbart sich als der Herr“

Als „analytisches Urteil" bezeichnet die Philosophie Sätze, die in ihrem Prädikat nur das zum Ausdruck bringen, was in ihrem Subjekt bereits enthalten ist („Der Schimmel ist weiß"). Kaum ein religiöser, glaubender Mensch würde abstreiten, dass der Satz „Gott *ist* der Herr" ein in diesem Sinne analytischer Satz ist. Denn es gehört zur Überzeugung von der Gottheit (eines) Gottes, dass dieser Bestimmungsmacht über Welt und Menschen hat – wie immer deren Ausübung auch konkret vorgestellt und erfahren werden mag. Doch Barth formuliert den Satz, den er als analytisches Urteil bezeichnet, auffällig anders: „Gott *offenbart* sich als der Herr". Dies kann nur bedeuten: Nicht nur sein Herr-Sein, auch seine Offenbarung gehört untrennbar zu Gott. Die Form der Offenbarung, in der Gott sich zeigt, kann von ihrem Inhalt nicht getrennt werden: denn ihr Inhalt ist das Sich-Offenbaren Gottes.

Erwählungslehre

Den letzten Grund solcher Offenbarung sieht Barth in dem Entschluss Gottes, Gott für Andere sein zu wollen. Das ist das Zentrum von Barths „Erwählungslehre":

„Es wäre die Lehre von Gott nicht vollständig [...] ohne die Einbeziehung der göttlichen Entscheidung, die allem Wirken Gottes nach außen vorangeht, die es charakterisiert und von der es herkommt, in welcher Gott sich selbst einem Anderen, eben dem Menschen, seinem Menschen, dahingegeben hat und auf Grund derer Gott nun eben der ist, der das gewollt und getan, der sich diesem Menschen dahingegeben hat." (KD II,2 55)
„Schon diese Selbstbestimmung als solche, als Bestätigung der freien Liebe, die Gott selber ist, ist Gottes Wahl." (KD II,2 57)

Barth bedenkt dieses Fundament christlichen Glaubens in zwei Richtungen: Zum einen in seiner Bedeutung für die christliche Rede von Gott, zum anderen in seiner Bedeutung für die Menschen.

Selbstoffenbarung

Nur weil Gott sich selbst offenbart hat, kann christliche Theologie über ihn nachdenken und von ihm sprechen. Aus dem gleichen Grund aber muss sie so von ihm denken, dass die Identität von „Gott" und „Selbstoffenbarung" in ihrer Gotteslehre zur Sprache kommt. Dazu reicht es nicht, so Barth, lediglich die Identität des Offenbarers mit dem Inhalt des Geoffenbarten zu postulieren. Wenn Gott selbst als Offenbarung gedacht werden soll, muss vielmehr vorausgesetzt werden, dass in ihm der Offenbarer, die Offenbarung und das Offenbarsein zwar voneinander unterscheidbar, aber gleichwohl eins sind. Barth sieht in dieser Bestimmung Gottes als einer Dreiheit, die als Einheit zu begreifen ist, die christliche Trinitätslehre erreicht: Der Vater (der Offenbarer), der Sohn (die Offenbarung) und der Geist (das Offenbarsein) sind eins (KD I,1 311–320; dazu Menke-Peitzmeyer/326: 403–417).

Wort Gottes

Die Weise, in der Gott sich offenbart, ist für Barth „das Wort" – wobei er, angelehnt an Joh 1,1, das Wort identifiziert mit dem Sohn, mit Christus. Dieses „Wort ist Gott", der sich selbst in diesem Wort den Menschen gibt. Allerdings ist dieses Wort für Barth mit keinem von Menschen gedachten, gesprochenen oder geschriebenen Wort identisch. Die Bibel als von Menschen geschriebenes Buch ist nicht „das Wort", in dem Gott sich offenbart, sondern enthält menschliche Worte, die Gott bezeugen. Selbst der konkrete Mensch Jesus von Nazareth ist nicht „das Wort", ist nicht selbst „Offenbarung", sondern „Gefäß des Offenbarers" (Barth/211: 135). Das Wort Gottes, das so vielfältig bezeugt wird und im Christusgeschehen seine unüberbietbare Gestalt bekommt, spricht nur eines: „Gott".

Geschichte der Offenbarung

Der sich in seinem Wort offenbarende Gott hat eine Geschichte, in der er sich ausspricht und die Menschen anspricht. Und in dieser Geschichte wird seine Bedeutung für die Menschen offenbar:

„Aber ganz charakteristisch wird das Alles doch erst dann, wenn wir nun darauf achten, daß es sich nicht etwa abstrakt um Offenbarung von Herrschaft, sondern konkret um die Offenbarung des Herrn handelt, nicht um Gottheit [...], sondern um Gott selbst, der in dieser Freiheit als Ich redet und mit Du anredet. Daß das geschieht, heißt in der Bibel Offenbarung und also Offenbarung seiner Herrschaft. Damit, daß dieses Ich redet und mit Du anredet, kündigt Gott sein Reich an und unterscheidet er diese Ankündigung von allen Spekulationen über Freiheit, Herrschaft, Gottheit, wie sie der Mensch vielleicht auch ohne Offenbarung anstellen könnte. Indem Freiheit, Herrschaft, Gottheit wirklich und wahr sind in Gott selbst und nur in Gott selbst, unzugänglich und unbekannt also, wenn nicht Gott selbst, wenn nicht dieses Ich redet und mit Du anredet – so, in Gott selbst, sind sie der Sinn des Ereignisses, das die Bibel Offenbarung heißt. ‚Gott offenbart sich als der Herr' heißt: Er offenbart, was nur er selbst offenbaren kann: sich selbst. Und so: eben als er selbst, hat und übt er seine Freiheit und Herrschaft, ist er Gott, ist er der Grund ohne Gründe, mit dessen Wort und Willen der Mensch ohne alles Warum nur anfangen kann, um eben darin und damit Alles zu empfangen, was wahr und gut zu heißen verdient." (KD I,1 324)

Anrede und Antwort

Die Geschichte ist, von der Offenbarung Gottes her gesehen, die Geschichte seiner Anrede an den Menschen und die Geschichte der menschlichen Antwort. Die Geschichte denkt Barth als Freiheitsgeschichte Gottes: In seiner Freiheit richtet er seine Herrschaft auf. Damit aber wird, wie bereits dargestellt, die mögliche Freiheitsgeschichte der Menschen nicht nur, wie im gerade zitierten Text, von der Freiheit Gottes „unterschieden", sondern sie wird durchgestrichen (Menke-Peitzmeyer/326: 413–415). Selbst das Anfangen des Menschen mit Gottes „Wort und Willen" ist nicht freie Entscheidung des Menschen. Es ist der Geist Gottes im Menschen, der den Glauben wirkt. „Gottes Offenbarung in ihrer subjektiven Wirklichkeit ist die Person und das Werk des Heiligen Geistes, das heißt aber die Person und das Werk Gottes selbst" (KD I,2 254). Gott, der sich selbst offenbart, kommt zum Ziel seiner Offenbarung, wo und wenn er offenbar ist – und dieses Offenbarsein ist er selbst als Heiliger Geist.

Wirken des Geistes

Eine Konsequenz dieses Denkens ist die Rückkehr Barths zu einer Prädestinationslehre im gebräuchlichen Sinne des Wortes: Es liegt in der Freiheit Gottes, wie und auch ob er sich den einzelnen Menschen offenbart. Doch, so Barth, selbst die Verwerfung eines Menschen, seine Nicht-Erwählung kann „nur bedingt und nicht unbedingt sein" (KD II,2 385). Die Annahme der Menschen in Christus wird am Ende auch für die Nicht-Erwählten zu erhoffen sein. Gott offenbart sich als der, der für alle Menschen Gott sein will und sich darin als Gott erweist (KD II,2, 563).

Prädestination und Hoffnung

Barths monumentaler theologischer Entwurf hat, wie es bei einem derart auf Polarisierung zielenden Denken nicht anders zu erwarten, nicht nur emphatische Zustimmung, sondern heftigen Widerspruch geerntet. Von den vielen gegen ihn gerichteten Einwänden seien nur zwei referiert, die im Zusammenhang der hier vorgestellten Diskussion über die Offenbarungstheologie von besonderer Bedeutung sind.

Natur und Gnade

Eine Linie der Kritik nimmt ihren Ausgang von der die Theologiegeschichte bewegenden Zuordnung von „Natur" und „Gnade". Aus der Scholastik stammt das theologische Prinzip „gratia supponit naturam" – „die Gnade setzt die Natur voraus" (Thomas, STh I, 2.2 u.ö.). Die Gnade Gottes erlöst, so das scholastische Denken, den faktisch existierenden Menschen, sie vernichtet ihn nicht zugunsten eines völlig neuen Geschöpfs. Das setzt voraus, dass der Mensch auch als Sünder für Gott ansprechbar bleibt. Wenn Barth dagegen betont, dass der Mensch erst dadurch wieder ansprechbar wird, dass Gott ihn anspricht, steht er in der Tradition von Augustinus und Luther.

Brunner: Anknüpfungspunkt

Doch die Kritik an dieser radikalen Position Barths kommt keineswegs ausschließlich von katholischer Seite. Der reformatorische Theologe Emil Brunner sucht im Widerspruch zu Barth die Natur des Menschen als einen „Anknüpfungspunkt" für die Gnade Gottes festzuhalten. Mit Barth betont Brunner, dass die Menschen sich durch die Sünde nicht nur von Gott abgewandt haben, sondern dass ihnen auch die Möglichkeit genommen ist, in der Schöpfung Gottes Offenbarung zu erkennen. Insofern sind sie als Sünder nicht mehr Gottes Ebenbild. Doch dieser „materiale" Verlust der Gottebenbildlichkeit bedeutet nach Brunner gerade nicht den Verlust der „formalen" Gottebenbildlichkeit, die die Menschen auch dann noch vor aller anderen Schöpfung auszeichnet, wenn sie Sünder sind. Allein Menschen sind fähig, Worte zu sprechen und zu hören; allein Menschen kennen, selbst als Sünder, noch Verantwortung und Gewissen. Deshalb und nur deshalb kann die Gnade Gottes, kann die Offenbarung Gottes die Menschen erreichen:

„Das Wort Gottes schafft nicht erst die Wortmächtigkeit des Menschen. Die hat er nie verloren, sie ist die Voraussetzung für das Hörenkönnen des Gotteswortes. Das Wort schafft aber selbst die Fähigkeit des Menschen, es so zu hören, wie man es nur glaubend hören kann. Daß durch eine solche Lehre vom Anknüpfungspunkt die Lehre von der sola gratia nicht im mindesten gefährdet ist, ist evident." (Brunner/218: 19; eine scharfe Gegenposition bei Gestrich/303: 302–309)

Pannenberg: Bibel statt Spekulation

Andersgeartet ist die Kritik Pannenbergs an Barth: Barth verlasse den biblischen Ansatz der Theologie zugunsten einer Trinitäts- und Offenbarungslehre, die ihren Ausgangspunkt in einer idealistischen Begriffsbestimmung habe. Gott werde gedacht als sich offenbarendes Subjekt, die Theologie verstehe die Geschichte der Offenbarung als Entfaltung dieses Begriffs. Damit sei Barth Hegel näher als der Bibel. Weil er es versäume, die Trinitätslehre aus dem biblischen Zeugnis über das Verhältnis Jesu zum Gott Israels, über das Verhältnis des Sohnes zu seinem Vater zu entwickeln, erreiche er nicht mehr ein biblisch begründetes Offenbarungsverständnis, das etwa auch sinnvoll von einer Offenbarung in der Schöpfung sprechen könne (Pannenberg/190: II.329–331). In dieser Kritik erweist sich erneut die Stärke des geschichtstheologischen Entwurfes von Pannenberg. Er folgt nicht einem spekulativen Geschichtsbegriff, sondern sucht glaubend die Geschichte als Offenbarung Gottes zu lesen – so auch die Geschichte Jesu von Nazareth, die er als Geschichte des Mensch gewordenen Sohnes erkennt.

Dass trotz dieser erheblichen Einwände Barths Theologie so breit rezipiert wurde und wird, dürfte vor allem zwei Gründe haben: Zum einen ruft er in einer unhintergehbaren Deutlichkeit wieder in Erinnerung, dass eine Offenbarung nicht erdacht, sondern nur von Gott ausgehen kann. Damit aber schützt Barth die Theologie vor der Gefahr, den Glauben oder gar Gott zu jener Funktion gelingenden, ethisch verantworteten Menschseins zu degradieren, auf den ihn eine bestimmte Richtung der Offenbarungskritik festlegen wollte (Gestrich/303: 320f.).

Zum anderen wählt Barth als erster Theologe die Selbstoffenbarung Gottes konsequent zur Voraussetzung und zum Inhalt seiner Theologie. Dabei verbindet er den Gedanken der Selbstoffenbarung mit dem Gedanken der Selbstbestimmung: Gott bestimmt sich als die für den Menschen entschiedene Liebe.

Selbstbestimmung Gottes

Mag man Barth auch in manchen konkreten Ausformungen seiner Theologie – etwa der an Hegel erinnernden Bestimmung der menschlichen Freiheit oder seiner Entfaltung der Tritinitätslehre – nicht folgen wollen oder können: Die beiden genannten Grundmotive weisen ins Zentrum des biblischen Gotteszeugnisses und damit auch die Theologie wieder auf ihre Mitte hin.

β) Die Überzeugungskraft der Liebe: Hans Urs von Balthasar

Wie Karl Barth kam auch Hans Urs von Balthasar in dieser Einführung schon zu Wort. Seine Rede von der „objektiven Evidenz" gebot einem Verständnis Einhalt, das in der Gefahr stand, die Rede von „Offenbarung" als Konstrukt des menschlichen Geistes aufzufassen, dem ein tragfähiges Fundament in der begegnenden Wirklichkeit fehlt (s. o. S. 111). Balthasars Grundanliegen besteht darin, die Theologie gerade nicht in der Frage des Menschen nach Gott, sondern in Gottes Zuwendung zum Menschen zu gründen. Nur so lassen sich nach seiner Auffassung die Freiheit und Souveränität göttlicher Offenbarung angemessen denken, nur so wird Theologie dem Geschehen der Offenbarung und dessen neutestamentlicher Bezeugung gerecht. So sehr Balthasar und Barth sich in der Entfaltung ihrer Theologie unterscheiden, so einig sind sich in diesem Anliegen. In dieser Einigkeit wurzelte ihre über Jahrzehnte währende enge Zusammenarbeit (Kehl/315: 31–39).

Gottes Zuwendung

Balthasars Rede von der „objektiven Evidenz" bliebe allerdings ein formales Postulat, lenkte man nicht den Blick auf die Offenbarungsgestalt selbst, der diese Evidenz zukommen soll. Diese inhaltliche Bestimmung des christlichen Offenbarungsglaubens gilt es im Folgenden darzustellen, weil auch sie sich in der aktuellen Theologie als einflussreich erwiesen hat.

objektive Evidenz

Der Ausgangspunkt von Balthasars Theologie ist das gläubige Bekenntnis, dass Gott sich als Liebe geoffenbart hat. Allein mit dieser Aussage ist über die mögliche Form und die mögliche Erkenntnis von Offenbarung schon fast alles entschieden.

Liebe

Dass Liebe begegnet, ist immer ein Wunder. Sie entspringt nicht dem Wunsch nach ihr. In ihr begegnet dem je einzelnen Menschen ein Anderer – sei es ein Mensch, sei es Gott. Dieser Andere ist unverfügbar und muss unverfügbar bleiben. Denn Liebe hat solche Unverfügbarkeit als notwendige Bedingung ihrer Möglichkeit.

Aus dieser Eigenart der Liebe leitet Balthasar die ebenso eigentümliche Weise ab, in der allein Liebe erkennbar ist. Sie kann nicht in einem üblich rationalen Sinne „gewusst" werden, weil sie als nicht zu erdenkende auch nicht denkend zu verstehen ist. Sie kann auch nicht aus dem Willen dessen, dem sie begegnet, begründet oder von ihm bestimmt werden. Erfassen lässt sie sich nur in der „Schau" (Balthasar/208: 33f.). Deshalb haben sich Glaube

Schau

und Theologie nicht in Logik oder Ethik, sondern in der Sphäre der Ästhetik, der Lehre von der schauenden Wahrnehmung, zu bewegen. In seinem vielbändigen Hauptwerk „Herrlichkeit" entfaltet Balthasar die Doppelbewegung, in der sich die Schau vollzieht: Als Erblicken der Gestalt und als Entrückung des Schauenden durch die Gestalt, die es erst ermöglicht, dass der Schauende der Gestalt ansichtig wird (Balthasar/207: I 118; Eicher/179: 325–328).

Was aber schaut der Glaube, der ohne die Schau nicht wäre?

„Aus alledem ergibt sich, dass, wie wir den lebendigen Gott nie anders als durch seinen menschgewordenen Sohn, aber durch ihn wirklich in sich erreichen können, so von der Schönheit Gottes auch nie in Abstraktion von seiner heilsgeschichtlichen Gestalt und Erscheinung geredet werden darf." (207: I 117)

absolute Liebe

Es ist die Gestalt Christi, um deren Schau die Theologie Balthasars kreist. Sie ist die Gestalt der „absoluten Liebe". Als solche erweist sie sich, weil sie, wenn sie nicht als Gestalt der Liebe angesehen wird, unverständlich bleibt. Wenn sie aber in dieser Perspektive geschaut wird, wird selbst das Unverständlichste an ihr noch als Gestalt der Liebe verständlich – der Kreuzestod Jesu. Balthasar sieht im Tod Jesu zunächst die Gehorsamstat des Sohnes, der dem Willen des Vaters, seinen Sohn hinzugeben, entspricht. Das Kreuz ist der Ort, an dem „Gott sich in seiner Liebesfreiheit entschließt, in alle Verlorenheiten der Welt kenotisch abzusteigen" (208: 60). Gott erweist sich als Liebe, indem er selbst die „widergöttliche Freiheit" noch anerkennt. Balthasar malt diese Glaubensüberzeugung in einem Bild aus, das in der westlichen Theologie weitgehend fremd, in der ostkirchlichen Tradition aber fester Bestandteil des Osterglaubens ist: im Bild des Abstiegs Jesu in das „Reich des Todes", der „Höllenfahrt Christi". Der am Kreuz ermordete Gottessohn teilt das Schicksal der durch den Tod von Gott Getrennten. Diesem Geschehen am Tag zwischen Kreuz und Auferweckung ist die „Karsamstags-Christologie" Balthasars gewidmet:

„Karsamstags-Christologie"

„Er ist (aus einer letzten Liebe aber), tot mit ihnen zusammen. Und eben damit stört er die vom Sünder angestrebte absolute Einsamkeit: der Sünder, der von Gott weg ‚verdammt' sein will, findet in seiner Einsamkeit Gott wieder, aber Gott in der absoluten Ohnmacht der Liebe, der sich unabsehbar in der Nicht-Zeit mit dem sich Verdammenden solidarisiert. […] Nur in absoluter Schwäche will Gott der von ihm geschaffenen Freiheit das Geschenk der jeden Kerker aufbrechenden und jede Verkrampfung lösenden Liebe vermitteln: in der Solidarisierung von innen mit denen, die alle Solidarität verweigern." (Balthasar, zit. nach Kehl/315: 158f.; dazu Schönborn/355: 282–289)

Zuwendung zum Sünder

In dieser Weise, als erlösende Zuwendung der Liebe Gottes zu den Menschen, die genau diese Liebe zurückweisen, lässt sich der Tod Jesu nach Balthasar nur und erst im Licht der Auferweckung des Gekreuzigten erkennen. Ohne diese wäre das Kreuz nicht anders denn als Scheitern zu verstehen. Indem er diese Voraussetzung betont, wird nun aber auch deutlich, welche Gestalt Balthasar vor Augen hat, wenn er von der Offenbarungsgestalt des Sohnes Gottes spricht. Es ist die Gestalt, die von den an ihn Glaubenden geschaut und anderen vor Augen gestellt wird: allen voran von den Autoren des Neuen Testaments, die Christus als den Offenbarer Gottes vorstellen; dann, ihnen zugeordnet, von all den Zeugen der Kirchengeschichte, die in Christus die Gestalt der Liebe Gottes erkannt und ihn als diese Gestalt bekundet haben (207: II). Eine Theologie dagegen, die sich mittels der historisch-kritischen Methode auf Jesus von Nazareth zu beziehen versucht, geht an der Gestalt, die es zu schauen gilt, vorbei (207: I 512–515); ebenso jedes Bemühen, Jesus Christus auf dem Weg kosmologischer, logischer oder anthropologischer Reflexion zu Gesicht zu bekommen. All diese Wege können ihr Ziel nicht erreichen, weil sie dem Erfassen begegnender Liebe unangemessen sind.

„Nur Liebe erkennt Liebe"

„Liebe wird in ihrer inneren Wirklichkeit nur von Liebe erkannt" (208: 49). Wären die Menschen zur Liebe prinzipiell unfähig, sie könnten die Gestalt der göttlichen Liebe in Christus nicht erkennen. Doch diese Fähigkeit muss die ihnen begegnende Liebe Gottes erst wieder aufdecken. Denn faktisch haben die Menschen versagt in dem Mühen, als Liebende zu leben.

„So legt sich Gott als Liebe vor dem Menschen aus: von Gott her leuchtet die Liebe auf und stiftet dem Menschenherzen das Liebeslicht ein, das gerade diese – die absolute – Liebe zu sehen vermag." (ebd.; vgl. auch 207: I 123f)

Es ist die dem Menschen begegnende Liebe Gottes, die ihn allererst fähig macht, liebend diese Liebe zu erkennen und von ihr die Freiheit geschenkt zu bekommen, in der er auf diese Liebe antworten, selbst zum Liebenden werden kann. Sie „entrückt" den Menschen aus den Bedingungen, in denen er, zu Schau und Liebe unfähig, lebt.

Vor dem Hintergrund dieser inhaltlichen Bestimmung wird deutlicher, in welcher Hinsicht Balthasar von der „objektiven Evidenz" der Offenbarungsgestalt sprechen kann. Gerade weil die Menschen erst von ihr die Bedingung der Möglichkeit geschenkt bekommen, sie als diese Gestalt zu erkennen, muss die Erscheinung dieser Gestalt jeder menschlichen Aktivität, selbst der Fähigkeit zur Schau vorausgehen. Doch in der Erscheinung dieser Gestalt wird für Balthasar die Freiheit des Menschen in nicht zu überbietender Weite geöffnet:

„Gottes Selbstexposition in ungeschützter Freiheit hat den Menschen aus den Schalen eines göttlich-kosmischen umgreifenden Logos hervorgezogen und in die Ungeschütztheit seiner – angesichts Gottes – ins Absolute zielenden Freiheit gestellt." (208: 61)

menschliche Freiheit

In seiner Zuwendung schenkt Gott dem Menschen Freiheit, die sogar und immer noch eine Freiheit gegenüber Gott ist: Der Mensch könnte sich in dieser Freiheit der Zuwendung Gottes erneut verschließen. Doch Balthasars Theologie gipfelt in der Hoffnung, dass spätestens in der eschatologischen Begegnung mit Gott kein Mensch mehr seine Freiheit dazu gebrauchen wird, sich von der Liebe Gottes abzuwenden (292: 47–50).

Barth und Balthasar

Am Zielpunkt seiner Theologie spricht Balthasar also der Freiheit des Menschen eine denkbar große Reichweite zu. Darin unterscheidet er sich radikal von der Prädestinationslehre, die, wie erwähnt, im Fluchtpunkt von Barths Denken steht. Begründet liegt diese Gegensätzlichkeit in dem zunächst kaum merklich unterschiedenen Ausgangspunkt der beiden offenbarungstheologischen Entwürfe: Barth entwickelt seine Theologie ausgehend von der Selbstbestimmung Gottes zur Liebe. Die Geschichte ist ihm die Ausfaltung dieser Bewegung Gottes, die letztlich eine Bewegung in Gott bleibt.

Auch das „Offenbarsein“ Gottes ist Gott selbst. Balthasar dagegen versteht Gott als absolute Liebe, die sich endlichen Menschen offenbart. Liebe aber zielt immer auf Liebe – und muss deshalb die Freiheit derer wollen, die zur Liebe fähig werden sollen (208: 49–51).

Obwohl sie die Wirkung der Selbstoffenbarung Gottes im und für den Menschen so unterschiedlich darstellen: In einer Hinsicht bleiben sich die theologischen Entwürfe Barths und Balthasars bezeichnend einig. Sie verstehen sich beide in gleicher Strenge als Entfaltung der im Glauben erkannten Selbstoffenbarung Gottes – sei dem Glauben diese Erkenntnis nun durch das „Wort“ oder die „Schau“ vermittelt. Voraussetzung und Inhalt des Glaubens fallen für beide so ineins, dass sie eine Vermittlung des Glaubens und seiner Inhalte nach außen für unmöglich halten und deshalb gar nicht erst suchen. Es gibt für sie keine „Glaubwürdigkeitsgründe“ für den christlichen Glauben außer der Offenbarung selbst. Für die Autorität Gottes gibt es kein anderes Argument als die Autorität Gottes. Das Verhältnis einer nicht vom Glauben geleiteten Vernunft zum Glauben können sie nur negativ bestimmen, weil die nicht vom Glauben geleitete Vernunft sich verfehlende Vernunft ist.

Hermetik?

Gerade aufgrund dieses Verzichts auf jegliche Vermittlung gelingt es ihnen, die innere Logik und Schönheit des Glaubens an die Selbstoffenbarung Gottes eindrucksvoll zu entfalten. Doch erkauft wird die Kraft ihres theologischen Denkens durch dessen unübersehbare Verschlossenheit gegenüber allem, was außerhalb des Glaubens liegt: Die Apostel „wissen, was sie geschaut, und kümmern sich keinen Deut um das, was Menschen sagen“ (207: I.31; s. o. S. 111 und Eicher/179: 339–343).

3. *Akzente*

Die vorangegangene, exemplarische Vorstellung einzelner offenbarungstheologischer Entwürfe stößt zwangsläufig an recht enge Grenzen. Andere Ansätze blieben unberücksichtigt, indem einzelnen ausreichender Raum gewährt wurde. Dieser Verengung des Blicks wollen die folgenden Ausführungen weitestmöglich entgegenwirken. Zu diesem Zweck werden die wesentlichen inhaltlichen Akzente einer Theologie benannt, die unter den Voraussetzungen der europäischen Neuzeit die Selbstoffenbarung Gottes und damit den zentralen Gehalt christlichen Glaubens zu bedenken sucht. Diese Akzente greifen zurück auf die vorangegangenen Einzeldarstellungen; sie geben aber auch Gelegenheit, auf weitere offenbarungstheologische Entwürfe zu verweisen; und schließlich können sie der Prüfung dienen, ob und inwieweit aktuelle Theologie den biblischen Vorgaben einer Offenbarungstheologie, die im ersten Teil dieses Buches erarbeitet wurden, zu entsprechen vermag.

a) Jesus Christus

Jesus Christus ist der Grund und Inhalt christlicher Offenbarungstheologie. Sie kann deshalb nicht umhin, Leben, Tod und Auferweckung Jesu von Nazareth in den Blick zu nehmen, ja als ihr Maß anzuerkennen. Leiten lässt sie sich dabei vom Zeugnis des Neuen Testaments, das Jesus als den Christus bekennt. So sehr dieses Zeugnis mit dem Anspruch auftritt, eine, wenn nicht gar die einzig angemessene Deutung der historischen Ereignisse um Jesus von Nazareth zu sein, so eindeutig ist, dass nicht die Geschichtswissenschaft diesen Menschen als die Selbstoffenbarung Gottes erweisen kann. Zu einer solchen Sicht ist allein der Glaube fähig, in dem bereits das Neue Testament geschrieben wurde. Ihn hat die Offenbarungstheologie zu bedenken.

geglaubte Offenbarung

Es zeichnet die Offenbarungstheologie der Gegenwart aus, dass sie bemüht ist, Leben und Geschick Jesu als einen Ereigniszusammenhang zu erfassen, der nur als ganzer die Gestalt Jesu Christi erkennen lässt.

Willenseinheit

In Jesus von Nazareth sieht sie zunächst einen Menschen, dessen Reden und Handeln ganz auf Gott ausgerichtet war. Sein liebender Gehorsam gegenüber dem Vater zeichnet ihn aus. Als freie Zustimmung des Sohnes zum Willen des Vaters verstand bereits das Johannesevangelium die Einheit von Vater und Sohn (s. o. S. 38). Christologische Ansätze der Gegenwart sehen in diesem Verständnis der Einheit eine Möglichkeit, die von den frühen Konzilien erarbeitete Christologie neu zur Sprache zu bringen. Die nicht in ihrer Intention, aber in ihrer Form immer wieder umstrittene Rede von den „zwei Naturen" in Christus wird übersetzt in die Vorstellung von der Willenseinheit beider, die in der Freiheit Jesu wie in der Freiheit des Vaters gründet (Pannenberg/190: II.365–433; Hünermann/312: 179–192.382–400; Essen/300: 270–316). Eine solche Deutung Jesu greift zurück auf jene Bilder, die ihn in seiner Ausrichtung auf Gott als den vollkommenen Menschen zeichneten (Toland, Reimarus). Doch sie überwindet deren Engführung auf die menschliche Existenz Jesu, indem sie diese als einzigartige Offenbarung zu verstehen sucht und den Menschen Jesus als den ewigen Sohn Gottes deutet, der Mensch wurde.

Offenbarung des Vaters

Jesu Gottesliebe wird konkret in seiner liebenden Zuwendung zu den Menschen. In ihr wird zugleich die Liebe Gottes zu den Menschen sichtbar als unbedingte Vergebungsbereitschaft, als vollmächtige Kraft, alles zu überwinden, was das Leben von Menschen hindert oder gar zerstört. Sie findet ihre Gestalt in Jesu Verkündigung des Reiches Gottes, seinen Heilungen und Zeichenhandlungen (Kasper/314: 83–103; Werbick/368: 68–104; Kessler/319: 267–279).

Gehorsam und Hingabe

Als Gehorsam gegenüber dem Willen des Vaters lässt sich, in Anlehnung an die Erzählung der Evangelien von Jesu Ringen im Garten Gethsemani (Mk 14,32–42), auch der Tod Jesu verstehen. Das Neue Testament sieht darüber hinaus im Tod Jesu nicht nur die Hingabe des Sohnes an den Vater, sondern auch die Hingabe des Sohnes durch den Vater (Röm 8,32 / Gal 2,20; dazu Moltmann, 1989, 194–199). Doch das „Warum" dieses Todes ist damit noch keineswegs erhellt. Inwiefern kann dieses grausam tödliche Geschehen mit dem Neuen Testament als heilbringend verstanden werden? Es ist, in offenbarungstheologischer Sprache formuliert, das Ereignis, in dem die Unbedingtheit der Liebe Gottes zum Ausdruck kommt: In Christus wendet sich Gott nicht einmal dort von den Menschen ab, achtet er selbst dort noch ihre Freiheit, wo sie sich ihm widersetzen, wo sie ihn zu vernichten suchen. Im Versuch, die Bedeutung des Todes Jesu noch genauer in Worte zu fassen, trennen sich die Wege der verschiedenen Offenbarungstheologien (Schwager/358). Der schon bei Balthasar begegnende Gedanke der Solidarität Gottes mit den Sündern im Reich des Todes findet sich wieder bei Jürgen Moltmann (Moltmann/331: 222–239); im Anschluss an René Girards kulturanthropologische

Kreuz und Heil

Forschungen sucht Raymund Schwager den Tod Jesu zu deuten als Durchbrechung der Spirale menschlicher Gewalt durch den, der die Folgen der sündigen Gewalt wie ein „Sündenbock" auf sich nimmt und damit den Weg öffnet zu einem Leben jenseits der Gewalt (Girard/305; Schwager/357: 143–232); vor allem fehlt es nicht an Versuchen, welche die Deutungen des Neuen Testaments und der kirchlich-theologischen Tradition direkt aufzunehmen versuchen. Unter ihnen sind vor allem jene hervorzuheben, die die biblischen Begriffe der Sühne, des Opfers und der Stellvertretung übernehmen, ohne damit die Vorstellung eines rachsüchtigen, gar blutrünstigen Gottes zu verbinden (Lauter/322: 57–86; Wohlmuth/371: 135–153; Werbick/204: 472–548; Schönborn/355: 238–281, s. o. S. 117).

Osterglaube

All diese Deutungen des Todes Jesu bekennen sich dazu, erst im Licht des Osterglaubens möglich zu sein. Das Kreuz als Ort heilvoller Hingabe zu sehen, scheint kaum möglich ohne die Erfahrung, dass Gott seinen Sohn aus dem Tod rettete. Denn nicht nur Jesu Anspruch, im Namen Gottes dessen Reich anzukündigen, müsste, wenn sein Tod das letzte Wort hätte, als widerlegt scheinen. Auch Gott selbst, der sich nach biblischem Zeugnis doch als Gott erweist, indem er rettet, stünde radikal in Frage, wenn dieses Ende seines Propheten endgültig wäre. Wie immer man das Ereignis der Auferweckung Jesu zu verstehen sucht: Offenbarungstheologie erkennt in ihm den erneuten und endgültigen Erweis, dass in Jesus von Nazareth Gott selbst sich den Menschen zugewandt hat und dass dieser Zuwendung selbst Sünde und Tod keine Grenze setzen (neben allen schon zitierten Autoren vgl. Kessler/228: bes. 208–219).

Verweyen

Eine bemerkenswerte Ausnahme von diesem breiten Konsens bildet der fundamentaltheologische Entwurf Hansjürgen Verweyens. Auch Verweyens Offenbarungstheologie folgt dem Schema, die Existenz des Menschen so zu deuten, dass von dort her eine mögliche Offenbarung verstanden und als für die Menschen bedeutsam anerkannt werden kann. Mit diesem Ziel erhebt Verweyen, ausgehend von Situation und Selbstbewusstsein des Menschen, einen „Begriff letztgültigen Sinns". Dieser Sinn kann gedacht werden als Erscheinung des „Absoluten", des „Unbedingten". Eine solche Erscheinung ist aber nur durch eine endliche Existenz möglich, die sich ganz als „Bild des Absoluten" versteht. Sie muss vollständig darauf verzichten, ihren Eigenstand gegenüber dem Absoluten sichern zu wollen. Unbedingte Hingabe ist die Bewegung, in der endliche Freiheit zur Anerkennung der Unbedingtheit fähig ist. In solcher Hingabe wird das Absolute selbst offenbar (Verweyen/202: 240–255). Sie begegnet dem Glaubenden im Kreuzestod Jesu. Wenn und weil aber die absolute Hingabe des Einzelnen selbst Erscheinung des Absoluten ist, widerspräche es ihr, würde sie noch einmal zurückgenommen. Nicht weil Jesu Hingabe an Gott im Tod durch die Auferweckung noch einmal überwunden würde, sondern gerade weil sie total und darin Bild des Absoluten ist, offenbart sie Gott als absolute Liebe. Auch Gott sucht sich nicht zu sichern, sondern ist reine Hingabe. „Gottes letztes Wort" ist für Verweyen nicht das Wort, mit dem Gott die Toten ins Leben ruft, sondern der Todesschrei Jesu am Kreuz (ebd. 466–480; Verweyen/366: 1997, 52–95).

letztgültiger Sinn

unbedingte Hingabe

Verweyens ungewöhnlicher offenbarungstheologischer Entwurf beeindruckt vor allem darin, dass er jede Funktionalisierung der Offenbarung zu Zwecken der egoistischen Selbsterhaltung der Glaubenden zurückweist –

und gerade so aufdeckt, wie weit solche Funktionalisierung selbst in Reflexionen über die unbedingte Liebe Gottes noch hineinreichen kann. Verweyen versteht Liebe radikal als Hingabe für die anderen bis zur Selbstaufgabe – und gewinnt von diesem Verständnis von Liebe auch sein Verständnis des sich in Jesus offenbarenden Gottes. Doch bleibt der Einwand, ob nach biblischem Zeugnis die Liebe Gottes nicht gerade darauf zielt, dass Menschen als Menschen sein dürfen; dass sie im Gegenüber Gottes auch über den Tod hinaus sein dürfen (Pröpper/195: 195 f.).

Als Liebe, die nicht will, dass der Geliebte stirbt, und die ihm Leben zu geben vermag, offenbart sich Gott in Leben und Geschick Jesu. Und deshalb muss Offenbarungstheologie in ihrem Zentrum Christologie sein und bleiben.

So verständlich und in ihren Intentionen überzeugend eine derart christologisch konzentrierte Offenbarungstheologie auch ist: Ihr haftet ein schwerwiegendes Problem an. Soweit sie das alttestamentliche Offenbarungszeugnis überhaupt bedenkt, liest sie es als notwendigen Verstehenshorizont oder gar nur als dunkle Folie, die die Christuserkenntnis ermöglichen. Soll damit nicht einer Erfüllungs- oder gar Enterbungstheologie das Wort geredet werden, sind weitere Reflexionen auf die Bedeutung der Christusoffenbarung vonnöten (s. u. S. 187)

b) Welt

Im Licht des Christusglaubens haben bereits die jüngeren Schriften des Neuen Testaments auch auf die Welt als Schöpfung geschaut (Joh 1; Eph 1,3–14; Kol 1, 12–20). Die Gottes Zuwendung zum Menschen in Christus erkannt haben, erkennen diese Zuwendung wieder, wenn sie auf die Welt schauen, in der sie leben.

Welt als Schöpfung

Ähnlich wie diese Texte kann auch christliche Offenbarungstheologie die begegnende Wirklichkeit als Schöpfung auslegen. Sei es, dass sie den Anfang der Welt gesetzt sieht von dem Gott, der sich in Christus offenbarte (creatio ex nihilo); sei es, dass sie ihn in der Erhaltung der Welt tätig sieht, die ohne seinen Willen, dass sie weiterhin sei, unmittelbar ins Nichts fallen würde (creatio continua); sei es, dass sie in Erschaffung und Erhaltung der Welt bereits Zeichen für den Willen Gottes erblickt, sich der Welt in Christus zu offenbaren (Sattler/352: 172–179.210–213).

Hinweis auf Christus

Zu berücksichtigen bleiben aber stets die Möglichkeitsbedingungen und die Reichweite solcher Erkenntnis. Die Deutung der Welt als Hinweis auf Christus und die in ihm offenbare Wirklichkeit Gottes hat den Glauben an diese Offenbarung bereits zur Voraussetzung. Im Horizont dieses Glaubens aber ist es möglich, ja nahe liegend, die vieldeutig begegnende Wirklichkeit als solchen Hinweis zu deuten. Und umgekehrt gewinnt der Glaube an die Christusoffenbarung Prägnanz und Weite, wenn es mit seiner Hilfe gelingt, die Welt als ganze zu verstehen und sich in ihr zu orientieren.

Welt als Frage

Jedoch wird die prinzipielle Vieldeutigkeit der Wirklichkeit damit nicht überwunden (s. o. S. 106). Sie bleibt außerhalb des Glaubenshorizontes bestehen. Dass etwas ist und nicht vielmehr nichts – das Staunen darüber mag nach dem Grund und dem Ziel der Wirklichkeit fragen lassen. Eine Antwort auf diese Frage, gar den zwingenden Verweis auf die Christusoffenbarung gibt der Blick auf die Welt nicht, solange er nicht vom Glauben geleitet ist.

Doch dass die Welt Anlass zum Fragen gibt, kann der Offenbarungstheologie zum Anknüpfungspunkt werden. Sie kann entfalten, dass und warum sie den Erweis der Wirklichkeit Gottes in Christus als Antwort auf die Fragen versteht, die angesichts der Welt aufbrechen. Sie kann, wo er begegnet, an den Glauben von Menschen anknüpfen, dass die Welt sich einem Gott verdankt. In all diesen Formen hat die Rede von der „Schöpfungsoffenbarung" ihren bleibenden Sinn. Zu rechnen ist aber auch stets damit, dass Menschen die Fragen nach Grund und Ziel der Wirklichkeit nicht beantworten wollen, ja nicht einmal mehr stellen. Wer allein sich selbst als Grund und Ziel der Welt oder zumindest seines eigenen Lebens behaupten will, hat allen Anlass zu solcher Abwehr. Gegenüber solchem Weltverstehen hat die reformatorische These ihr Recht, dass dem sündigen Menschen die Erkenntnis Gottes aus der Schöpfung versperrt ist.

c) Menschen

verändernde Begegnung

Weit mehr als die Gegebenheit der Welt ziehen die Menschen das Interesse der Offenbarungstheologie auf sich. Was die Selbstoffenbarung Gottes für die Menschen bedeutet, was sie über sie aussagt, ob und wie sie sie verändert: Diese Fragen stehen im Zentrum nicht nur der oben ausführlicher dargestellten Entwürfe, sondern auch schon der biblischen Schriften. Von letzteren geht deshalb der folgende Versuch aus, die auf die Menschen bezogenen Akzente der Offenbarungstheologie noch einmal kritisch zu bündeln. Der Breite des alttestamentlichen Offenbarungszeugnisses entspricht das ebenfalls vielfältige Spektrum der menschlichen Reaktionen: Menschen sollen die Offenbarung in der Geschichte erkennen, dem Wort der Weisung gehorchen, der Verheißung trauen und sich von ihr zur Umkehr bewegen lassen. All diese Reaktionen, ohne die es nicht zur Offenbarung kommt, werden auch vom Neuen Testament gefordert, wenn es nur noch von der Offenbarung in Christus spricht.

Umkehr

Nach neutestamentlichem Zeugnis bewirkt die Begegnung mit Jesus Christus die Umkehr der Menschen, die zum Glauben an ihn finden. Dies gilt nicht nur für die Berufungs- und Heilungserzählungen der Evangelien. Nach Tod und Auferweckung Jesu führen die Begegnung mit den Zeugen, die Verkündigung der frohen Botschaft und, dies betont vor allem Paulus, die Taufe zu solcher Wandlung. So unterschiedlich Anlass und Gestalt solcher Veränderungen auch sind: Stets beginnen sie mit der Erfahrung, dass Gott in Jesus von Nazareth oder dem verkündigten Christus auf die Menschen zukommt. Er macht sich ihnen erfahrbar in seiner liebenden und unbedingten Zuwendung. Er überwindet alles, was von Seiten der Menschen einer Begegnung mit ihm – bewusst oder unbewusst – in den Weg gestellt wird. Bei den Menschen führt diese Begegnung zur Erkenntnis, wie es um sie steht, nicht selten zum Bekenntnis ihrer Sünde. Die Chance zum Neuanfang zu ergreifen und zu nutzen ist gleichbedeutend mit einer radikalen Veränderung des bisherigen Lebens, die als Nachfolge Jesu bzw. ein Leben mit und in Christus beschrieben wird. Verwiesen sei hier nur auf die Berufung des Petrus (Lk 5,1–11), die Heilung des Besessenen von Gerasa (Mk 5,1–20), die Heilung des Blinden (Joh 9), die Pfingstpredigt und ihre Wirkung (Apg 2,14–42) sowie die Tauftheologie des Paulus (Röm 6,1–12). Dieser in vielen Erzählungen ausgemalte Wandlungsprozess entspricht der Zusammenfassung der Botschaft Jesu, die das Markusevangelium überliefert: „Die Zeit ist erfüllt, das Reich Gottes ist nahe. Kehrt um und glaubt an das Evangelium" (Mk 1,14; Merklein/76; Moltmann/333: 122–124).

Die Schlussfolgerung aus diesen Erfahrungen ist eindeutig: Die Menschen bedürfen der Zuwendung Gottes, um leben zu können – um dem von der Bibel bestimmten Ziel des Menschen entsprechen zu können, mit und vor Gott zu leben.

der Offenbarung bedürftig

Dass die Menschen der Offenbarung Gottes bedürfen, ist eine Aussage, die sich in allen offenbarungstheologischen Entwürfen findet. Dieser Einigkeit aber steht der Streit entgegen, ob Menschen außerhalb der Begegnung mit der Offenbarungsgestalt von ihrer Bedürftigkeit wissen können und ob ein solches mögliches Wissen für den Glauben von Belang ist.

Dass auch Menschen, die das christliche Offenbarungszeugnis nie hörten oder zumindest nicht glaubend annahmen, um ihre Begrenztheiten wissen, steht nicht in Frage. Außerdem kann nicht ernsthaft bestritten werden, dass sie über diese Grenzen hinausgreifen, dass sie Antworten auf ihre Fragen nach Grund und Ziel ihrer Existenz und der Welt formulieren – seien diese nun explizit religiöser Natur oder nicht. Aber muss, so die Frage des Augustinus, Luthers und Barths, nicht all diese Suche in die Irre führen, weil die Menschen Sünder sind? Kann diese Suche anderes sein als eine Götzenschmiede, deren Produkte mit dem wahren Gott nichts zu tun haben? Die Konsequenz, die von den Genannten oder in Anlehnung an sie gezogen wird, ist entsprechend eindeutig: Es gibt keinen „Anknüpfungspunkt" für die Offenbarung im sündigen Menschen. Als Sünder ist der Mensch nicht fähig, sich auf Gott auszurichten. Der Mensch einschließlich seiner Fragen und der von ihm darauf gegebenen Antworten muss durch die Offenbarung vernichtet und neu geschaffen werden, um ein Gott entsprechender Mensch sein zu können.

vergebliche Antworten

„Hörer des Wortes"

Die Gegenposition kam ebenfalls schon so ausführlich zu Wort, dass sie nur noch kurz erinnert werden muss: Wenn sich nicht Fragen des Menschen aufweisen ließen, auf die die Offenbarung als Antwort gehört werden kann, wie sollen dann die Bedeutsamkeit und die Verantwortbarkeit des christlichen Glaubens erwiesen werden können? Wie kann dann die von der Bibel stets betonte Güte der Schöpfung, nicht zuletzt der Erschaffung des Menschen noch geglaubt werden? So werden im Interesse des Offenbarungsglaubens „Anknüpfungspunkte" gesucht und gefunden. Als solche benannt werden etwa das Wissen um die Kontingenz der menschlichen Existenz, die sich nicht sich selbst verdankt (Schleiermacher), die Transzendentalität des Menschen (Rahner), das Leiden an der eingesehenen Schuld (Kierkegaard), die in jeder Kulturleistung der Menschen vorausgesetzte Gegebenheit eines unbedingten Sinns (Tillich/250: 275–281.297), die innere Widersprüchlichkeit der endlichen Freiheit (Pröpper). All diese Fragen erweisen den Menschen als möglichen „Hörer des Wortes" (Rahner/239), der die Wirklichkeit Gottes, wenn sie sich zeigt, zu vernehmen und in ihrer Bedeutung für sich zu erkennen vermag.

Die Gegensätzlichkeit dieser beiden Positionen lässt sich nicht auflösen oder harmonisieren. Doch es ist möglich, zwei Grundeinsichten zu benennen, die aus der Auseinandersetzung um den Menschen im Angesicht der Offenbarung entstanden und seither von Vertretern beider Positionen für unverzichtbar gehalten werden.

berechtigte Fragen

Erstens darf als beiderseits anerkannt gelten, dass die Fragen nach dem Grund und Ziel ihres Lebens, die Menschen stellen, ihre Antwort nicht bereits in sich tragen. Die Fragen können nicht einmal als Beweis dafür genommen werden, dass es eine Antwort auf sie geben muss. Sie sind vielmehr radikal offene Fragen. Soll es eine Antwort geben, kann sie nicht *von* Menschen, sondern muss sie *den* Menschen gegeben werden. Christlicher Offenbarungsglaube steht für das Ergangensein dieser Antwort ein. Aus der Perspektive dieses Glaubens – und nur aus ihr – lässt sich die Suche von Menschen nachträglich als Bewegung verstehen, die nach Gott sucht; als Bewegung, die sogar von Gott in den Menschen angestoßen wurde. Doch solche Aussagen sind nur rückblickend möglich – wie jede Entdeckung von Gottes Handeln in der Weltgeschichte sowie in der Biografie Einzelner. Bezeichnenderweise findet sich selbst bei Augustinus und Barth eine solche Deutung menschlichen Fragens: Augustinus führt am Anfang seiner „Bekenntnisse" die Sehnsucht nach Gott, die ihn auf die Ab- und Umwege seines Lebens trieb, auf Gott selbst zurück (Augustinus/100: Conf. I, 1–8). Karl Barth benennt in einem berühmt gewordenen Vortrag die Sinnfragen, die andere Wissenschaften nicht beantworten können. Sie begründen für ihn das Heimatrecht der Theologie an der Universität (Barth/210: 199–206). Besonders ausführlich widmet sich Pannenberg dem Nachweis, dass die Humanwissenschaften in der Lage sind, ihrerseits die theologische Rede von der sündigen Blindheit der Menschen zu bestätigen (Pannenberg/339: 77–150). So verbindet er seine mit der reformatorischen Tradition geteilte Überzeugung, dass erst die Offenbarung den Menschen über sich aufklären und ihm Freiheit eröffnen kann, mit dem Versuch, diese Wahrheit auch von einer Sicht auf den Menschen erweisen zu lassen, die den Glauben nicht teilt.

kritische Offenbarung

Zweitens wird in allen aktuellen offenbarungstheologischen Ansätzen betont, dass die Offenbarung eine kritische Funktion gegenüber dem Menschen und seiner faktischen Existenz hat. Die Offenbarung Gottes erweist die von den Menschen gestellten Fragen und ihre Antwortversuche als zumindest partiell fragwürdig. Sie deckt auf, wie stark das Handeln der Menschen, selbst ihre besten Taten von dem Wunsch getrieben sind, sich selbst zu sichern – und sei es durch die Hoffnung, für die eigene Güte von Gott belohnt zu werden. Nichts deckt die faktische Lieblosigkeit und Unfreiheit klarer auf als die in vollkommener Freiheit begegnende, unbedingte Liebe. Weil sie den Sündern als Liebe begegnet, fordert und ermöglicht sie ihnen die Umkehr.

Die Offenheit menschlichen Fragens und die immer auch kritische Position des Offenbarungsglaubens gegenüber diesen Fragen zeigen, dass die Wirklichkeit Gottes nicht als notwendiger Bestandteil der Welt des Menschen postuliert und funktionalisiert werden kann. Ein solcher Funktionsträger wäre nicht Gott. Diese Einsicht hat Eberhard Jüngel in eine treffende Formulierung gekleidet:

„mehr als notwendig"

„Gott ist *weltlich nicht notwendig. […] Gott ist mehr als notwendig*" *(Jüngel/186: 19.30).*

d) Geschichte

Menschen bestimmen den Lauf ihres Lebens, der politischen Ereignisse, der gesellschaftlichen Entwicklungen wesentlich durch ihre Entscheidungen und Handlungen. Dies ist nicht nur eine geschichtsphilosophische These, sondern vor allem das Motiv jedes Engagements, das Menschen aufbringen. Damit stellt sich nochmals die Frage, wie der Einfluss Gottes auf die Geschichte, von dem die Bibel mit so großer Selbstverständlichkeit spricht, zu denken ist. Sie verbindet sich mit der Frage, welche Bedeutung der Glaube von Menschen für den Lauf der Geschehnisse haben kann.

Gnade: Freiheit zum Guten

Der Glaube an Gottes unbedingt für die Menschen entschiedene Liebe fordert und ermöglicht die Umkehr der Menschen. Er bringt nach biblischem Zeugnis die Frucht guter Werke (Joh 15,4; Jak 2,14–26; Kol 1,10).

Dieser zunächst so nahe liegend scheinende Zusammenhang hat zu einem der nachhaltigsten Konflikte der Theologiegeschichte geführt. Was genau die Gnade, das heißt die liebende Zuwendung Gottes, in den Menschen bewirkt und zu welchem Handeln sie die Glaubenden befähigt, ist spätestens seit der Auseinandersetzung zwischen Augustinus und Pelagius umstritten. Pelagius hielt die erlösten Menschen für fähig, das Gute zu erkennen, zu wollen und zu tun. Augustinus sah in dieser Auffassung die Überzeugung gefährdet, dass Gott seine Gnade ungeschuldet schenkt (s. o. S. 59). Im Streit um das Verhältnis von Gnade und Freiheit, der mit dieser Kontroverse begann, stand das Ziel nie ernsthaft in Frage: die Freiheit und Fähigkeit der Menschen so zu denken, dass sie die Vorstellung ausschließt, Menschen könnten sich die Gnade verdienen. Denn Gnade ist nur Gnade, wenn sie frei geschenkt ist. Diese Gemeinsamkeit wurde in jüngster Zeit in einer gemeinsamen Erklärung der lutherischen und der römisch-katholischen Kirche herausgestellt und nicht nur für die Gegenwart, sondern auch für die Vergangenheit konstatiert (Gem. Erklärung/9: Nr. 19–21). Doch um die Form des Denkens, das dieses Ziel zu erreichen vermag, besteht bis heute kein Konsens. Darüber wird im abschließenden Abschnitt dieses Kapitels noch einmal nachzudenken sein.

Engagement für das Gute

Zuvor ist der Blick auf eine den Parteien und Konfessionen gemeinsame Überzeugung zu richten, die der Streit allzu oft verdeckt hat. Denn nicht nur Pelagius und Thomas von Aquin, auch Augustinus und Luther sind der festen Überzeugung, dass der Glaube sich in Werken auszuwirken hat. Es ist den Glaubenden aufgetragen, in der Welt, in der sie leben, für Gerechtigkeit einzutreten, Werke der Barmherzigkeit zu üben, den Menschen in Liebe zu dienen. Zu all dem wissen Glaubende sich verpflichtet, nicht um von Gott geliebt zu werden, sondern weil sie von Gott geliebt sind.

„Siehe, so fließet aus dem Glauben die Liebe und Lust zu Gott und aus der Liebe ein freies, williges, fröhliches Leben, dem Nächsten umsonst zu dienen. Denn gleichwie unser Nächster Not leidet und dessen, was wir übrig haben, bedarf, so haben wir vor Gott Not gelitten und seiner Gnade bedurft. Darum, wie uns Gott durch Christus umsonst geholfen hat, so sollen wir durch den Leib und seine Werke nichts anderes tun, als dem Nächsten zu helfen." (Luther, 2.270f.)

Dass der Glaube an Gott, der sich als Gott erweist, indem er rettet, unvereinbar ist mit der Gleichgültigkeit gegenüber einer Welt, die von Gewalt und

Unrecht geprägt ist, ist in den vergangenen Jahrzehnten vielen Christinnen und Christen neu bewusst geworden. Von der Befreiungstheologie Lateinamerikas und anderer Kontinente, durch den „Konziliaren Prozess für Frieden, Gerechtigkeit und Bewahrung der Schöpfung", von feministischen Theologinnen und sicher nicht zuletzt durch das sozial- und friedenspolitische Engagement der Päpste wurde die notwendige Verbindung des christlichen Glaubens mit einer nicht nur privat geübten Praxis, die sich für die Lebensmöglichkeiten der Menschen und der Schöpfung einsetzt, nachdrücklich eingefordert (Gutiérrez/308:197–234; Bogdahn/293; Meyer-Wilmes/328; Squicciarini/6). Viele sahen und sehen sich durch ihren Glauben motiviert und ermächtigt, für umfassende Befreiung und Gerechtigkeit einzutreten. Die Heraufführung Israels aus Ägypten und das von Jesus verkündete Reich Gottes sind die biblischen Bilder, die dem Engagement Kraft und Ziel geben.

Erlösung und Befreiung

Auch die Theologie sah sich vor neue Aufgaben gestellt. Es galt wieder einmal, Verhältnisse zu klären: das Verhältnis zwischen der von Gott geschenkten Erlösung und der von Menschen erkämpften Befreiung; zwischen dem Reich Gottes und dem Ziel einer gerechteren Gesellschaft; letztlich zwischen dem Handeln Gottes, dem sich nach biblischem Verständnis das Kommen des Reiches Gottes allein verdankt, und dem Einsatz der Menschen für eine veränderte Welt. Eine vollständige Identifizierung beider Seiten verbietet sich: Denn damit würde die Botschaft vom kommenden Reich Gottes zu einer innerweltlichen Fortschrittsideologie. Doch auch in der strikten Trennung kann die Lösung nicht liegen, denn damit verlöre der Glaube jene Relevanz für die Welt und Geschichte der Menschen, die die Bibel gerade behauptet und bezeugt (Unsere Hoffnung/15: I.6; Kongregation für die Glaubenslehre/10 und 11; Bussmann/295; Kessler/318).

Um Vermittlung bemüht, spricht das Zweite Vatikanische Konzil (1962–65) von der zeichenhaften Bedeutung, die menschliches Handeln für die Liebe Gottes zu den Menschen hat (DH 4101; DH 4342). Noch deutlicher ist die von Thomas Pröpper eingeführte Unterscheidung zwischen „herstellendem" und „darstellendem" Handeln: Menschen stellen in ihrem Einsatz für eine gerechtere Welt das Reich Gottes nicht her – aber sie vermögen es darzustellen und so auf die Wirklichkeit und den Willen Gottes zu verweisen (Pröpper/195: 65).

„darstellendes Handeln"

Dieses Verständnis menschlichen Handelns ermöglicht es nicht zuletzt, so vom Handeln Gottes in der Geschichte zu sprechen, dass menschliche Freiheit und Verantwortung dadurch nicht geleugnet oder durchkreuzt werden. Davon war bereits die Rede (s. o. S. 114). Vor allem aber bürdet es den Menschen nicht die Rettung der Welt auf. An einer solchen Aufgabe müssten Menschen notwendig zerbrechen. Selbst wenn es gelingen sollte, einst zu weltumspannender Gerechtigkeit und Freiheit zu finden – die zahllosen Opfer menschlicher Schuldgeschichte wären dadurch weder gerettet noch getröstet (Peukert/344: 308–310). Menschen vermögen einander nicht das Leben zu geben und zu retten, dessen sie würdig sind.

e) Zukunft

Christlicher Glaube ist deshalb notwendig auf eine Zukunft gerichtet, die allein von Gott heraufgeführt werden kann. Denn allein er vermag auch die zu retten, die in der gegenwärtigen Welt endgültig verloren sind: die Toten, erst recht die Ermordeten, die von den „Strukturen des Bösen" (Drewermann/297) am Leben Gehinderten. Allein Gott verfügt über die Macht, jene Grenzen zu überwinden, an die Menschen selbst mit ihren besten Absichten und Fähigkeiten immer wieder stoßen.

Gott allein kann retten

Dieses erhoffte Ziel der Geschichte, das „Eschaton", steht noch aus. Nur in Hoffnungsbildern kann darüber gesprochen werden. Sie formen sich aus der Verbindung dessen, was Menschen von sich wissen, mit dem, was sie aufgrund der Offenbarung von Gottes Gnade und Heilswillen glauben.

„Wir projizieren nicht von einer Zukunft etwas in die Gegenwart hinein, sondern wir projizieren unsere christliche Gegenwart in der Erfahrung des Menschen mit sich, mit Gott in der Gnade und in Christus auf seine Zukunft hin, weil der Mensch eben seine Gegenwart gar nicht anders verstehen kann, denn als das Entstehen, das Werden, als die Dynamik auf eine Zukunft." (Rahner/197: 415)

Die im Lauf der Theologiegeschichte ausgemalten Zukunftsbilder sind unübersehbar zahlreich (Kehl/316: 164–212). Auch wenn sie nicht selten durch Rachsucht und eigene Machtansprüche verzeichnet waren, suchten sie doch stets den rettenden Gott darzustellen. Sie schildern Himmel, Hölle und Gericht; sie betonen den Ernst und die Hoffnung menschlichen Lebens. In all dem können sie anknüpfen an die Hoffnung, von der die biblischen Schriften Zeugnis geben.

Hoffnung

Für die christliche Offenbarungstheologie birgt die Hoffnung auf die noch ausstehende Rettung der Welt ein nicht unerhebliches Problem: Leben, Tod und Auferweckung Jesu Christi werden von ihr als endgültige und unüberbietbare Selbstoffenbarung Gottes benannt. Wie aber lässt sich eine solche Qualifizierung des schon Geschehenen damit vereinbaren, dass das Ziel der Welt noch aussteht, eine weitere Offenbarung Gottes erhofft wird? Auch diese Spannung begegnet bereits biblisch, in den Schriften des Neuen Testaments (s. o. S. 34). In der Botschaft Jesu stehen Aussagen, die von der Zukunft des Reiches Gottes sprechen, merkwürdig unverbunden neben den Hinweisen auf dessen bereits gegebene Gegenwart. Paulus sieht die Menschen durch Tod und Auferweckung Jesu gerechtfertigt – und wartet zugleich angespannt auf die Zukunft, in der er unverhüllt Gott zu erkennen hofft (1 Kor 13,12 f.). Wäre es nicht angebrachter, angesichts dieses „eschatologischen Vorbehalts" auf die Rede von der Endgültigkeit und Unüberbietbarkeit der Offenbarung in Christus zu verzichten? So ließe sich nicht zuletzt der schon erwähnte jüdische Einwand entkräften, die Christen sprächen zu Unrecht von einer in Christus geschenkten Erfüllung der göttlichen Verheißungen, weil das Gesicht der Welt diesen Verheißungen noch lange nicht entspricht.

eschatologischer Vorbehalt

In der Tat muss christliche Theologie der Gefahr wehren, die Kirche oder gar eine bestimmte Geschichtsepoche mit dem Reich Gottes zu identifizieren. Die Freude über die in der Selbstoffenbarung Gottes geschenkte Gnade und Befreiung darf nicht den Blick verstellen auf die Realität, die noch auf die Erlösung wartet (Röm 8,22–30). Doch diese Vorgaben lassen sich durchaus verbinden mit dem Glauben, dass sich Gott in Christus unüberbietbar und endgültig zu erkennen gegeben hat. Denn weiter als in das Erleiden der Sünde, weiter als in den Tod und zu den Toten kann Gott nicht gehen. Indem der Sohn Gottes sich der denkbar größten Gottesferne aussetzt, zeigt sich Gottes Liebe zu einer Gott widersprechenden Welt und Menschheit in unüberbietbarer Form (Balthasar/208: 60f.). Und diese Offenbarung der Liebe ist endgültig: In Leben und Geschick Jesu wird den Glaubenden die unverbrüchliche Treue Gottes zu den Menschen sichtbar. Sie dürfen darauf bauen, dass Gott zu dieser Treue steht, die er Israel zugesagt und in der Gestalt Jesu für alle Menschen verbürgt hat. Zu unterscheiden von dieser Endgültigkeit, in der Gott sich als Liebe geoffenbart hat, ist die noch ausstehende Vollendung jener Gemeinschaft zwischen Gott und Menschen, auf die diese Offenbarung zielt. Auf sie zu hoffen, sie bittend von Gott einzuklagen, widerspricht nicht dem Glauben an die in Christus endgültig geschehene Offenbarung, sondern hat ihn zur Voraussetzung (Pröpper/195: 47–49).

Endgültigkeit und Vollendung

4. Die Gnade der Freiheit

Am Ende dieser Reflexion auf den Gehalt christlichen Offenbarungsglaubens soll nochmals das Verhältnis von Glaube, Gnade und Freiheit bedacht werden. Denn die erreichten Einsichten eröffnen die Möglichkeit, das die Theologiegeschichte lange beherrschende Modell zu überwinden, göttliche Gnade und menschliche Freiheit, Offenbarung und Vernunft in Konkurrenz zueinander zu denken. An seine Stelle kann die Vorstellung einer Korrespondenz beider treten.

Korrespondenz statt Konkurrenz

Voraussetzung einer angemessenen Verhältnisbestimmung muss der Glaube sein, dass Gott sich allein aus Gnade, d. h. in durch nichts bedingter Freiheit, den Menschen zuwendet und ihnen so das Heil seiner Nähe schenkt. Denn nur wenn es diese Voraussetzung festhält, wird das theologische Nachdenken dem biblischen Zeugnis gerecht, dass jede Gotteserkenntnis und jedes Gottesverhältnis in der vorgängigen Initiative Gottes gründen. Und nur so berücksichtigt es ausreichend die auch von der Vernunft geforderte Souveränität und Freiheit Gottes. Worauf aber zielt Gottes Offenbarung? Nach biblischer Auffassung auf die Antwort der Menschen; auf die liebende Anerkennung Gottes durch die Menschen, die in der Einheit von Gottes- und Nächstenliebe konkret wird (Rahner/347: VI 292–296). Eine solche Antwort aber vermag nur zu geben, wer seinerseits frei ist. Zu solcher Freiheit hat Gott die Menschen erschaffen, auf diese Freiheit spricht er sie an.

Freiheit Gottes

Freiheit des Menschen

Die Behauptung einer Freiheit, in der Menschen Gott antworten sollen und können, wäre allerdings realitätsfern, übersähe sie faktische Unfreiheit der Menschen. Nicht nur, dass Menschen als endliche Wesen prinzipiell unfähig sind zu grenzenloser Liebe und Treue. Vor allem sind es die faktische Lieblosigkeit, der alltägliche Missbrauch der Freiheit, der konkret gelebte Unglaube, die sie gefangen halten.

Unfreiheit des Menschen

Schon die Botschaft der Propheten, erst recht Leben und Geschick Jesu lassen erkennen, dass Gott sich gerade den Menschen zuwendet, die in der Begrenztheit ihrer Endlichkeit und den Fesseln ihrer Sünde leben. Nicht weil sie aufgrund ihrer Taten liebenswert wären, liebt Gott die Menschen, sondern weil er sie liebt, sind sie sind trotz ihrer Taten liebenswert (Thomas STh, I–II, 110.1). Indem er ihnen seine Treue unter Beweis stellt, überwindet er den Graben, durch den die Menschen von ihm getrennt sind, genauer: sich von ihm getrennt haben. Im gleichen Augenblick ist alles verändert. Der Weg zum Glauben, zur freien Anerkennung Gottes und der Menschen steht den Menschen wieder offen. Ihn zu gehen sind die Menschen erneut in der Lage – nicht nur, weil sie aus ihrer faktischen Unfreiheit erlöst sind, sondern vor allem, weil sie in ihrer ursprünglichen Freiheit angesprochen und ermutigt sind. Wären sie mit solch grundlegender Freiheit nicht begabt, hätte Gott nicht das Gegenüber, das ihm und seiner Freiheit in Freiheit entsprechen könnte. Auf diese theologische, das heißt im Blick auf die Liebe Gottes notwendige Voraussetzung zielten die angeführten Reflexionen auf die menschliche Freiheit von Kierkegaard, Brunner und Pröpper.

geschenkte Freiheit

Doch wird nach Aussage der kirchlichen und theologischen Tradition die Antwort des Menschen auf Gottes Wort, der Glaube, durch die Gnade Gottes nicht nur prinzipiell ermöglicht, sondern auch im aktuellen Vollzug getragen. In der Schwierigkeit, diese Überzeugung angemessen zum Ausdruck zu bringen, wurzeln die langen Konflikte der Gnadentheologie. Denn die theologische Verhältnisbestimmung zwischen Gnade und Freiheit darf weder zu einer Leugnung der menschlichen Freiheit, noch zu einer Funktionalisierung und Vergegenständlichung der Gnade Gottes führen. Der erstgenannten Gefahr waren z.B. Augustinus und Luther, der zweitgenannten Thomas von Aquin und die neuscholastische Theologie zumindest nahe. Wenn und wo Gnade konsequent als Zuwendung Gottes zum sündigen und mit Freiheit begabten Menschen verstanden wird, lassen sich beide Einseitigkeiten vermeiden. Denn diese Zuwendung ist kein punktuell einmaliges Geschehen: sie gilt den Menschen auch, wenn und während sie die ihnen ermöglichte Antwort zu geben versuchen, wenn und während sie in diesem Versuch stets neu zu kurz greifen oder gar scheitern. Die Zusage von Gottes unbedingter Liebe ermöglicht das Vertrauen, in dem allein die Verwirklichung von Freiheit gelingen kann. Zugleich erreicht diese Zusage nur den Menschen, der ihr zu trauen wagt.

Glaube als Gnade

Ausdrücklich eingeschlossen ist in einem solchen Verständnis des Verhältnisses von Gnade und Freiheit die Möglichkeit, dass Menschen sich der Zuwendung Gottes verschließen, dass sie die Antwort auf sie verweigern (Konzil von Trient, DH 1525.1528). Die Freiheit des Menschen ist auch eine Freiheit gegenüber Gott, selbst wenn sie in glaubender Perspektive als Freiheit verstanden wird, die sich Gott verdankt. Nur unter Annahme einer solchen Freiheit gegenüber Gott ist es möglich, die Sünde als eine in Freiheit gründende Tat zu verstehen, ohne direkt oder indirekt Gott für sie verantwortlich machen zu müssen.

Freiheit zur Sünde

Soll diese Annahme einer „Freiheit zur Sünde" aber nicht erneut in jenes zu überwindende „Konkurrenzverhältnis" zwischen göttlicher Gnade und menschlicher Freiheit führen, gilt es genau zu bestimmen, welche Auswirkungen die Sünde auf das Menschenverhältnis Gottes und das Gottesverhältnis der Menschen hat. Der Glaube weiß aufgrund der Selbstoffenbarung Gottes um dessen unbedingte Liebe zu den Menschen. Er baut auf die Endgültigkeit dieser Offenbarung, das heißt darauf, dass Gott dieser Liebe treu bleibt. Das aber bedeutet: Die Treue Gottes zum Menschen hat nicht ihren Grund in der freien Zustimmung des Menschen, sondern ist der Grund menschlicher Freiheit (Greshake/222: 106–122). Gott bleibt auch dem Sünder treu. Allerdings wird hier eine abgründige Konsequenz der Liebe Gottes sichtbar: Seine Liebe kommt nicht zum Ziel, wenn ein Mensch ihr die Antwort verweigert –

Treue Gottes

heilbringende Antwort

denn gerade diese Antwort ist ja ihr Ziel, weil in dieser Antwort das Heil des Menschen liegt.

Ist gegen diesen Gedanken nicht im Namen göttlicher Allmacht Einspruch zu erheben? Widerspricht es nicht der Gottheit Gottes, dass die Menschen verhindern können, dass sein Wille sich verwirklicht?

Allmacht und Freiheit

„Das ist das Unbegreifliche, daß Allmacht nicht bloß vermag, das Allerimposanteste, das sichtbare Weltenganze, hervorzubringen, sondern auch das Allergebrechlichste hervorzubringen vermag: ein der Allmacht gegenüber unabhängiges Wesen." (Kierkegaard, LA 124)

Mit dieser Neubestimmung von „Allmacht" befreit Kierkegaard auch diesen Begriff aus dem Bann des Konkurrenzdenkens. Gottes Allmacht ist nicht die Steigerung jener Macht, die Unterwerfung zu erzwingen vermag, sondern sie besteht in seiner Fähigkeit und Bereitschaft, sich zurückzunehmen, damit die Freiheit anderer sein kann. Diesem Entschluss der Allmacht verdanken sich Welt und Menschen (Pröpper/195: 291–293; in Anlehnung an eine entsprechende jüdische Tradition auch Moltmann/332: 123–127).

Mit dem Wagnis, Freiheit zuzulassen, steht selbst für Gott viel, wenn nicht gar alles auf dem Spiel. Denn zum Ziel kommt seine Schöpfung, kommt die Liebe, als die er sich geoffenbart hat, erst, wenn sie in Freiheit beantwortet und anerkannt wird. Die Vollendung, auf die christlicher Glaube aufgrund der Offenbarung hofft, ist zu erhoffen als die Zustimmung aller zu Gott, der Liebe ist, als die Einstimmung aller in die Unbedingtheit dieser Liebe. Dies bedeutet auch: Es ist die Hoffnung, dass selbst die Opfer menschlicher Schuld der Vergebung, die Gott den Schuldigen schenken will, zustimmen. Erst wenn niemand mehr diese Zustimmung verweigert, wird die Theodizeefrage zur Ruhe gekommen sein. Die Hoffnung, dass es zu solcher Zustimmung kommt, ist die Hoffnung auf Gottes Überzeugungskraft. Denn auch in der eschatologischen Begegnung mit der Wirklichkeit Gottes muss gelten: Gott kann die Zustimmung nicht erzwingen, denn nur in freier Zustimmung kommt seine Liebe ans Ziel (Striet/364: 73–79; Pröpper/195: 272–275; Balthasar/292: 42–50).

Theodizee und Zustimmung

Freiheit als Grund und Ziel

Ein solcher Versuch, die Offenbarung Gottes als ein Geschehen zu deuten, das in Freiheit gründet und auf Freiheit zielt, überwindet nicht nur die von der Theologie lange festgehaltenen Gegensätze von Gnade und Freiheit, Offenbarung und Vernunft. Es lässt damit auch die in der europäischen Neuzeit entstandene Frontstellung hinter sich, in der entweder im Namen von Freiheit und Vernunft die Ansprüche des christlichen Offenbarungsglaubens oder im Namen dieses Glaubens die menschlichen Ansprüche auf Autonomie und Vernunft zurückgewiesen, ja bekämpft wurden. Möglich ist die Überwindung überkommener Konflikte, weil es einem solchen Freiheitsdenken gelingt, die Optionen jeweils beider Seiten kritisch aufzunehmen. Zudem ist es geeignet, eine biblische Grundeinsicht in das Geschehen von Offenbarung angemessen zur Sprache zu bringen: Die Einsicht, dass die Offenbarung ein Korrespondenzgeschehen ist, das in der Initiative Gottes gründet und der Antwort des Menschen bedarf (Essen/299: 76–178).

IV. Gegenwart: Die Überlieferung der Offenbarung

Vergangenheit

Von Jesu Leben, Tod und Auferweckung trennen unsere Gegenwart zweitausend Jahre. Dennoch soll dieses Ereignis als Selbstoffenbarung Gottes auch heute Glauben wecken und für Glaubende Bedeutung haben können; dennoch spricht die Offenbarungstheologie von der Heil eröffnenden, gegenwärtigen Begegnung mit Jesus Christus. Wie aber soll diese möglich sein?

Solange die Offenbarung nur als Wissensmitteilung verstanden wird, ist das Problem leicht lösbar. Kann doch der Inhalt des einst Mitgeteilten weitergegeben werden, ohne den außergewöhnlichen Akt der Mitteilung wiederholen zu müssen. Doch die aktuelle Offenbarungstheologie stellt heraus, dass der Inhalt der Offenbarung ihr Geschehen ist. Deshalb ist es für den Glauben unverzichtbar, zu diesem Ereignis Zugang zu finden. Die Vergangenheit muss in die Gegenwart vermittelt werden. Dies gelingt, wenn denen, die nach dem damals Geschehenen fragen, die begegnen, die sein Geschehensein glaubwürdig bezeugen. Unvermeidlich aber bleiben alle, die Jesus nicht direkt begegneten, „Jünger zweiter Hand" (Kierkegaard, PB 85). Welche Auswirkungen dies für Möglichkeit und Wirklichkeit ihres Glaubens hat, wird noch zu bedenken sein (5.). Zuvor aber gilt es, den Prozess genauer zu bedenken, ohne den es zum Glauben an die Selbstoffenbarung Gottes in Christus in der Gegenwart gar nicht kommen kann.

notwendige Gegenwart

1. Gottes Gegenwart im Geist

„Es ist gut für euch, dass ich fortgehe. Denn wenn ich nicht fortgehe, wird der Beistand nicht zu euch kommen; gehe ich aber, so werde ich ihn zu euch senden. [...] Noch vieles habe ich euch zu sagen, aber ihr könnt es jetzt nicht tragen. Wenn aber jener kommt, der Geist der Wahrheit, wird er euch in die ganze Wahrheit führen. Denn er wird nicht aus sich selbst heraus reden, sondern er wird sagen, was er hört, und euch verkünden, was kommen wird. Er wird mich verherrlichen; denn er wird von dem, was mein ist, nehmen und es euch verkünden. Alles, was der Vater hat, ist mein; darum habe ich gesagt: Er nimmt von dem, was mein ist, und wird es euch verkünden." (Joh 16, 7.12–15)

Geist der Wahrheit

In diesem Text verdichtet der Autor des Johannesevangeliums eine Fülle von Erfahrungen der frühen Gemeinden: Erst nach Tod und Auferweckung Jesu können die Jünger seine ganze Wahrheit erkennen. Deshalb „ist es gut für sie", dass Jesus „fortgeht". Doch dies ist nicht die einzige Bedingung der Erkenntnis: Sie bedarf zudem eines Beistands. Der Geist öffnet den Jüngern die Augen, eröffnet ihnen das Verständnis dessen, was mit Jesus geschah. Denkbar eng bindet das Johannesevangelium den Geist an Jesus: Jesus ist es, der den Geist sendet. Und es ist in doppeltem Sinne Jesu Wahrheit, die den Jüngern durch den Geist vermittelt wird: die Wahrheit, um die er weiß (Joh 8,26), und die Wahrheit, die er selbst ist (Joh 14,6). Die vom Johannesevangelium so nachdrücklich herausgestellte Einheit des Sohnes mit dem Vater macht es zudem möglich, die vom Geist erschlossene Wahrheit des Sohnes mit der Wahrheit des Vaters zu identifizieren.

Das johanneische Verständnis des Geistes wird durch weitere Aussagen noch deutlicher: Johannes der Täufer sieht, „dass der Geist vom Himmel he-

verbindender Geist

rabkam wie eine Taube und auf ihm [Jesus] blieb" (Joh 1,32). Der Geist verbindet – so auch das Zeugnis der synoptischen Evangelien – Jesus mit dem Vater; der Geist befähigt ihn, in der Vollmacht Gottes zu sprechen und zu handeln (Moltmann/333: 92–114). Der Geist, in dem Sohn und Vater verbunden sind, verbindet die Jünger mit dem Sohn und durch ihn mit dem Vater (1 Joh 1,3).

Auch die anderen Autoren des Neuen Testaments stellen die Bedeutung der Geisterfahrung heraus: Nach dem Zeugnis der Apostelgeschichte befähigt der Geist die Jünger am Pfingstfest, sich furchtlos und offen zu Jesus, den Gott von den Toten auferweckt hat, zu bekennen (Apg 2,14; 4,8). Es ist der Geist, der der Gemeinde immer neue Mitglieder zuführt; er wirkt in Menschen, denen die Botschaft von Christus verkündet wird (Apg 10,44).

Für Paulus schafft der Geist die Verbindung der Glaubenden mit Jesus Christus, er wirkt in der Taufe (1 Kor 12,13), er befähigt zu einem Leben in Freiheit (2 Kor 3,17), er ermöglicht das Gebet (Röm 8,15), er schenkt die Gaben und Fähigkeiten, die dem Aufbau der Gemeinde dienen (1 Kor 12).

Von diesen Aussagen des Neuen Testaments ist es noch ein langer Weg, bis die Trinitätslehre den Heiligen Geist als dritte Person der göttlichen Dreieinigkeit zu verstehen sucht (Congar/296: 81–92; Hilberath/310: 463–502). Doch schon in der biblischen Rede vom Geist kommen zwei Aspekte zum Tragen, die sich bereits in der Reflexion auf die Wirklichkeit und Erkennbarkeit der Offenbarungen Gottes als bedeutsam erwiesen: Zum einen spiegelt sich in ihr die Erfahrung, dass die Gegenwart Christi in der Gemeinde sich nicht durch die Gemeinde herstellen lässt. Weder Vernunft noch Wille können für sie einstehen – sie muss sich als Wirklichkeit zeigen. Das bringt die Apostelgeschichte in ein beredtes Bild, wenn sie von den Jüngern berichtet, die sich nach der Himmelfahrt Jesu in ein „Obergemach" zurückziehen und betend dem entgegensehen, was auf sie zukommt – bis der Geist ihnen den Mut schenkt, ihr Versteck zu verlassen (Apg 1,12–14). Zum anderen wird durch den Verweis auf das Wirken des Geistes daran festgehalten, dass Gott auch nach der in Christus geschehenen Offenbarung nur erkennbar ist, wenn er sich zu erkennen gibt. Und er gibt sich zu erkennen, so das neutestamentliche Zeugnis wie die Theologie, die daran anschließt, indem der Geist Christus gegenwärtig sein lässt. So ermöglicht der Geist die Begegnung der „Jünger zweiter Hand" mit Christus. Er ermöglicht den Glauben – indem er die Gegenwart Christi wirklich werden lässt und indem er die Menschen zur glaubenden Einsicht in diese Wirklichkeit bewegt. Das Wirken des Geistes ist jedoch nicht zu denken als Aufhebung der Dialektik von Glaube und Erkenntnis, von Gnade und Freiheit. Es führt vielmehr die Situation herauf, in der diese Dialektik aufbricht.

Gegenwart im Geist

Offenbarung im Geist

Dass der Geist Christus gegenwärtig sein lässt, ist eine Aussage, mittels derer sich die Erfahrung der Glaubenden nicht nur in neutestamentlicher Zeit, sondern bis in die Gegenwart angemessen zur Sprache bringen lässt. Doch an dieses Bekenntnis schließt sich notwendig die Frage an, wie diese Vergegenwärtigung geschieht. Denn auch für das geglaubte Handeln des Geistes gilt, dass es einer Gestalt bedarf. Ohne eine solche erreicht es nicht die Menschen und damit nicht sein Ziel. Die Gestalten, in denen der Geist Christus den „Jüngern zweiter Hand" gegenwärtig sein lässt, sind deshalb Gegenstand der folgenden Überlegungen.

Gestalten des Geistes?

2. Überlieferung

Vor der Notwendigkeit, sich auf Vergangenes zu beziehen, stehen nicht nur christliche Gemeinden und Kirchen. Ein solcher Rückbezug stellt vielmehr ein Phänomen dar, das für die Identitätsbildung von Gesellschaften nicht weniger bedeutsam ist als für Familien und sogar jeden einzelnen Menschen. Sich zu der Vergangenheit, aus der man kommt, in eine Beziehung zu setzen, ist Voraussetzung und Inhalt jeder kulturellen Leistung. Gestiftet wird diese Beziehung durch Überlieferung, durch Tradition.

Kultur als Überlieferung

Bevor auf den spezifisch theologischen Sinn dieses Begriffs und die konkreten Formen christlicher, kirchlicher Überlieferung eingegangen wird, lohnt ein Blick auf „Überlieferung" als solch universales Phänomen von Kultur (Wiederkehr/205: 100–102; Kampling/187: 169–171). Um es zu erhellen, können die bereits dargestellten Einsichten in die Bedingungen der Möglichkeit jeden Verstehens herangezogen werden. Zu ihnen gehört, wie gezeigt, ein Horizont von Bedeutungen, in den alles Wahrgenommene einzuschreiben ist, um überhaupt verstanden werden zu können. Solche Horizonte sind jedem Menschen, der sich um Verstehen müht, vorgegeben. Kinder und junge Menschen in solche Horizonte einzuweisen, ist Aufgabe der Erziehung. Auf diese Weise lernen sie, die Welt so zu verstehen, dass sie sich in ihr zurechtfinden können. Wie voraussetzungsreich solche Orientierung ist, zeigt sich, wenn Erwachsene in einen völlig neuen Horizont, etwa eine fremde Kultur, hineinwachsen wollen oder müssen. Die dabei entstehenden Schwierigkeiten, auf neue Weise die Welt zu verstehen, lassen erkennen, dass jene Horizonte nicht a priori gegebene Inhalte des Bewusstseins sind, sondern sich einer langen Formung verdanken, die durchaus unterschiedlich ausfallen kann. Diese Verschiedenheit ist Frucht und Bedingung der so unterschiedlichen Kulturen.

Identität: synchron

Faktisch hat das Hineinwachsen in eine bestimmte Weise, sich in der Welt zurechtzufinden, immer zwei Funktionen: Zum einen stiftet es die synchrone Verbindung zu Menschen, die gegenwärtig in dem jeweiligen Horizont leben. Menschen formen und finden ihre persönliche Identität wesentlich durch die Einbindung in eine Verstehensgemeinschaft – und umgekehrt formt und findet diese Gemeinschaft ihre Identität durch das je spezifisch geformte Denken und Handeln ihrer Mitglieder. Zum anderen hat ein solches Hineinwachsen auch immer eine diachrone, in Vergangenheit und Zukunft reichende Dimension. Denn es verbindet mit denen, aus deren Verstehen sich der aktuelle Horizont in meist langen Zeiträumen aufbaute – und verweist bereits auf die Zukunft, in der später Lebende in ihn eintreten und in ihm leben werden.

diachron

Legitimation aus dem Ursprung

Nationen und Gesellschaften gewinnen einen wesentlichen Teil ihres Selbstverständnisses aus ihrer Geschichte; Religionen berufen sich auf ihre Gründer oder zumindest ihre Gründungsgeschichte. Mit Hilfe dieses Rückgriffs auf das Frühere legitimieren sie wesentlich die Wahrheiten, zu denen sie sich in der Gegenwart bekennen; die Bräuche, die sie pflegen; die Handlungen, die sie von ihren Mitgliedern erwarten (Cassirer, LKw 69–77).

In der Regel ist mit solchen Legitimationen der Anspruch verbunden, dem Ursprung über die Jahrhunderte hin unverfälscht treu geblieben zu sein. Wo dieser Anspruch aber in Form der Behauptung vertreten wird, die Anfänge unverändert bewahrt zu haben, wird das Phänomen der Überlieferung verkannt. Denn Tradition bedeutet immer Transformation. Ist doch jede Erinnerung, jeder Akt der Aneignung des Gewesenen ein Akt der Interpretation und Übersetzung. Das Gleiche lässt sich unter veränderten Bedingungen nur vermitteln, wenn es anders zur Sprache, anders geformt wird. Nur so lässt sich bewahren, was zu bewahren wichtig ist. Ein starres Festhalten an Formen und Begriffen der Vergangenheit führt dagegen zwangsläufig zum Verlust des Ursprungs – und zur Irrelevanz des Damaligen für das Heute (Schreiter/356: 42–67).

Tradition als Transformation

Für das Christentum und die Kirchen geht es beim Problem der Tradition um die Frage, wie die geschichtliche Selbstoffenbarung Gottes in Jesus von Nazareth den „Jüngern zweiter Hand" so begegnen kann, dass sie Glauben fordert und ermöglicht. Diese Frage ist identisch mit der Frage, wie der Geist Gottes wirkt. Im Folgenden werden mit der Heiligen Schrift, mit dem Wort der Verkündigung, den Sakramenten und weiteren Überlieferungen zunächst die wesentlichen Formen der Glaubenstradierung benannt. Anschließend wird zu klären sein, wie diese zueinander und zur Gestalt der Kirche in Beziehung stehen.

a) Schrift

So sehr sie auch um deren Auslegung streiten; so umstritten gar ist, welche Bücher im einzelnen zu ihr gehören: Die Bibel, das Alte und Neue Testament, werden von allen christlichen Kirchen und Konfessionen als das herausragende Zeugnis der Offenbarung Gottes geglaubt und anerkannt. Deshalb hat die Lesung aus der Bibel in der christlichen Liturgie einen herausragenden Platz. Deshalb hat für viele Christinnen und Christen das gemeinsame oder individuelle Lesen der biblischen Texte eine große Bedeutung. Deshalb sucht theologisches Nachdenken immer wieder seinen Rückhalt an den biblischen Texten und versteht sich als deren Auslegung. In der Lektüre der Bibel wissen sich Glaubende von Gott, den die Bibel bezeugt, angesprochen. In der Lektüre der Bibel begegnet ihnen Jesus Christus als Offenbarungsgestalt der Liebe Gottes, in deren Licht sie ihr Leben und ihre Welt zu verstehen und zu formen suchen.

Im allgemeinen, selbst im liturgischen Sprachgebrauch wird die Bibel häufig als „Wort Gottes" bezeichnet. Doch ist hier eine Unterscheidung einzutragen: Die biblischen Schriften sind nicht selbst das Wort Gottes, sondern Zeugnis für Gottes an die Menschen gerichtetes Wort. Die Autoren der Bibel sind, auch nach dem Selbstverständnis der Bibel, Menschen. Diese ist „Gotteswort im Menschenwort" (Limbeck/30: 71–76). Auch darauf stützt sich die Rede vom „Korrespondenzgeschehen" der Offenbarung, die sich für die systematische Entfaltung der Offenbarungstheologie als so wichtig erwiesen hat (s. o. S. 146).

Gotteswort im Menschenwort

Wenn aber diese Differenz zwischen der Bibel und dem Wort Gottes gesetzt wird, steht in Frage, was die Heilige Schrift von den vielfältigen anderen Zeugnissen unterscheidet, die Glaubende von dem an sie ergangenen Wort Gottes in Geschichte und Gegenwart abgelegt haben. Warum wird ihr zugestanden, in anderer Qualität das Wort Gottes zu bezeugen als andere Zeugnisse?

Kanon

Historisch wird diese Frage im Prozess der Kanonbildung geklärt. In einer über Jahrhunderte dauernden Entwicklung kam es zur Festlegung, welche Schriften man der Bibel zuordnete und welchen diese Würde nicht zukam. Dabei spielten abstrakte Kriterien offensichtlich keine Rolle. Die Praxis entschied, welche Schriften in allen oder zumindest vielen Regionen bekannt waren, im Gottesdienst gelesen und theologisch rezipiert wurden (Markschies/130: 100–110). Zu einem ersten Abschluss kam dieser Prozess im vierten Jahrhundert. Doch noch in der Reformationszeit flammte der Streit erneut auf, so dass sich das Konzil von Trient genötigt sah, die Schriften namentlich festzulegen, die nach römisch-katholischem Verständnis die Bibel bilden (Zenger/61: 28–34; Limbeck/30: 87–93).

Verbalinspiration

Dieser historische Prozess vermag allerdings die besondere Bedeutung der biblischen Schriften nicht theologisch zu begründen. Diesem Ziel dient die so genannte Inspirationslehre, die in der Überzeugung gründet, dass die Autoren des Alten wie des Neuen Testaments bei ihrer Arbeit vom Heiligen Geist (lat. „spiritus") geleitet wurden. Dabei herrscht keineswegs Einigkeit darüber, was diese Inspiration genau bewirkt. Vertreter einer „Verbalinspiration" gehen davon aus, dass jedes einzelne Wort, ja jeder Buchstabe des biblischen Textes sich dem direkten Diktat des Heiligen Geistes verdankt. Sie geraten allerdings in Begründungsnotstände angesichts biblischer Aussagen, die als falsch gelten müssen, wenn man sie etwa als naturwissenschaftliche Urteile verstehen wollte: Das Universum ist nicht in sieben Tagen entstanden, die Erde nicht sinnvoll als sein Mittelpunkt zu behaupten (Gen 1,1–2,4a.), der Hase ist kein Wiederkäuer (Lev 11,9). Vor allem aber kann ein solches Inspirationsverständnis kaum noch die Unterscheidung zwischen dem Wort Gottes und seiner biblischen Bezeugung durchhalten.

„Wahrheit um des Heils willen"

Dies ist eher möglich, wenn man den Autoren der Bibel zugesteht, dass sie „sicher, getreu und ohne Irrtum die Wahrheit" aufgeschrieben haben, „die Gott um unseres Heiles willen in den heiligen Schriften aufgezeichnet haben wollte" (II. Vatikanum, DH 4216; Blum/215: 171–176). Dies war ihnen möglich, weil sie ihre Texte mit dem Beistand des Heiligen Geistes geschrieben haben. Doch dieser Beistand ist so vorzustellen, dass er die Autoren nicht den Einsichten und Verstehensbedingungen ihrer Zeit enthebt. Sie bringen jene von Gott zur Mitteilung bestimmte Wahrheit mit den ihnen zur Verfügung stehenden Mitteln zur Sprache. Deshalb hat eine verantwortete Exegese den Text in seiner vorliegenden Gestalt in den Blick zu nehmen und, mit der Vielfalt einander ergänzender Methoden, nach jener Wahrheit zu suchen, die er aussagen will (Limbeck/30: 80–87). Diese Wahrheit aber hat ihren Grund und Inhalt in dem Wort und Geschehen, in dem Gott sich offenbart.

b) Wort

Bultmann

„Das Wort der christlichen Verkündigung und die Geschichte, die es mitteilt, fallen zusammen, sind eins. Die Geschichte Christi ist keine schon vergangene, sondern vollzieht sich im verkündigenden Wort. Denn die Erinnerung an Jesus geschieht ja nicht so, daß an ihn erinnert wird wie an Mose, an das, was er gebracht hat, an das, was das Volk mit ihm erlebt hat, und dem es Treue halten soll, sondern im gegenwärtigen Wort begegnet er selbst, beginnt je jetzt für den Hörer die Geschichte. Die Erinnerung an das, was damals geschah, ist nur die Berufung auf die Einsetzung des Wortes." (Bultmann/17: I.292 f.)

Die Begegnung mit Christus, mit der Offenbarung Gottes geschieht im Moment der Verkündigung und durch das Wort der Verkündigung. Der zeitliche Abstand zur Lebenszeit Jesu von Nazareth hat keine Bedeutung, weil das damals Geschehene nichts anderes ist als die längst vergangene „Einsetzung des Wortes", das seine Wirkung jetzt entfaltet.

wirksames Wort

Rudolf Bultmann steht mit dieser Betonung des wirkenden, sich durchsetzenden Wortes Gottes in der Tradition Luthers (Luther, 4.151), vor allem aber der dialektischen Theologie, die in Form der Theologie Karl Barths bereits ausführlich dargestellt wurde. Auch für Bultmann ist das Wort Gottes das von außen kommende, den Menschen treffende und verändernde Wort. Diese Macht hat es, weil es die Menschen, die es hören, „in eine neue Situation versetzt" (Bultmann/17: III.2).

Für Barth war dieses Anliegen nur zu verwirklichen, wenn die Theologie die Frage nach der Wahrnehmbarkeit und Verständlichkeit des Wortes für die Menschen gar nicht erst stellt. Das Wort Gottes setzt sich in seiner Macht selbst durch, es wirkt seine Annahme im Menschen. Und auch alle Versuche der Menschen, selbst vom Wort Gottes zu reden, müssen sich noch einmal verleugnen und durchgestrichen werden, weil „von Gott nur Gott *selber* reden kann" (Barth/210: 217).

verständliches Wort

In diesem Punkt trennt sich Bultmann von Barth. Ihm geht es ausdrücklich um eine Hermeneutik des Wortes Gottes, um die Möglichkeiten, es zu verstehen. Gäbe es diese nicht, müsste das Wort Gottes, müsste die Offenbarung schlechthin unverständlich bleiben. Die Bedingung der Möglichkeit, die Offenbarungsbotschaft des Neuen Testaments überhaupt zu verstehen, sieht Bultmann gegeben in einem stets vorhandenen „nichtwissenden Wissen" der Menschen um das, was Offenbarung ist (Bultmann/17: III.8). Inhaltlich bestimmt er es – in Anschluss an Heidegger – als das existenzielle Wissen um den Tod. Das Wissen um diese Grenze ihres Lebens lässt Menschen bewusst oder unbewusst nach Offenbarung fragen, geleitet von der Überzeugung, „daß der Mensch durch Offenbarung zu seiner Eigentlichkeit kommt" (ebd. 12). Auf den dergestalt „nichtwissend wissenden" Menschen trifft nun das Offenbarungszeugnis des Neuen Testaments mit seiner zentralen Botschaft: „Die Offenbarung gibt Leben". Und sie rechtfertigt den Sünder, der so allererst als Sünder offenbar wird. Damit hält auch Bultmann fest, dass die Offenbarung, selbst wenn sie der Frage der Menschen eine Antwort ist, sich kritisch zu dieser Frage stellt.

„nichtwissendes Wissen"

Die Offenbarung geschieht allein im Wort – und kann als Offenbarung nur durch den Glauben erkannt werden. Das Wissen um den historischen Jesus, um seine Wunder, selbst um seine Auferweckung ist dem Glauben keine Hilfe: all das bleibt zweideutig (ebd. 16). Deshalb ist auch das historische Wissen nicht weiter von Belang. Mehr als das „Faktum Jesus Christus" (ebd. 18) muss von Jesus nicht gewusst werden. Denn seine Gegenwart ist ohnehin allein in der Predigt gegeben, die ihn verkündigt, im Kerygma. „Es gibt also auch für den Hörer nicht einen Weg zurück hinter die Predigt [...]. Vielmehr spielt sich für ihn alles Entscheidende in der Gegenwart ab: ‚jetzt ist der Tag des Heils'" (ebd. 22f.). „An den im Kerygma präsenten Christus glauben, ist der Sinn des Osterglaubens" (Bultmann/18: 27).

Gegenwart im Kerygma

In der Nachfolge Barths und Bultmanns ist die so genannte „Wort-Gottes-Theologie" kritisch weiterentwickelt worden (Pesch/236: 31–37; Körtner/

188: 25–71). Es kam zu einer neuen „Frage nach dem historischen Jesus" (Käsemann/24: 187), weil deutlich wurde, dass die Botschaft in dessen Leben und Geschick eines Anhaltspunkts bedarf, um nicht in völlige Beliebigkeit zu verfallen.

Wort-Gottes-Theologie

Noch wichtiger ist die Weiterentwicklung des Gedankens, dass das Verhältnis zwischen Gott und Mensch – und damit die Offenbarung – als ein Sprachgeschehen aufzufassen ist, in dem in menschlicher Sprache Gott zu Wort kommt (Ebeling/178: I.260f.). Theologie entwickelt sich auf dieser Linie zu einer hermeneutischen Theologie. Indem sie nach der Möglichkeit und Verstehbarkeit der Offenbarung fragt, deckt sie zudem mit Hilfe der modernen Sprachphilosophie auf, dass jedes Sprechen ein Handeln ist, das die Menschen zu Handlungen bewegen soll (Körtner/188: 94–149; Arens/290: 131–148).

Offenbarung als Sprachgeschehen

Für den Zusammenhang der Gegenwart der Offenbarung ist mit diesen Bestimmungen wichtiges gewonnen. Das Wort, das von Christus spricht, macht Christus gegenwärtig. Genauso wenig wie die Bibel ist es direktes „Wort Gottes" – es ist Zeugnis von diesem Wort und darin Anrede an den Menschen. Sie entfaltet ihre Wirkung, indem sie vor die Frage stellt, ob Menschen die bezeugte Offenbarung glaubend anerkennen wollen. Vor diese Entscheidung stellt also bei weitem nicht nur das biblische Zeugnis.

c) Sakramente

Die Vergegenwärtigung der Offenbarung nicht nur in der Heiligen Schrift, sondern auch im verkündigenden Wort zu sehen, ist eine wesentliche, aber noch keineswegs hinreichende Erweiterung. Eine hervorgehobene Weise der Gegenwart Christi stellen nach christlicher Überzeugung die Sakramente dar. Schon das Matthäusevangelium verbindet den Auftrag zur Verkündigung des Evangeliums mit dem Auftrag zu taufen (Mt 28,19). Wort und Sakrament bilden in der kirchlichen Praxis von Anfang an eine Einheit. Betont wird sie von den Bekenntnisschriften der evangelischen Kirchen: „Solchen Glauben zu erlangen, hat Gott das Predigtamt eingesetzt, Evangelium und Sakrament zu geben, dadurch er als durch Mittel den Heiligen Geist gibt" (Confessio Augustana/2: V) – nicht weniger von der römisch-katholischen Kirche: „Die Kirche hat die göttlichen Schriften wie auch den Herrenleib selbst immer verehrt, weil sie, vor allem in der heiligen Liturgie, nicht aufhört, vom Tisch sowohl des Wortes Gottes als auch des Leibes Christi das Brot des Lebens zu nehmen und den Gläubigen zu reichen" (Vat. II, DH 4228).

Wort und Sakrament

Als Zeichenhandlungen haben die Sakramente früh eine feste Form gefunden. Die zur Sakramentenspendung gesprochenen Worte verweisen auf die besondere Bedeutung der eigentlichen Handlung – etwa des Übergießens mit Wasser bei Taufe, des Teilens von Brot und Wein in der Feier des Herrenmahls. Dieser spezifischen Verbindung von Wort und Handlung, diesen „äußeren Zeichen", eignet eine „innere Gnade", die in denen, die das Sakrament empfangen, wirkt (DH 1606).

äußeres Zeichen, innere Gnade

Herausgehoben sind die Sakramente gegenüber anderen Formen glaubenden Handelns, weil in ihnen nach Überzeugung der Kirchen diese Gegenwart der Gnade für den Glauben gewiss ist. Gott hat sich insofern an diese Zeichen gebunden, dass sie, wo immer sie gefeiert werden, seine Gegenwart verbürgen. Diese Gewissheit sucht die Theologie zum Ausdruck zu bringen, indem sie die Sakramente auf Christus selbst zurückführt: Er hat sie als „Zeichen der Nähe Gottes" (Schneider/354) eingesetzt. Diese gemeinsame Überzeugung kann nicht über die Uneinigkeit zwischen den christlichen Konfessionen und Kirchen hinwegsehen lassen, die hinsichtlich der Frage besteht, welche Zeichen auf Christus zurückgehen. Weil sie nicht einheitlich beantwortet wird, unterscheidet sich die Zahl der in den Kirchen anerkannten und gefeierten Sakramente. Auch in deren theologischer Deutung bestehen erhebliche Differenzen, nicht nur zwischen, sondern oft auch in den Konfessionen (Communio Sanctorum/1: Nr. 74–85).

Differenzen

Konvergenzen

Schaut man aber allein auf die zentralen Inhalte der Sakramententheologie, zeigt sich eine bedeutende Gemeinsamkeit: Durchweg werden die Taufe und die Feier des Herrenmahls, in den reformatorischen Kirchen in der Regel als Abendmahl, in der römisch-katholischen Kirche als Eucharistie bezeichnet, als die zentralen Sakramente angesehen. Die ihnen zugeschriebene Bedeutung steht in engem Zusammenhang mit dem offenbarungstheologisch entfalteten Gehalt des Glaubens, der in ihnen sichtbar und gegenwärtig wird.

Taufe

Die Taufe ist Zeichen der Annahme eines Menschen durch Gott. Die Ambivalenz des Geschehens, in dem Gott sich den Menschen liebend zuwendet, wurde offenbarungstheologisch bereits deutlich gemacht. In der Taufe wird sie durch das Wasser als zweideutiges Zeichen symbolisiert: Das Wasser ist einerseits Zeichen des Todes, in dem der „alte Mensch", der von Gott abgewandte Sünder untergeht; es beseitigt die durch die Sünde entstandene „Befleckung". Und andererseits symbolisiert das Wasser als unverzichtbare Grundlage allen Lebens Gottes Bereitschaft, den Menschen ein neues Leben zu eröffnen (Faber/301: 91–93). In der ursprünglicheren Form der Erwachsenentaufe wird zudem die Bedeutung des freien Gegenübers von Gott und Mensch sichtbar: Die Entscheidung des Menschen, glauben und damit zur Gemeinschaft der Kirche gehören zu wollen, wird durch die Taufe im Namen Gottes besiegelt. Zugleich wird in der Taufe jene freie Zuwendung Gottes zum Menschen wirklich, die Inhalt und Bedingung des Glaubens ist, den der Täufling bekennt. In der Taufe von Säuglingen und Kindern, die wohl schon früh praktiziert wurde, steht diese gnädige Zuwendung Gottes, die die Antwort des Menschen allererst ermöglicht, unübersehbar im Mittelpunkt des Sakraments (Vorgrimler/367: 135).

Herrenmahl

Das Herrenmahl, das direkt zurückgeführt wird auf die Berichte des Neuen Testaments von Jesu Abschiedsmahl mit seinen Jüngern, feiert die Kirche, anders als die Taufe, nicht nur einmal im Leben eines Menschen, sondern häufig und regelmäßig. Im Glauben, dass gerade darin Christus gegenwärtig ist, halten Christinnen und Christen Mahl zu seinem Gedächtnis (1 Kor 11, 25). Die von Christus verkündete und verwirklichte Gemeinschaft zwischen Gott und Mensch findet in dieser Feier ihre konkrete Gestalt und Verwirklichung. Brot und Wein, vor allem das Teilen von Brot und Wein sind Vollzug einer Hingabe (Bachl/291: 45–54). In ihr wird die Hingabe Jesu gegenwärtig, die die liebende Hingabe der an ihn Glaubenden ermöglicht und fordert.

Bis heute sehen sich die Kirchen und Konfessionen jedoch nicht in der Lage, die Sakramente gemeinsam zu feiern. Als zu groß und deshalb trennend werden die Unterschiede in der Sakramententheologie angesehen.

Diese Trennung trübt das Zeugnis von der unbedingt den Menschen zugewandten Liebe Gottes, die gerade in den Sakramenten sichtbar und wirklich werden soll, erheblich. Das Wissen darum bildet den wesentlichen Anstoß aller ökumenischen Bemühungen um eine Einheit der Kirchen (Lima-Erklärung/14).

d) Traditionen

Die Heilige Schrift als Gotteswort im Menschenwort, die Verkündigung des Evangeliums, die Feier der Sakramente: all dies sind herausgehobene Gestalten, in denen die einst geschehene Offenbarung so gegenwärtig wird, dass Menschen ihr begegnen können; es sind Gestalten, in denen und durch die der Heilige Geist wirkt. Ein weiteres wird in ihnen deutlich, das in der offenbarungstheologischen Reflexion bisher zu wenig Berücksichtigung fand: So unverzichtbar Einsatz, Entscheidung und Glaube des einzelnen Menschen sind – es handelt sich bei ihnen nicht um ein einsames Geschehen zwischen den Einzelnen und Gott. Jede der genannten Gestalten bedarf der Gemeinschaft der Glaubenden, die in die Vergangenheit bereits gelebten Glaubens zurückreicht und auf dessen Fortführung in der Zukunft baut. Die Vergegenwärtigung der Selbstoffenbarung Gottes ist ein Vollzug der Kirche. Ohne die Kirche, wie immer sie im einzelnen verstanden und geformt sein mag, ist eine solche Vergegenwärtigung nicht möglich – und ohne solche Vergegenwärtigung gibt es keine Kirche (Werbick/370: 417–421).

Gemeinschaft der Glaubenden

Es wäre eine unberechtigte Engführung, wollte man den Glauben, wollte man die Kirche, wollte man gar das Wirken des Geistes auf die drei genannten Gestalten beschränken. Diese müssen vielmehr verstanden werden als besondere Formen eines viel weiter ausgreifenden Prozesses. Bei der Reflexion auf die Möglichkeit und Wirklichkeit von Gottes Handeln in der Welt war davon bereits die Rede: Wo Menschen kraft ihres in Freiheit und Gnade gründenden Glaubens den Willen Gottes tun, geschieht er. In ihrem Handeln begegnet seine Zuwendung, die allein sein Wille ist, der in Christus offenbar wurde (s. o. S. 114).

Gotteshandeln im Menschenhandeln

Ein derart weit gefasster Begriff der „Gegenwart Gottes" macht es möglich, auch den hier interessierenden Prozess der Überlieferung entsprechend offen zu verstehen. Zur Überlieferung gehört die Vielzahl der Ausdrucksformen, in denen Menschen ihrem Glauben Gestalt geben (Moltmann/330: 141–149). Es seien hier nur wenige Bereiche benannt, die ein solches Verständnis als Überlieferung qualifizieren kann: Einen besonders bedeutsamen Platz nimmt zweifellos jede Not wendende und heilende Zuwendung ein, die Menschen Menschen schenken. Dieser Dienst an den anderen, die „Diakonia", gilt nicht ohne Grund neben dem Zeugnis („martyria") und der Feier des Gottesdienstes („liturgia") als einer der drei Grundvollzüge der Kirche (Steinkamp/362: 134–145; Miggelbrink/329: 122–141). Insofern unter „Handeln" jede, auch jede geistige und sprachliche Tätigkeit von Menschen zu fassen ist, tragen des weiteren die Lehrentwicklung der Kirche wie die theologische Reflexion zur Vergegenwärtigung des Offenbarungsgeschehens bei: Die in den ersten Jahrhunderten entstandenen Glaubensbekenntnisse, die an sie anschließenden lehramtlichen wie wissenschaftlichen Klärungsbemühungen, die zahllosen Übertragungen des christlichen Bekenntnisses in neue, andere

Diakonia

Bekenntnis

Sprachen und Kulturen ermöglichen die Begegnung mit dem Inhalt dieses Bekenntnisses (Schreiter/356: 23–36). Schließlich sind all die kulturellen Gestaltungen des Glaubens zu nennen, die in den genannten Formen noch nicht erfasst sind: Von immer wieder neu entstehenden Liedern, Gebeten, Andachtsformen bis zu den vielfältigen Gesichtern, die das Leben von Gemeinden annehmen kann. Besondere theologische Aufmerksamkeit findet in letzter Zeit die Frage, ob und wie die Kunst zu jener Vergegenwärtigung beizutragen vermag. So schwer es zu erklären ist, so wenig lässt sich bestreiten, dass das Hören von Musik, dass das Betrachten eines Bildes oder Films, dass die Lektüre eines Buches für Menschen zu einem Erschließungserlebnis werden kann, das vor die Entscheidung zwischen Glaube und Unglaube stellt. Dies ist, wie vielfach bezeugt wird, sogar möglich in der Begegnung mit einem Kunstwerk, dem explizit religiöse oder gar christliche Inhalte fern sind (Stock/363: 129–135; Nordhofen/336: 88–101; Bongardt/216).

Liturgie

Kunst

Doch so lange bei der Frage nach der Gegenwart der Offenbarung der Blick nur auf die konkreten Inhalte und greifbaren Produkte menschlichen Handelns gerichtet bleibt, geht er noch nicht tief genug: Die Bibel bezeichnet im ersten Schöpfungsbericht, also an prominenter Stelle, die Menschen als „Bild Gottes" (Gen 1, 26f.). Als zur Freiheit Geschaffene vermögen sie in dieser Freiheit vor und mit Gott ihr Leben zu gestalten. In dieser Freiheit sind sie Bild Gottes, das den Gott, dem sie ihre Freiheit verdanken, gegenwärtig werden lässt (Pröpper/195: 258–261; Verweyen/202: 402–404).

Bild Gottes

Mit Recht lässt sich fragen, ob mit diesem nochmals ausgeweiteten Verständnis der möglichen Gegenwart der Offenbarung nicht jede Bestimmtheit verloren gegangen ist. Es kann nicht alles, was Menschen kraft dieser Freiheit tun, als Offenbarung Gottes gelten. Nicht jede Handlung ist von der Liebe geleitet, die zu bezeugen wäre; nicht jeder theologische Gedanke ist ein geglückter Ausdruck der Wirklichkeit, als die Gott sich geoffenbart hat; nicht alles, was vorgeblich im Namen Gottes gefordert, gesagt und getan wird, kann ernsthaft als Wirkung des Heiligen Geistes bezeichnet werden. Dieser allzu offensichtliche Befund führt erneut vor ein Problem, das bereits angesichts von ausdrücklichen Offenbarungsbehauptungen aufbrach: Wie ist eine „Unterscheidung der Geister" möglich? Welche Handlung, welches Wort, welche Gestalt kann und darf als Vergegenwärtigung der geglaubten Offenbarung gelten? Welche „Überlieferung" ist legitim und gibt zu der Hoffnung Anlass, dass in ihr das Christusgeschehen und seine glaubende Deutung unverfälscht bewahrt sind? Kurz gefragt: Woran findet die Überlieferung ihr Maß (Pottmeyer/193: 124f.)?

„Unterscheidung der Geister"

Wahre Überlieferung?

3. Die Kirche

Die Überlieferung bedarf der Gemeinschaft der Glaubenden. Die Gemeinschaft der Glaubenden entsteht aus der immer neu gegebenen Antwort auf diese Überlieferung. Kirche und Überlieferung stehen in einem wechselseitigen Bedingungsverhältnis. Deshalb ist die Frage nach der rechten, der wahren Überlieferung zugleich die Frage nach der rechten, wahren Kirche – und umgekehrt. Dieses Wechselverhältnis wurde seit den frühen Zeiten der Kirche erkannt und reflektiert. Dabei kam es zu Entzweiungen und Verwerfungen, die zum Teil bis heute wirken.

Wahre Kirche?

a) Die Tradition der Kirche

α) Die Kirche als Norm

Als Theologie und Kirche sich noch im Zustand des „Laboratoriums" (s. o. S. 52) befanden, traten immer wieder Personen mit dem Anspruch auf, das Christentum auf die einzig rechte Weise zu vertreten, und verwiesen zu ihrer Legitimation auf an sie ergangene Offenbarungen – so als einer unter vielen Montanus, auf den sich eine streng asketisch lebende, von apokalyptischen Gedankengut geprägte Gruppe berief (Frend/122: 1994). Die bereits erwähnte Apologetik als Versuch, mit Mitteln der antiken Philosophie den Glauben intern zu klären und nach außen zu verkünden, war nur eine Reaktion auf solche Wahrheitsansprüche.

Eine andere bestand in dem Mühen, durch den Nachweis einer lückenlosen Überlieferung eine bestimmte Gestalt der Kirche als allein rechtmäßige zu erweisen. Irenäus, am Ende des 2. Jahrhunderts Bischof von Lyon, führt dieses Argument ein, um es gegen die von ihm bekämpfte „falsche Gnosis" anwenden zu können. Seine Entfaltung des christlichen Offenbarungsglaubens ist streng christologisch angelegt. In Christus offenbart Gott, was zum Heil der Menschen notwendig ist. Für dieses Geschehen steht das Zeugnis der Apostel ein, die Kirche ist an sie verwiesen, wenn sie in der Wahrheit bleiben will. Die apostolische Sukzession, d. h. die bruchlose Kette von den Aposteln zu den Bischöfen der Gegenwart ist Zeichen der „Apostolizität" der Kirche, ihrer Treue zum Ursprung, die geschenkt und erhalten wird durch den Heiligen Geist. Indem sie sich von dieser Tradition trennen, indem sie sich auf eine aus anderen Quellen gespeiste Erkenntnis berufen, setzen sich die Gnostiker ins Unrecht (Irenäus/111: 3.1; dazu Stockmeier/97: 50–52; Blum/215: 86–93).

Irenäus

apostolische Sukzession

Tertullian, in Nordafrika lebender Zeitgenosse des Irenäus, entfaltet dieses Verständnis noch weiter:

Tertullian

„Wenn Christus, der Herr, Apostel zum Predigen ausgesandt hat, so dürfen andere Prediger als es Christus angeordnet hat, nicht zugelassen werden. Denn es kennt ja auch kein anderer den Vater als der Sohn und wem es der Sohn geoffenbart hat (Mt 11,27), und er hat es augenscheinlich auch keinem anderen geoffenbart, als den Aposteln, die er zur Predigt aussandte, nämlich zur Predigt dessen, was er ihnen offenbart. Was aber der Inhalt ihrer Verkündigung oder mit anderen Worten der ihnen von Christus gegebenen Offenbarung gewesen sei, das darf – auch diese Einrede werde ich hier erheben – auf keinem anderen Wege bewiesen werden, als eben durch eben dieselben Kirchen, welche die Apostel persönlich gegründet haben, indem sie selbst ihnen predigten, sowohl durch das lebendige Wort, wie man zu sagen pflegt, als auch nachher noch durch Briefe. Wenn dem so ist, so steht es folglich fest, daß jede Lehre, welche mit jenen apostolischen Kirchen […] in Übereinstimmung steht, für Wahrheit anzusehen sei […]; daß dagegen von vorneherein jede Lehre für falsch zu halten sei, welche der echten Lehre der Kirchen, und damit der Apostel und damit Christi und damit Gottes zuwiderläuft." (Tertullian/117: 21)

Die Wahrheit des Christentums gründet für Tertullian in der Autorität Gottes, in der Christus gesprochen und den Aposteln die Wahrheit mitgeteilt hat. Es ist die Autorität der Offenbarung selbst, die durch die von den Bischöfen geleitete Kirche überliefert wird. Zur Offenbarung gehören dabei auch von der Kirche tradierten Inhalte, die keinen direkten Anhaltspunkt in der Heiligen

göttliche Autorität der Überlieferung

Schrift haben, etwa die Gebräuche bei der Sakramentenspendung (Tertullian/118: 3f.; Stockmeier/97: 56–58; Kampling/187: 173). Wer immer mit dem Anspruch auftritt, von Gott eine eigene Offenbarung erhalten zu haben oder eine gültige Deutung des christlichen Glaubens zu vertreten, muss diesen Anspruch legitimieren, indem er die Übereinstimmung mit der christlichen Tradition nachweist. Tertullian, der mit diesen Argumenten ein wichtiges, streng kirchliches Traditionsverständnis begründete, hat sich in späterer Zeit selbst aus dieser Tradition und Kirche verabschiedet, indem er sich den erwähnten Montanisten anschloss. Gleichwohl gilt er gemeinhin als „erster bedeutender lateinischer Kirchenschriftsteller" (Kötting/128: 1986, 1370).

Das von Irenäus und Tertullian begründete Traditionsverständnis, nach dem die Kirche in der Nachfolge der Apostel Garantin der rechten Überlieferung ist, wurde schließlich, rund 200 Jahre später, von Vinzenz von Lerin systematisiert und auf eine viel zitierte Formel gebracht:

„Desgleichen ist in der katholischen Kirche selbst entschieden dafür Sorge zu tragen, daß wir das festhalten, was überall, was immer und was von allen geglaubt wurde; denn das ist im wahren und eigentlichen Sinne katholisch." (Vinzenz/120: 3)

β) Die Kirche als Tradentin

„Alle Fragen der Kirchenpolitik, der Kirchenreform und des Prestiges, das die Kirche in der Welt hat oder nicht hat, [...] sind sekundär und würden mich, ehrlich gesagt, gar nicht interessieren, wenn die Kirche nicht diese Gemeinde des Glaubens wäre; wenn in ihr nicht das Evangelium ausgelegt und gepredigt würde [...] wenn in der Kirche nicht das Gedächtnis des Todes Jesu als des endgültigen Sieges des Lebens gefeiert würde, wenn nicht das Wort der Vergebung der Schuld [...] zugesprochen würde, wenn der Nächste nicht dort geliebt würde, wo es sich eigentlich nicht mehr rentiert, wenn nicht in einer nüchternen Getröstetheit in der Kirche gestorben würde." (Rahner/348: 3 f.)

Irenäus und Tertullian entwickelten ihr normatives Traditionsverständnis vor dem Hintergrund des Streits um die rechte Gestalt von Christentum und Kirche. Sie schufen damit ein Instrumentarium, mit dem sich überprüfen ließ, ob bestimmte Optionen noch innerhalb des von den Aposteln überlieferten Offenbarungsverständnisses lagen (Hauschild/184: 709).

Die sehr persönlich gefärbte Aussage Rahners steht in einem anderen Kontext. Er lenkt den Blick auf die allem Streit enthobene Grundfunktion der Kirche. Sie überliefert das Evangelium und in ihr werden die Sakramente gefeiert. Hätte die Kirche, und sei sie in ihrer konkreten Erscheinungsform noch so gebrochen, diese Funktion nicht über die Jahrhunderte erfüllt, es könnte heute von Offenbarung und christlichem Glauben nicht mehr die Rede sein – allenfalls von einer längst vergangenen antiken Sekte.

[Marginalie: überliefertes Evangelium]

Rahner steht mit diesem Verständnis der kirchlichen Überlieferung seinerseits in einer alten Tradition. Schon Paulus weiß um die Notwendigkeit solcher Weitergabe, wenn er sein Bekenntnis zur Auferweckung Jesu mit den Worten einleitet: „Denn vor allem habe ich euch überliefert, was auch ich empfangen habe" (1 Kor 15,3). Die Weitergabe des Evangeliums sieht die Kirche von Anfang an als ihre besondere Aufgabe an. Auch wenn Augustinus, wie gezeigt, das Offenbarungsverständnis stark verändert, hält er an wesentlichen Aspekten des überkommenen Überlieferungsbegriffs fest. Das Hören des Evangeliums und der Empfang der Sakramente sind für ihn eine notwen-

[Marginalien: Paulus; Augustinus]

dige Bedingung dafür, dass Menschen zum Heil finden können. Hinreichend ist die Bedingung nicht, denn die Bedeutung des Gehörten bedarf einer durch die Gnade bewirkten Erschließung (s.o. S. 60). Doch dass es die in Christus offenbar gewordene Wahrheit ist, die in solchem Offenbarungserleben erschlossen wird, vermag allein die kirchliche Tradition zu sichern, die diese Wahrheit überliefert (Augustinus/103: Prol 5 u. 6; Wieland/136: 215–229). Und dass die von der Gnade eröffnete Erschließung überhaupt möglich ist, hat die in den Sakramenten vermittelte Gnade zur Voraussetzung.

Thomas

Ähnliches gilt für Thomas von Aquin: Von der „heiligen Wissenschaft", von der Offenbarung, die im Glauben erkannt wird, wissen Menschen durch die Überlieferung der Kirche. Diese steht dafür ein, dass die geoffenbarte Wahrheit in Treue bewahrt und verkündet wird. (Thomas: STh II–II 5.3; Hauschild/184: 710).

Bei allen drei genannten Autoren wird vorausgesetzt, dass der Überlieferungsprozess gleichzeitig ein Auslegungsprozess ist. Wo aber die Kirche als Auslegerin fungiert, kommt der Auslegung normative Kraft zu. Darin sind sie mit Irenäus und Tertullian einig.

b) „Die Schrift allein" oder „Bücher und Traditionen"?

Die Kirche legitimiert ihre Überlieferung durch eine entsprechende Auslegung der Heiligen Schrift. Doch diese Auslegung ist selbst Teil der Überlieferung, deren Legitimation sie sein soll. Ob aus diesem Zirkel überhaupt ein Entkommen möglich ist, wird noch zu klären sein (s.u. S. 166). Jedenfalls kam es im Lauf der Kirchengeschichte immer wieder zu Versuchen, aus ihm auszubrechen. Zu diesem Zweck wurde im Namen der Bibel gegen die konkrete Gestalt der Kirche und ihrer Überlieferung Einspruch erhoben.

Luther

Luther war weder der erste noch der letzte, der seinen Protest gegen die Kirche seiner Zeit mit der Heiligen Schrift begründete. Doch sein Einspruch war besonders folgenreich. Die durch ihn ausgelöste Kontroverse führte zur Gegenüberstellung von Positionen, die wegen ihrer jeweils einseitigen Zuspitzung nicht nur über Jahrhunderte eine Verständigung zwischen den Konfessionen verhinderten, sondern auch der Sache, um die es geht, nicht mehr gerecht werden konnten.

Luther wirft der Kirche vor, dass wesentliche Teile ihrer Praxis und Theologie nicht dem Zeugnis der Schrift entsprechen. Ein solcher Angriff musste bei denen, die die damalige Gestalt der Kirche für legitim und verteidigungswürdig hielten, auf heftigen Widerstand stoßen. Doch ungeachtet dieser politisch begründeten Reaktion hätte auf theologischer Ebene dieser Angriff nicht zum Bruch führen müssen: das Ringen um die rechte Auslegung der Schrift hat und hatte auch damals seinen Raum innerhalb der katholischen Kirche. Selbst die Forderung Luthers, allein durch die Schrift – sola scriptura – müssten sich die Lehre der Kirche und die Gestalt ihres Lebens begründen und legitimieren lassen (WA 7,97; dazu Ohst/95: 418), ließe sich noch verbinden etwa mit der Auffassung des Thomas von Aquin, dass der Schrift eine Priorität gegenüber den theologischen Aussagen der Väter zukommt (Thomas: STh I, 1.8) Dass die kirchlichen Gegner Luthers an einer solchen Vermittlung nicht interessiert waren, spricht nicht gegen deren grundsätzliche Möglichkeit (Pesch/170: 107–109).

„sola scriptura"

Doch im Verlauf der immer heftiger werdenden Auseinandersetzungen geht Luther noch einen ebenso entscheidenden wie problematischen Schritt weiter: Gegenüber Erasmus behauptet er die Klarheit der Heiligen Schrift (3.161 f.). Wie sie auszulegen ist, sei im Licht Christi so eindeutig, dass es keiner urteilenden Instanz gegenüber unterschiedlichen Auslegungen bedürfe (Karpp/26: 71).

Klarheit der Schrift

Tridentinum

Das Konzil von Trient bezieht die theologische Gegenposition. Es schreibt fest, dass die Schrift ihrer Auslegung im Raum der Kirche bedarf, um in rechter Weise gelesen werden zu können. Es fordert,

„daß niemand wagen soll, [... die] heilige Schrift gegen jenen Sinn, den die heilige Mutter Kirche festgehalten hat und festhält, deren Aufgabe es ist, über den wahren Sinn und die Auslegung der heiligen Schriften zu urteilen, [...] auszulegen." (DH 1507)

Weit mehr als diese Bestimmung des hermeneutischen Horizonts, in dem allein eine angemessene Exegese möglich ist, sollte aber eine andere Definition des Konzils die Konflikte der Folgezeit schüren. In der Einleitung des „Dekrets über die Annahme der heiligen Bücher und der Überlieferungen" kommt es erstmals zum Versuch einer lehramtlichen Verhältnisbestimmung zwischen der Heiligen Schrift und den vielfältigen Überlieferungen, in denen die Kirche ihren Glauben bekennt und lebendig hält. Die Wahrheit des Evangeliums sei, von den Propheten verheißen, von Christus zuerst mit eigenem Munde verkündet und danach durch seine Apostel gepredigt worden. Diese Wahrheit und Lehre sei

Heilige Schriften – ungeschriebene Überlieferungen

„in geschriebenen Büchern und ungeschriebenen Überlieferungen enthalten [...], die, von den Aposteln aus dem Munde Christi selbst empfangen oder von den Aposteln selbst auf Diktat des Heiligen Geistes gleichsam von Hand zu Hand weitergegeben, bis auf uns gekommen." (DH 1501)

Die gemeinten Überlieferungen werden im folgenden noch genauer eingegrenzt: sie müssen sich auf den „Glauben" oder die „Sitten", d.h. auf die Glaubensinhalte oder die Forderungen an ein christliches Leben, beziehen, müssen von Christus oder dem Heiligen Geist diktiert und „in beständiger Folge in der katholischen Kirche" bewahrt worden sein. Damit wird der bis dahin völlig offene Traditionsbegriff, der sich auf alle in der Kirche entwickelten Riten und Gebräuche beziehen konnte, deutlich eingeschränkt (Congar/219: 116–118).

zwei Quellen?

Wie aber das Konzil das Verhältnis zwischen den „geschriebenen Büchern" und den „ungeschriebenen Überlieferungen" genau verstanden wissen wollte, ist bis heute umstritten. Soll die Heilige Schrift als verbindliches und vollständiges Zeugnis der Wahrheit aufgefasst werden, das lediglich seiner Auslegung in den Überlieferungen bedarf (Geiselmann/182: 255–257)? Oder soll behauptet werden, die Kirche schöpfe die Wahrheit des Evangeliums – also den Gehalt der Offenbarung – aus zwei Quellen, die einander ergänzen müssen (so die Rezeption der Konzils im 16. bis 19. Jahrhundert, vgl. Geiselmann/166: 168–177; Congar/219: 254f.)? Mit der zweiten Deutung wäre die herausgehobene Stellung der Heiligen Schrift eingeschränkt. Und vor allem ist dieses Verständnis der Tradition vollkommen unvereinbar mit Luthers Schriftprinzip, weil es ausdrücklich Traditionen anerkennt, die sich, anders als eine Auslegungsgeschichte, nicht auf die Schrift zurückführen lassen. Wo der Konzilstext im Sinne der Zwei-Quellen-Theorie interpretiert wird, ist keine Verständigung mit der reformatorischen Theologie mehr möglich.

Für die von Luther aufgeworfene Frage nach der Legitimation kirchlicher Rede und Praxis ist es in der Tat von Bedeutung, welche Rolle man diesbezüglich der Heiligen Schrift zumisst. Doch welche Relevanz hat die Unterscheidung zwischen Schrift und Traditionen im Blick auf die hier vorrangig interessierende Vergegenwärtigung der Offenbarung? Sie hat nur Sinn, wenn und so lange die Offenbarung als eine Mehrzahl von Wissensinhalten verstanden wird, von denen einzelne aus der Schrift, andere aus den Überlieferungen bekannt geworden sind. Daraus lässt sich folgern: Sowohl die kontroverstheologische wie die innerkatholische Auseinandersetzung um das Verhältnis von Schrift und Überlieferung kann von katholischer Seite erst überwunden werden, wenn die für den Glauben offenbar gewordene Wahrheit nicht mehr als zu vermittelndes Wissen verstanden wird; wenn nicht mehr nach den Quellen dieses Wissens, sondern nach dem angemessenen Zeugnis für eine erschienene Wirklichkeit gefragt wird (Wiederkehr/205: 107–110). Ein Anknüpfungspunkt dafür mag sein, dass das zitierte Dokument des Trienter Konzils von der Wahrheit, anders als von den Überlieferungen, stets im Singular spricht.

c) Wort Gottes, Schrift und Überlieferung: Das II. Vatikanische Konzil

1965 verabschiedet das II. Vatikanische Konzil die „Dogmatische Konstitution über die göttliche Offenbarung ‚Dei Verbum'". Der Text steht ganz in der Tradition der Aussagen früherer Konzilien über die Offenbarung. Immer wieder werden sowohl das I. Vaticanum wie das Konzil von Trient zitiert. Wäre es anders – das Konzil würde sich gegen seinen eigenen Text stellen. Denn in ihm wird die Überlieferung als fortlaufender Strom vorgestellt, in dem die Wahrheit der Offenbarung weitergegeben wird. Ein solcher Strom kann nicht abbrechen und an anderer Stelle neu beginnen. Doch er kann Neues aufnehmen, er vermag so behutsam wie bezeichnend seine Richtung zu ändern. Nur darauf soll im Folgenden geschaut werden: auf die Klärungen, Erweiterungen und Modifizierungen, die das II. Vaticanum in das überkommene Verständnis der Offenbarung einträgt.

Dei Verbum

„Es hat Gott in seiner Güte und Weisheit gefallen, sich selbst zu offenbaren und das Geheimnis seines Willens bekannt zu machen (vgl. Eph 1,9), dass die Menschen durch Christus, das Fleisch gewordene Wort, im Heiligen Geist Zugang zum Vater haben und der göttlichen Natur teilhaftig werden (vgl. Eph 2,18; 2 Petr 1,4). In dieser Offenbarung redet also der unsichtbare Gott (vgl. Kol 1,15; 1 Tim 1,17) aus dem Übermaß seiner Liebe die Menschen wie Freunde an (vgl. Ex 33,11; Joh 15,14) und verkehrt mit ihnen (vgl. Bar 3,38), um sie in die Gemeinschaft mit sich einzuladen und in sie aufzunehmen." (DH 4202)

Selbstoffenbarung: das eine Wort Gottes

Deutlicher lässt sich ein „instruktionstheoretisches" Offenbarungsverständnis nicht aufbrechen. Indem das Konzil von der Selbstoffenbarung spricht, in der sich Gott den Menschen zuwendet, um ihnen die Gemeinschaft mit ihm zu eröffnen, verweist es auf jene Wirklichkeit, die Bezugspunkt aller Rede von Offenbarung und ihrer Weitergabe zu sein hat. Zur Bezeichnung dieser Offenbarung wählt das Konzil den Begriff, der auch zum Titel der Konstitution wurde: „Dei Verbum" – „Das Wort Gottes". Damit ist das gesamte Geschehen gemeint, in dem Gott sich den Menschen erschließt – nicht etwa nur die Heilige Schrift (Blum/215: 16–37). Nachdem der Text kurz an den von der Bibel bezeugten Gang dieser Selbsterschließung erinnert, die in Christus ihre Erfüllung und ihren Abschluss fand, behandelt der Text ausführlich die Frage, wie dieses Offenbarungsgeschehen die Menschen späterer Zeiten erreicht.

Dazu bedarf es der Weitergabe. Sie geschieht in der „Heiligen Überlieferung" und der „Heiligen Schrift" (DV 7 = DH 4208). Anders als das Konzil von Trient, von dem es diese Überzeugung übernimmt, spricht das II. Vaticanum von „Überlieferung" stets im Singular und meint damit jenen Prozess, der alles umfasst, „was zu einer heiligen Lebensführung des Volkes Gottes und zur Mehrung des Glaubens beiträgt" (DV 8, DH 4209, dazu Ratzinger/241: 518). Nach dieser Begriffsklärung wendet sich das Konzil der so umstrittenen Verhältnisbestimmung der Wege zu, auf denen das Wort Gottes weitergegeben und vergegenwärtigt wird:

Heilige Überlieferung – Heilige Schrift

„Die Heilige Überlieferung und die Heilige Schrift sind also eng miteinander verbunden und haben aneinander Anteil. Demselben göttlichen Quell entspringend, fließen beide nämlich gewissermaßen in eins zusammen und streben dem gleichen Ziel zu." (DH 4212)

„Die Aufgabe aber, das geschriebene oder überlieferte Wort Gottes authentisch auszulegen, ist allein dem lebendigen Lehramt der Kirche anvertraut, dessen Vollmacht im Namen Jesu Christi ausgeübt wird. Das Lehramt steht also nicht über dem Wort Gottes, sondern dient ihm, indem es nur lehrt, was überliefert ist, da es ja dieses <Wort Gottes> nach göttlichem Auftrag und mit dem Beistand des Heiligen Geistes ehrfürchtig hört, heilig bewahrt und treu erklärt und all das, was es als von Gott geoffenbart zu glauben vorlegt, aus dieser einen Hinterlassenschaft des Glaubens schöpft.

Es zeigt sich also, dass die Heilige Überlieferung, die Heilige Schrift und das Lehramt der Kirche gemäß dem überaus weisen Ratschluss Gottes so miteinander verknüpft und einander zugesellt sind, dass das eine nicht ohne die anderen besteht und alle zusammen, jedes auf seine Weise, durch das Tätigsein des Heiligen Geistes wirksam zum Heil der Seelen beitragen." (DH 4214)

„Jede kirchliche Verkündigung muss sich also wie die christliche Religion selbst von der Heiligen Schrift nähren und sich an ihr ausrichten." (DH 4228)

Auslegungsbedarf

Das II. Vaticanum wendet sich ausdrücklich nicht von den Aussagen des Konzils von Trient ab und Luthers Forderung der „sola scriptura" zu (Lubac/231: 255–260). Nicht allein der Schrift, sondern dem Wort Gottes, dass in Schrift und Überlieferung weitergegeben wird, sind die Kirche und ihr Lehramt verpflichtet. Damit hält das Konzil daran fest, dass die Schrift ihrer Auslegung innerhalb der kirchlichen Tradition bedarf. Es betont eigens, „dass die Kirche ihre Gewissheit über alles Geoffenbarte nicht aus der Heiligen Schrift allein schöpft" (DH 4212). Und es hebt, ausdrücklich anknüpfend an Irenäus von Lyon, die hohe Bedeutung des kirchlichen Lehramts hervor, das in der Tradition der Apostel steht (DH 4208; Ratzinger/241: 517).

Unübersehbar sind zudem Brüche innerhalb des Textes. Es wird nicht eindeutig unterschieden, ob es bei der „Weitergabe der Offenbarung" um die

Bezeugung eines heilbringenden Geschehens geht – so etwa, wenn von der „Gewissheit" die Rede ist, zu der die Überlieferung führen kann; oder ob es um einzelne, aus dem Offenbarungsglauben resultierende Inhalte geht, die es zu wissen gilt – so etwa, wenn im gleichen Satz der Begriff „alles Geoffenbarte" verwendet wird (Arenhoevel/206: 44–46).

Dennoch kann im Blick auf „Dei Verbum" zu Recht von einem „Fortschritt" und einer „Klärung" des katholischen Offenbarungsverständnisses gesprochen werden. Dies gilt vor allem für die Nachdrücklichkeit, mit der Offenbarung als Selbstoffenbarung verstanden wird. Die damit gelungene Durchbrechung eines rein instruktionstheoretischen Offenbarungsverständnisses erlaubt es, die folgenreiche Frontstellung von Offenbarungsglaube und Vernunft zu überwinden. So kann ein lehramtlicher Text aus dem Jahr 1998 zu einer differenzierten Zuordnung von Glaube und Vernunft finden, die einander bedürfen (fides et ratio/8: Nr. 1–6.45–48)

Von Bedeutung an der Offenbarungskonstitution des II. Vaticanums ist des weiteren die Trennung zwischen der „Heiligen Überlieferung" und dem „Lehramt": die Überlieferung besteht also nicht in den Aussagen des Lehramtes. Sie ist vielmehr der vielfältige Auslegungsprozess, in dem Glaubende von der Offenbarung Zeugnis geben und sie so vergegenwärtigen. Die „dienende" Funktion des Lehramts besteht darin, die Übereinstimmung der je aktuellen Lebensäußerungen der Kirche mit Schrift und Tradition zu prüfen und zu gewährleisten (Ratzinger/241: 523–528). Das größte Verdienst des Konzils aber dürfte darin liegen, dass es das Verhältnis zwischen Schrift und Tradition gerade nicht exakt bestimmt. Diese These bedarf der Erläuterung.

dienendes Lehramt

d) Schrift und Tradition: Das vielgestaltige Zeugnis

Einer strengen Anwendung des Prinzips „sola scriptura" liegt das gleiche Problem zugrunde wie der Auffassung, Schrift und Überlieferung bildeten „zwei Quellen" des Glaubens. Beide Positionen setzen voraus, dass es möglich sei, zwischen Schrift und Überlieferung klar zu unterscheiden. Doch eine solche Trennung ist in historischer wie inhaltlicher Hinsicht unmöglich (Lengsfeld/230: 463–468).

Historisch lässt sich nicht bestreiten: Die Überlieferung war vor der Schrift. Die mündliche Weitergabe der Botschaft Jesu, die Erzählungen von seinem Geschick, ein Leben in seiner Nachfolge gab es vor der Entstehung der ersten schriftlichen Zeugnisse des Offenbarungsgeschehens in Christus. Und die Festlegung, welche dieser Zeugnisse für die Kirche den Kanon verbindlicher Schriften bilden sollten, steht am Ende eines langen und konfliktreichen Überlieferungsprozesses (Wiederkehr/205: 105 f.).

wechselseitige Angewiesenheit

Auch inhaltlich sind Schrift und Überlieferung aufeinander angewiesen: Die Offenbarung ist ihr gemeinsamer Inhalt. Indem die Kirche die Heilige Schrift als verbindliches Zeugnis der Offenbarung anerkannt hat, erhebt sie die Schrift zur Norm. Das von der Schrift bezeugte Geschehen gilt es zu überliefern; die Überlieferung hat sich also stets von der Schrift belehren und messen zu lassen. Doch die Schrift bedarf ihrerseits der Auslegung. Anders würde sie bald unverständlich – spätestens wenn die kulturellen Kontexte, unter denen sie entstand, verlassen werden. Doch nicht nur die Notwendigkeit solcher Texthermeneutik begründet die Verwiesenheit der Schrift an die Überlieferung (Kampling/187: 178f.). Die Schrift bezeugt vor allem ein Geschehen, das sich nur begrenzt in Worte fassen lässt. Personale Begegnung, auch die in der Offenbarung ermöglichte Begegnung mit Gott, geht über das Sagbare hinaus. Was für die Begegnung mit der Person Jesu galt, muss auch für die Vergegenwärtigung der in ihm erschienenen Wahrheit gelten: Sie bedarf einer Vermittlung in „Wort und Tat", wenn sie Menschen erreichen will (Ratzinger/241: 516).

Die gegenseitige Verwiesenheit von Schrift und Tradition bringt „Dei Verbum" deutlicher und differenzierter zum Ausdruck als das Konzil von Trient (Blum/215: 167–184). Im Raum der reformatorischen Theologie hat sich die gleiche Einsicht spätestens mit der Wort-Gottes-Theologie Bahn gebrochen. Aus einer Frontstellung, die auf unangemessenen Zuspitzungen gründete, ist eine Verhältnisbestimmung geworden, die eine ökumenische Verständigung erlaubt (Beintker/177: 722f.).

treue Überlieferung

Nach dem Verhältnis von Tradition und Offenbarung wurde eingangs gefragt, um Kriterien zu finden, mittels derer die Angemessenheit der Überlieferung geprüft werden könnte. Mit der erreichten Verständigung über das Verhältnis von Schrift und Überlieferung jedoch scheint die Möglichkeit, solche Kriterien zu erheben, genommen. Denn es hat sich gezeigt, dass der hermeneutische Zirkel, wie schon vermutet, ausweglos ist: Im Prozess der Kanonisierung der Bibel hat sich die Kirche einen Teil ihrer Überlieferung zur Norm der Überlieferung gewählt. Und jedes Bemühen, die Überlieferung, die Vielzahl der Ausdrucksgestalten des Glaubens, an der Schrift zu messen, ist selbst wieder ein Teil der Überlieferung. Doch was auf den ersten Blick wie eine Strategie zur vollkommenen Immunisierung aussieht, zeigt sich genauerem Hinsehen als Grundregel jedes hermeneutischen Prozesses: Ein Verstehen, das der Orientierung in der Wirklichkeit dienen können soll, bedarf der inneren Konsistenz (s.o. S. 109). Eine solche ist aber nicht anders zu sichern, als im andauernden Prozess interner Klärung. Immer wieder gilt es zu prüfen, ob sich ein aktueller Deutungsversuch dem überkommenen Verstehenshorizont zuordnen lässt oder nicht. Wo es zu Diskrepanzen kommt, müssen das aktuelle Verstehen oder der Horizont verändert werden, will man den Horizont nicht ganz verlassen. Das bedeutet für den kirchlichen Überlieferungsprozess: Jeder aktuelle Versuch, das Offenbarungsgeschehen zu verstehen und zu bezeugen, muss sich als angemessene Deutung der Heiligen Schrift erweisen und sich der Auseinandersetzung mit überkommenen Deutungen stellen. Soll diese Auseinandersetzung der Wahrheitsfindung dienen, muss in ihr die Möglichkeit offen gehalten werden, dass auch bestimmte Teile der Überlieferung einer Kritik zum Opfer fallen. Eine neue Einsicht in die Wahrheit der Offenbarung kann frühere Ansichten als zu eng oder gar falsch erweisen, ohne dass damit dem Anspruch der Überlieferung, insgesamt für die bezeugende Wahrheit einzustehen, Abbruch getan würde (Schreiter/356: 182–187).

Normierung

Nach römisch-katholischer Auffassung obliegt die erforderliche Prüfung theologischer Auslegung wie glaubender Praxis dem kirchlichen Lehramt. Denn den Bischöfen, die in der Nachfolge der Apostel stehen, ist der Geist der Wahrheit zugesagt, in dem solche Entscheidungen zu treffen sind. Bei ihrer Beurteilung stehen sie selbst unter dem Anspruch der Schrift und der Überlieferung (Werbick/370: 364–369). Es ist bemerkenswert, dass die meisten lehramtlichen Äußerungen lediglich begrenzend-negativen Charakter haben: Bestimmten theologischen Thesen und Verstehensansätzen wird abgesprochen, sich noch im durch Schrift und Tradition gesteckten Rahmen zu bewegen. Lehramtliche Texte, die ein bestimmtes Verstehen positiv festlegen und damit etwa die Theologie auf eine bestimmte „Schulrichtung" festlegen würden, begegnen dagegen selten. So schwierig und konfliktreich die immer wieder vorgenommenen Grenzziehungen auch sind: Diese Form lehramtlicher Prüfung des Überlieferungsprozesses sichert zumindest nach innen, dass die Überlieferung vielgestaltig bleiben kann, weil sie kein bestimmtes Verstehensmodell vorschreibt (Splett/283: 371–375). Andere Konfessionen bestreiten die Notwendigkeit und Legitimität einer solchen normativen Instanz innerhalb der Kirche. Sie verweisen entweder auf die Schrift, die diese Funktion selbst ausübt, oder auf die Kirche als ganze, die für die Treue zum christlichen Glauben einsteht (Communio Sanctorum/1: Nr. 153–200). Doch auch solche theologisch festgehaltene Offenheit kann nicht darüber hinwegtäuschen, dass es, wenngleich gelegentlich unbewusst, immer zu Normierungsprozessen kommt. Damit wird zumindest faktisch einer Notwendigkeit Rechnung getragen: Um in der jeweiligen Gegenwart erkennbar und überzeugend sein zu können, bedarf das Offenbarungszeugnis einer Gestalt. Und diese entsteht nicht anders als durch Abgrenzungen.

4. Neue Offenbarungen?

Vor dem Hintergrund der nun erreichten Bestimmungen ist es möglich und notwendig, auf ein weiteres Phänomen einzugehen: Immer wieder kommt es zu Berichten über Offenbarungen, die einzelnen Menschen auf unerklärliche Weise zuteil wurden. Sie berichten von Erscheinungen, in denen Christus, Maria oder andere Heilige zu den Visionären gesprochen haben. Oder es kommt zu plötzlichen Einsichten, die nicht mit der Vision einer personalen Begegnung verbunden sind. Der Inhalt solcher Wahrnehmungen kann ganz unterschiedlicher Art sein: Er reicht von der Mitteilung dogmatischer Inhalte bis hin zu Weissagungen künftiger Ereignisse. Fast immer enthalten sie Anweisungen zu bestimmten Formen christlichen Lebens und Betens.

Visionen

Orte, an denen es zu solch außergewöhnlichen Wahrnehmungserlebnissen kam, haben sich im Raum der katholischen Kirche oft zu Wallfahrtsorten entwickelt. In anderen Kirchen, vor allem den charismatischen Pfingstkirchen, sind Zungenrede und Weissagungen fester Bestandteil der Gottesdienste.

Die Theologie ist gefragt, zu solchen Phänomenen Stellung zu nehmen. Dabei geht es vor allem darum, deren Verhältnis zur Selbstoffenbarung Gottes in Christus zu bestimmen. Terminologisch hat es sich durchgesetzt, angesichts der fraglichen Phänomene von „Privatoffenbarungen" zu sprechen, weil es sich um „Offenbarungen" an einzelne Personen handelt – auch wenn sie die Forderung enthalten, das Geoffenbarte öffentlich bekannt zu machen.

Privatoffenbarungen

Dass Menschen zu Einsichten kommen, deren Entstehung sie sich nicht erklären können; dass es Visions- und Auditionserlebnisse gibt, kann nicht ernsthaft bestritten werden (Rahner/240: 31–75). Doch auch diese Erlebnisse sind vieldeutig. Sie müssen nicht als Widerfahrnisse göttlicher Wirklichkeit gedeutet werden. In einer Zeit, in der solche göttlichen Kundgebungen gemeinhin für unmöglich gehalten werden, liegen neurologische oder psychiatrische Erklärungsversuche allemal näher. Doch deren Ergebnisse sind theologisch letztlich irrelevant. Denn was angesichts der biblisch bezeugten Wunder gilt, muss auch hier zugute gehalten werden: Die anderweitige Erklärbarkeit verbietet es nicht, ein bestimmtes Geschehen auch dem Wirken Gottes zuzuschreiben. Deshalb hat sich Theologie, zumindest solange an der Ernsthaftigkeit der Berichte nicht gezweifelt werden muss, mit dem Inhalt der als Offenbarung dargestellten Botschaft zu befassen.

Angesichts zahlreicher Offenbarungsbehauptungen entwickelten Irenäus und Tertullian ihre Kriterien für die Wahrheit vorgeblicher Offenbarungen: Sie können als solche nur anerkannt werden, wenn sie mit der Tradition der Kirche, die ihrerseits dem Zeugnis der Apostel verpflichtet ist, zu vereinbaren sind (s. o. S. 159). Nicht beantwortet war damit die Frage, ob solche Offenbarungen anerkannt werden können, die der Tradition der Kirche zwar nicht widersprechen, aber über sie hinausgehen. Die diesbezüglich schon vorher implizit (DH 1501, 3070) vorausgesetzte Überzeugung wird 1907 von Pius X. formuliert, indem er „die Offenbarung, die den Gegenstand des katholischen Glaubens bildet," mit den Aposteln für abgeschlossen erklärt (DH 3421). In den Kirchen der Reformation war diese Grenze schon früher und vor allem enger gezogen worden: Die Überzeugung von der Suffizienz der Heiligen Schrift, die demnach alles enthält, was für das Heil des Menschen von Bedeutung ist, lässt für inhaltlich darüber hinaus gehende Offenbarungen keinen Raum (Luther: WA 7,23). Die Zurückweisung der Möglichkeit weiterer Offenbarung ist jedoch keine willkürliche Setzung. Sie hat ihren Grund in der Überzeugung, dass Gott sich in Christus endgültig geoffenbart hat (Katechismus/12: 65; Rahner/240: 25).

Abgeschlossenheit der Offenbarung

Welche Bedeutung kann den Privatoffenbarungen dann aber überhaupt noch zukommen? Nichts spricht dagegen, sie – etwa in Anlehnung an den autobiographischen Bericht des Augustinus – zunächst als außergewöhnliche Erschließungserfahrungen zu verstehen: Durch Offenbarungserlebnisse wird den Einzelnen die Bedeutung sichtbar, die die Christusoffenbarung für sie besitzt. Dies gilt etwa für die meisten Erfahrungen, die der Mystik zugeordnet werden und in der Regel mit dem Begriff „Privatoffenbarung" nicht gemeint sind.

Erschließungserfahrung

Doch nicht nur für den Offenbarungsempfänger selbst kann diese Erschließung von Bedeutung sein: Sie kann in bestimmten geschichtlichen Situationen helfen, den Inhalt des christlichen Offenbarungsglaubens zur Sprache zu bringen (Botschaft von Fatima/4: 35–37). So wurde etwa die erwähnte Karsamstags-Christologie Hans Urs von Balthasars angestoßen durch Visionen der Mystikerin Adrienne von Speyer (Kehl/315: 49–52). Ebenso kann die in Privatoffenbarungen geschenkte Erschließung wichtig werden, wenn es um die Frage nach dem je aktuell geforderten Handeln der Kirche und der Christen geht (Rahner/140: 27).

5. Gegenwart und Glaube

Gottesbegegnung

In der Gestalt Jesu von Nazareth hat Gott sich selbst geoffenbart. Für die, die an ihn glaubten, war die Begegnung mit Jesus eine Gottesbegegnung. Folgt daraus nicht zwangsläufig die Einsicht, dass alle Späteren benachteiligt sind?

Stellt es nicht einen großen, für die Glaubensentscheidung vielleicht gar alles bestimmenden Unterschied dar, ob Menschen Jesus von Nazareth begegnen oder lediglich dem Zeugnis, das andere von ihm geben? Rückt für die „Jünger zweiter Hand" nicht die Frage nach der Glaubwürdigkeit der Zeugen so in den Mittelpunkt, dass sie den Blick auf Jesus Christus verstellt?

verweigerte Unmittelbarkeit

Solche Fragen drängen sich auf, wenn der historische Abstand zum damals Geschehenen als Anfechtung für den eigenen Glauben empfunden wird; wenn die Form, in der Christen und Kirchen in der Gegenwart von Jesus Christus zeugen, unangemessen, ärgerlich, gar empörend scheint. Gleichwohl ist die Vorstellung naiv, eine Zeitgenossenschaft mit Jesus von Nazareth würde den Glauben leichter machen. Das Neue Testament selbst macht darauf in doppelter Hinsicht aufmerksam:

Ärgernis und Glaube

Zum einen schildert es die Begegnung mit Jesus nie als ein Ereignis, das die Entscheidung zum Glauben überflüssig machen würde. Es stellt sogar immer wieder das Ärgernis heraus, das Jesus durch sein Reden und Handeln weckte. Zum anderen betont es immer wieder, dass Jesus erst nach dem Kreuzestod, erst aus der Perspektive des Osterglaubens wirklich erkannt werden kann. Vorher ist die Wahrheit seines Lebens verborgen. Barth macht darauf aufmerksam, indem er Jesus von Nazareth selbst nicht als das Wort, sondern als Zeugen des Wortes benennt (s. o. S. 130). Bultmann verweist in gleicher Intention auf das Kerygma als einzigen Ort, in dem die Offenbarung begegnet (s. o. S. 154).

So hat für die Jünger „erster" wie „zweiter Hand" die Entscheidung zum Glauben die gleiche Struktur: Für beide ist der Glaube nicht die Folge, sondern die Möglichkeitsbedingung der Erkenntnis. Nur Glaube erkennt, dass Jesus die Vollmacht hat, das Reich Gottes zu verkünden und anbrechen zu lassen; nur der Glaube erkennt, dass in ihm Gott selbst sich geoffenbart hat; nur der Glaube erkennt in der kirchlichen Überlieferung seine Gegenwart. Die Niedrigkeitsgestalt des Wanderpredigers aus Nazareth, erst recht des Gekreuzigten, macht es schwer, seiner Botschaft zu glauben. Der Unterschied, ob Gestalt und Botschaft direkt begegnen oder durch andere bezeugt werden, verblasst angesichts der Entscheidung, um die es geht. Wo, in welcher Form auch immer, die „Gleichzeitigkeit" mit Zusage und Anspruch Jesu hergestellt ist, stehen die Menschen aller Generationen in der gleichen Situation (Kierkegaard: PB 99–107).

Zeugnis und Glaubensgrund

Und die Glaubwürdigkeit der Zeugen? Das Ärgernis der Menschwerdung und des Kreuzes setzt sich fort, indem das Zeugnis Menschen anvertraut wird, die es immer nur gebrochen vertreten können. Paulus betont diese Diskrepanz immer aufs Neue – und sieht sie als den Ort, an dem Gott seine Kraft zeigen kann (2 Kor 4,7–18). Vor allem aber gilt: Die Glaubwürdigkeit der Zeugen mag der entscheidende Anlass des Glaubens sein. Und deshalb kann ihre Bedeutung kaum überschätzt werden. Doch Grund des Glaubens vermag sie nie zu sein. Dieser liegt allein in der Wirklichkeit Gottes, die nur der gewagte und erprobte Glaube erkennt. Das Johannesevangelium lässt das Wissen um diese Zusammenhänge erkennen. Auf das Wort der Frau hin, mit der Jesus am Jakobsbrunnen sprach, kommen viele Samariter zum Glauben an ihn (Joh 4,39). Doch wenig später sagen sie zu der Frau: „Nicht mehr aufgrund deiner Aussage glauben wir, sondern weil wir ihn selbst gehört haben und nun wissen: Er ist wirklich der Retter der Welt" (Joh 4,42).

6. Kirche und Geist

angewiesen auf den Geist

Am Anfang des Nachdenkens über die Gegenwart der Offenbarung stand die theologische Aussage, dass allein der Geist Gottes diese Gegenwart heraufführen und ihre Erkenntnis bewirken kann. Es folgten die ausführlichen Erwägungen zu den Gestalten, in denen Menschen ihren Glauben zu bezeugen und damit die Gegenwart Gottes darzustellen suchen. Abschließend gilt es nun, das Verhältnis dieser beiden so unterschiedlichen Perspektiven zu bestimmen.

Die Kirche als Gemeinschaft derer, die ihrem Glauben und damit auch dem Inhalt ihres Glaubens Gestalt zu geben versuchen, muss darauf bauen, dass der Geist Gottes in ihr wirkt. Denn ohne ihn bliebe ihr Zeugnis leblos. Ohne ihn wäre zudem niemand zu erkennen imstande, dass Gott selbst sich im Zeugnis der Kirche zu erkennen geben will. Ihre Angewiesenheit auf den Geist Gottes drückt die Kirche aus, wenn sie daran glaubt, dass Gott sich an die Sakramente als wirksame Zeichen seiner Gnade gebunden hat; wenn sie, so etwa die römisch-katholische Kirche, bekennt, dass den Amtsträgern in besonderer Weise der Beistand des Geistes zugesagt ist.

Und doch kann schwerlich jedes Handeln im Namen Gottes als ein vom Geist Gottes geleitetes Handeln behauptet werden. Auch im Namen Gottes, auch im Namen der Kirche geschieht Böses, geschieht Unrecht. Es heißt von den Menschen zu groß denken, wenn man alles von ihnen zu verantwortende Handeln der Kirche mit dem Wirken des Geistes identifiziert. Es heißt vom Geist Gottes zu klein denken, wenn man sein Wirken allein in der Kirche für möglich hält.

menschliche Fehlbarkeit

Daraus folgt: Nur in Form der Hoffnung und der Bitte lässt sich davon sprechen, dass im Mühen der Kirche, Zeugnis zu geben von der Gegenwart Gottes, der Geist Gottes selbst wirkt. Wo die gleiche Aussage in Form eines Anspruchs getroffen wird, wo gar das Handeln eines einzelnen Menschen in der Kirche als Handeln Gottes durch seinen Geist behauptet wird, droht daraus ein Machtanspruch zu wachsen, der ignoriert, dass jeder Mensch sündigen kann und sündigt (Wiederkehr/205: 118–121). Die römisch-katholische Kirche sucht dieser Gefahr zu wehren, indem sie das Handeln jedes Einzelnen an die Kirche zurückbindet, die nur als ganze gewiss sein darf, dass der Geist Gottes sie leitet. Dies gilt selbst für die so umstrittenen und missverständlichen Aussagen über die „Unfehlbarkeit" des Papstes (Kehl/317: 372–384). Andere Kirchen und theologische Ansätze dagegen sprechen direkt von der möglichen Verfehlung und Sündigkeit der Kirche, insofern damit die konkrete Gemeinschaft der Glaubenden gemeint ist (Markschies/323).

erhoffter Geist

Die verschiedenen Sichtweisen und Deutungen finden zusammen, wenn und wo die Kirche sich dazu bekennt, dem Geist Gottes in ihrem Handeln nicht gefolgt zu sein; und wenn sie darin ihr Vertrauen zum Ausdruck bringt, dass ihr auch in dieser Situation die Liebe Gottes gilt, für dessen Offenbarung sie Zeugnis geben soll (Kehl/317: 405–408).

V. Gegenseitigkeit: Das Verhältnis des christlichen Offenbarungsglaubens zur Vielheit der Religionen

1. Heilsbedingungen?

„Ist Gott für uns, wer ist dann gegen uns?" (Röm 8,31) Wenn Gott die unbedingt für den Menschen entschiedene Liebe ist, als die er sich geoffenbart hat, was könnte ihn an seiner Liebe hindern? Dass sogar die Sünde Gott an seiner Liebe nicht hindert, dass seine Liebe vielmehr gerade den Sündern gilt, gehört zu den Grundaussagen der Bibel. Wie sollte ihn dann die Zugehörigkeit eines Menschen zu einer anderen Religion als dem Christentum zum Hindernis werden? Müssen Christinnen und Christen nicht glauben, dass Gott sich auch diesen Menschen als Gott erweist, indem er sich ihnen rettend zuwendet?

universaler Heilswille

Andererseits: Wenn auch Gottes Liebe für die Menschen nur wirklich wird, indem sie sich in einer konkreten Gestalt zu erkennen gibt; wenn diese Gestalt Jesus von Nazareth, der Christus, ist – kann es dann außerhalb der Erkenntnis Christi ein Ankommen der Liebe Gottes bei einem Menschen geben? Wenn die heilbringende Offenbarung ein Korrespondenzgeschehen ist, dem die Antwort der Menschen auf Gottes Wort notwendig zugehört; wenn es Rechtfertigung nur im Glauben gibt, ganz gleich, ob dieser als Geschenk oder Entscheidung vorgestellt wird – kann dann ein Mensch außerhalb des Glaubens an Christus je zu seinem Heil finden?

Rechtfertigung durch Glauben

Beide Argumentationsreihen sind in sich schlüssig, beide gehen aus von der offenbar gewordenen Liebe Gottes, und doch führen sie zu gegensätzlichen Ergebnissen. Auch deren praktische Konsequenzen könnten in ihrer jeweiligen Zuspitzung unterschiedlicher nicht sein: Hier eine weitgehend fraglose Anerkennung anderer Religionen, die um des Friedens willen gegebenenfalls die Bedeutung Christi für den christlichen Glauben ganz verschweigt; dort gewaltsame Bekehrungsversuche und Zwangstaufen, die vorgeblich allein dem Heil der Betroffenen dienen.

Ins gleiche Dilemma führt das Nachdenken, wenn es wahrheitstheoretisch einsetzt. Dies ist die in der christlichen Theologiegeschichte am weitesten verbreitete Form, über die Heilsmöglichkeiten von Nichtchristen nachzudenken. Sie setzt bei der Überzeugung an, dass Gott in Christus die Wahrheit kundgetan hat. Die Wahrheit jedoch kann, so das zweite, philosophische Argument, nur eine sein. Daraus folgt: Wer nicht in Christus ist, d. h. wer nicht den Glauben der Kirche teilt und ihr angehört, kann nicht in der Wahrheit, zumindest nicht in der vollen Wahrheit sein (fides et ratio/8: Nr. 80). Doch was bedeutet diese Schlussfolgerung, wenn die Wahrheit Gottes seine Liebe zu den Menschen ist?

Die eine Wahrheit

2. Die Christen und die Anderen

a) Stadien

Zu einer angemessenen Verhältnisbestimmung zwischen dem Christentum und anderen Religionen kann es ohne konkrete Begegnung mit ihnen nicht kommen. In den vergangenen Jahrzehnten wurden solche Begegnungen oft und von vielen gewagt. Es kam und kommt zu Begegnungen, die diesen Namen verdienen. Sie reichen vom gemeinsamen Engagement für Notleidende über Tagungen, bei denen über theologische Inhalte diskutiert wurde, bis hin zu gemeinsamen Gebeten und Gottesdiensten (Henrix/5; Khoury/272: 219–236; Schmidt-Leukel/280).

Begegnung

Diese Begegnungen mit Angehörigen anderer Religionen durchlaufen in bezeichnender Regelmäßigkeit verschiedene Stadien. Ist die Angst vor dem Fremden und vor dem Verlust der eigenen Identität erst einmal überwunden, wird der Blick auf die Realität der Anderen frei. Erst jetzt sind der existentielle Ernst, der beeindruckende Einsatz für Menschen und die überzeugende Frömmigkeit wahrnehmbar, zu denen auch andere Religionen Menschen führen. Nicht selten werden mit großer Überraschung weit reichende Gemeinsamkeiten wahrgenommen, wo zuvor nur Fremdheit vermutet wurde. Manche Formen des Gebets, wichtige Aspekte der Gottesvorstellungen, bestimmte Ansichten über die Welt weisen eine unerwartete Nähe auf.

Nähe

Doch wenn das Kennenlernen damit nicht endet, bleibt es nicht bei dieser befreienden Gemeinsamkeits-Erfahrung. Im Mühen um tiefer reichendes Verstehen werden konfliktträchtige Unterschiede zwischen den Selbstverständnissen der Religionen, ihren Glaubensinhalten und theologischen Systemen deutlich.

Distanz

b) Offenbare Fremdheit

Das gilt nicht zuletzt für die Offenbarungstheologie. Schon Judentum und Islam, die sich ihrerseits auch auf eine maßgebliche göttliche Offenbarung berufen, stellen Geschehen und Inhalt von Offenbarungen deutlich anders dar als das Christentum.

Judentum

Das jüdische Verständnis wurde bereits kurz erwähnt (s. o. S. 25): Die Thora bezeugt, dass Gott sich in seinem Rettungshandeln und in der Kundgabe seines Willens zu erkennen gegeben hat. Doch zu seiner Offenbarung gehören auch alle Deutungen, die an diesen Text herangetragen werden. In ihrer Pluralität sind sie Teil des Lebens vor und mit Gott, zu dem sich Jüdinnen und Juden verpflichtet wissen. Eine „Selbstoffenbarung" Gottes ist die Thora nach jüdischem Verständnis nicht. Wenn eine solche überhaupt für möglich gehalten wird, dann nur als eine Selbstgabe Gottes an einzelne Menschen in individuellen Erfahrungen (Petuchowsky/192: 85 f.). Für jüdische Denker der Neuzeit stellte sich nicht weniger als für christliche Philosophen und Theologen die Frage nach dem Verhältnis von Vernunft und Offenbarung (Meyer/169: 1981). Ihre Lösungsversuche waren ebenso vielfältig wie diesbezügliche Entwürfe von christlicher Seite. Sie zielen aber durchweg darauf, die geoffenbarte Thora in ihrer Bedeutung für die menschliche Vernunft zu erweisen. Auf diesem Weg findet Hermann Cohen zu einer Synthese neuzeitlicher

Cohen

Ethik mit der jüdischen Tradition, die im Titel seines postum erschienenen Hauptwerks „Die Religion der Vernunft aus den Quellen des Judentums" (Cohen/380) prägnant angezeigt wird. Ganz anders etwa Emmanuel Lévinas. Er kritisiert scharf die gesamte abendländische Philosophie, weil sie vollständig auf die Selbsterhaltung der Seins bzw. des Subjekts ausgerichtet sei. Ihr stellt er ein Verständnis menschlicher Subjektivität entgegen, das nicht vom Ich sondern vom Anderen ausgeht. Der Blick des Anderen, der auf mich fällt, nimmt mich ganz in die Verantwortung für ihn. In der absoluten Verantwortung für den Anderen stehe ich, lange bevor ich sie meinerseits übernommen habe. Die durch den Anderen eingeforderte Güte liest Lévinas als „Spur" Gottes, der folgend Menschen sich auf Gott ausrichten, ohne seiner Güte je habhaft werden zu können. Mit dieser philosophischen Neufassung der Subjektivität – wörtlich des „Unterworfenseins" – versteht Lévinas sein Denken als Treue zur Thora Gottes (Levinas/389: 150–192; 388: 209–236; 390: 109–114).

Lévinas

Für den Islam stellt der Koran nicht die einzige, aber die letzte und maßgebliche Offenbarung Gottes dar. Muslime sehen in ihm nicht nur ein von Mohammed verfasstes Zeugnis göttlicher Offenbarung. Als von Gott diktierte Schrift kommt dem Text die Qualität direkter Offenbarung zu. Die Vorstellung einer „Selbstoffenbarung" Gottes aber ist dem Islam fremd. Sie widerspricht der Überzeugung von der absoluten Transzendenz Gottes, die sich als solche weder den Menschen zeigen noch von ihnen erfasst werden kann. Mohammed ist der Prophet Gottes und seiner Offenbarung, er steht in der Tradition und am Ende der langen Reihe von Propheten, zu denen neben vielen Propheten des Alten Testaments auch Jesus von Nazareth zählt. Muslimische Theologie versteht sich als Deutung der ergangenen Offenbarung und legt sie vor allem im Blick auf die praktische Frage aus, wie die Ergebenheit gegenüber Gott im Alltag zu leben ist. Theologische Schulen sind deshalb im Islam vor allem Schulen des Rechts. Keineswegs fremd sind dem Islam Versuche, das Verhältnis zwischen menschlicher Vernunft und göttlicher Offenbarung zu klären. Lange vor entsprechenden Bemühungen von Christentum und Judentum in der europäischen Neuzeit vertraten muslimische Gelehrte im 9.–11. Jahrhundert die Auffassung, dass alle vom Koran geoffenbarte Wahrheit mit Hilfe der Vernunft bedacht, ja erkannt werden kann. Die Vertreter dieser Schule, der Mu'tazila, fielen im 11. Jahrhundert einer Verfolgung durch mächtigere Strömungen des Islam zum Opfer. Ihr Denken war dadurch über Jahrhunderte zur Bedeutungslosigkeit verdammt. Es findet aber in der Gegenwart zunehmende Beachtung, weil es geeignet scheint, das muslimische Offenbarungsverständnis ins Gespräch mit einer Welt und mit Religionen zu bringen, die durch das Vernunft- und Freiheitsverständnis der europäischen Neuzeit geprägt sind (Wielandt/287; Zirker/288; Zirker/289: 51–100; Abdullah/253; Renz/243: 455–477).

Islam

Noch fremder muss das christliche Offenbarungsbekenntnis aus der Sicht weiterer Religionen erscheinen. Der Hinduismus kennt zwar eine Vielzahl göttlicher Manifestationen in der Welt. Doch ihnen kommt nicht die Bedeutung zu, die christlicher Glaube der biblisch bezeugten Offenbarung Gottes zumisst. Sie sind vielmehr Bestätigung und Erscheinung der Einheit aller Wirklichkeit. Das von der Bibel so energisch festgehaltene Gegenüber von Gott und Welt ist dem Hinduismus fremd. Vollends unverständlich muss

weitere Religionen

dem Buddhismus das Verständnis einer Selbstoffenbarung Gottes bleiben: Lehnt er doch die bestimmte, gar eine spekulative Rede von Gott grundsätzlich ab. Ein achtungsvoller Blick auf Jesus ist ihm dagegen nicht fremd (Schmidt-Leukel/280). Im Blick auf noch weitere Religionen und religiöse Systeme wird festzuhalten sein, dass deren immer wieder begegnende Rede von Manifestationen oder Offenbarungen des Göttlichen keine Gewähr dafür bietet, problemlos mit dem Christentum ins Gespräch eintreten zu können: Schon in der Antike zeigte sich, dass das Spektrum der Gottes- und Offenbarungsvorstellungen viel zu breit ist, um dem Christentum als fragloser Anknüpfungspunkt dienen zu können (Wießner/428).

Ist angesichts solcher Differenzen, für die die unterschiedlichen Offenbarungsverständnisse hier nur ein Beispiel sein sollten, Verständigung möglich? Wie weit kann eine Anerkennung des jeweils fremden Verständnisses gehen, ohne dabei die eigene Überzeugung aufgeben zu müssen?

Bestimmtheit und Öffnung

c) Standpunktklärung

So unverzichtbar das Gespräch mit anderen Religionen ist, es kann in diesem Buch nicht geführt werden. Stattdessen soll es im Folgenden darum gehen, den Standpunkt zu klären, mit dem Christinnen und Christen in einen Dialog mit Angehörigen nichtchristlicher Religionen treten können. Wo liegen für das christliche Offenbarungsbekenntnis die Möglichkeiten, wo die Grenzen für die Anerkennung anderer Religionen?

Diese Frage ist nicht neu. Sie musste bereits in den Anfängen des Christentums gestellt werden. Denn es entstand wie jede Religion aus der kritischen Abgrenzung gegen ältere und andere Traditionen (Grünschloß/264: 1 f.). Erinnert sei an den schwierigen Prozess, in dem die frühe Kirche sich zu verstehen suchte – einerseits gegenüber dem Judentum, andererseits gegenüber der hellenistisch-römischen Religionspraxis (s. o. S. 52; Stockmeier/97: 37–45). Schriften gegen „die Häretiker“, d. h. gegen als Irrlehrer definierte Christen, gegen „die Juden“ (Schreckenberg/96) und gegen die „Völker“, d. h. gegen andere Religionen, stellten bis ins Hochmittelalter eine eigene, umfangreiche Textgattung dar. In ihnen sind die scharfen Abgrenzungen von den Anderen in der Regel mit einer ebenso massiven Abwertung der Anderen verbunden. Auf anders ausgerichtete Entwürfe wird noch einzugehen sein.

Abgrenzung und Abwertung

Die Gegenwart ist davon gekennzeichnet, dass die schon immer bestehende Pluralität der Religionen zur alltäglichen Erfahrung der meisten Menschen gehört. Unübersehbar ist dabei das Konflikt- und Gewaltpotential, das Religionen bergen (Jäger/426). So ist die Frage nach der grundsätzlichen Friedensfähigkeit der Religionen zu einem kulturell wie politisch brisanten Problem geworden (Küng/321). Vor diesem Hintergrund lässt sich leicht verstehen, dass einer „Theologie der Religionen“ bzw. „Religionstheologie“, in der aus theologischer Perspektive die eingangs genannten Fragen gestellt werden, auch außerhalb theologischer Diskussion immer größere Aufmerksamkeit geschenkt wird. Deren folgende Darstellung soll ganz auf die Frage konzentriert sein, ob und wie es dem Christentum möglich ist, die – um seiner Gestalt willen notwendige – Abgrenzung von Anderen mit einer Anerkennung statt einer Abwertung dieser Anderen zu verbinden.

Abgrenzung und Anerkennung

3. Problematische Optionen

Zahl und Inhalte religionstheologischer Entwürfe sind mittlerweile kaum noch zu überschauen. Umso hilfreicher erweist sich zur ersten Orientierung eine mittlerweile weit verbreitete Klassifikation, die sämtliche Entwürfe je einer von drei möglichen Grundoptionen zuzuordnen sucht. Leitend ist dabei die Frage, ob und inwieweit anderen Religionen zugestanden wird, dass sie Menschen einen Weg zum Heil eröffnen. Der Begriff „Heil" wird dabei nur insofern definiert, dass man unter ihm die für die Menschen heilbringende und heilvolle Beziehung zu einer transzendenten Wirklichkeit versteht. Anhand dieses Kriteriums lassen sich in der Tat die verschiedenartigen religionstheologischen Entwürfe unterteilen: Als exklusivistisch werden Positionen bezeichnet, die außerhalb der eigenen Religion keinerlei Heilsmöglichkeit für Menschen sehen; dem „Inklusivismus" werden Ansätze zugeordnet, die in anderen Religionen Elemente heilsbedeutsamen Wissens und Lebens ausmachen, aber nur in der eigenen Religion den vollkommenen Weg zum Heil sehen; „pluralistisch" schließlich werden Entwürfe genannt, die zumindest mit der Möglichkeit mehrerer gleichwertiger Heilswege in verschiedenen Religionen rechnen (Schmidt-Leukel/277 u. 278).

Religionstheologische Klassifikation

Alle drei Positionen sollen im Folgenden kurz vorgestellt werden. Am Ende allerdings wird eine Kritik nicht nur dieser Positionen, sondern auch des Klassifikationsmodells selbst stehen.

a) Exklusivismus

Die hochheilige römische Kirche *„glaubt fest, bekennt und verkündet, dass ‚niemand, der sich außerhalb* der katholischen Kirche befindet, *nicht nur <keine> Heiden' (Fulgentius von Ruspe), sondern auch keine Juden oder Häretiker und Schismatiker, des ewigen Lebens teilhaftig werden können, sondern dass sie in das ewige Feuer wandern werden, ‚das dem Teufel und seinen Engeln bereitet ist' [Mt 25,41], wenn sie sich nicht vor dem Lebensende ihr angeschlossen haben, und dass die Einheit mit dem Leib der Kirche eine solch große Bedeutung hat, dass nur denen, die in ihr verharren, die Sakramente der Kirche zum Heil gereichen." (Bulle „Cantate Domino"/DH 1351)*

Konzil von Florenz

Dieser Text wurde 1442 vom Konzil zu Florenz verabschiedet. Er stammt aus einem Dokument, das die Union mit der koptischen und der äthiopischen Kirche ermöglichen sollte, die seit Jahrhunderten von der römischen Kirche getrennt waren. Es benennt die Grundlagen des Glaubens, auf deren gemeinsamer Anerkennung die künftige Union gründen soll. Zu diesen Grundlagen gehört die genannte strenge Auslegung des viel älteren Satzes „außerhalb der Kirche gibt es kein Heil", die auf den im Text zitierten Fulgentius zurückgeht, einen nordafrikanischen Bischof an der Wende vom 5. zum 6. Jahrhundert.

„außerhalb der Kirche kein Heil"

Der Text, der Äthiöpier, Kopten und römische Katholiken einigen sollte, wäre hundert Jahre später in seinem zitierten Abschnitt auch nicht zum Streitpunkt mit den Reformatoren geworden:

Luther

„Denn was außerhalb der Christenheit ist, es seien Heiden, Türken, Juden oder falsche Christen und Heuchler, ob sie gleich nur einen wahrhaftigen Gott glauben und anbeten, so wissen sie doch nicht, wie er gegen sie gesinnet ist, können sich auch

keiner Liebe noch Guten zu ihm versehen, darum sie in ewigem Zorn und Verdammnis bleiben." (Luther/156: 3.92)

Solche und ähnliche Texte finden sich nicht nur als Zeugnis ferner Jahrhunderte, sondern auch in Theologie und kirchlicher Lehre der Gegenwart. Auf Barths Verdikt gegen jede Religion wurde bereits aufmerksam gemacht (s. o. S. 80; dazu Bernhardt/255: 149–173). Ihm schließen sich, zum Teil mit anderen Argumenten, weitere Theologen an (Hempelmann/266). Die evangelische Kirche hält die Möglichkeit des Exklusivismus zumindest weiterhin offen (Arnoldshain/13).

Die Grundlage eines solchen „exklusivistischen" Verständnisses des christlichen Glaubens bildet die Überzeugung, dass Gott in Christus nicht nur seinen Heilswillen für die Menschen geoffenbart hat, sondern auch den christlichen Glauben als einzigen Weg, auf dem Menschen das ihnen zugedachte Heil erreichen können. Regelmäßig wird von Vertretern des Exklusivismus der Satz des Johannesevangeliums zitiert: „Ich bin der Weg, die Wahrheit und das Leben; niemand kommt zum Vater außer durch mich" (Joh 14,6).

biblische Begründung

Diese Überzeugung von der Heilsnotwendigkeit des Christusereignisses wird eingebunden in ein entsprechendes Kirchen- und Sakramentsverständnis. Gott hat sich, indem Christus die Taufe als Sakrament einsetzte, an dieses Zeichen gebunden: Durch die Taufe und nur durch die Taufe schenkt er den immer schon in der Sünde gefangenen Menschen die Gnade, die sie mit Christus verbindet. Zugleich werden sie durch das Sakrament in die Kirche eingegliedert, die als „Leib Christi" (1 Kor 12,5; Kol 1,18) geglaubt wird. Weil allein in Christus das Heil zu finden ist, ist die Mission die vornehmste Aufgabe der Kirche.

Taufe und Mission

Nun steht die Erwartung ewiger Strafe für die Nichtgetauften in einer deutlichen Spannung zu dem Glauben, dass Gott das Heil der Menschen will: Gott, unser Retter „will, dass alle Menschen gerettet werden und zur Erkenntnis des Wahrheit gelangen" (1 Tim 2,4). Sofern diese Spannung nicht mit Hilfe einer Prädestinationslehre, die Gottes Vorherbestimmung von Menschen zur Verdammnis annimmt, aufgelöst wird, sucht und findet auch der „Exklusivismus" Wege für die Gnade Gottes, die nicht an die Taufe gebunden sind. Wenn ein Mensch den Wunsch zur Taufe hatte, aber starb, bevor er getauft wurde, darf er nach kirchlicher Überzeugung des von Gott geschenkten Heils sicher sein. Der Wunsch zur Taufe gilt als der Taufe gleichwertig – so eine päpstliche Verlautbarung, die vermutlich aus dem 8. Jahrhundert stammt (DH 741). Damit wird es möglich, etwa das um Gottesverehrung und Liebe bemühte Leben eines Menschen als Taufwunsch zu deuten, selbst wenn dieser nicht ausdrücklich geäußert worden sein sollte. Ebenso können Menschen, die ohne eigene Schuld um die Heilsbedeutung Christi und der Kirche nicht wissen, von der Gnade Gottes erreicht und gerettet werden (DH 4136). Zu einem besonderen Diskussionspunkt der Gnadenlehre wurde schließlich das Schicksal der ungetauft sterbenden Säuglinge. Sie gelten zwar als von der Erbsünde betroffen, sind aber noch nicht wegen eigener Schuld anzuklagen. Im Blick auf sie sah die Kirche sich veranlasst, die Möglichkeit eines Gnadenhandelns Gottes zumindest nicht auszuschließen (DH 2626; DH 1949).

Heil jenseits der Kirche?

Die Ablehnung einer möglichen Heilsbedeutung anderer Religionen bleibt von diesen Bemühungen, das Wirken der Gnade Gottes auch außerhalb der Taufe für möglich zu halten, unberührt. Stets steht nur das Schicksal einzelner Menschen zur theologischen Diskussion. Sollten diese Angehörige einer anderen Religionen sein, wird ihre Rettung nicht wegen, sondern trotz dieser Zugehörigkeit erhofft.

Wahrheit und Toleranz

Einem heute verbreiteten Toleranzverständnis muss der Exklusivismus fremd, ja inakzeptabel erscheinen. Doch spricht dies nicht notwendig gegen ihn. Allzu oft gründen Toleranzforderungen auf einer Verabschiedung der Wahrheitsfrage: Weil die Wahrheit den Menschen ohnehin unerkennbar sei, dürfe sie nicht zum Maßstab des Denkens oder Glaubens erhoben werden. Wegen der begrenzten Einsicht der Menschen müssten die verschiedenen Wahrheitsansprüche als gleich gültig behandelt werden. Kritik sei nur erlaubt gegenüber Ansprüchen, die diese Gleichgültigkeit nicht akzeptieren. Demgegenüber wirken der Ernst und die Konsequenz, mit dem die dargestellte Position für die Wahrheit eintritt, die sie im Glauben erkannt hat, durchaus beeindruckend (Schwöbel/282; Härle/265).

Gleichwohl erheben sich gegen exklusivistische Entwürfe schwerwiegende Bedenken. Aus theologischer Perspektive ist zu fragen: Entsprechen sie mit den Einschränkungen, der sie das Gnadenhandeln Gottes unterwerfen, wirklich der Wahrheit Gottes, wie sie in der Christusoffenbarung sichtbar wurde? Nehmen sie die tief reichenden Einsichten anderer Religionen in die menschliche Wirklichkeit, nehmen sie die vielen Wege, auf denen andere Religionen in ein Leben vor und mit Gott einweisen, ernst genug? Und aus philosophischer Perspektive muss kritisch gefragt werden, ob die Vertreter eines Exklusivismus die Begrenztheit möglicher Erkenntnis auch einer Offenbarung nicht unterschätzen; vor allem aber, ob eine solche Position noch in der Lage ist, der menschlichen Freiheit die Anerkennung zu zollen, die ihr gebührt (Schmidt-Leukel/199: 188–191).

b) Inklusivismus

II. Vaticanum

„Schon von alters her bis zur heutigen Zeit findet sich bei den verschiedenen Völkern eine gewisse Wahrnehmung jener verborgenen Kraft, die dem Lauf der Dinge und den Ereignissen des menschlichen Lebens gegenwärtig ist, bisweilen sogar die Anerkennung einer höchsten Gottheit oder auch eines Vaters. Diese Wahrnehmung und Anerkennung durchdringt ihr Leben mit einem tiefen religiösen Sinn. […]
Die katholische Kirche verwirft nichts von dem, was in diesen Religionen wahr und heilig ist. Mit aufrichtigem Ernst betrachtet sie jene Handlungs- und Lebensweisen, jene Gebote und Lehren, die zwar in vielem von dem abweichen, was sie selber festhält und lehrt, jedoch nicht selten einen Strahl jener Wahrheit wiedergeben, die alle Menschen erleuchtet. Unablässig aber verkündet sie und muss sie verkünden Christus, ‚der der Weg, die Wahrheit und das Leben' (Joh 14,6) ist, in dem die Menschen die Fülle des religiösen Lebens finden, in dem Gott alles mit sich versöhnt hat." (II. Vat.: DH 4196)

Die „Erklärung über das Verhältnis der Kirche zu den nichtchristlichen Religionen ‚Nostra Aetate'", der oben stehender Abschnitt entnommen ist, hat nicht nur die wohl Aufsehen erregendste Entstehungsgeschichte aller Texte des II. Vaticanums (Oesterreicher/275; Pesch/343: 291–303). Er stellt auch inhaltlich eine Sensation dar: Zwar bekräftigt „Nostra Aetate" erneut die Höchstgeltung der Christusoffenbarung und die darin gründende Vorrangstellung des Christentums. Aber zum ersten Mal spricht ein lehramtlicher Text der römisch-katholischen Kirche von der Gotteswahrnehmung, dem tiefen Sinn, der Wahrheit und Heiligkeit, die sich in anderen Religionen finden. Diese werden in der Konzilserklärung nach dem Modell konzentrischer Kreise vorgestellt, in deren Mittelpunkt Christus und die Kirche stehen. Das Konzil sieht, vom Judentum bis zu den Naturreligionen, die anderen Religionen in unterschiedlichem Abstand zur Fülle der Wahrheit, die im Christentum bewahrt ist.

Wahrheit anderer Religionen

Damit nimmt das II. Vaticanum theologische Gedanken auf, die weit in die Geschichte des Christentums zurückreichen. Schon Justin und Clemens von Alexandrien sprachen mit Hochachtung von der Philosophie, d. h. auch der philosophischen Gotteslehre, die „vor der Ankunft des Herrn [...] für die Griechen notwendig [war]; jetzt aber wird sie nützlich für die Gottesfurcht, indem sie eine Art Vorbildung für die ist, die den Glauben durch Beweise gewinnen wollen" (Clemens/107: Strom. V, 28.1).

Cusanus

Zu den Quellen, aus denen das Konzil schöpfen konnte, zählt zweifellos auch das Werk des Nicolaus Cusanus. Er entwarf im 15. Jahrhundert das Bild eines möglichen Religionsfriedens, der durch ein „Konzil" im Himmel zustande kommt, an dem Philosophen als Vertreter der verschiedenen Religionen sowie Christus, Petrus und Paulus teilnehmen (Cusanus/140). Zielpunkt der ausführlichen Diskussion ist die These, dass es nicht viele Religionen gebe, sondern lediglich „una religio in varietate rituum", nur „eine Religion in der Vielfalt der Riten" (ebd. 710). Methodisch nimmt Cusanus in seiner Friedensschrift die Transzendentalphilosophie späterer Jahrhunderte vorweg: Die Argumentation zu den zentralen Themen – Monotheismus, Dreieinigkeit Gottes, Inkarnation, Rechtfertigung allein aus Glauben, Sakramente und liturgische Riten – folgt dem immer gleichen Schema. Sie weist nach, dass die genannten Wahrheiten in allen bestehenden Religionen zumindest implizit vorausgesetzt sein müssen, weil sonst die Religionen nicht die Gestalten haben könnten, die sie haben. Deren Vielfalt wird abschließend ausdrücklich als Wert, nicht als Mangel bezeichnet (ebd. 797). Um zu seinem Ziel zu gelangen, macht Cusanus von Seiten des Christentums erstaunliche Zugeständnisse: Polytheistische Praktiken werden unter bestimmten Voraussetzungen anerkannt (ebd. 731); er nennt die Rede von Gott als „Vater, Sohn und Geist" eine Sprachform, die nicht übernommen werden muss, wenn die Einsicht in die Trinität anders ausgedrückt wird (ebd. 739); Riten anderer Religionen wird sakramentaler Charakter zuerkannt (ebd. 787). Gleichwohl bleibt, schon die Auswahl der oben genannten Themen zeigt es, die von Cusanus behauptete „una religio" bestimmt von den Grundaussagen christlicher Theologie. Sie wird von ihm als die von Gott geoffenbarte Wahrheit vorausgesetzt, von der aus ihm die Anerkennung der anderen Religionen gelingt (Stallmach/150; Flasch/145: 330–383; Bongardt/258).

„una religio"

Rahner

Als der eigentliche Begründer eines religionstheologischen Inklusivismus in der römisch-katholischen Theologie aber gilt Karl Rahner. Seine Anthropologie (s. o. S. 96) und sein offenbarungstheologischer Ansatz (s. o. S. 122) wurden bereits dargestellt. Auf ihrer Grundlage ruht auch Rahners Versuch, die Legitimität außerchristlicher Religionen zu erweisen (Rahner/347:

V.143). Die Ausrichtung auf Gott ist jedem Menschen aus Gnade geschenkt. Sie ist zugleich Gabe und Aufgabe für den Menschen. Er soll der ihm eigenen Transzendentalität in seinem konkreten Leben Ausdruck geben, indem er sich glaubend an das absolute Geheimnis verwiesen weiß und sich den Menschen und der Welt so zuwendet, dass in der Nächstenliebe die Gottesliebe konkret wird (Rahner/347: VI.285f.). Wo ein Mensch in solcher Weise seiner Bestimmung entsprechend lebt, ohne Christus zu kennen oder ihn gar zu bekennen, kann er, so Rahner, als „anonymer Christ" bezeichnet werden (Rahner/347: V.154).

„anonyme Christen"

Die Frage, wieso ein solcher Mensch nicht nur „anonymer ‚Theist', sondern auch ein anonymer *Christ*" (Rahner/347: VI.546f.) genannt werden kann, leitet über zu Rahners religionstheologischem Ansatz. Jesus Christus ist der ganz auf Gott ausgerichtete Mensch, in dem nicht nur das wahre Menschsein, sondern auch Gottes Zuwendung zum Menschen ausdrücklich offenbar wird. Weil Christus in diesem Sinne die Bestimmung aller Menschen ist, können, ja müssen alle, die außerhalb des Christentums ihrer Bestimmung entsprechend leben, als anonyme *Christen* bezeichnet werden.

Um das Bewusstsein von der Ausrichtung des Menschen auf Gott in ein Gewusstsein zu überführen, spielen, wie schon beschrieben, die anderen Religionen nach Auffassung Rahners eine gewichtige Rolle. Doch die „vergegenständlichende Selbstauslegung der gnadenhaften Offenbarung durch den Menschen glückt", so Rahner, außerhalb des Christentums „nur teilweise, sie steht immer in einer noch unvollendeten Geschichte, sie ist untermischt mit Irrtum, schuldhafter Verblendung und deren Objektivationen, die selbst wiederum die religiöse Situation der anderen Menschen mitbestimmen" (Rahner/197: 176). Erst in der Christusoffenbarung wird diese Verblendung aufgehoben. Deshalb ist das Ziel aller Religionen das Bekenntnis zu Christus, das Ziel jedes Menschen das ausdrückliche Christsein (Bernhardt/255: 174–196).

unvollendete und vollendete Offenbarung

In allen hier kurz vorgestellten Ansätzen kommt das Anliegen des Inklusivismus deutlich zum Ausdruck: Er will an der Höchstgeltung des christlichen Offenbarungsglaubens festhalten, aber anderen Religionen weitest möglich ein Eigenrecht zugestehen. Motiviert ist dieses Bemühen einerseits von der Überzeugung der Einzigartigkeit des Christusereignisses, andererseits vom Glauben, dass Gott allen Menschen das Heil eröffnen will und dass er in der Kraft seines Geistes auch außerhalb der Kirche dieses Heil in Menschen wirken oder sie zumindest auf dieses Heil ausrichten kann. Es ist nach dieser Auffassung der Geist Gottes, der in den anderen Religionen wirkt – mehr oder weniger verstellt durch eine unangemessene Aufnahme dieses Wirkens durch die Menschen.

Wirken des Geistes

Von Seiten exklusivistischer Entwürfe wird dem Inklusivismus der Vorwurf gemacht, von der Alleingeltung und Heilsnotwendigkeit des christlichen Glaubens unberechtigte Abstriche zu machen (Hempelmann/266: 157f.). Dies komme nicht zuletzt darin zum Ausdruck, dass eine inklusivistische Position sich den Missionsauftrag allenfalls noch halbherzig zu eigen mache. Vertretern des Pluralismus dagegen geht die hier gewagte Öffnung nicht weit genug: Sie sehen die inklusivistische Position zu einem wirklichen Dialog nicht fähig, da sie den Anderen nicht gleichberechtigt, sondern immer mit dem Anspruch entgegentritt, allein im Besitz der vollen Wahrheit zu sein

Missionsverzicht?

asymmetrischer Dialog

(Knitter/273: 92–95). Zudem sei die Berechtigung dieses Anspruchs nicht zu beweisen, nicht einmal plausibel zu machen. Denn weder die Praxis noch die Theologie des Christentums zeige sich von einem Standpunkt außerhalb des Christentums anderen Religionen überlegen (Schmidt-Leukel/199: 193 f.).

c) Pluralismus

Hick

„Niemand kann weiterhin vernünftigerweise behaupten, daß seine eigene Form religiöser Erfahrung und diejenige der Tradition, der er angehört, verlässlich sei, die anderen dagegen nicht. [...] Wenn man dies anerkennt, folgt man nur der intellektuellen Goldenen Regel, daß man anderen dieselben Voraussetzungen zubilligt, auf die man sich selbst stützt. Menschen, die in anderen Traditionen leben, haben daher dasselbe Recht, auf ihre jeweils eigene religiöse Erfahrung zu vertrauen und ihre Überzeugungen auf dieser Grundlage auszubilden. Der einzige Grund, warum man seine eigene Tradition anders behandelt als andere, ist der sehr menschliche, aber nicht sehr zwingende Grund, daß es die eigene ist.“ (Hick/268: 256)

Option für die Vielfalt

Die so genannte Pluralistische Religionstheologie ist vor allem im englischsprachigen Raum vertreten und findet dort zunehmende Verbreitung. Sie versteht ihre Grundaussage ausdrücklich als „Option“. Sie behauptet nicht, sondern sie hält es für möglich, dass es mehrere Religionen gibt, die eine gleich angemessene Erfahrung der transzendenten Wirklichkeit und eine gleich überzeugende Antwort auf diese Wirklichkeit darstellen (Schmidt-Leukel/279: 486–492; 577–582). Ausdrücklich richtet sich diese Vermutung nur auf eine begrenzte Zahl von Religionen (Hick/268: 322).

„Erfahrung-als“

John Hick begründet seine pluralistische Option erkenntnistheoretisch. Menschliche Erfahrung, so Hick, erfasst nie die Gegenstände in deren eigener Wirklichkeit. Vielmehr ist alle Erfahrung eine „Erfahrung-als“. Eine bestimmte Sinneswahrnehmung erfahren Menschen „als“ Tisch, Haus, Baum. Nach Hick sind „alle Erfahrungen aus Begriffen aufgebaute Formen einer Interpretation“ (ebd. 159). Dies gilt insbesondere für transzendente Wirklichkeit, auf die Religionen sich richten. Um den nicht in allen Religionen anzutreffenden personalen Gottesbegriff zu vermeiden, spricht Hick von dieser Wirklichkeit als dem „real an sich“, „dem Wirklichen an sich“ (ebd. 257). Da die „Erfahrung-als“ nicht mehr hintergehbar ist auf die Wirklichkeit, die in ihr erfahren wird, muss und kann die Wahrheitsfrage verabschiedet werden. Es lässt sich nicht prüfen, welches Gottesbild der Wirklichkeit Gottes entspricht und damit wahr ist. Erst im Eschaton, in der unmittelbaren Anschauung Gottes wird eine solche Prüfung möglich sein; erst dann wird es zu einer „eschatologischen Verifikation“ kommen (ebd. 197 f.; ähnlich Knitter/273: 89–91). Mit diesem Verzicht auf einen wertenden Vergleich widerstreitender Wahrheitsansprüche sucht die Pluralistische Religionstheologie den wohl schwerwiegendsten Konfliktpunkt zwischen den Religionen zu überwinden.

„Wirkliches an sich“

„eschatologische Verifikation“

Goldene Regel

Kriterienlos wird sie damit aber nicht. Religionen können nach Hick dann als gleichwertig anerkannt werden, wenn in ihnen „die Transformation des menschlichen Daseins aus der Selbstzentriertheit in die *Wirklichkeits*zentriertheit stattfinden kann“ (Hick/268: 323), wenn sie den Menschen zur selbstlosen Liebe anleiten und so auf die Wirklichkeit an sich ausrichten. Inhaltlich sieht Hick dieses Kriterium in der „Goldenen Regel“ formuliert:

„Was ihr von anderen erwartet, das tut ebenso auch ihnen" (Lk 6,31). Es findet sich mit nur geringen Abweichungen in allen großen religiösen Traditionen (Hick/268: 340–366). Allein dieses „soteriologische Kriterium" bietet nach Hick die Möglichkeit, Religionen kritisch zu prüfen. Denn es ist nicht einer bestimmten Religion entnommen, die damit – wie etwa der Gottesbegriff des Cusanus – zum Maßstab der anderen würde. Und es ist, anders als die Wahrheitsfrage, anwendbar, denn die Veränderung menschlichen Verhaltens lässt sich beobachten.

„mythologische Wahrheit"

An diesem soteriologischen Kriterium ist schließlich auch zu messen, was Hick die „mythologische Wahrheit" der Religionen nennt. Damit bezeichnet er alle inhaltlichen Gottesaussagen der Religionen. Sie sind „Reaktionen auf das Mysterium der menschlichen Existenz", die sich der transzendenten Wirklichkeit verdankt (ebd. 379). Weil diese Wirklichkeit nicht unmittelbar fassbar ist, die Menschen aber auch nicht ohne Vorstellungen von ihr leben können, formen sie Erzählungen, Mythen, um zum Ausdruck zu bringen, „als" wen bzw. was sie die „Wirklichkeit an sich" erfahren. Diese mythologische Gestalt der Religionen ist dann und nur dann anzuerkennen, wenn sie die oben genannte Transformation des menschlichen Daseins befördert. Nicht zuletzt die Christologie wird als eine solche Wahrheit definiert: In ihr gab die frühe Kirche ihrer Gotteserfahrung eine konkrete, das Leben der Glaubenden verändernde Form (Schmidt-Leukel/279: 562–575).

Heilswege

Ohne Frage ist die Pluralistische Religionstheologie geprägt durch ihren Willen, die Religionen in ihrer Vielfalt anzuerkennen. Folgt man ihren Optionen, ist ein Dialog zwischen Angehörigen verschiedener Religionen möglich, weil sie sich als gleichwertige Partner anerkennen und ergebnisoffen diskutieren können. Theologisch ist sie als das Konzept zu würdigen, das entschieden zu der Überzeugung steht, dass Gott das Heil aller Menschen will. Um diesen Willen zu verwirklichen, eröffnet er den Menschen verschiedene Wege zum Heil – die Religionen. Deren Vielfalt ist nicht zu beseitigendes Übel, sondern der für die Menschen unfassbaren Größe Gottes angemessen und darin wertvoll.

mögliche Außensicht

Als Blick *auf* die Religionen ist ein solches Denken nicht nur möglich, sondern auch überzeugend. Es nimmt die Einsichten der neuzeitlichen Erkenntniskritik auf und entwickelt sie zu einer Theorie pluraler religiöser Erkenntnis.

fragliche Innensicht

Die entscheidende Frage an die Pluralistische Religionstheologie aber lautet, ob sie auch als Blick *aus* den einzelnen Religionen möglich ist. Können Glaubende, die in einer bestimmten religiösen Tradition stehen, sich diese Sicht auf die Anderen und auf sich selbst zu eigen machen? Glaubenden gilt die Tradition, in der sie stehen, als verbindlich. Gerade wenn diese, wie im Christentum, sich einer Offenbarung Gottes verdankt, wird Gott selbst als der geglaubt, in dem diese Verbindlichkeit gründet: Offenbarung geht, weil Gott selbst in ihr den Menschen begegnet, diese unbedingt an. Und dies gilt nicht nur für die ethischen Konsequenzen, die sie vom Menschen fordert. Schon früher musste einem philosophischen Verständnis, das die Religion auf ihre ethischen Aspekte reduzierte, entgegen gehalten werden (s. o. S. 78):

Heil ohne Wahrheit?

Auch die begegnende Wirklichkeit Gottes will als Wahrheit anerkannt und bezeugt werden (Dominus Jesus/7: Nr. 20–22; Gäde/262: 312f.; Striet/365: 31–37). Im Licht dieser Wahrheit, an die sie sich gebunden wissen, haben

Glaubende nicht zuletzt die ihnen begegnenden fremden Religionen zu verstehen – und zu prüfen. Genauso wenig wie sie selbst sich auf ihre „soteriologische Relevanz" beschränken lassen können, dürfen sie dabei die Glaubensinhalte der Anderen beiseite stellen.

Diese Notwendigkeit ist allerdings nicht allein gegenüber der Pluralistischen Religionstheologie als Kritik anzumelden, sondern auch gegenüber der hier zunächst herangezogenen Klassifizierung religionstheologischer Entwürfe. Ihre Beschränkung auf die Frage, inwieweit von einer bestimmten Religion die anderen als heilsrelevant anerkannt werden, weist die gleiche problematische Vernachlässigung der Wahrheitsfrage auf (Bongardt/256: 142 f.; Waldenfels/285: 241–246).

Wichtige Anliegen und Einsichten der dargestellten religionstheologischen Positionen aufnehmend, soll im Folgenden gezeigt werden, dass für Christinnen und Christen die Anerkennung fremder Religionen möglich ist, ohne die Verbindlichkeit zu reduzieren, mit der sie sich ihrem eigenen Glauben verpflichtet wissen. Bevor diese Möglichkeit auf der Grundlage des Offenbarungsbekenntnisses theologisch entfaltet wird (5.), sind die philosophischen Voraussetzungen des hier vorgelegten Entwurfs zu benennen (4.). Ein Blick auf die Konsequenzen eines solchen Glaubensverständnisses für das Zeugnis, das die Glaubenden von der Selbstoffenbarung Gottes in Christus geben sollen und geben können, schließt nicht nur dieses Kapitel, sondern die Einführung in die Offenbarungstheologie insgesamt ab (6).

4. Philosophische Klärung

Die Philosophie blickt von außen auf die Religionen. Während jede Theologie den Glauben an die Wirklichkeit Gottes voraussetzt und immer schon in einer bestimmten religiösen Tradition steht, kann die Philosophie sich auf die Analyse beschränken, was den Glauben mit anderen Weisen, sich in der Welt zu orientieren, verbindet und was ihn von diesen unterscheidet. Auf diesem Weg lassen sich die Möglichkeiten, Recht und Grenzen religiöser Wahrheitsansprüche aufdecken. Auf diese Möglichkeitsbedingungen des Glaubens kann die Philosophie die Theologie aufmerksam machen – und sie muss sie auf deren Konsequenzen verpflichten.

Cassirer

Um die philosophische Außensicht der Religion vorstellen zu können, bietet es sich an, die bereits eingeführten Einsichten Cassirers aufzugreifen und zu vertiefen (s. o. S. 108). Dessen „Philosophie der symbolischen Formen" macht deutlich, dass sich jedes Verstehen einer Entscheidung verdankt, das Begegnende so und nicht anders zu verstehen. Es gründet also in der Freiheit des Deutens, die es bewusst zu machen gilt. Der fortdauernde Prozess menschlichen Verstehens hat das Ziel, „die passive Welt der bloßen *Eindrücke*, in denen der Geist zunächst befangen scheint, zu einer Welt des reinen geistigen *Ausdrucks* umzubilden" (Cassirer: PsF I 12). Cassirer kann sogar „die Kultur als den Prozess der fortschreitenden Selbstbefreiung des Menschen beschreiben" (VM 345), weil in ihm die Freiheit des Verstehens und des aus ihm resultierenden Handelns immer deutlicher erfasst wird.

Freiheit des Ausdrucks

Cassirer wendet diese Analyse menschlichen Verstehens ausdrücklich auch auf die Religion an. Er sieht den Übergang von einem mythischen zu einem religiösen Verständnis Gottes als wichtigen Schritt im genannten Prozess der

„Selbstbefreiung". Im Mythos gälte, so Cassirer, der Gegenstand der Verehrung als Ort unmittelbarer göttlicher Gegenwart, an dem die Menschen Gottes gewiss und habhaft seien.

Vom Mythos zur Religion

„Die Religion vollzieht den Schnitt, der dem Mythos als solchem fremd ist: indem sie sich der sinnlichen Bilder und Zeichen bedient, weiß sie sie zugleich als solche, – als Ausdrucksmittel, die, wenn sie einen bestimmten Sinn offenbaren, notwendig zugleich hinter ihm zurückbleiben, die auf diesen Sinn ‚hinweisen', ohne ihn jemals vollständig zu erfassen oder auszuschöpfen" (PsF II 286).

Menschen, die nicht in einem Mythos, sondern in einer Religion zuhause sind, wissen, dass sich die konkreten Formen ihres Glaubens ihrer Formung verdanken, dass ihr Glaube die von ihnen gegebene Antwort ist, in der allein sie das Wort Gottes vernehmen. Aber anders als andere „symbolische Formen", etwa die Kunst, setzt die Religion darauf, dass sie sich nicht lediglich in einem selbst entworfenen Universum bewegt, sondern dass ihr Verstehen letztlich auf die göttliche Wirklichkeit und Existenz gerichtet ist (PsF II 311; dagegen Gräb/221: 248).

Welt und Gott

Näherhin verstehen Glaubende sich selbst wie die gesamte sinnlich wahrnehmbare Welt in einer Beziehung zu dieser transzendenten Wirklichkeit. Sie sehen die Welt als Ganze oder auch einzelne Vorkommnisse in ihr – Naturphänomene, historische Ereignisse, besondere Persönlichkeiten – entweder als Hinweis aus der Welt auf die göttliche Wirklichkeit oder auch als deren Erscheinung in der Welt. Solche Hinweis- oder Offenbarungsgestalten sind allerdings in doppelter Weise bedingt: Sie sind zum einen immer nur einzelne Gegenstände der sinnlich wahrnehmbaren Welt und als solche den Bedingungen der Endlichkeit unterworfen. Zum anderen erscheinen sie nur dann als Offenbarung, wenn sie von Menschen in dieser Weise verstanden werden. Doch ungeachtet dieser doppelten Bedingtheit werden diese Gegenstände der Wahrnehmung als Erscheinungen des Unbedingten erfahren, von denen die Glaubenden sich entsprechend unbedingt gefordert wissen (Tillich/250: 295). Sie werden ihren Glauben, nicht zuletzt ihre Handlungen zu orientieren suchen an dieser ihnen begegneten Unbedingtheit. Der Versuch, das Geschehen von Offenbarung mit Hilfe der Philosophie Cassirers zu analysieren, kann das Ergebnis der transzendentalen Freiheitsanalyse aufgreifen und erläutern. Denn das hier bedachte Geschehen ist genau jene symbolische Vermittlung freier Anerkennung, die, obwohl auf Unbedingtheit zielend, immer nur in bedingter Gestalt wirklich werden kann (s. o. S. 127).

bedingte Gestalt des Unbedingten

Missverstanden wäre die Philosophie Cassirers, läse man ihren Verweis auf die Freiheit und Bedingtheit allen Verstehens als Behauptung, menschliches Deuten der Welt sei vollkommen beliebig. Vielmehr leiten sich aus diesen Einsichten Forderungen für ein jedes, auch für religiöses Weltverstehen ab, das als verantwortbar gelten will:

Kriterien

Verlangt ist zuallererst ein „Formungsbewusstsein". Damit ist die Einsicht gemeint, dass sich jede Deutung der Welt menschlicher Formung verdankt. Hick formulierte diese Einsicht in seinem Modell der „Erfahrung-als". Sodann fordert die philosophische Analyse eine „rationale Konsistenz" allen Weltverstehens. Um als vernünftig anerkannt werden und den Menschen zur Orientierung helfen zu können, muss ein Verstehen seine innere Schlüssigkeit und seine Fähigkeit erweisen, die Mannigfaltigkeit der begegnenden Zei-

Formungsbewusstsein

Konsistenz

chen zu deuten (Ricken/412: 224). Drittens muss sich jede religiöse Orientierung an einem „ethischen Kriterium“ messen lassen. Weil jedes Verstehen in Freiheit gründet, würde es sich selbst widersprechen, wenn es die Freiheit, die es für sich selbst beansprucht, den Anderen nicht gewähren würde. Dabei geht es nicht allein darum, dass eine Religion von Menschen nichts fordern darf, was ethisch nicht zu verantworten ist. Die Anerkennung fremder Freiheit muss zudem das Zugeständnis einschließen, dass Welt und Gott auch anders verstanden werden können als in der je eigenen Religion (Bongardt/259: 149–154).

Freiheit

Diese Kriterien haben kein wie immer geartetes religiöses Bekenntnis zu ihrer Voraussetzung. Sie sind auch nicht – wie Hicks „soteriologisches Kriterium“ – dem faktisch gemeinsamen Bestand der Religionen entnommen. Vielmehr sind sie abgeleitet aus den Bedingungen der Möglichkeit menschlichen Verstehens. Sie können deshalb nur um den Preis eines Selbstwiderspruchs zurückgewiesen werden, denn ein solcher Widerspruch hat die Bedingungen, die er bestreitet, selbst zur Voraussetzung. Erhebt doch auch er einen Wahrheitsanspruch, der aus einem bestimmten, in Freiheit gründenden Verstehen abgeleitet wird.

Fraglich bleibt deshalb nur, ob sich Glaubende, ob sich ein religiöses Verständnis der Welt und der Menschen diese Außensicht auf ihre Religion zu eigen machen können; ob sie die erhobenen Kriterien anzuerkennen und sich an ihnen messen zu lassen vermögen. Oder setzt, wie es der Exklusivismus behauptet, die Offenbarung die Bedingungen menschlicher Erkenntnis außer Kraft, von denen die Philosophie spricht (Hempelmann/266: 158 f.)?

5. Entschiedene Bescheidenheit

Offenbarung

Im Zentrum des christlichen Glaubens steht die Überzeugung von Gottes unbedingt für die Menschen entschiedener Liebe. Diese Liebe, die Gott selbst ist, hat sich in Leben und Geschick Jesu Christi als wirklich erwiesen und ist darin endgültig offenbar geworden.

Antwort in Freiheit

Dieses Ereignis fordert zur Antwort auf. Sie besteht grundlegend in der Anerkennung, dass Leben, Tod und Auferweckung Jesu überhaupt ein Offenbarungsgeschehen sind. Diesen Glauben bringen Menschen vielgestaltig zur Sprache – in den biblischen Texten, in den geformten Bekenntnissen der Kirche, in Gebet und Verkündigung. All diese Worte sind Worte von Menschen. Die menschliche Antwort auf die Offenbarung will und muss aber auch als Tat wirklich werden. Glaubende wenden sich kraft ihrer Freiheit Anderen liebend zu. Als notwendende, befreiende und frei geschenkte Zuwendung, die das Leben der Anderen will, ist die Nächstenliebe Bild der Zuwendung Gottes zum Menschen – und als solche zugleich Gottesliebe.

Bekenntnis

Nächstenliebe

Der Reflexion auf den Glauben wird bewusst, dass und wie weitgehend die Gestalt bedingt ist, in der Gott sich offenbart: Schon der Mensch Jesus von Nazareth lebt als Mensch seiner Zeit, unter den Bedingungen seiner Zeit und menschlicher Endlichkeit. In seinem Kreuzestod wird er vollends zum „Inkognito“ (Kierkegaard) der sich in ihm offenbarenden Macht Gottes, zur Offenbarung dieser Macht „sub contrario“ (Luther), in Gestalt ihres Gegenteils. Und damit stellt sich die Offenbarung unter ihre zweite Bedingung: Da sie die Menschen nicht durch die unmittelbare Erscheinung göttlicher Herr-

bedingte Gestalt

lichkeit zur Anerkennung zwingt, sondern ihnen durch ihre Niedrigkeitsgestalt größtmögliche Freiheit, ja sogar Anlass zum Ärgernis gibt, kommt es zur Offenbarung nur, wenn und indem Menschen den Glauben an sie wagen. Und schließlich steht ihr Offenbarungszeugnis in Wort und Tat unter Bedingungen, die es stets gebrochen und fragwürdig bleiben lassen.

bedingte Erkenntnis

Gerade diese bedingte Gestalt aber ist es, in der und durch die die Glaubenden sich in ihrer Freiheit unbedingt angenommen und gefordert wissen. In dieser Gestalt sehen sie die Rettung aus aller selbst verschuldeten Unfreiheit vollzogen und die Erfüllung ihrer Freiheit verheißen. Es ist die Selbstoffenbarung Gottes in Jesus Christus, in der ihnen in unüberbietbarer Weise Heil geschenkt wird. Dieser Gestalt wissen sie sich deshalb unbedingt verpflichtet.

unbedingte Verpflichtung

Es ist also dem christlichen Offenbarungsglauben durchaus möglich, sich die philosophische Außensicht auf ein religiöses Weltverstehen zu eigen zu machen. Es weiß darum, dass sich seine konkrete Gestalt menschlicher Formung verdankt; es erkennt die Bedingtheit der Gestalt, in der sich Gott den Menschen zuwendet; es weiß sich auf die Freiheit verpflichtet, auf die hin Gott die Menschen anspricht und in der der Glaube sowie seine konkrete Ausformung gründen. So gilt es in einem nächsten Schritt zu prüfen, ob und wie ein solch kritisches Selbstverständnis der Anerkennung anderer Weisen des Weltverstehens, vor allem der Anerkennung anderer Religionen dienlich sein kann.

Im Licht der Selbstoffenbarung Gottes haben die Glaubenden die gesamte begegnende Welt zu sehen und zu deuten. Die christliche Theologie hat nachzuweisen, dass auf diesem Weg ein konsistentes Verstehen möglich ist – und sie hat diesen Nachweis mit den Mitteln ihrer jeweiligen Zeit immer wieder zu führen gewusst: angefangen von den ersten Brückenschlägen zur antiken Philosophie und den Versuchen, die Weltgeschichte in der Perspektive des Glaubens zu lesen, über die „theologischen Summen" des Mittelalters bis zu den großen systematischen Entwürfen der Neuzeit. Dem gleichen Ziel dienen die zahllosen Bemühungen, das Verhältnis der Theologie und des Glaubens zu anderen Wissenschaften und ihren Gegenständen zu klären. Es führte dazu, zum Beispiel die naturwissenschaftliche und die theologische Erkenntnis als je begrenzte, aber eben auch je berechtigte Weisen der Weltdeutung anzuerkennen.

konsistentes Verstehen

Wissenschaften

Zu der Welt, die es glaubend zu deuten und theologisch zu bedenken gilt, gehören nicht zuletzt die nichtchristlichen Religionen. Eine Aufgabenteilung zum Zwecke friedlicher Koexistenz wie gegenüber anderen Wissenschaften ist hier nicht möglich: Denn die Wahrheitsansprüche und Handlungsweisungen der Religionen behaupten mehr oder weniger explizit, die jeweils einzig richtige Antwort auf die Fragen des Menschen nach Gott und dem Heil zu geben.

Religionen

Das Wissen um die Bedingtheit der Offenbarungsgestalt und des Zeugnisses von ihr eröffnet in dieser Situation dem christlichen Glauben die Möglichkeit, andere Religionen auch in den Aspekten anzuerkennen, in denen sie sich vom Christentum unterscheiden (Stubenrauch/284: 203–211). Die Überzeugung, dass Gottes Heilswille allen Menschen gilt, drängt zu der Hoffnung, dass Gottes Zuwendung zu den Menschen in anderen Gestalten als in Jesus Christus Wirklichkeit wurde und wird (Werbick/369: 108–110).

Offenbarungen in fremder Gestalt

Dabei gibt es keinen zwingenden Grund, auszuschließen, dass andere Gestalten, in denen Gott sich zeigt, seiner Liebe in gleicher Weise angemessen sind wie Leben und Geschick Jesu (Bernhardt/254: 184–200).

Glaube in fremder Gestalt

Die Formung solch anderer Offenbarungen muss der christlichen analog gedacht werden. Sie gründen in der Freiheit der Menschen, ein Geschehen oder eine Person als solche Offenbarung zu glauben, und kann nur gelingen im Aufbau eines entsprechenden Verstehenshorizontes. So kann auch in anderen Religionen die Zuwendung Gottes erfahren werden.

Mit dieser Option für eine Offenheit des Christentums gegenüber anderen Religionen ist selbstverständlich nicht der fraglosen Anerkennung jeder Religion und ihrer Wahrheitsansprüche das Wort geredet. Sie werden ihrerseits an den oben genannten Kriterien verantwortbaren Weltverstehens zu messen sein. Vor allem aber wird selbstkritisch zu prüfen sein, ob und inwiefern die Inhalte, Formen und Weisungen der eigenen wie der anderen Religionen geeignet sind, Menschen die Begegnung mit Gottes unbedingter Liebe zu eröffnen. Denn so weit die Möglichkeiten des christlichen Glaubens reichen, um der Menschen willen auf eine Offenbarung Gottes in anderer Form, zu anderer Zeit und an anderem Ort zu hoffen, so eng ist ihm eine Grenze gesetzt: Er kann nicht annehmen, dass Gott sich als ein anderer geoffenbart hat. Denn Gott ist einer. Und der Glaube muss darauf bauen, dass er sich und seiner Liebe, als die er sich in Jesus Christus gezeigt hat, treu bleibt. Sollte dem Christentum eine Religion begegnen, die nachweislich Gott nicht anders, sondern als einen anderen bekennt, wäre ihren Wahrheitsansprüchen entschieden zu widersprechen (Kessler/271: 163; Werbick/286: 44–51).

Gott ist einer

entschiedene Bescheidenheit

„Entschiedene Bescheidenheit“: Mit diesem Begriff ist die Haltung zu beschreiben, mit der Christinnen und Christen den Angehörigen anderer Religionen angemessen begegnen können. Entschieden werden sie dazu stehen, dass Gott der ist, als der er sich in Jesus Christus und in der gesamten von der Bibel bezeugten Geschichte gezeigt hat; dass Gott sich in seiner unbedingten Liebe als Gott erweist, indem er rettet. Bescheiden aber werden sie zugestehen, dass die konkrete Form der Offenbarung und ihrer Bezeugung vielfach bedingt ist (Bongardt/257: 276–282). Und in dieser Bescheidenheit wurzelt die Hoffnung, dass Gottes Möglichkeiten über diese Begrenztheiten hinausreichen und sich nicht zuletzt der anderen Religionen bedienen, um die Menschen zu erreichen. Eine solche Bestimmung der Beziehung des Christentums zu anderen Religionen sprengt das oben angewandte Klassifizierungsschema auf. Indem sie den Gehalt des christlichen Glaubens zum Maßstab der Anerkennung anderer Religionen erklärt, ist die vorgestellte Option inklusivistisch. Doch indem sie die Möglichkeit offen hält, dass Gott sich auch außerhalb des Christentums als unbedingt für die Menschen entschiedene Liebe erweisen kann, nimmt sie die zentrale Intention pluralistischer Positionen auf. So kann es gelingen, andere Religionen anzuerkennen, ohne die Gewissheit von der Wahrheit aufzugeben, dass Gott sich als Liebe geoffenbart hat (so auch Pannenberg/276: 133 f.).

6. Allen Zeugnis geben

„Darum geht zu allen Völkern, und macht alle Menschen zu meinen Jüngern; tauft sie auf den Namen des Vaters und des Sohnes und des Heiligen Geistes, und lehrt sie, alles zu befolgen, was ich euch geboten habe." (Mt 28,19f.)

An diesen so genannten Missions- und Taufbefehl wusste sich die Kirche stets gebunden. Die in Christus offenbar gewordene Wahrheit gilt es allen zu verkünden, weil alle gemeint sind und sie allen das Heil eröffnet. Nimmt der oben vorgestellte Vorschlag für eine Anerkennung anderer Religionen Abschied von dieser Überzeugung, die so alt ist wie die Kirche? Hat nicht schon die Erklärung „Nostra Aetate" des II. Vaticanums insgeheim diesen Abschied von der Tradition vollzogen oder zumindest vorbereitet? Dass eine solche Konsequenz weder zwingend noch notwendig ist, soll in zwei Schritten aufgewiesen werden. Ausgehend von dem zitierten Abschnitt des Matthäusevangeliums soll zunächst noch einmal nach dem Verhältnis des christlichen Offenbarungsglaubens zum Judentum gefragt werden. Anschließend wird der Blick auf die Mission in der Begegnung mit der Vielheit bestehender Religionen gelenkt.

Mission?

a) Die Hinzugenommenen

Die deutsche Einheitsübersetzung der Heiligen Schrift, nach der der Abschluss des Matthäusevangeliums oben zitiert wurde, weicht vom griechischen Originaltext ab. Wo es im ursprünglichen Text heißt: „gehet hin, machet alle Völker zu Jüngern und tauft *sie* ...", ist in der Einheitsübersetzung zu lesen: „geht zu allen Völkern, und macht *alle Menschen* zu meinen Jüngern; tauft sie ...". Die Einfügung „alle Menschen" entspricht nicht dem ursprünglichen Text, doch sie legt seinen Sinn einseitig fest. Denn mit „den Völkern" sind nach jüdischem Verständnis in der Regel die anderen Völker, die Heiden gemeint. Israel selbst zählt nicht dazu. Die Heiden sind, setzt man dieses Verständnis voraus, Adressaten der Mission, sie sollen getauft werden. Die Einfügung „alle Menschen" aber fordert auch für Israel die Verkündigung des Evangeliums und die Taufe. Wie schon erwähnt, entspricht diese Lesart einer breiten christlichen Tradition (s. o. S. 47).

Israel und die Völker

Judenmission?

In der Revision der überkommenen christlichen Israeltheologie aber gewinnt der zitierte Text gerade deshalb Bedeutung, weil er nicht notwendig als Taufbefehl für Israel verstanden werden muss. Auf ihn wie auf die Israeltheologie des Paulus (Röm 9–11) kann sich eine christliche Offenbarungstheologie beziehen, wenn sie die bleibende Erwählung Israels durch Gott zur Grundlage auch ihrer Christologie wählt. Entsprechende Entwürfe gehen davon aus, dass die Selbstoffenbarung Gottes als Liebe – in Rettung, Weisung und Verheißung – an Israel längst ergangen ist und gültig bleibt. Sie spricht gar von einer „Strukturanalogie" zwischen der Israel gegebenen Thora und dem Offenbarungsereignis in Christus (Grunden/263: 183–200). Die Bedeutung Jesu Christi wird vor dem Hintergrund eines solchen Denkens ganz neu bestimmt: In ihm offenbart sich der Gott Israels auch den anderen Völkern; durch ihn werden die Heiden hinzugenommen zum Bund Gottes mit Israel. In Christus sagt er auch ihnen seine Treue zu, die er Israel seit dessen Erwäh-

bleibende Erwählung

hinzugenommen zum Bund

lung hält (Salmann/350: 189–288; Marquardt/324: 52–69; Kampling/270: 173–177; Zenger/60: 35–50).

Rosenzweig: Zwei Wege

Ein solches Verständnis hat von jüdischer Seite Franz Rosenzweig entfaltet. Kurz vor seiner geplanten Konversion zum Christentum fand Rosenzweig zurück zu seinen jüdischen Wurzeln und entschied sich, Jude zu bleiben. Er entwickelte daraufhin ein Erlösungsverständnis, innerhalb dessen er das Christentum und das Judentum als zwei Wege deutet, auf denen Menschen mit und vor Gott leben (Rosenzweig/393: 363–375). Prägnant fasst er sein Anliegen zusammen:

„Was Christus und seine Kirche in der Welt bedeuten, darüber sind wir einig: es kommt niemand zum Vater denn durch ihn (Joh 14,6). Es kommt niemand zum Vater – anders aber wenn einer nicht mehr zum Vater zu kommen braucht, weil er schon bei ihm ist. Und dies ist nun der Fall des Volkes Israel." (Rosenzweig, zit. nach Grunden/263: 132)

b) Die Völker

Regelmäßig wird in religionstheologischen Debatten betont, dass die Verbindung des Christentums zum Judentum einen besonderen und unvergleichlichen Charakter trägt. Dies ist schon aus historischen Gründen nicht zu bestreiten. Jesus und die ersten Jünger waren Juden, das Christentum ist aus dem Judentum erwachsen, es ist bis heute in vielen Glaubensinhalten, Gebetsformen, Lebensweisungen mit ihm verbunden. Auch theologisch hat der

geglaubte Treue

Hinweis sein Recht: Es hängt für den christlichen Glauben alles daran, an die Treue Gottes zu Israel zu glauben, denn es geht um die Treue Gottes, auf die der christliche Glaube selbst baut (s. o. S. 48). Diese aus der Gesamtheit der Begegnungen mit anderen Religionen herausgehobene Bedeutung des Judentums kann und soll nicht bestritten werden.

Gleichwohl ist, was über dieses besondere Verhältnis soeben gesagt wurde, auch für den Dialog mit anderen Religionen von entscheidender Bedeutung. Denn in beiden Fällen geht es um die gleiche Hoffnung: Gott möge sich seiner Offenbarung und damit den Menschen treu erweisen. Wenn und weil Gott sich als unbedingt für die Menschen entschiedene Liebe geoffenbart hat, kann der Glaube an ihn nicht anders, als zu hoffen, dass sich diese

erhoffte Treue

Liebe in der ihr eigenen Unbedingtheit durchsetzt. Diese Hoffnung muss über die Welt, die der Bibel bekannt war und in der sie Gottes handelnde Gegenwart bezeugte, hinausschauen – so wie sie im Christentum die Grenzen Israels überschritten hat. Sie wird sich nicht zuletzt auf die Religionen richten, die sich „mit dem Fortschreiten der Kultur bemühen [...] mit genaueren Begriffen und in einer mehr ausgebildeten Sprache, auf dieselben Fragen [der Menschen nach dem letzten und unsagbaren Geheimnis ihrer Existenz] zu antworten" (2. Vat.: DH 4196).

Diese Hoffnung ist zuallererst und wesentlich Hoffnung für die Menschen, weil ihnen die Liebe Gottes gilt. Sie drängt auf den Dialog mit den anderen Religionen. Verbunden ist sie mit der Hoffnung, dass sich der christliche Glaube an Gottes Treue zu seiner Offenbarung in der Begegnung mit den Anderen bewährt. Damit ist aber auch schon benannt, was Christinnen und Christen in diesen Dialog einzubringen haben: Sie „können unmöglich schweigen von dem, was [sie] gesehen und gehört haben" (Apg 4,20). Sie werden die Selbstoffenbarung Gottes in Jesus Christus als das in ihren Augen entscheidende Ereignis für das Heil der Menschen bezeugen, weil in ihr Gott als Mensch den Menschen begegnet (Pröpper/346: 210).

Christusbekenntnis

Dabei gilt grundlegend: Die Form dieses Zeugnisses muss seinem Inhalt entsprechen. Es muss von liebender Zuwendung zu den Anderen und der Achtung ihrer Freiheit geprägt sein (Essen/261: 138; Ott/337 mit einer Zusammenstellung entsprechender lehramtlicher Aussagen); es wird immer ein Zeugnis in Wort und Tat, nicht selten zuerst und für lange Zeit ein Zeugnis allein der Tat sein müssen. Denn wie in der Offenbarung selbst geht es nicht vorrangig um ein zu vermittelndes Wissen, sondern um die Vergegenwärtigung einer Wirklichkeit.

Wort und Tat

Sind diese Voraussetzungen gegeben, kann es zwischen Angehörigen verschiedener Religionen zum theologisch entscheidenden Ringen um die Wahrheit kommen. Auch dafür mag der christlich-jüdische Dialog der letzten Jahrzehnte mit seinen Schwierigkeiten und Erfolgen ein Beispiel sein (Henrix/267). Ziel des Ringens wird es sein, eine gemeinsame Aufmerksamkeit für die Zuwendung Gottes zu entwickeln; möglichst angemessene Formen zu finden, die Wirklichkeit Gottes zur Sprache zu bringen; Weisungen zu suchen, die in ein Leben mit und vor Gott führen.

Ringen um die Wahrheit

Solche Begegnung kann und wird immer wieder dazu führen, dass Mitglieder anderer Religionen sich dem Christentum anschließen. Mögliches Ergebnis kann aber auch ein „wechselseitiger Inklusivismus" sein (Bongardt/257: 304–307). In einem solchen werden Christinnen und Christen die anderen Religionen im Licht der Selbstoffenbarung Gottes in Christus deuten, verstehen und kritisch anerkennen. Sie werden in dieser Anerkennung aber auch zugestehen, dass die anderen das Christentum im Licht ihrer Überzeugungen sehen.

wechselseitiger Inklusivismus

Bei all dem hat das Wachstum der christlichen Kirche immer nur ein sekundäres Ziel zu sein, weil auch die Kirche gegenüber der Wahrheit Gottes immer sekundär bleibt. Vor allem muss es christlicher Verkündigung darum gehen, dass die Wahrheit der Liebe Gottes, die in Christus offenbar wurde, die Menschen erreicht – in welcher Form auch immer. Denn diese Offenbarung enthält das Versprechen, dass alle „hinzugenommen" werden sollen.

Wahrheit Gottes

ZEITTAFEL
für die häufig erwähnten Personen und Ereignisse

I. Altertum

Philo von Alexandrien (ca. 13 v. C. – 45/50 n. C.)
Justin, der Märtyrer (+ ca. 165)
Irenäus von Lyon (+ um 202)
Tertullian (um 150 – 220)
Klemens von Alexandrien (+ nach 215)
Origenes (+253/254)

Erstes Konzil von Nicäa (325)

Augustinus, Aurelius (354 – 430)

Erstes Konzil von Konstantinopel (381)

Pelagius (+ nach 418)

Konzil von Chalcedon (451)

II. Mittelalter

Anselm von Canterbury (1033/34 – 1109)
Thomas von Aquin (1225/26 – 1274)
Wilhelm von Ockham (1285/90 – ca. 1348)
Nikolaus von Kues (1401 – 1464)

III. Reformation und Neuzeit

Luther, Martin (1483 – 1546)

Konzil von Trient (1545 – 1563)

Herbert von Cherbury (1581 – 1648)
Descartes, René (1596 – 1650)
Toland, John (1670 – 1722)
Reimarus, Hermann Samuel (1694 – 1768)
Hume, David (1711 – 1776)
Kant, Immanuel (1724 – 1804)
Lessing, Gotthold Ephraim (1729 – 1781)
Fichte, Johann Gottlieb (1762 – 1814)
Schleiermacher, Friedrich (1768 – 1834)
Hegel, Georg Wilhelm Friedrich (1770 – 1831)
Schelling, Friedrich Wilhelm Joseph (1775 – 1854)
Feuerbach, Ludwig (1804 – 1872)
Kierkegaard, Sören (1813 – 1855)
Nietzsche, Friedrich Wilhelm (1844 – 1900)

Erstes Vatikanisches Konzil (1869 – 1870)

IV. Gegenwart

Cassirer, Ernst (1874 – 1945)
Bultmann, Rudolf (1884 – 1976)
Tillich, Paul (1886 – 1965)
Barth, Karl (1886 – 1968)
Rahner, Karl (1904 – 1984)
Balthasar, Hans Urs von (1905 – 1988)
Camus, Albert (1913 – 1960)

Zweites Vatikanisches Konzil (1962 – 1965)

Literatur

Die verwendeten Abkürzungen richten sich nach dem Abkürzungsverzeichnis des Lexikons für Theologie und Kirche, 3. Aufl., Freiburg u. a. 1993.

I. Kirchliche Verlautbarungen, lehramtliche Texte, Dokumente der Ökumene

Konzilsbeschlüsse und offizielle Verlautbarungen der Römisch-Katholischen Kirche werden zitiert nach: Denzinger H. / Hünermann, P., Kompendium der Glaubensbekenntnisse und kirchlichen Lehrentscheidungen, 37. Aufl., Freiburg u. a. 1991. (DH)

[1] Communio Sanctorum. Die Kirche als Gemeinschaft der Heiligen, hgg. v. d. Bilateralen Arbeitsgruppe der Dt. Bischofskonferenz u. d. Kirchenleitung d. Vereinigten Evgl.-Luth. Kirche Deutschlands, Paderborn, Frankfurt 2003.

[2] Confessio Augustana, zit. n.: BKSEL, Göttingen 1998.

[3] Das Jüdische Volk und seine Heilige Schrift in der christlichen Bibel, hgg. v. d. Päpstl. Bibelkommission, Rom, Bonn 2001.

[4] Die Botschaft von Fatima, hgg. v. Kongregation f. d. Glaubenslehre, Rom, Bonn 2000.

[5] Die Kirchen und das Judentum. Dokumente von 1945–2000, hgg. v. Henrix, H. H. / Kraus, W., 2 Bde., 3. / 1. Aufl., Paderborn, Gütersloh 2001.

[6] Die Weltfriedensbotschaften Papst Johannes Pauls II. 1993–2000. Beiträge zur katholischen Soziallehre, hgg. v. D. Squicciarini, Berlin 2001.

[7] Dominus Jesus. Erklärung über die Einzigkeit und die Heilsuniversalität Jesu Christi und der Kirche, hgg. v.d. Kongregation f. d. Glaubenslehre, Rom, Bonn 2000.

[8] Fides et ratio, Enzyklika, Johannes Paul II., Rom, Bonn 1998.

[9] Gemeinsame Erklärung zur Rechtfertigungslehre, hgg. v. Luth. Weltbund / Päpstl. Rat z. Förderung d. Einheit d. Christen, Frankfurt, Paderborn 1999.

[10] Instruktion über die christliche Freiheit und die Befreiung, hgg. v. Kongregation f. d. Glaubenslehre, Rom, Bonn 1986.

[11] Instruktion über einige Aspekte der „Theologie der Befreiung", hgg. v. Kongregation f. d. Glaubenslehre, Rom, Bonn 1984.

[12] Katechismus der Katholischen Kirche, München u. a. 1993.

[13] Religionen, Religiosität und christlicher Glaube. Eine Studie, hgg. v. d. Geschäftsstelle der Arnoldshainer Konferenz u. d. Luth. Kirchenamts Hannover, 2. Aufl., Gütersloh 1991.

[14] Taufe, Eucharistie und Amt. Konvergenzerklärungen, hgg. v. d. Kom. f. Glauben u. Kirchenverfassung d. ÖRK, Frankfurt, Paderborn 1982.

[15] Unsere Hoffnung. Beschluß der Gemeinsamen Synode d. Bistümer i. d. BRD, in: Bertsch, L. u. a. (Hg.), Gem. Synode d. Bistümer i.d. BRD. Beschlüsse der Vollversammlung, Offizielle Gesamtausgabe I, Freiburg 1982, 84–111.

II. Exegetische Theologie

1. Geschichte, Hermeneutik und Theologie der Bibel

[16] Blum, Matthias: Juden und Christen beten den gleichen Gott an, in: Kampling/270: 58–66.

[17] Bultmann, Rudolf: Glaube und Verstehen. Ges. Aufsätze, 4 Bde., Tübingen 1952 ff.

[18] Bultmann, Rudolf: Das Verhältnis der urchristlichen Christusbotschaft zum historischen Jesus, Heidelberg 1965.

[19] Dohmen, Christoph / Stemberger, Günter: Hermeneutik der jüdischen Bibel und des Alten Testaments, Stuttgart u. a. 1996.

[20] Donner, Herbert: Geschichte des Volkes Israel und seiner Nachbarn in Grundzügen, 2 Bde., 2. Aufl., Göttingen 1995.

[21] Fohrer, Georg: Geschichte Israels, 4. Aufl., Wiesbaden 1985.

[22] Haag, Ernst (Hg.): Gott, der einzige. Zur Entstehung des Monotheismus in Israel (= QD 104), Freiburg u. a. 1985.

[23] Janowski, B. / Köckert, M.: Religionsgeschichte Israels, Wiesbaden 1999.

[24] Käsemann, Ernst: Das Problem des historischen Jesus (1953), in: ders.: Exegetische Versuche und Besinnungen, 1. Bd., Göttingen 1960, 187–214.

[25] Kampling, Rainer: Die Chance der Fremdheit. Anmerkungen zu einem Charakteristikum der Heiligen Schrift und der historisch-kritischen Exegese, in: ders./Schlegelberger, B. (Hg.): Wahrnehmung des Fremden, Berlin 1996, 299–316.
[26] Karpp, Heinrich: Art. Bibel, IV. Die Funktion der Bibel in der Kirche, in: TRE 6, 49–93.
[27] Kern-Ulmer, Brigitte: Art. Offenbarung, III. Judentum, in: TRE 25, 128–134.
[28] Krinetzki, Leo: Das Verhältnis des Alten Testaments zum Neuen Testament. Seine Bedeutung für den Christen, in: Schreiner, J. (Hg.): Wort und Botschaft des Alten Testaments, Würzburg 1969, 361–376.
[29] Laato, Antti: Theodicy in the World of the Bible, Leiden 2003.
[30] Limbeck, Meinrad: Die Heilige Schrift, in: HFTh 4, 68–99.
[31] Lohfink, Norbert: Der niemals gekündigte Bund. Exegetische Gedanken zum jüdisch-christlichen Dialog, Freiburg 1989.
[32] Lohse, Eduard: Umwelt des Neuen Testaments, 2. Aufl., Göttingen 1978.
[33] Müller, Karlheinz: Art. Apokalyptik, III. Die jüdische Apokalyptik, in: TRE 3, 202–251.
[34] Rad, Gerhard von: Die Theologie der geschichtlichen Überlieferung Israels, München 1992.
[35] Rendtorff, Rolf: Die Offenbarungsvorstellungen im Alten Israel, in: Pannenberg, W. u. a.: Offenbarung als Geschichte, 2. Aufl., Göttingen 1963, 21–41.
[36] Reventlow, Henning Graf: Epochen der Bibelauslegung, 4 Bde., München 1990 ff.
[37] Safrai, Chana: Juden und Christen beten den gleichen Gott an, in: Kampling/270: 67–70.
[38] Samuelson, Norbert M. / Stemberger, Günter: Art. Schöpfung, IV. Judentum, in: TRE 30, 292–296.
[39] Schnackenburg, Rudolf: Gottes Herrschaft und Reich. Eine biblisch-theologische Studie, Freiburg 1959.
[40] Schweitzer, Albert: Geschichte der Leben-Jesu-Forschung, 3. Aufl., Gütersloh 1977.
[41] Strotmann, Angelika: „Mein Vater bist du!" (Sir 51,10). Zur Bedeutung der Vaterschaft Gottes in kanonischen und nichtkanonischen frühjüdischen Schriften, Frankfurt 1991.
[42] Talmon, Shemaryahu: Grundzüge des Offenbarungsverständnisses in biblischer Zeit, in: Petuchowski/192: 12–36.
[43] Theißen, Gerd / Merz, Annette: Der historische Jesus. Ein Lehrbuch, Göttingen 1997.
[44] Walkenhorst, Karl H.: Gotteserfahrung und Gotteserkenntnis, in: Reiterer, F. V. (Hg.): Ein Gott, eine Offenbarung. FS N. Füglister, Würzburg 1991, 373–396.

2. Altes Testament

[45] Botterweck, G. Johannes: „Gott erkennen" im Sprachgebrauch des Alten Testaments, Bonn 1951.
[46] Dohmen, Christoph: Das Bilderverbot. Seine Entstehung und seine Entwicklung im Alten Testament, 2. Aufl., Frankfurt 1987.
[47] Eichrodt, W.: Art. Offenbarung im AT, in: RGG³ 4, 1597–1613.
[48] Fohrer, Georg: Theologische Grundstrukturen des Alten Testaments, Berlin, New York 1972.
[49] Keel, Othmar: Jahwes Entgegnung an Ijob, Göttingen 1978.
[50] Knieriem, Rolf: Offenbarung im Alten Testament, in: Wolff, H.-W. (Hg.): Probleme biblischer Theologie, München 1971, 206–235.
[51] Kraus, H.-J.: Theologie der Psalmen, Neukirchen-Vluyn 1979.
[52] Preuß, Horst Dietrich: Jahwes Antwort an Hiob und die sogenannte Hiobliteratur des alten Vorderen Orients, in: Donner, Herbert u. a. (Hg.): Beiträge zur Alttestamentlichen Theologie. FS Walter Zimmerli, Göttingen 1977, 323–343.
[53] Preuß, Horst Dietrich: Theologie des Alten Testament, 2 Bde., Stuttgart u. a. 1991 f.
[54] Preuß, Horst Dietrich: Art. Offenbarung, II. Altes Testament, in: TRE 25, 117–128.
[55] Rendtorff, Rolf: Theologie des Alten Testaments. Ein kanonischer Entwurf, Bd.2, Neukirchen-Vluyn 2001.
[56] Rose, Martin: Art. Jahwe, in: TRE 16, 438–441.
[57] Scharbert, Josef: Exodus, Würzburg 1989.
[58] Schreiner, Josef: „... wird der Gott des Himmels ein Reich errichten, das in Ewigkeit nicht untergeht" (Dan 2,44). Gestalt und Botschaft apokalyptischen Redens von Gott am Beispiel von Daniel 2, in: Lohfink, N. u. a. (Hg.): „Ich will euer Gott werden". Beispiele biblischen Redens von Gott, Stuttgart 1981, 123–149.
[59] Schreiner, Josef: Theologie des Alten Testaments, Würzburg 1995.
[60] Zenger, Erich: Am Fuße des Sinai. Gottesbilder des Ersten Testaments, Düsseldorf 1993.
[61] Zenger, Erich u. a.: Einleitung in das Alte Testament, Stuttgart 1995.
[62] Zimmerli, Walther: Gottes Offenbarung. Ges. Aufsätze z. Alten Testament, München 1969.
[63] Zimmerli, Walther: Grundriß der alttestamentlichen Theologie, Stuttgart u. a. 1982.

3. Neues Testament

[64] Balz, Horst: Art. Offenbarung, IV. Neues Testament, in: TRE 25, 134–146.

[65] Berger, Klaus: Hermeneutik des Neuen Testaments, Tübingen, Basel 1999.
[66] Eckert, Jost: Christus als „Bild Gottes“ und die Gottebenbildlichkeit des Menschen in der paulinischen Theologie, in: Frankemölle, H. / Kertelge, K. (Hg.): Vom Urchristentum zu Jesus. FS J. Gnilka, Freiburg u. a. 1989, 337–357.
[67] Friedrich, Gerhard: Die Verkündigung des Todes Jesu im Neuen Testament, Neukirchen-Vluyn 1982.
[68] Habermann, Jürgen: Präexistenzchristologische Aussagen im Johannesevangelium. Annotationes zu einer angeblich „verwegenen Synthese“, in: Laufen, R. (Hg.): Gottes ewiger Sohn, Paderborn u. a. 1997, 115–141.
[69] Hahn, Ferdinand: Sehen und Glauben im Johannesevangelium, in: Baltensweiler, H. / Reicke, B. (Hg.): Neues Testament und Geschichte. FS O. Cullmann, Zürich 1972, 125–142.
[70] Hahn, Ferdinand: Theologie des Neuen Testaments, Bd.2, Tübingen 2002.
[71] Hinrichs, Boy: „Ich bin“. Die Konsistenz des Johannes-Evangeliums in der Konzentration auf das Wort Jesu, Stuttgart 1988.
[72] Hübner, Hans: Biblische Theologie des Neuen Testaments, 2 Bde., Göttingen 1990/1993.
[73] Kertelge, Karl: Die Vollmacht des Menschensohnes zur Sündenvergebung (Mk 2,10), in: Hoffmann, P. (Hg.): Orientierung an Jesus. Zur Theologie der Synoptiker. FS J. Schmid, Freiburg u. a. 1973, 205–213.
[74] Klumbies, Paul-Gerhard: Die Rede von Gott bei Paulus in ihrem zeitgeschichtlichen Kontext, Göttingen 1992.
[75] Langkammer, Hugolinus: Jesus in der Sprache der neutestamentlichen Christuslieder, in: Frankemölle, H. / Kertelge, K. (Hg.): Vom Urchristentum zu Jesus. FS J. Gnilka, Freiburg u. a. 1989, 467–486.
[76] Merklein, Helmut: Die Gottesherrschaft als Handlungsprinzip, Würzburg 1981.
[77] Nützel, Johannes M.: Jesus als Offenbarer Gottes nach den lukanischen Schriften, Würzburg 1980.
[78] Ritt, Hubert: „So sehr hat Gott die Welt geliebt ...“ (Joh 3,16). Gotteserfahrung bei Johannes, in: Lohfink, N. u. a. (Hg.): „Ich will euer Gott werden“. Beispiele biblischen Redens von Gott, Stuttgart 1981, 207–226.
[79] Sänger, Dieter: Die Verkündigung des Gekreuzigten und Israel. Studien zum Verhältnis von Kirche und Israel bei Paulus und im frühen Christentum, Tübingen 1994.
[80] Schnackenburg, Rudolf: Das Johannesevangelium, Bd.1, Freiburg u. a. 1965.
[81] Schnackenburg, Rudolf: Schriften zum Neuen Testament, München 1971.
[82] Schnackenburg, Rudolf: Die Person Jesu Christi im Spiegel der vier Evangelien, Freiburg u. a. 1993.
[83] Schnelle, Udo: Einleitung in das Neue Testament, 4., neubearb. Aufl., Göttingen 2002.
[84] Scholtissek, Klaus: Die Vollmacht Jesu. Traditions- und redaktionsgeschichtliche Analysen zu einem Leitmotiv markinischer Christologie, Münster 1992.
[85] Scholtissek, Klaus: In ihm sein und bleiben. Die Sprache der Immanenz in den johanneischen Schriften, Freiburg u. a. 2000.
[86] Schürmann, Heinz: Jesus. Gestalt und Geheimnis, Paderborn 1994.
[87] Strecker, Georg: Theologie des Neuen Testaments, Berlin, New York 1996.
[88] Stuhlmacher, Peter: Biblische Theologie des Neuen Testaments, 2 Bde., Göttingen 1992/1999.
[89] Theobald, Michael: Gott, Logos und Pneuma. „Trinitarische“ Rede von Gott im Johannesevangelium, in: Klauck, H.-J. (Hg.): Monotheismus und Christologie (= QD 138), Freiburg u. a. 1992, 41–87.
[90] Weiser, Alfons: Theologie des Neuen Testaments, Bd.2, Stuttgart u. a. 1993.
[91] Wilckens, Ulrich: Der Brief an die Römer (Röm 1–5), Zürich u. a. 1978.

III. Kirchen- und Theologiegeschichte

1. Einführungen und Überblicke

[92] Angenendt, Arnold: Geschichte der Religiosität im Mittelalter, Darmstadt 1997.
[93] Durant, Willi: Das Zeitalter der Reformation. Eine Geschichte der europäischen Kultur von Wiclif bis Calvin (1300–1564), Bern, München 1962.
[94] Hauschild, Wolf-Dieter: Lehrbuch der Kirchen- und Dogmengeschichte, 2 Bde., Gütersloh 1999f.
[95] Ohst, Martin: Art. Schrift, Heilige, IV. Kirchengeschichtlich, in: TRE 30, 1999, 412–423.
[96] Schreckenberg, Heinz: Die christlichen Adversus-Judaeos-Texte und ihr literarisches und historisches Umfeld, 3 Bde., Frankfurt u. a. 1983 f.
[97] Seybold, Michael / Cren, Pierre-Réginald / Horst, Ulrich / Sand, Alexander / Stockmeier, Peter: Die Offenbarung. Von der Schrift bis zum Ausgang der Scholastik (= HDG I/1a).
[98] Waldenfels, Hans / Scheffczyk, Leo: Die Offenbarung. Von der Reformation bis zur Gegenwart (= HDG 1/1b).

2. Antike

a) Quellen

[99] Athanasius: De incarnatione. Über die Menschwerdung, übers. v. A. Stegmann (= BKV 31), München 1917.

[100] Augustinus, Aurelius: Confessiones. Die Bekenntnisse. Vollst. Ausg., Übertr., Einl., Anm. v. U. Balthasar, 3. Aufl., Einsiedeln 1994.

[101] Augustinus, Aurelius: De civitate Dei. Gottesstaat, übers. v. A. Schröder (= BKV 1;16;28), München 1911 ff.

[102] Augustinus, Aurelius: De diversis quaestionibus ad Simplicianum I / 2, übers. v. W. Schäfer, hgg. v. K. Flasch, 2. Aufl., Mainz 1995.

[103] Augustinus, Aurelius: De doctrina christiana. Vier Bücher über die christliche Lehre, übers. u. eingel. v. S. Mitterer (= BKV 49), München o.J.

[104] Augustinus, Aurelius: Sermones de Scripturis (= PL 38–994).

[105] Augustinus, Aurelius: Tract. in Ioannis Evangelium, 3 Bde., übers. v. T. Specht (= BKV 8. 11. 19), München 1913 ff.

[106] Augustinus, Aurelius: De trinitate, neu übers. u. hgg. v. J. Kreuzer, Hamburg 2001.

[107] Clemens von Alexandria: Stromateis. Teppiche wissenschaftlicher Darlegungen entsprechend der wahren Philosophie, Buch I–III, übers. v. O. Stählin (= BKV17), München 1936.

[108] Didache, Zwölf-Apostel-Lehre, übers. u. eingel. v. G. Schöllgen (= FC 1), Freiburg u. a. 1991.

[109] Eusebius von Caesarea, Kirchengeschichte, hgg. u. eingel. v. H. Kraft, Darmstadt 1997.

[110] Guyot, Peter / Klein, Richard (Hg.): Das frühe Christentum bis zum Ende der Verfolgungen, Sonderausgabe, Darmstadt 1997.

[111] Irenäus v. Lyon: Adversus Haereses. Gegen die Häresien I–V, übers. u. eingel. v. N. Brox (= FC 8/4), Freiburg u. a. 1993 ff.

[112] Justin der Märtyrer, 1. u. 2. Apologie, übers. u. eingel. v. G. Rauschen (= BKV 12), München 1913.

[113] Justin der Märtyrer, Dialogus. Dialog mit dem Juden Tryphon, übers. v. P. Haeuser (= BKV 33), München 1917.

[114] Oden Salomos, übers. und eingel. v. M. Lattke (= FC 19), Freiburg u. a. 1995.

[115] Origenes: Contra Celsum. Acht Bücher gegen Celsus, übers. u. eingel. v. P. Koetschau (= BKV 52), München 1926.

[116] Origenes: Der Kommentar zum Evangelium nach Matthäus, eingel., übers. u. m. Anm. vers. v. H. J. Vogt, 2. Teil, Stuttgart 1990.

[117] Tertullian: De praescriptione haereticorum: Die Prozesseinreden gegen die Häretiker, übers. u. m. Einl. vers. v. H. Kellner (= BKV 24), Kempten, München 1915.

[118] Tertullian: Liber de Corona. Vom Kranze der Soldaten, übers. u. m. Einl. vers. v. H. Kellner (= BKV 24), Kempten, München 1915.

[119] Traditio Apostolica, Apostolische Überlieferung, übers. u. eingel. v. W. Geerlings (= FC 1), Freiburg u. a. 1991.

[120] Vinzenz von Lerin: Commonitorium, übers. v. G. Rauschen (= BKV 20), München 1914.

b) Sekundärliteratur

[121] Flasch, Kurt: Logik des Schreckens, Mainz 1990.

[122] Frend, William H. C.: Art. Montanismus, in: TRE 23, 271–279.

[123] Geerlings, Wilhelm: Apologetik und Fundamentaltheologie in der Väterzeit, in: HFTh 4, 317–333.

[124] Grillmeier, Alois: Fragmente zur Christologie. Studien zum altkirchlichen Christusbild, Freiburg u. a. 1997.

[125] Grillmeier, Alois: Jesus Christus im Glauben der Kirche, Bd.1, Freiburg u. a. 2004.

[126] Häring, Hermann: Die Macht des Bösen. Das Erbe Augustins, Zürich u. a. 1979.

[127] Jonas, Hans: Gnosis. Die Botschaft des fremden Gottes, 2. Aufl., Frankfurt, Leipzig 2000.

[128] Kötting, B.: Art. Tertullian, in: LThK^2 9, 1370–1374.

[129] Mach, Michael: Philo von Alexandrien, in: TRE 26, 523–531.

[130] Markschies, Christoph: Zwischen den Welten wandern. Strukturen des antiken Christentums, Frankfurt 1997.

[131] Markschies, Christoph: Alta Trinitá Beata. Gesammelte Studien zur altkirchlichen Trinitätstheologie, Tübingen 2000.

[132] Markschies, Christoph: Die Gnosis, München 2001.

[133] Mehat, Andre: Clemens von Alexandrien, in: TRE 8, 101–113.

[134] Schindler, Alfred: Art. Augustin / Augustinismus I, in: TRE 4, 646–698.

[135] Skarsaune, Oskar: Art. Justin der Märtyrer, in: TRE 17, 471–478.

[136] Wieland, Wolfgang: Offenbarung bei Augustinus, Mainz 1978.

[137] Williams, Rowan: Art. Origenes / Origenismus, in: TRE 25, 397–420.

3. Mittelalter

a) Quellen

[138] Anselm von Canterbury: Cur deus homo. Warum Gott Mensch geworden, übers. v. F. S. Schmitt, Darmstadt 1956.
[139] Anselm von Canterbury: Proslogion, lat.-dt., hgg. v. F. S. Schmitt, Stuttgart 1984.
[140] Nikolaus von Kues: De pace fidei. Vom Frieden im Glauben, in: Philosophisch-theologische Schriften, hgg. u. eingel. v. L. Gabriel, 3 Bde., Wien 1989, 705–799.
[141] Thomas von Aquin: Summa Theologica, vollst. dt.-lat. Ausgabe, übers. u. komm. v. Dominikanern und Benediktinern Deutschlands und Österreichs.
[142] Thomas von Aquin: Summe gegen die Heiden, Bd. I–III, hgg. u. übers. v. K. Allgeier, Darmstadt 1996.
[143] Wilhelm von Ockham: Quodlibeta Septem, ed. by Joseph C. Wey, St. Bonaventura 1980.

b) Sekundärliteratur

[144] Bannach, Klaus: Die Lehre von der doppelten Macht Gottes bei Wilhelm von Ockham, Wiesbaden 1975.
[145] Flasch, Kurt: Nikolaus von Kues, Frankfurt 1998.
[146] Kenny, Anthony: Thomas von Aquin, Freiburg u. a. 1999.
[147] O'Daly, Gerard: Art. Dionysius Areopagita, in: TRE 8, 1981, 772–780.
[148] Paulus, Nikolaus: Die Geschichte des Ablasses im Mittelalter, 3 Bde., Darmstadt 2000.
[149] Röd, Wolfgang: Der Gott der reinen Vernunft. Die Auseinandersetzung um den ontologischen Gottesbeweis von Anselm bis Hegel, München 1992.
[150] Stallmach, Josef: Einheit der Religionen – Friede unter den Religionen, MFCG 16, 1984, 61–75.
[151] Wohlmuth, Josef: Cur deus homo? – Die Soteriologie des Anselm von Canterbury und heutiges jüdisches Erlösungsdenken, in: Im Geheimnis einander nahe. Theologische Aufsätze zum Verhältnis von Judentum und Christentum, Paderborn 1996, 139–156.

4. Reformation und Neuzeit

a) Quellen

[152] Harnack, Adolf von: Das Wesen des Christentums, 2. Aufl., Leipzig 1900.
[153] Herbert, Edward Lord of Cherbury: De Veritate. Transl. w. a. Introd. by Meyrick H.Carre, Bristol 1937.
[154] Hume, David: Eine Untersuchung über den menschlichen Verstand, übers. und hgg. v. J. Kulenkampff, Hamburg 1984.
[155] Locke, John: An essay concerning human understanding, ed. b. A. C. Fraser, Oxford 1894.
[156] Luther, Martin: Werke
Zit. mit Band- u. Seitenzahl n. Luther Deutsch. Die Werke Luthers in Auswahl, hgg. v. K. Aland, 10 Bde., Göttingen 1991.
Dort nicht aufgenommene Schriften zit. n. d. maßgeblichen Weimarer Ausgabe (WA)
[157] Reimarus, Hermann Samuel: Von dem Zwecke Jesu und seiner Jünger, hgg. v. G. E. Lessing, in: Lessing/387: VII 496–604.
[158] Schleiermacher, Friedrich: Der christliche Glaube nach den Grundsätzen der evangelischen Kirche, 2 Bde., hgg. v. M. Redeker, 7. Aufl., Berlin 1960.
[159] Toland, John: Christentum ohne Geheimnis (1696), übers. v. W. Lunde, hgg. v. L. Zscharnack, Gießen 1908.
[160] Troeltsch, Ernst: Die Bedeutung der Geschichtlichkeit Jesu für den Christusglauben, in: Rendtorff, Trutz (Hg.): Ernst Troeltsch: Die Absolutheit des Christentums und die Religionsgeschichte. Und zwei Schriften zur Theologie, München, Hamburg 1969, 132–162.
[161] Troeltsch, Ernst: Die Absolutheit des Christentums und die Religionsgeschichte (1902 / 1912) mit den Thesen von 1901 und den handschriftlichen Zusätzen, hgg. v. T. Rendtorff in Zusammenarbeit mit St. Pautler, Berlin, New York 1998.

b) Sekundärliteratur

[162] Brecht, Martin: Martin Luther, 3 Bde., Berlin 1986 f.
[163] Brosseder, Johannes: Martin Luther (1483–1546), in: Fries, H. / Kretschmar, G. (Hg.): Klassiker der Theologie, Bd. 1, München 1981, 283–313.
[164] Engelland, Hans: Die Frage nach der Wirklichkeit Gottes bei Luther und Melanchthon, in: Hermann Junge (Hg.): Vernunft und Offenbarung in der theologischen und philosophi-

schen Sicht von Luther bis Karl Barth, Hamburg 1952.
[165] Frey, Fritz: Luthers Glaubensbegriff. Gottesgabe und Menschentat in Polarität, Leipzig 1939.
[166] Geiselmann, Josef Rupert: Das Konzil von Trient über das Verhältnis der Heiligen Schrift und der nicht geschriebenen Traditionen., in: Schmaus, M. (Hg.): Die mündliche Überlieferung, München 1957, 123–206.
[167] Härle, Wilfried: Der Glaube als Gottes- und / oder Menschenwerk in der Theologie Martin Luthers, in: ders. / Preul, R. (Hg.): Marburger Jahrbuch Theologie 4. 1992, 37–77.
[168] Mader, Josef: Offenbarung als Selbstoffenbarung Gottes. Hegels Religionsphilosophie als Anstoß für ein neues Offenbarungsverständnis in der katholischen Theologie des 19. Jahrhunderts, Münster 2000.
[169] Meyer, Michael A.: Ob Schrift? Ob Geist? – Die Offenbarungsfrage im deutschen Judentum des neunzehnten Jahrhunderts, in: Petuchowski/192: 162–179.
[170] Pesch, Otto Hermann: Hinführung zu Luther, Mainz 1982.
[171] Pottmeyer, Hermann-Josef: Der Glaube vor dem Anspruch der Wissenschaft. Die Konstitution über den katholischen Glauben „Dei Filius" des Ersten Vatikanischen Konzils und die unveröffentlichten theologischen Voten der vorbereitenden Kommission, Freiburg u. a. 1968.
[172] Schaefer, Susanne: Gottes Sein zur Welt. Schleiermachers Subjektanalyse in ihrer Prinzipienfunktion für Glaubenslehre und Dialektik, Regensburg 2002.
[173] Schatz, Klaus: Päpstliche Unfehlbarkeit und Geschichte in den Diskussionen des Ersten Vatikanums, in: Löser, Werner u. a. (Hg.), Dogmengeschichte und katholische Theologie, Würzburg 1985, 187–250.
[174] Stroppel, Clemens: Edward Herbert von Cherbury. Wahrheit – Religion – Freiheit, Tübingen, Basel 2000.

IV. Systematische Theologie der Gegenwart

1. Einführungen und Überblicke zur Offenbarungstheologie

[175] Althaus, Paul: Die Inflation des Begriffs der Offenbarung in der gegenwärtigen Theologie, in: ZSTh 18, 1941, 134–149.
[176] Barth, Karl: Die kirchliche Dogmatik, 4 Bde., Zürich 1932–68. (KD)
[177] Beintker, Michael: Tradition, VI. Dogmatisch, in: TRE 33, 718–724.
[178] Ebeling, Gerhard: Dogmatik des christlichen Glaubens, Bd. 1+2, 3. Aufl., Tübingen 1987/89.
[179] Eicher, Peter: Offenbarung. Prinzip neuzeitlicher Theologie, München 1977.
[180] Eicher, Peter: Neuzeitliche Theologien, A. Die katholische Theologie, in: NHthG 4, 7–47.
[181] Fries, Heinrich: Die Offenbarung, in: MySal I, 159–238.
[182] Geiselmann, Josef Rupert: Art. Tradition, in: HthG 4, 253–263.
[183] Greshake, Gisbert: Der dreieine Gott. Eine trinitarische Theologie, Freiburg u. a. 1997.
[184] Hauschild, Wolf-Dieter: Art. Tradition, V. Mittelalter bis Neuzeit, in: TRE 33, 708–718.
[185] Herms, Eilert: Art. Offenbarung, V. Theologiegeschichte und Dogmatik, in: TRE 25, 146–210.
[186] Jüngel, Eberhard: Gott als Geheimnis der Welt, Tübingen 1978.
[187] Kampling, Rainer: Art. Tradition, in: NHthG 5, 169–182.
[188] Körtner, Ulrich H. J.: Theologie des Wortes Gottes. Positionen – Probleme – Perspektiven, Göttingen 2001.
[189] Niemann, Franz-Josef: Jesus der Offenbarer, 2 Bde., Graz u. a. 1990.
[190] Pannenberg, Wolfhart: Systematische Theologie. Bde. 1–3, Göttingen 1988/91/93.
[191] Pannenberg, Wolfhart: Theologie und Philosophie, Göttingen, Zürich 1996.
[192] Petuchowski, Jakob J. / Strolz, W. (Hg.): Offenbarung im jüdischen und christlichen Gottesverständnis, Freiburg 1981.
[193] Pottmeyer, Hermann-Josef: Normen, Kriterien und Strukturen der Überlieferung, in: HFTh 4, 124–152.
[194] Pottmeyer, Hermann-Josef: Zeichen und Kriterien der Glaubwürdigkeit des Christentums, in: HFTh 4, 373–413.
[195] Pröpper, Thomas: Evangelium und freie Vernunft. Konturen einer theologischen Hermeneutik, Freiburg 2001.
[196] Rahner, Karl (Hg.): Sacramentum Mundi. Theologisches Lexikon für die Praxis, 4 Bde., Freiburg u. a. 1967–1969.
[197] Rahner, Karl: Grundkurs des Glaubens. Einführung in den Begriff des Christentums, 12. Aufl., Freiburg 1982.
[198] Rendtorff, Trutz: Theologie in der Moderne, Gütersloh 1991.
[199] Schmidt-Leukel, Perry: Grundkurs Fundamentaltheologie, München 1999.
[200] Schmitz, Josef: Offenbarung, Düsseldorf 1988.

[201] Seckler, Max: Der Begriff der Offenbarung, in: HFTh 2, 60–83.
[202] Verweyen, Hansjürgen: Gottes letztes Wort. Grundriß der Fundamentaltheologie, Düsseldorf 1991.
[203] Waldenfels, Hans: Einführung in die Theologie der Offenbarung, Darmstadt 1996.
[204] Werbick, Jürgen: Den Glauben verantworten. Eine Fundamentaltheologie, Freiburg u. a. 2000.
[205] Wiederkehr, Dietrich: Das Prinzip der Überlieferung, in: HFTh 4, 100–123.

2. Offenbarungstheologische Entwürfe und Einzelfragen

[206] Arenhoevel, Diego: Was sagt das Konzil über die Offenbarung?, Mainz 1967.
[207] Balthasar, Hans Urs von: Herrlichkeit. Eine theologische Ästhetik, Bd. 1: Schau der Gestalt; Bd. 2: Fächer der Stile, 2. / 1. Aufl., Einsiedeln 1961 f.
[208] Balthasar, Hans Urs von: Glaubhaft ist nur die Liebe, Einsiedeln 1975.
[209] Barth, Karl: Der Römerbrief (Zweite Fassung, 1922), Zürich 1989.
[210] Barth, Karl: Das Wort Gottes als Aufgabe der Theologie, in: Moltmann, J. (Hg.): Anfänge der dialektischen Theologie, Teil I, 5. Aufl., München 1985, 197–218.
[211] Barth, Karl: Die Lehre vom Wort Gottes. Prolegomena zur Kirchlichen Dogmatik, Zürich 1927.
[212] Barth, Karl: NEIN! Antwort an Emil Brunner, in: Thurneysen, E. (Hg.): Theologische Existenz heute 14, München 1934.
[213] Baumann, Rolf: Art. Wunder, in: NHthG 5, 287–299.
[214] Bernhardt, Reinhold: Was heißt „Handeln Gottes"? Eine Rekonstruktion der Lehre von der Vorsehung, Gütersloh 1999.
[215] Blum, Georg G.: Offenbarung und Überlieferung. Die dogmatische Konstitution Dei Verbum des II. Vaticanums im Lichte altkirchlicher und moderner Theologie, Göttingen 1971.
[216] Bongardt, Michael: Sichtbarkeit Gottes? Überlegungen zum Ort der Bilder in der Theologie, in: BThZ 20.2003, 36–56.
[217] Bruckstein, Almut Sh.: Die Maske des Moses. Studien zur jüdischen Hermeneutik, Berlin, Wien 2001.
[218] Brunner, Emil: Natur und Gnade. Zum Gespräch mit Karl Barth, Tübingen 1934.
[219] Congar, Yves: Die Tradition und die Traditionen, Bd. 1, Mainz 1965.
[220] Esterbauer, Reinhold: Anspruch und Entscheidung. Zu einer Phänomenologie der Erfahrung des Heiligen, Stuttgart 2002.
[221] Gräb, Wilhelm: Religion in vielen Sinnbildern. Aspekte einer Kulturhermeneutik im Anschluß an Ernst Cassirer, in: Korsch, D. / Rudolph, E. (Hg.): Die Prägnanz der Religion in der Kultur, Tübingen 2000, 229–248.
[222] Greshake, Gisbert: Geschenkte Freiheit. Einführung in die Gnadenlehre, Neuausg., Freiburg u. a. 1992.
[223] Haeffner, Gerd: Erfahrung – Lebenserfahrung – religiöse Erfahrung. Versuch einer Begriffserklärung, in: ThPh 78.2003, 161–192.
[224] Hasenhüttl, Gotthold: Glaube ohne Mythos, Bd.1, Mainz 2001.
[225] Hochstaffl, Josef: Art. Negative Theologie, in: LThK³ 7, 723–726.
[226] Jüngel, Eberhard: Gottes ursprüngliches Anfangen als schöpferische Selbstbegrenzung. Ein Beitrag zum Gespräch mit Hans Jonas über den „Gottesbegriff nach Auschwitz", in: Deuser, H. u. a. (Hg.): Gottes Zukunft – Zukunft der Welt. FS J. Moltmann, München 1986, 265–275.
[227] Kessler, Hans: Der Begriff des Handelns Gottes. Überlegungen zu einer unverzichtbaren theologischen Kategorie, in: Brachel, H.-U. v. / Mette, N. (Hg.): Kommunikation und Solidarität, Freiburg, Münster 1985, 117–130.
[228] Kessler, Hans: Sucht den Lebenden nicht bei den Toten. Die Auferstehung Jesu Christi in biblischer, fundamentaltheologischer und systematischer Sicht, Würzburg 1995.
[229] Larcher, Gerhard: Modelle fundamentaltheologischer Problematik im Mittelalter, in: HFTh 4, 334–346.
[230] Lengsfeld, Peter: Tradition und Heilige Schrift – ihr Verhältnis, in: MySal 1, 463–496.
[231] Lubac, Henri de: Die göttliche Offenbarung, Einsiedeln, Freiburg 2001.
[232] Magonet, Jonathan: Der nach menschlichem Ermessen unüberwindliche Unterschied zwischen Juden und Christen wird nicht eher ausgeräumt, bis Gott die gesamte Welt erlösen wird, wie es die Schrift prophezeit, in: Kampling/269: 162–167.
[233] Middelbeck-Varwick, Anja: Natürliche Theologie, in: Franz, A. u. a. (Hg.): Lexikon philosophischer Grundbegriffe der Theologie, Freiburg u. a. 2003, 286–287.
[234] Müller, Klaus: Gott erkennen. Das Abenteuer der Gottesbeweise, Regensburg 2001.
[235] Pannenberg, Wolfhart: Dogmatische Thesen zur Lehre von der Offenbarung, in: ders. u. a.: Offenbarung als Geschichte, Göttingen 1963, 91–114.

[236] Pesch, Otto Hermann: Das Wort Gottes als objektives Prinzip der theologischen Erkenntnis, in: HFTh 4, 27–50.
[237] Pesikta de Rav Kahana: ed. v. B. Mandelbaum acc. to an Oxford Manuscript with Variants. With Commentary and Introduction, 2 Bde., New York 1962.
[238] Petuchowski, Jakob J.: Zur rabbinischen Interpretation des Offenbarungsglaubens, in: ders./192: 72–86.
[239] Rahner, Karl: Hörer des Wortes. Zur Grundlegung einer Religionsphilosophie, München 1941.
[240] Rahner, Karl: Visionen und Prophezeiungen (= QD 4), Freiburg 1958.
[241] Ratzinger, Joseph: Kommentar zum I. Kapitel der Dogmatischen Konstitution über die göttliche Offenbarung „Dei Verbum", in: LThK² 13, 504–515.
[242] Reikerstorfer, Johann: Fundamentaltheologische Modelle der Neuzeit, in: HFTh 4, 347–372
[243] Renz, Andreas: Der Mensch unter dem An-Spruch Gottes. Offenbarungsverständnis und Menschenbild des Islam im Urteil gegenwärtiger christlicher Theologie, Würzburg 2002.
[244] Sauter, Gerhard: „Schrifttreue" ist kein „Schriftprinzip", in: Barton, J. / Sauter, G. (Hg.): Offenbarung und Geschichten, Frankfurt u. a. 2000, 21–50.
[245] Schulte, Raphael: Wie ist Gottes Wirken in Welt und Geschichte theologisch zu verstehen?, in: Schneider, Th. / Ulrich, L. (Hg.): Vorsehung und Handeln Gottes (= QD 119), Freiburg 1988, 116–167.
[246] Seckler, Max: Aufklärung und Offenbarung, in: CGG 21, 5–78.
[247] Seckler, Max / Kessler, Michael: Die Kritik der Offenbarung, in: HFTh 2, 29–59.
[248] Seils, Martin: Glaube, Gütersloh 1996.
[249] Tillich, Paul: Die Idee der Offenbarung, ZThK NF 8.1927, 403–412.
[250] Tillich, Paul: Religion, Kultur, Gesellschaft, 1.Teil, Berlin 1999.
[251] Wendel, Saskia: Art. Negative Theologie, in: Franz, A. u. a. (Hg.): Lexikon philosophischer Grundbegriffe der Theologie, Freiburg u. a. 2003, 290–291.
[252] Werbick, Jürgen: Die Auferweckung Jesu – Gottes „eschatologische Tat"? Die theologische Rede vom Handeln Gottes und die historische Kritik, in: Broer, I. / Werbick, J. (Hg.), „Der Herr ist wahrhaft auferstanden" (Lk 24:34). Biblische und systematische Beiträge zur Entstehung des Osterglaubens, Stuttgart 1988, 81–131.

3. Andere Religionen, Theologie der Religionen

[253] Abdullah, Muhammad S.: Islam. Muslimische Identität und Wege zum Gespräch, Düsseldorf 2002.
[254] Bernhardt, Reinhold: Deabsolutierung oder Christologie?, in: Brück/260: 144–200.
[255] Bernhardt, Reinhold: Der Absolutheitsanspruch des Christentums. Von der Aufklärung bis zur pluralistischen Religionstheologie, Gütersloh 1993.
[256] Bongardt, Michael: Aufs Ganze sehen. Der Inklusivismus eines glaubenden Blicks auf die Welt, in: SaThZ 4.2000, 107–119.
[257] Bongardt, Michael: Die Fraglichkeit der Offenbarung. Ernst Cassirers Philosophie als Orientierung im Dialog der Religionen, Regensburg 2000.
[258] Bongardt, Michael: Selbstbewusste Toleranz. Perspektiven einer christlichen Religionstheologie im Anschluss an Nikolaus Cusanus und Ernst Cassirer , in: ders. u. a. (Hg.): Verstehen an der Grenze. Beiträge zur Hermeneutik interkultureller und interreligöser Kommunikation, Münster 2003, 115–141.
[259] Bongardt, Michael: Verantwortete Vielfalt. Der kriteriologische Ertrag von Cassirers transzendentalphilosophischer Kulturtheorie, Deuser, H. / Moxter, M. (Hg.): Rationalität der Religion und Kritik der Kultur: Hermann Cohen und Ernst Cassirer, Würzburg 2002, 137–154.
[260] Brück, Michael von / Werbick, Jürgen (Hg.): Der einzige Weg zum Heil? Die Herausforderung des christlichen Absolutheitsanspruchs durch pluralistische Religionstheologien (= QD 143), Freiburg u. a. 1993.
[261] Essen, Georg: Die Wahrheit ins Spiel bringen ... Bemerkungen zur gegenwärtigen Diskussion um eine Theologie der Religionen, in: Pastoralblatt für die Diöz. Aachen u. a. 44.1992, 130–140.
[262] Gäde, Gerhard: Viele Religionen – ein Wort Gottes. Einspruch gegen John Hicks pluralistische Religionstheologie, Gütersloh 1998.
[263] Grunden, Gabriele: Fremde Freiheit. Jüdische Stimmen als Herausforderung an den Logos christlicher Theologie, Münster, Wien 1995.
[264] Grünschloß, Andreas: Der eigene und der fremde Glaube. Studien zur interreligiösen Fremdwahrnehmung in Islam, Hinduismus, Buddhismus und Christentum, Tübingen 1999.
[265] Härle, Wilfried: Wahrheitsgewissheit als Bedingung von Toleranz, in: Schwöbel, C. / Tippelskirch, D. (Hg.): Die religiösen Wurzeln der Toleranz, Freiburg u. a. 2002, 77–97.

[266] Hempelmann, Heinzpeter: Christus allein. Skizze der Voraussetzungen und biblisch-theologischen Begründungszusammenhänge einer exklusivistischen Religionstheorie, in: SaThZ 4.2000, 92–106.
[267] Henrix, Hans-Hermann: Judentum und Christentum. Gemeinschaft wider Willen, Regensburg 2004.
[268] Hick, John: Religion. Die menschlichen Antworten auf die Frage nach Leben und Tod, München 1996.
[269] Kampling, Rainer / Weinrich, Michael (Hg.): Dabru emet – redet Wahrheit. Eine jüdische Herausforderung zum Dialog mit den Christen, Gütersloh 2003.
[270] Kampling, Rainer: Iudaeus Iesus Christus Dominus noster. Christologie als Verpflichtung auf das christliche Reden mit Israel, in: Bongardt, M. u. a. (Hg.): Verstehen an der Grenze. Beiträge zur Hermeneutik interkultureller und interreligiöser Verständigung, Münster 2003, 167–177.
[271] Kessler, Hans: Pluralistische Religionstheologie und Christologie. Thesen und Fragen, in: Schwager/281:158–173.
[272] Khoury, Adel Th.: Der Islam. Sein Glaube, seine Lebensordnung, sein Anspruch, Freiburg 1996.
[273] Knitter, Paul F.: Nochmals die Absolutheitsfrage. Gründe für eine pluralistische Theologie der Religionen, in: Kuschel/274: 86–101.
[274] Kuschel, Karl-Josef (Hg.): Christentum und nichtchristliche Religionen. Theologische Modelle im 20. Jahrhundert, Darmstadt 1994.
[275] Oesterreicher, Johannes: Erklärung über das Verhältnis der Kirche zu den nichtchristlichen Religionen. Kommentierende Einleitung, in: $LThK^2$ 13, 406–482.
[276] Pannenberg, Wolfhart: Die Religionen in der Perspektive christlicher Theologie und die Selbstdarstellung des Christentums im Verhältnis zu den nichtchristlichen Religionen, in: Kuschel/274: 119–134.
[277] Schmidt-Leukel, Perry: Das pluralistische Modell in der Theologie der Religionen. Ein Literaturbericht, in: ThRv 89.1993, 353–364.
[278] Schmidt-Leukel, Perry: Zur Klassifikation religionstheologischer Modelle, in: Catholica 47.1993, 163–183.
[279] Schmidt-Leukel, Perry: Theologie der Religionen. Probleme, Optionen, Argumente, Neuried 1997.
[280] Schmidt-Leukel, Perry / Götz, Thomas Josef / Köberlin, Gerhard (Hg.): Buddhist Perceptions of Jesus, St. Ottilien 2001.
[281] Schwager, Raymund (Hg.): Christus allein? Der Streit um die pluralistische Religionstheologie (= QD 160), Freiburg u. a. 1996.
[282] Schwöbel, Christoph: Toleranz aus Glauben, in: ders. / Tippelskirch, D. v. (Hg.): Die religiösen Wurzeln der Toleranz, Freiburg u. a. 2002, 11–37.
[283] Splett, Jörg: Wahrheits-Anspruch. Philosophische Voraussetzungen, in: Löser, W. u. a. (Hg.): Dogmengeschichte und katholische Theologie, Würzburg 1985, 353–357.
[284] Stubenrauch, Bertram: Dialogisches Dogma. Der christliche Auftrag zur interreligiösen Begegnung (= QD 158), Freiburg u. a. 1995.
[285] Waldenfels, Hans: Das Christentum im Streit der Religionen um die Wahrheit, in: HFTh 2, 241–265.
[286] Werbick, Jürgen: Heil durch Jesus Christus allein? Die „Pluralistische Theologie" und ihr Plädoyer für einen Pluralismus der Heilswege, in: Brück/260: 11–61.
[287] Wielandt, Rotraud: Offenbarung und Geschichte im Denken moderner Muslime, Wiesbaden 1971.
[288] Zirker, Hans: Zur „Pluralistischen Religionstheologie" im Blick auf den Islam, Schwager/281: 189–202.
[289] Zirker, Hans: Der Koran. Zugänge und Lesarten, Darmstadt 1999.

4. Weitere Themen systematischer Theologie

[290] Arens, Edmund: Christopraxis. Grundzüge theologischer Handlungstheorie (= QD 139), Freiburg u. a. 1992.
[291] Bachl, Gottfried: Eucharistie – Essen als Symbol?, Zürich u. a. 1983.
[292] Balthasar, Hans Urs von: Kleiner Diskurs über die Hölle, Ostfildern o. J.
[293] Bogdahn, Martin: Konzil des Friedens. Aufruf und Echo, München 1986.
[294] Bongardt, Michael: Glaubenseinheit statt Einheitsglaube. Zu Anliegen und Problematik kontextueller Theologien, in: Müller, K. (Hg.), Fundamentaltheologie, Regensburg 1998, 243–260.
[295] Bussmann, Claus: Befreiung durch Jesus? Die Christologie der lateinamerikanischen Befreiungstheologie, München 1980.
[296] Congar, Yves: Der Heilige Geist, Freiburg u. a. 1982.
[297] Drewermann, Eugen: Strukturen des Bösen. Die jahwistische Urgeschichte in exegetischer, psychoanalytischer und philosophischer Sicht, 3 Bde., München u. a. 1977 ff.

[298] Essen, Georg: Historische Vernunft und Auferweckung Jesu. Theologie und Historik im Streit um den Begriff geschichtlicher Wirklichkeit, Mainz 1995.
[299] Essen, Georg / Pröpper, Thomas: Aneignungsprobleme der christologischen Überlieferung. Hermeneutische Vorüberlegungen, in: Laufen, R. (Hg.): Gottes ewiger Sohn, Paderborn u. a. 1997, 163–178.
[300] Essen, Georg: Die Freiheit Jesu. Der neuchalkedonische Enhypostasiebegriff im Horizont neuzeitlicher Subjekt- und Personphilosophie, Regensburg 2001.
[301] Faber, Eva-Maria: Einführung in die katholische Sakramentenlehre, Darmstadt 2002.
[302] Franz, Albert (Hg.): Glaube – Erkenntnis – Freiheit. Herausforderungen der Gnosis in Geschichte und Gegenwart, Paderborn 1999.
[303] Gestrich, Christoph: Neuzeitliches Denken und die Spaltung der dialektischen Theologie, Tübingen 1977.
[304] Gestrich, Christoph: Die hermeneutische Differenz zwischen Barth und Luther angesichts der neuzeitlichen Situation, in: ZThK, Beiheft 6, 1986, 136–157.
[305] Girard, René: Der Sündenbock, Zürich 1988.
[306] Gläßer, Alfred: Pierre Teilhard de Chardin (1881–1955), in: Fries, H. / Kretschmar, G. (Hg.): Klassiker der Theologie, Bd. II, München 1983, 277–296.
[307] Graf, Friedrich Wilhelm (Hg.): Liberale Theologie, Gütersloh 1993.
[308] Gutiérrez, Gustavo: Theologie der Befreiung, München, Mainz 1973.
[309] Hilberath, Bernd Jochen / Schneider, Theodor: Art. Jesus Christus / Christologie, B. Systematisch, in: NHthG 3, 20–37.
[310] Hilberath, Bernd Jochen: Art. Pneumatologie, Handbuch der Dogmatik, Bd. 1, Düsseldorf 1992, 445–552.
[311] Hinkelammert, Franz J.: Der Glaube Abrahams und der Ödipus des Westens. Opfermythen im christlichen Abendland, Münster 1989.
[312] Hünermann, Peter: Jesus Christus. Gottes Wort in der Zeit. Eine systematische Christologie, Münster 1994.
[313] Jonas, Hans: Der Gottesbegriff nach Auschwitz. Eine jüdische Stimme, Baden-Baden 1987.
[314] Kasper, Walter: Jesus der Christus, 7. Aufl., Mainz 1978.
[315] Kehl, Medard: Hans Urs von Balthasar. Ein Porträt, in: ders./ Löser, W. (Hg.): In der Fülle des Glaubens leben. Hans Urs von Balthasar-Lesebuch, Freiburg u. a. 1980, 13–60.
[316] Kehl, Medard: Eschatologie, Würzburg 1986.
[317] Kehl, Medard: Die Kirche. Eine katholische Ekklesiologie, Würzburg 1992.
[318] Kessler, Hans: Reduzierte Erlösung? Zum Erlösungsverständnis der Befreiungstheologie, Freiburg u. a. 1987.
[319] Kessler, Hans: Art. Christologie, in: Handbuch der Dogmatik, Bd.1, Düsseldorf 1992, 241–444.
[320] Küng, Hans: Existiert Gott? Antwort auf die Gottesfrage der Neuzeit, München 1978.
[321] Küng, Hans: Projekt Weltethos, München 1990.
[322] Lauter, Hermann-Josef: Den Menschen Christus bringen. Theologie für die Verkündigung, Freiburg 1981.
[323] Markschies, Christoph: „... in gewissen Zeiten der Geschichte ..." Schuldbekenntnis und Vergebungsbitte des Papstes am ersten Fastensonntag des Heiligen Jahres 2000 in der Sicht eines evangelischen Kirchenhistorikers, in: Hiller, D. / Kress, C. (Hg.): Daß Gott eine große Barmherzigkeit habe. FS G. Schneider-Flume, Leipzig 2001, 144–175.
[324] Marquardt, Friedrich Wilhelm: Das christliche Bekenntnis zu Jesus, dem Juden. Eine Christologie, Bd.2, München 1991.
[325] Menke, Karl-Heinz: Das Kriterium des Christseins. Grundriss der Gnadenlehre, Regensburg 2003.
[326] Menke-Peitzmeyer, Michael: Subjektivität und Selbstinterpretation des dreifaltigen Gottes, Münster 2002.
[327] Metz, Johann Baptist: Unterwegs zu einer nachidealistischen Theologie, in: Bauer, J. B. (Hg.), Entwürfe zur Theologie, Graz u. a. 1985, 209–233.
[328] Meyer-Wilmes, Hedwig: Rebellion auf der Grenze. Ortsbestimmung feministischer Theologie, Freiburg u. a. 1990.
[329] Miggelbrink, Rolf: Einführung in die Lehre von der Kirche, Darmstadt 2003.
[330] Moltmann, Jürgen: Kirche in der Kraft des Geistes, München 1975.
[331] Moltmann, Jürgen: Der gekreuzigte Gott. Das Kreuz Christi als Grund und Kritik christlicher Theologie, München 1976.
[332] Moltmann, Jürgen: Trinität und Reich Gottes. Zur Gotteslehre, München 1980.
[333] Moltmann, Jürgen: Der Weg Jesu Christi. Christologie in messianischen Dimensionen, München 1989.
[334] Moxter, Michael: Kultur als Lebenswelt. Studien zum Problem einer Kulturtheologie, Tübingen 2000.
[335] Mußner, Franz: Die Schöpfung in Christus, in: MySal 2, 455–463.

[336] Nordhofen, Eckhard: Der Engel der Bestreitung. Über das Verhältnis von Kunst und negativer Theologie, Würzburg 1993.
[337] Ott, Lucia: Die Sendung der Kirche. Lehramtliche Grundlagen einer Missiologie zu Beginn des dritten Jahrtausends, in: Kampling, R. (Hg.): Deus semper maior. FS G. Kard. Sterzinsky, Berlin 2001, 177–197.
[338] Pannenberg, Wolfhart: Grundfragen systematischer Theologie. Ges. Aufsätze, Göttingen 1971.
[339] Pannenberg, Wolfhart: Anthropologie in theologischer Perspektive, Göttingen 1983.
[340] Pannenberg, Wolfhart: Grundzüge der Christologie, 7. Aufl., Gütersloh 1990.
[341] Pesch, Otto Hermann / Peters, Albrecht: Einführung in die Lehre von Gnade und Rechtfertigung, Darmstadt 1981.
[342] Pesch, Otto Hermann: Frei sein aus Gnade. Theologische Anthropologie, Freiburg 1983.
[343] Pesch, Otto Hermann: Das Zweite Vatikanische Konzil, 2. Aufl., Würzburg 1994.
[344] Peukert, Helmut: Wissenschaftstheorie – Handlungstheorie – Fundamentale Theologie. Analysen zu Ansatz und Status theologischer Theoriebildung, 2. Aufl., Frankfurt 1988.
[345] Pröpper, Thomas: Der Jesus der Philosophen und der Jesus des Glaubens, Mainz 1976.
[346] Pröpper, Thomas: Erlösungsglaube und Freiheitsgeschichte. Eine Skizze zur Soteriologie, 2. Aufl., München 1988.
[347] Rahner, Karl: Schriften zur Theologie, Einsiedeln u. a. 1954 ff.
[348] Rahner, Karl: Blick in das neue Jahr der Kirche, in: Auf dem Weg ins Morgen. Katholische Studentenseelsorge 1930–1980, Eigenverlag, Basel 1981.
[349] Ruster, Thomas: Der verwechselbare Gott (= QD 181), Freiburg u. a. 2000.
[350] Salmann, Elmar: Der geteilte Logos. Zum offenen Prozeß von neuzeitlichem Denken und Theologie, Rom 1992.
[351] Sander, Hans-Joachim: Natur und Schöpfung. Die Realität im Prozess. A.N. Whiteheads Philosophie als Paradigma einer Fundamentaltheologie kreativer Existenz, Frankfurt u. a. 1991.
[352] Sattler, Dorothea / Schneider, Theodor: Art. Schöpfungslehre, in: Handbuch der Dogmatik, Bd. 1, Düsseldorf 1992, 120–238.
[353] Schellong, Dieter: Barth lesen, in: Marquardt, F.-W. u. a. (Hg.): Karl Barth. Der Störenfried, München 1986, 5–92.
[354] Schneider, Theodor: Zeichen der Nähe Gottes. Grundriß der Sakramentaltheologie, Mainz 1982.
[355] Schönborn, Christoph: Gott sandte seinen Sohn. Christologie, Paderborn 2002.
[356] Schreiter, Robert J.: Abschied vom Gott der Europäer. Zur Entwicklung regionaler Theologien, Salzburg 1992.
[357] Schwager, Raymund: Brauchen wir einen Sündenbock? Gewalt und Erlösung in biblischen Schriften, München 1978.
[358] Schwager, Raymund: Der wunderbare Tausch. Zur Geschichte und Deutung der Erlösungslehre, München 1986.
[359] Schwöbel, Christoph: Gott in Beziehung. Studien zur Dogmatik, Tübingen 2002.
[360] Söling, Casper: Das Gehirn-Seele-Problem. Neurobiologie und theologische Anthropologie, Paderborn 1995.
[361] Splett, Jörg: Menschsein als Frage, in: Kasper, W. (Hg.): Unser Wissen vom Menschsein, Düsseldorf 1977, 81–94.
[362] Steinkamp, Hermann: Sozialpastoral, Freiburg 1991.
[363] Stock, Alex: Keine Kunst. Aspekte der Bildtheologie, Paderborn 1996.
[364] Striet, Magnus: Versuch über die Auflehnung. Philosophisch-theologische Überlegungen zur Theodizeefrage, in: Wagner, H. (Hg.): Mit Gott streiten. Neue Zugänge zum Theodizee-Problem, Freiburg u. a. 1998, 48–89.
[365] Striet, Magnus: Offenbares Geheimnis. Zur Kritik der negativen Theologie, Regensburg 2003.
[366] Verweyen, Hansjürgen: Botschaft eines Toten? Den Glauben rational verantworten, Regensburg 1997.
[367] Vorgrimler, Herbert: Sakramententheologie, Düsseldorf 1987.
[368] Werbick, Jürgen: Soteriologie, Düsseldorf 1990.
[369] Werbick, Jürgen: Vom entscheidend und unterscheidend Christlichen, Düsseldorf 1992.
[370] Werbick, Jürgen: Kirche. Ein ekklesiologischer Entwurf für Studium und Praxis, Freiburg u. a. 1994.
[371] Wohlmuth, Josef: Jesu Weg – Unser Weg. Kleine mystagogische Christologie, Würzburg 1992.

V. Philosophie und Humanwissenschaften

1. Quellen

[372] Aristoteles, Metaphysik, Bd. 1, griech.-dt., hgg. v. H. Seidl, Hamburg 1978.
[373] Blumenberg, Hans: Die Legitimität der Neuzeit, Frankfurt 1988.

[374] Camus, Albert: Die Pest, Hamburg 1950/1992.
[375] Camus, Albert: Der Mythos von Sisyphos. Ein Versuch über das Absurde, Hamburg 1959/1990.
[376] Cassirer, Ernst: Versuch über den Menschen. Einführung in eine Philosophie der Kultur, 2. Aufl., Frankfurt 1990. (VM)
[377] Cassirer, Ernst: Philosophie der symbolischen Formen, 3 Bde., Nachdruck, Darmstadt 1994. (PsF I-III)
[378] Cassirer, Ernst: Wesen und Wirkung des Symbolbegriffs, 8. Aufl., Darmstadt 1994. (WWS)
[379] Cassirer, Ernst: Zur Logik der Kulturwissenschaften, 6. Aufl., Darmstadt 1971. (LKw)
[380] Cohen, Hermann: Religion der Vernunft aus den Quellen des Judentums, Darmstadt 1966.
[381] Descartes, Rene: Meditationen über die Grundlagen der Philosophie, in: Descartes, Rene: Philosophische Schriften in einem Band. Mit einer Einführung von Rainer Specht und „Descartes Wahrheitsbegriff" von Ernst Cassirer, Hamburg 1996, 1–161.
[382] Feuerbach, Ludwig: Das Wesen des Christentums, (= sämtl. Werke, Bd. 7), Leipzig 1883.
[383] Fichte, Johann Gottlieb: Versuch einer Kritik aller Offenbarung, in: ders.: Werke V, Berlin 1971, 9–172.
[384] Hegel, Georg Wilhelm Friedrich: Werke in 20 Bänden, 3. Aufl., Frankfurt 1995.
zit. mit Band- u. Seitenzahl.
[385] Kant, Immanuel: Werke in zehn Bänden, hgg. v. W. Weischedel, Darmstadt 1983.
zit. mit den üblichen Abkürzungen.
[386] Kierkegaard, Sören: Gesammelte Werke, hgg. v. E. Hirsch u. H. Gerdes, Düsseldorf, Köln 1951 ff. / Gütersloh 1979 ff.
zit. mit den üblichen Abkürzungen, vgl. Bongardt/396: 366.
[387] Lessing, Gotthold Ephraim: Gesammelte Werke, hgg. v. H.G.Göpfert, München 1976.
zit. mit Band- und Seitenzahl.
[388] Lévinas, Emmanuel: Die Spur des Anderen. Untersuchungen zur Phänomenologie und Sozialphilosophie, 3. Aufl., Freiburg, München 1992.
[389] Lévinas, Emmanuel: Wenn Gott ins Denken einfällt. Diskurse über die Betroffenheit von Transzendenz, Freiburg, München 1988.
[390] Lévinas, Emmanuel: Schwierige Freiheit. Versuch über das Judentum, Frankfurt 1992.
[391] Nietzsche, Friedrich: Kritische Studienausgabe, hgg. v. Colli, Giorgio / Montinari, Mazzino, 15 Bde., München u. a. 1988.
zit. mit Band- und Seitenzahl.
[392] Peirce, Charles S.: Semiotische Schriften, hgg. v. C. J. W. Kloesel / H. Pape, Frankfurt 2000.
[393] Rosenzweig, Franz: Der Stern der Erlösung, Frankfurt 1988.
[394] Sartre, Jean Paul: Das Sein und das Nichts. Versuch einer phänomenologischen Ontologie, Hamburg 1989.
[395] Schelling, Friedrich Wilhelm Joseph: Philosophie der Offenbarung, 2 Bde., Darmstadt 1990.

2. Sekundärliteratur

[396] Bongardt, Michael: Der Widerstand der Freiheit. Eine transzendentaldialogische Aneignung der Angstanalysen Kierkegaards, Frankfurt 1995.
[397] Bösl, Anton: Unfreiheit und Selbstverfehlung. Sören Kierkegaards existenzdialektische Bestimmung von Schuld und Sünde, Freiburg 1997.
[398] Flasch, Kurt: Das philosophische Denken im Mittelalter, Stuttgart 1986.
[399] Franz, Albert: Philosophische Religion. Eine Auseinandersetzung mit den Grundproblemen der Spätphilosophie F. W. J. Schellings, Amsterdam, Atlanta 1992.
[400] Glöckner, Dorothea: Kierkegaards Begriff der Wiederholung. Eine Studie zu seinem Freiheitsverständnis, Berlin, New York 1998.
[401] Greve, Wilfried: Kierkegaards maieutische Ethik. Von „Entweder-Oder II" zu den „Stadien", Frankfurt 1990.
[402] Hadot, Pierre: Philosophie als Lebensform. Geistige Übungen in der Antike, 2. Aufl., Berlin 1991.
[403] Halbfass, W.: Art. Evidenz, in: HWPh 2, 829–832.
[404] Hirschberger, Johannes: Geschichte der Philosophie, Bd. 1, Sonderausg. d. 14. Aufl., Freiburg 1991.
[405] Jaeschke, W.: Art. Selbstbewußtsein. II. Neuzeit, in: HWPh 9, 352–371.
[406] Kobusch, Theo: Die Endeckung der Person, Freiburg u. a. 1993.
[407] Krings, Hermann: System und Freiheit. Ges. Aufsätze, Freiburg, München 1980.
[408] Larsen, Kristoffer O.: Sören Kierkegaard. Ausgew. Aufsätze, Gütersloh 1973.
[409] Marquard, Odo: Apologie des Zufälligen. Philosophische Studien, Stuttgart 1987.
[410] Meier, Frank: Transzendenz der Vernunft und Wirklichkeit Gottes. Eine Untersuchung zur Philosophischen Gotteslehre in F. W. J. Schellings Spätphilosophie, Regensburg 2004.
[411] Ricken, Friedo / Marty, Francois (Hg.): Kant über Religion, Stuttgart u. a. 1992.

[412] Ricken, Friedo: Erfahrung, Interpretation, Zustimmung. Zur Rationalität des religiösen Glaubens, in: Hogrebe, W. / Bromand, J. (Hg.): Grenzen und Grenzüberschreitungen, Berlin 2004, 222–236.
[413] Röd, Wolfgang: Der Weg der Philosophie von den Anfängen bis ins 20. Jahrhundert, in: ders., Altertum, Mittelalter, Renaissance, Bd. 1, München 1994, 33–188.
[414] Slök, Johannes: Christentum mit Leidenschaft. Ein Weg-Weiser zur Gedankenwelt Sören Kierkegaards, München 1990.
[415] Striet, Magnus: Das Ich im Sturz der Realität. Philosophisch-theologische Studien zu einer Theorie des Subjekts in Auseinandersetzung mit der Spätphilosophie Friedrich Nietzsches, Münster 1998.
[416] Taylor, Charles: Hegel, Frankfurt 1998.
[417] Teichner, Wilhelm: Kants Transzendentalphilosophie, Freiburg, München 1978.
[418] Theunissen, Michael: Der Begriff Ernst bei Sören Kierkegaard, 3. Aufl., Freiburg, München 1958.
[419] Theunissen, Michael: Das Selbst auf dem Grund der Verzweiflung. Kierkegaards negativistische Methode, Frankfurt 1991.
[420] Verbeke, G.: Art. Logos. I. Der L.-Begriff in der antiken Philosophie, in: HWPh 5, 491–499.
[421] Weischedel, Wilhelm: Der Gott der Philosophen. Grundlegung einer philosophischen Theologie im Zeitalter des Nihilismus, Darmstadt 1983.
[422] Whitehead, Alfred North: Prozeß und Realität. Entwurf einer Kosmologie, 2. Aufl., Frankfurt 1984.
[423] Wimmer, Reiner: Kants kritische Religionsphilosophie, Berlin, New York 1990.

3. Andere Wissenschaften

[424] Flohr, Hans: Die Realisierung von Bewusstseinszuständen, in: Neuner, P. (Hg.): Naturalisierung des Geistes – Sprachlosigkeit der Theologie? Die Mind-Brain-Debatte und das christliche Menschenbild, Freiburg u. a. 2003, 43–56.
[425] Freud, Sigmund: Die Zukunft einer Illusion, in: ders.: Ges. Werke 14, Frankfurt 1999, 323–380.
[426] Jäger, Michael u. a. (Hg.): Gott und die Katastrophen. Eine Debatte über Religion, Gewalt und Säkularisierung, Berlin 2003.
[427] Otto, Rudolf: Das Heilige. Über das Irrationale in der Idee des Göttlichen und sein Verhältnis zum Rationalen, München 1991.
[428] Wießner, Gernot: Art. Offenbarung, I. Religionsphänomenologie, in: TRE 25, 109–117.

Personenregister